Bhāmuni Yana 전생부처 바무니 얘기

Bhāmuni Yana

전생부처 바무니 얘기

이수월 지음

Bhāmuni Yana

| 서 문 |

이 책은 석가모니 바로 직전 생 '전세 제6불' 가섭불인 바무니(Bhāmuni)가 주인공인 바무니 얘기다. 경주 황룡사 법당 뒷터에서 시작되니 동네 이야기고 그 뿌럭지(mula, 물러, 물려)인 인도에도 관련이 있으니 힌두 동네 이야기다.

Bhā는 봐 즉 눈앞에 보이는 '신비한 존재' 광명이요 빛이요 화(火)요, Muni는 모니, 뭐니, 애가 태어났을 때 다시 한 번 들여다보게 되는 특이한 녀석, '큰 인물'이란 소리니 '광명모니' '성(星)모니' 즉 부처란 의미다. 가섭불[Kāśyapa 可視, 빛, √pa(퍼먹다, 飮), 음광飮光부처]과 같은 의미다. 대각 후 산천정기 흐름으로 인도의 부처로 갈 것을 아시고 스스로 지으신 이름이다. 동이족 전생부처에 관한 얘기다.

그가 꿈꿔왔던 머릿속 세상이며 그가 이룩한 거룩한 세상 이야기다.

한 인간이 머릿속으로 이리저리 자기의 꿈을 상상하면 이것이 이루어질 수 있지 않느냐 하는 원초적 물음이며 그런 아름다운 꿈이라면 한번 따라가 보고 싶었던 아요디야(Ayodhya: a+요지

擾地, 싸움이 없는 땅, 아여기야) 세상 이야기다.

바무니가 시작을 하셨으니 후배는 이미 난 발자국 덕에 모든 게 한결 수월하다. 형식과 학문의 구분이 없고 얘기 형식의 구분 없이 그저 그 길을 따르다 보면 무언가 하나 손에 쥐어지는 이야기였으면 하고 바란다.

Hindus(흰젖: 印度)에 라마(男兒) 대장부에 관한 얘기 *Rāma-Yana* 서사시가 있다면, 동국(東國)의 불가엔 바무니(Bhāmuni) 얘기 *Bhāmuni Yana*가 있다.

바무니가 가섭불이요 동이족 기자왕 4대손 맥족의 피난민 후손이다. 그분 전생 2000년 곱향목의 수행과 경주 황룡사터 반석 90년 수행의 훈습이야기다.

Yana는 여나, 이어가기 얘기요, Vāsana(熏習)란 Veda의 개념인 신을 ① 뵈다, ② 외다(śruti: 소리 들은 것), ③ 배다(smrti, 삼으리)의 3개념과 같은 신이 ① 왔잖아, ② 배잖아 개념의 정직한 수행 생활을 말한다. 즉 속일 수 없는 정진(精進)의 맥(脈)이 내내 이야기의 핵심이다.

바무니의 흔적으로 말미암아 연꽃시대와 용화시대가 따른다. 인도의 연화시대엔 천민 수드라의 존재가치가 하늘에 닿는 우파니샤드의 범아일여 사상을 잉태했으며, 석가모니 10대제자 13보살이 탄생했으며 동국엔 천하제일 4대명당 수행터와 더불어 15대선사와 6선지식 등 여래의 씨가 줄을 잇는다. 15대선사와 6선지식은 나름 근거가 있어 언급이 되었으니 당연히 수행의 근거가 되는 영력의 도수 관계이다.

또한 후편은 석가모니 돌아가신 지 3000년이 지난 후이므로 56억 7천만 년 후의 미래의 의미는 현재가 바로 미륵 용화시대임을 직시하고 과거 석가모니 시절과 다른 환경을 설명해가며 미륵(Maitreya: 엄마들, 慈氏부처님)시대에는 어떻게 생존하며 살아가야 할까를 살피려는 것이다. 현실 타개의 작전개념이다.

오늘날 하늘에서 내려다보는 세상은 집집마다 꽃을 키우고 동네마다 환한 꽃밭 천지이고 하늘엔 비행기가 날아다니니 용과 꽃(華)시대이다. 용화시대는 첨단 과학과 고도의 정신문명 위주의 시대라 거기에 맞는 수행과 건강법도 자연 변화가 온다.

은진 미륵불로 대표되는 용화시대에는 미륵불의 검은 또렷한 점판암 눈알(정신건강)과 법체가 두루마기 도포와 탕건과 갓으로 상징되는 세간의 중요성의 특징이 있다.

이 시대에 자기의 역량을 최대한으로 발휘하기 위해선 첫째 건강해야 행복한 것이다. 둘째 병 없는 것이다(정신 포함). 셋째 편안한 것, 화목이다. 이것이 이루어지면 자기가 원하는 것이 절로 성취되게 되어있다. 건강한 행복과 병이 없음을 이중으로 강조하는 시대 아니 정신의 건강이 더 큰 비중으로 다가오는 시대 이런 환경 속을 첨단과학 시대의 생존 건강법과 Puruṣa(불덩어리의 子, 작은 태양, 핏속 세상) 세상이라 표현하였다.

환경변화에 의한 육신의 건강법엔 새롭게 적용해야 할 식성 약성이 요구된다면, 정신 분야는 마음이 주체라 기존의 틀 속에서 기존 개념의 재해석과 에센스의 추출로 시대변화에 적응해야 하기에 Puruṣa의 개념과 『반야경』이 다시 등장한다.

바쁜 융화시대에 나의 몸과 정신을 온전히 보존하고 곁들여 나름 자유자재로 사는 법이 무엇인가를 생각해 보는 것인데 그 중 하나는 과학시대에 맞게 동무 이제마(李濟馬, 1838~1900) 선생이 생각한 색심불이(色心不二)의 관찰법을 과학적으로 들여다보려는 시도이다.

철학적으로는 동무 선생의 사상체질론 중 비위(脾胃)의 토(土)가 사상(四象)으로 튀어나온 것을 수정 보완하는 것이요, 사상의 구분법에서는 혈액형이 가미된 신사상론(新四象論)이며 또한 거기에 맞는 약성과 식성의 관찰이다.

본인의 체질을 정확히 아는 것은 자연의 숨겨진 약성분을 밝히는 만큼이나 중요한 의미를 지닌다. 자연의 약재가 오행의 각각의 특성으로 이룩된 약성분을 숨기고 있다면 사람 또한 각각의 수목화금의 특성을 몸속에 감춘 채 태어났으니 서로의 조화를 맞추는 것이 과학시대 건강법의 기초가 된다. 가령 인삼공화국인 한국에서 그것이 모든 사람에게 다 맞는다고 생각하면 큰 오산이며 꿀과 쑥도 마찬가지이다. 알러지 각종 약 중독 백신 부작용 등 살아가면서 접하는 건강에 관한 근심거리가 한가득이다. 이와 같은 걱정거리의 하루하루를 살아가면서, 나의 머릿속에 식성, 약성과 체질에 대한 기본개념이라도 정립되어 있다면 적어도 내가 사는 인생을 내가 주재(主宰)하는 토대는 마련되는 셈이다. 이것이 독립이요 작은 태양 Puruṣa(불덩어리 광명)의 자유개념이다.

1983년부터 9년간 仁山 金一勳 스승(1909~1992)께 배운 철학을 가미해 그분의 사상(四象)이론을 따르되, 그간의 경험과 빠진 자료와 주석을 보태어 시도해본 건강법과 장소를 불문하고 길상(吉祥)이 뻥 터지는 다라니 그리고 나름의 산스크리트『반야경』해석이다. 뚱딴지같이 왠『반야경』일까 하는 독자도 계시겠지만 앞서 말했듯 바무니 목신수행부터 이어지는 미륵의 세상까지 서술되는 이야기의 끝 보물 수정궁(水晶宮)이라 실린 것이다. 화수미제(火水未濟)의 세계요 공(空) 세상이다. 사실 미륵은 그 본질을 바라보아야 한다. 벼리의 빠진 그물코를 하나하나 메꾸기 위해 오시는 분이라 사람만 구하면 되지 껍데기의 무슨 옷을 입은 것은 관심 밖이다.

그런 연유로『반야경』해석은 현대인이 살아가는 와중에 나를 구속하고 괴롭히는 절대치 자아가 없다는 Isvara(아이쉬워라: 觀自在) Puruṣa(태양, 햇살)의 마음속이고 또한 동국 특유의 가을 숙살풍(熟殺風) 환경을 가미한 色卽始空(색은 공에서 시작된다)의 해석이다. 이야기의 끝 화룡점정(畵龍點睛)이요 생물(生物)인 셈이다. 그렇게 이해해 주신다면 고마운 일이다.

辛丑年 終冬

李水月 識

| 목 차 |

| 목 차 |

II. 석가모니 탄생(BC 1087년)과 연꽃시대

후편– 첨단과학 시대의
생존건강법과 Puruṣa(작은태양)

Ⅰ. 용화(龍華)시대 건강법

1. 미륵의 특징

2. 의명(醫明) 기초 _ 305

| 목 차 |

Ⅰ. 전편 - 바무니가 이룩한 거룩한 세상 이야기

Ⅰ. 꿈을 풂다 - 전세인연

1. 2000년 곱향나무

살아보니 300년이야 우습지. 어릴 때 할아버지가 날 앉혀 놓고 황해도 금천(金川)에서 농사짓고 살기엔 인생이 너무나 아깝고 답답해서 열아홉에 서울로 도망 와 여기저기 기웃기웃하다가 돈 떨어져 낭패 본 무전(無錢) 유람기(遊覽記)를 들려주었다.

집에서 훔쳐 온 돈 다 떨어지고 배고파서 하는 수 없이 어느 중국집에 들어가 음식 몇 인분 시켜 배터지게 먹고 나서 돈 없다고 하니 주인이 끌끌 혀를 차더니 고향에 전보 쳐 아버지가 기차타고 오시어 음식값 다 갚고 아무 소리 안 하시고 보따리 챙겨 들고 앞장서시는 고향에 따라 들어가 다시 살았다고 하셨다. "네 증조할아버지가 참 멋있는 분이야. 난 다리몽둥이라도 부러지는 줄 알았지", "같은 황해도라도 바닷가 해주 이런 친구 '먹고 남으리 입고 남으리 쓰고 남으리' 물산이 풍부해 부잣집 도

련님 행센데 예성강 줄기 금천은 촌놈이거든" 난 할아버지가 더 멋있었다.

열아홉에 세상 유람(遊覽) 가출이라 조부의 성취동기와 결단력이 부러웠다. 165센티쯤 되는 자그마한 키에 인상은 절의 염불승같은 목탁두상이시라, 앞뒤 옆 어디로 돌아봐도 납작하진 않고 작은 눈에 살짝 사람을 깔보는 듯한 웃음에 특유의 유머와 몸짓으로 화창하게 이야기하시면 장소가 어디건 주위 사람들은 안 보는 듯하면서 모두 귀를 쫑긋 세우고 재미있게 들었다. 어디서건 말씀만 하시면 지도자였다.

어디 외출이라도 하실라치면 구두를 신으시는데 항시 구두주걱이 꼭 있어야 발이 들어가는 뒤 발꿈치 싸는 가죽 속에 딱딱한 날이 서고 앞의 코는 항상 반짝반짝한 할아버지모냥 작지만 당당한 그런 구두였다. 못살던 그 시절에도 늘 양복을 깔끔이 차려입으시고 앞장서시면 허리가 반듯하셨는데 따라가는 나는 소년기에 키만 껑충해 마른 장대가 휘청이듯 활대가 움직이듯, 동양의 귀인을 호위하는 꺽다리 화란 청소년이 따르듯 하였다.

도대체 모든 면에 우성인 할아버지에 비하면 너무나 다른 나를 그 시절엔 한심하게 생각하며 뒤를 따랐다. 그런 손주를 늘 피난 나와 첫 손주라고 남 앞에 내놓고 자랑하시던 그분의 인품이다.

그때 들었던 이야기들, 만주 땅 흙은 검으나 농사는 잘된다는 얘기, 만주에서 집 짓고 사는 얘기, 그쪽 여관주인 놈 중 천하에 못된 놈, 손님을 지하에 가두고 하나하나 꺼내 죽이는지 팔아먹는지 한다는 얘기, 거기서 손이 묶인 채 탈출하는 유일한 법 평양박치기, 고려인삼을 일본 놈 신앙으로 여긴다는 얘기, 개성 땅 모래흙 그 사람들 빨래를 마당에 던져놓고 말린다는 얘기, 서울 장바닥의 물건값이 몇 전이니, 경성역 앞 남대문의 납작한 풍경 등 할아버지가 경험했던 세상살이 100년에 그분이 직접 들었던 고조할아버지의 100년 시절 거기다 내가 사는 100년 그렇다면 300년은 할아버지 무릎 위와 내 눈 속의 직접 경험이다. 그런 거 일곱 번이면 2000년 자꾸 이렇게 억지로라도 시간을 압축해내 가까이 두려는 것은 석가모니 전생 2000년 곰향나무 수행이 내게 더욱 실감이 나지 않기 때문이다. 2000년 그 비밀 코드를 해석해야만 하는 나의 억지 300년 단위의 축지(縮地) 계산법이다.

원래 나무의 품성상 목신이 환도인생하면 그 인품이 고매하고 깨끗하다. 평생 학자로 살던가 아니면 인가(人家)와 좀 떨어져 살면서 조용히 한적한 삶을 영위한다. 머릿속이 맑아 세간사에 휘말리는 것을 좋아하지 않는다. 특히 대목신(大木神)은 몇 번을 환생해도 선골(仙骨)이며 조용히 사는 성품으로 자연 정신력이 점점 커진다.

신라의 남산 도리하(桃李下) 결의형제 원효, 의상 그리고 윤필거사 세 분 대선사 중 의상조사(AD 625~702)도 입적(入寂)하신 지

1300년이 되었다 그분은 돌아가실 때도 아직도 본인의 그릇이 여전히 모자란다고 생각을 하셨는지 용문사 산비탈에 지팡이를 꽂으시고 내내 저렇게 은행목으로 수행하고 계신다. 그분의 순수한 인품이다. 한 생을 선묘와 더불어 아름다운 사랑이야기를 완성하여 연인들의 아늑한 고향 같은 곳 부석사(浮石寺)를 남들에겐 기어코 한번은 가보도록 해놓고 정작 본인은 사람이 오지 않는 곳 먼 골짜기에 떠나 자리하신다. 젊은 시절 황룡사(皇龍寺)에서 보고 들었던 법당 뒤의 연좌석(宴座石)이야기 '전세의 가섭불 자리'의 화두를 여전히 붙잡고 계신다. 그분의 화두가 1300년이 지나가며 진행 중이다. 그분의 진리탐구 인연기(因緣記)도 15대선사 이야기에 넣어 조금 해드리는 것이 도리가 아닌가 한다.

(1) BC 3200년 마곡(痲谷)의 품

어젯밤 사람 팔뚝만한 도롱뇽이 기분이 좋았던지 꼬랑지에서 안개를 품어 내는데 골짜구니가 가득했었다, 장관이었다. 매 잡는 꾀돌이 10년 묵은 꿩도 '뭐지뭐지'하면서 당황하여 나무 둥지 밑에 대가리 처박고 눈만 깜박거렸었다. 산속의 모든 놈이 아무도 도롱뇽의 짓인지 알아채지 못하였다. 축생의 세계 이놈들은 아무도 가르쳐주지 않은 자기만의 법으로 세상을 터득하여 살아간다. 도롱뇽은 대만족하고 이제 잠이 들었다. 100년 묵은 여우가 어제는 민가에 나가 장난질을 하고 왔다. 젊은 아낙으로 변신하여 남정네에게 맛있는 음식을 얻어먹고 예쁜 씨(향나무 알)를 받아왔다. '이걸 어디에 쓰지, 버릴까'하다가 갑자기 평시에 자기가 가장 편안하게 느낀 땅, 개천이 태극으로 도는 땅 안쪽 언덕, 그곳에 물고 가 뱉어 놓으면 '자라지 않을까'라는 생각을 하게 되었다. 보통 때 같으면 어림도 없는 일이었다. 새벽에 편안한 땅, 그 땅을 가보니 가끔 다쳤을 때 줄기를 긁어먹던 큰 느릅나무에 파란 정기가 하늘과 이어져 있었다. 그리고는 하늘의 그 파란 안개 기운이 여우를 휘감는 것이었다. 여우는 이제껏 느껴보지 못한 아늑한 황홀감에 휩싸였다. 여우는 조용히 여인으로 변신하여 그 땅 가운데에 향목 씨를 두 손으로 공손히 묻어두고 사라졌다. 하늘의 까마귀가 잘한 일이라고 깍깍~댄다.

그렇게 하늘은 여우를 시켜 귀한 향목(香木)을 이 땅에 자라게 하였다. 자라면서 한 그루이나 쌍형(雙形)을 이루니 곱향목으로 불리운다. 해뜨기 전 먼동이 틀 무렵의 이 땅은 신비의 땅이다. 아침 햇살에 비치는 감로비선(甘露秘線)은 신선하다. 낮이면 하늘의 태양열이 땅속의 열을 흡수하여 태양의 기(氣)는 신(神)으로 변한다. 밤 자정(子正: 0시 30분)이면 땅속의 정(精: 水)이 태양의 신(神: 火)과 만나 영(靈)으로 화(化)한다. 이런 자정수는 묵직하다. 한 바가지 퍼먹으면 뱃속이 다 편안하고 돌 틈 메마른 옹뎅이에 부으면 송사리들이 그렇게 좋아한다. 이 땅 자연 샘 자정수는 감로수다. 땅 밖으로 새지 않고 그저 내를 이루며 흐르는 양이 얼마인가.

이걸 신시(神市)의 선배들은 amṛ(아니+沒) 죽지 않는 감로라 부른다. 기(氣)의 정(精)과 불의 기신(氣神)이 만나 감로를 이루고 감로의 일부를 머금은 풀잎의 이슬에 아침이면 유난히 선명한 신비한 햇살이 비치는 이 땅을 훗날 영웅이 나타나 조선(朝鮮)이라 이름하였다.

새벽의 광선(光線) 속에 우주의 모든 별의 광(光), 정기(精氣)가 이 땅의 광선 속에서 넘실대니 이 묘함이 선(鮮)이다. 조선은 그렇게 아침 햇살이 특이한 감로의 땅이다. 이것은 마치 인간 개인의 운동력의 원천인 명문(命門: 水中火 – 음전류)과 삼초(三焦: 火中水 – 양전류)의 합성처가 단전(丹田)이듯 지구의 단전 땅이다.

히말라야 네팔 티벳 고원의 생기가 곤륜산 지나 동북으로 뻗어 생기의 종기점(鐘氣点) 백두산은 금성 기운과 문곡성의 정기가 머무는 곳. 지구의 산천 정기, 땅의 정기, 천상의 정기가 합일된 감로천의 신비로 신인(神人) – 신수(神樹) – 신초(神草)가 즐비한 곳이다.

그런 신비의 땅에서 곱향목은 2000년을 버틴다. 하루하루가 그리 심심하지는 않았다.

여우는 가을이면 쌓인 노란 은행잎 덩이를 그렇게 좋아해서 포근하게 잠이 들곤 하였다. 지켜보니 그 녀석은 사람으로 태어나 턱주가리 뾰족한 미인으로 태어나 촌장의 마누라가 되어 욕심을 어찌나 부리는지 동네 사람들의 원성이 자자하였다. 그걸 전생 돼지인 촌장 놈은 아는지 모르는지 그저 제 마누라만 좋다고 아랑곳하지 않고 산다. 밤이면 멧돼지에게 재산 모으는 꾀를 가르치는 여우의 재주가 가관이다.

태극으로 돌아가는 개울 속 바위 짬 바구니에는 어린 잉어가 들어가더니만 아가미로 물만 흡수하면서 어렵게어렵게 살고 있다. 그래도 집이 아늑하다. 바위틈 밖에 보이는 메기, 쏘가리 같은 놈이 덥석덥석 다른 물고기를 잡아먹으면서 '왜 그렇게 힘들게 사느냐'고 놀린다. 주둥이를 쑥쑥 바위틈으로 넣으려 하면서 놀려댄다. 부럽다. 그래도 잉어는 제 삶을 산다. 이제 제법 바위 안 집이 많이 넓어졌다. 맞은편 개울 용소바위를 바라보면서 언젠가는 저도 저렇게 용솟음을 치며 승천하리라 믿고 사는 그 모습이 아름답다. 계곡마다 얼마나 많은 잉어가 바위 짬 바구니에서 저렇게 수행을 하고 사는지 감로의 땅이 아름답다. 세간의 신어(神魚)라 함은 신룡(神龍)이니 용은 양전기(陽電氣)를 축적했다가 공간의 구름장에 임의로 수분을 증발시켜 강우량을 뽑아 내린다. 물이 불을 낳고, 불이 물을 낳는 것 이것이 상호 가능한 것은 전극체(電極體)인 용밖엔 없다.

용은 비늘이 모두 귀인 천이통(天耳通)이라, 관세음 즉 중생의 소리를 눈으로 척 보고 안다 함이니 관세음보살은 동해 용왕의 능력을 빌리는 것이며, 동해 용왕 또한 1년에 한 번씩 관음께 배움을 닦아 몇 생 후 대각인 관음의 제자이다. 피와 살이 구분 없이 덩어리 돼 지혜가 부족한 까닭이다.

바위가 제집이고 커감에 넓어지니 용은 불견석(不見石)이요, 수행에만 정신 통일하니 새끼를 안 낳는 것이요, 그래서 용은 암수가 없다. 마찬가지로 훗날 비구 비구니가 수행 끝 불보살이 된다면 남녀의 성(性)은 없는 것이다. 그러므로 관세음보살도 남녀의 성(性)은 없다.

어쩌다 바다에 나가 뱃놀이라도 하다가 용의 등천(騰天)을 보게 되는 행운이 있게 되면 바닷속에서 배를 그대로 치고 올리는데 배보다 큰 용의 비닐은 투명한 듯 아닌 듯하며 돌아치며 올라가면서도 나룻배는 어떻게 된건지 알 수 없게 잡아 올리는데, 어느 순간 바다 밑 물의 사람들은 개미새끼보다도 작게 아득히 멀리 둥둥 뜨게 되며 마치 반야용선을 탄 듯 극락을 가는 듯한 착각을 일으키며 어느덧 무서움과 근심은 씻은 듯 없어지며, 그렇게 얼마간 둥둥 떠다니며 용 잔등에 타고 노니다가 갑자기 하늘의 용이 사라지면서 배는 사뿐히 언제 그랬냐는 둥 솜털같이 본래의 바다 위에 내려앉는다. 사람들은 괜찮으시냐고 인사하며 부러워하는데 나는 황홀해 극락이 이런 것이려니 하며 꿈결 같은 경험을 잊지 못하고 살게 되는데 이것이 등천 용의 잔등에 탄 영광이다. 꿈속에 작은 용 · 큰 용 · 청룡 · 황룡 · 백룡 수백 수천의 용이 하늘을 수놓는 장면을 본 행운보다도 이것 한 번이 평생에 잊지 못하는 영광이다.

이렇듯 1000년 수행 끝에 용의 승천은 경사스러운 일이다. 마치 1000년에 한 번씩 황하(黃河)에 묵직한 감로수가 황토물을 쩍 가르는 광경을 눈앞에 목격한 어부가 잠을 못 이루는 밤같은 영광이다.

한 그루이나 쌍둥이 곱향목은 그런 땅에서 조용히 2000년 수행을 마치었다. 이 땅은 구렁이도 1000년을 묵는 땅이다. 저쪽 하늘 아프리카 구렁이는 600년이면 벌써 껍질이 썩어나는데 '왈 1000년은 900년이니' 300년의 차이가 존재하는 하늘 구조다. 대목신과 큰 짐승도 많다. 묘향산 돼지 수 천 근 15척(4.5m)되는 녀석은 겨울에는 묘향산, 여름에는 백두산에 거주한다.

12년된 돼지가 1000근이 넘는다. 토종돼지 소보다 크다.

곤륜산지나 히말라야 그 너머 서쪽 땅만 해도 용이 되지 않으니 남인도 아유다국의 길상 쌍어문(雙漁紋)은 듣고만 그린 것이라 간접 경험인 셈이다. 같은 동쪽 끝 진(震) 방향 일본도 산천 정기 부족으로 용이 나지 않고 여우도 둔갑을 못 한다. 그러니 그저 이야기의 주인공은 어디까지나 동국에 있는 법이요, 나머지 땅은 이야기가 넘어가 어깨 너머 들리고 상상하고 연모하고 그리는 변두리 땅이다. 그러니 동국의 신어(神漁)는 신룡(神龍)이다.

우리가 자연에 플러스극(+)과 마이너스극(-)이 있듯이 이것은 온기와 냉기, 자비와 무자비, 선과 악의 대비되는 특징으로 나뉜다면 생명들의 끝자락도 그것들이 어떻게 살아왔느냐에 따라 자연히 저절로 가는 길이 정해져 있다. 사람으로 태어나 눈앞에 욕심이 가려 깜깜이로 살아왔을 뿐 자연은 살아온 업과 거기에 따르는 성품이 절로 형성되어 왔기 때문에 가는 길이 정해져 있다. 가는 길만 정해져 있는 것이 아니라 각자의 길로 가는 그 과정에 얼굴과 모습도 정해지고 선과 악의 모습도 자연이 정해주는 대로 받게 된다. 좋지 않은 습성으로 살아 구렁이로 태어나고, 그 형태 그대로 환도인생하여 전세의 골상 그대로에다 부모의 피를 섞어본들 전세의 모습이 얼굴에 50% 이상 남아있다. 게다가 이 땅의 구렁이는 오래 살기까지 하니 다른 어느 곳보다 더 강한 마이너스(-극)이다.

이 말은 수많은 수행자가 존재하는 이 성스러운 땅이 동시에 독하고 나쁜 종자도 많이 있다는 의미다. 그렇게 인식하고 이 땅에서 살아가야 한다. 자연의 이치인 숙명이다. 마치 봄이면 모든 독초와 약초가 함께 자라듯 약효가 좋은 땅은 독초도 강한 법이다.

즉 봄의 우주의 마음은 선악(善惡) 구별 이전의 햇살의 자비심이요, 이 안에서 누리되 못된 종자는 종말에는 벼락을 맞아 사라지게 된다. 선을 지향하되 현실에서 악이 존재하지 않는 선만은 있을 수 없으니 악을 지그시 누르면서 살아가야 하는 것이 누깔세계이다.

누깔세계의 세속은 늘 선과 악이 부딪히는 세상이고 저 악이 나보다 늘 크므로 못된 놈이 잘되는 꼴을 눈으로 보고 사는 괴로움의 세계이기도 하다. 도대체 언제 선이 이기는가. 적선지가에 필유여경(積善之家 必有餘慶)이라더니 현실은 반대이지 않은가. 그렇다. 개인의 입장으로 보면 현실은 모순투성이다. 악이 얼마만큼 크면 내가 감당이 안 되는가도 각각의 영력에 따라 다르니 사람과 경우에 따라 해석이 달라진다.

그렇기에 당하지 않기 위해 수행도 필요한 것이고 또 사회 유지와 바람직한 유토피아를 위해 공적(公的)으로는 적선(積善)이면 좋은 일이 있다고 말해야 되는 이중성도 있다. 또 이것이 아주 틀린 것만도 아닌 것이, 과거에 수십 년 적선으로 동네에 덕을 본 이만도 수십 명인 시골 암자의 보살님이(해방 전 평북 운산군 백벽산白壁山 견성암 강보살) 돌아가실 때는 방안에 향내가 가득하니 만당 서기(瑞氣)는 다음 생 부자의 증거이고, 막상 태어나면 제법 의젓한 간덩이의 소유자로 태어나게 되는데 이것은 영이 혼을 시켜 조직을 만드는 우주의 비밀이다.

물론 이런 상태를 삼생(三生)의 눈으로 해석을 한다면 당장은 이렇게 복을 받으나 연이은 다음 생은 다시 복진 타락이니 제 그릇을 먼저 갖춘 후에 명예고 부(富)고 감당하는 것이 법도다.

감당할 그릇을 갖추는 것이 우선순위이고, 그 다음의 문제는 자기 선택권이다.

그릇을 갖추면 자유로운 생이 오래 가는 것이고 영력의 뒷받침 없는 작복(作福)은 수명이 짧기 때문이다. 그래서 이런 철학원리를 알고 본인이 선택을 하는 것이 인생이다. 그 원리 안에서 나락 아닌 수준으로 올리는 것은 자기의 수행이다.

공부의 밑천 없는 적선(積善)의 결과인 부자는 기한이 짧다는 의미다. 그 생엔 감당이 되나 그 이후의 생엔 뒷심이 부족한 것이다. 그렇기에 작복으로 쌓은 세속의 부자란 시간이 짧음을 경계해야 하고 근원적 수행에 관심을 가져야 하는 법이다. 부자고 거지고 각각 중생이 모두 공부가 중요한 이유다.

그렇다면 목신의 수행의 목적은 무엇인가.

자비심으로 시작했으니 +극의 하늘은 나의 편이라 생각하고 수행으로 영력이 증가되니 -극의 귀찮은 존재들을 모두 물리치는 힘을 키우는 것이요, 생사의 자유자재로 나의 원력이 오래 유지되기 위함이다. 맑은 정신의 신심 유지에는 목신 수행 만한 것이 없다.

이런 원리를 알아가며 자연 속에 나를 두고 숨을 쉬는 목신(木神) 수행도 생의 그림 중 행복한 모습 중 하나다. 그 위치가 마곡의 골짜기모냥 조용하면 보다 맑은 터요, 잘못 정해져 어지러운 동네 터에 자리 잡으면 보지 않아야 할 꼴을 많이 보기에 목신일지언정 심사가 사납게 될 수도 있다. 그런 면에서 훗날 마곡사의 골짜기로 불릴 이곳은 아늑한 땅이다. 또한 대목신 수행의 인연으로 선하고 수행에 뜻이 있는 인재들이 몰려들 땅이다. 개천이 태극을 그리고 내려가는 사하(寺下)마을도 늘 마음이 선한 사람들이 몰려들고 편안하게 살아갈 수 있는 땅이 된다. 고마운 일이다. 무엇보다도 마곡의 골짜기 같은 곳에서의 목신수행의 장점은 조용히 살았으므로 다시 몇 번을 태어나더라도 변함없이 정신력이 증가한다는 데에 있다.

전세 대목신의 인연으로 훗날 그 골짝에는 수행 인연의 인재가 몰려들어 가람을 이루니 그리 크지도 작지도 않은 적당한 크기의 인원과 규모의 수행처이다. 수행자란 신심 집단(교단) 안에서도 보물이라 Saṅgha라 하는데 이는 쌍가(雙家)며 쌍이 많으면 무리 중(衆)이다. 이처럼 사람 중에 수행에 관심을 두고 공부하는 집단이라면 승가(僧家)며 성가(聖家)이다.

아무튼 대목신이 2000년 무사히 신세진 인연으로 마곡사 땅에 수행하는 자가 끊이지 않는 것은 고마운 일이다.

곱향나무의 숨은 뜻은 향나무 고사(枯死) 이후 바무니의 대각과 인도의 석가모니의 두 부처로 태어남을 말함이요, 그 인연으로 마곡사 금당이 대웅보전과 대광보전의 둘이요, 마곡천 태극돌기 앞뒤로 태화산(泰華山, 416m)쪽과 광덕산(廣德山, 699m) 양쪽의 가람 배치 형태며, 대적광전 부처님이 전단향목(旃檀香木)[1] 부처님이시며 인도의 방향 서방에 자리 잡으심이다.

대광전 목불은 2000년 대목신의 상징이고 영산전 목조 칠불의 가섭불, 석가모니불 등 과거칠불 또한 대목신 뿌리의 가섭불과 석가모니의 인연을 말함이니 인연이란 이렇듯 모르게모르게 배어있는 것이다.

또한 훗날 관음께서 격려차 들리실 땅이다. 이걸 알고 신심어린 기와장이가 빨리 오시길 재촉하는 마음으로 정성으로 빚은 청기와를 대적광전 용마루에 올려놓았으니 인연의 이어짐이 아

1) candana cand: 인도 전나무. 귀한 나무 즉 향(香)이 나는 나무 음역으로 전단(旃檀).

름답다. 흙으로 구운 기와장 속에 구리를 살짝 얇은 판으로 집어넣어 몇 천 년이 지나도 비가 새지 않으며 참새가 더운 날 올라앉아도 다리를 데는 일이 없으니 요즘의 천박한 구리 기와와는 격이 다른 신(神)의 경지이다. 이 불사의 인연으로 마곡 주변의 사람들은 아니 공주지역 사람들까지 설사 죄를 지어 지옥에 가게 되더라도 염라대왕 앞에서 "뭐던가 그늠이잉~ 마곡사 절깐에 청기와짱 봤구먼유~"하고 버티면 염라대왕도 입이 한 길은 나와 욕을 해대면서도 지옥에서 면해주니 마곡사 청기와는『목련경』의 목건련의 신통력만큼 이상으로 귀한 것이다. 일본놈 시절에 개와불사 명목으로 싹 걷어 일본으로 실어갔으나 아직도 신비의 청기와를 만들었다는 말이 없고, 강제 개와불사 시 거들던 일꾼들과 승려의 재치로 깨져 못쓴다고 남겨놓은 청기와가 법당 용마루엔가 몇 장 증명으로 남아있으니 관음친견 발원의 증명이다. 훗날 관음이 오셔서 몇 장의 기와를 알아보시니 기와장이의 한이 풀어지는 날이다.

(2) BC 1200년 시대상황

곱향나무 대목신 2000년 수행의 마침표가 BC 1200년이니 이제 마곡의 골짜기를 벗어날 때가 되었다.

영으로 훑어보니 여전히 이 땅은 백두산 천지(天池)에서 지구의 내장과 직통하는 신수(神水)가 일일(一日) 수십만 톤 끊임없이 용솟음치고 흐르는 물이 강물되어 오대양 육대주의 근원이 되며 그 영향으로 해동인의 천손영기(天孫靈氣)의 기질이 최고요 백절불굴의 정신은 강을 이룬다. 정신이 퍼뜩 드는 땅 조선(朝鮮)이다.

머리를 들어 뿌럭지를 바라보니, 서아시아 Hindus강(히말라야 설산에서 내려오는 흰젖. 본래는 Sindhus 신젖이다. 인더스강도 Sindhus강이다) 지역은 카스피해 서쪽에 살던 떠돌이 아리안족의 침입(BC 1500년경)으로, 초기 BC 40세기 이래 인더스강 중 상류에 작은 도시국가들을 이루며 멀리는 페르시아만 수메르지역 Ur(위: 해 뜨는 곳 日, 우주) Uruk(위락: 해지는 곳 日落, 우르의 서쪽)와 무역을 해가며 번성하다가 서서히 인더스 하류와 갠지즈강가로 퍼져 평화롭게 살던 드라비다족들은 피지배족이 되어 아리안의 구분에 의해 Sudra(저것들, 저들) 천민으로 전락되어 신음하고 있었다. 수메르의 나무바퀴를 고성능 바퀴살 Cakra(차끌어 수레바퀴)로 개량한 아리안들은 전진 속도가 기존의 수배는 빨라진 마차전차를 이끌고 인더스강을 넘어 점차 갠지즈강 유역까지 점령하여 요지인 북인도지역을 차지하고 Dravida족(들어있다, 원주민)은 인더스 갠지즈강가에서 천민으로 전락하고 도망간 사람들은 갠지즈강 이하 남으로 남으로 Decan(큰, 크다)고원과 동남부해안으로까지 이동하여 살게 되었다(지금의 Tamil족, 太밑족, 해밑족). 고난의 삶이다.

아리안들은 침략전쟁을 마무리한 뒤 힌두땅에 퍼져있는 거주민족의 인구가 자기들보다 배 이상 많음을 알고 브레인들이 영구 집권책의 일환으로 사상의 지배를 연구하기 시작하였다. BC 12세기에는 Veda니 뭐니 자기들 입맛에 맞는 천신의 경전을 만들어 세상의 인간을 지배계층과 노예로 만들고 드라비다족 수드라는 전생에 복을 못 지어 푸루샤의 발가락으로 태어났다는 등 동아시아에 널리 퍼져있던 Samsāra(삶살아: 생사生死) 윤회사상을 이용해 피지배족 드라비다족을 옥죄는 도구로 사용하게 된다. 본래 윤회사상은 각 개인의 karma의 법 즉 삶 위주로 자연스레 해석되던 것을 사회계급이라는 교묘한 공적 해석을 통해 타민족을 윤회사상의 굴레를 씌우는 진리 왜곡을 시도하였다.

『리그베다』(10.90.12) 푸루사 찬가에서 브라만은 puruṣa(불의 子)의 입에서 나왔고, 수드라는 puruṣa(불의 몸, 불의 子)의 발가락에서 나왔다는 등 힌두 땅에서의 아리안의 역사 조작이 도를 넘어가고 있었다. 불덩어리는 본래 인류에게 있어서 신이었다. 불이라고 발음이 되는 pur(뿌루샤의 불), Br(브라만의 불, 佛 부처불도 불덩어리란 뜻이다), Deva(불에 데어) 모두 신이다. 이런 외경(畏敬)스런 자연의 언어는 모두 자기편이다. 역사는 신의 개념의 정복전쟁이다. 전쟁의 승자는 반드시 신을 제 편으로 만든다. 본시 제석의 환인의 뜻을 받든 환웅이 각 지역을 나누어 연합국가를 만든 후 각각의 개성에 따라 평화롭게 살기를 원한 것이었는데 시간이 지남에 따라 어쩌다 정통이 아닌 자가 힘을 갖게 되면 이것들이 하늘의 개념을 나누지 않고 독점하여 상대편의 자존심을 건드리면 끝없는 전쟁이 시작되는 것이다. 집히지도 않는 큰 것, 줘도 그만인 것 같은 개념 이것이 역설적으로 지존의 가치요 정복지를 이끄는 힘이요 싸움의 원인이 된다. 잘못된 이념에 사로잡히는 인간집단 이것이 늘 인류에 골칫거리를 안긴다.

본래 천제의 가르침에 의해 드라비다족들도 하늘에 감사를 지내고 또, 보다 평화로운 민족일수록 그 하늘의 뜻이 이 땅 모두에게도 머물도록 범신론(汎神論)이 발달하였다. 드라비다도 각각의 부족이 작은 도시를 이루며 평화롭게 살고 있었다.

소위 말하는 인더스문명의 가장 큰 도시인 인더스 중류의 Mohenjo Daro(沒한 자의 땅= 죽은 자의 땅, dal=dar 땅도 BC 4000년에 시작되어 BC 2500~1800년경에 전성기였을 당시 인구 3만~5만 정도의 작은 도시)나 Harappa(할아빠, 할아버지: 인더스강 상류의 고대도시. 현재 발굴 상태로는 두 번째로 크나 시크교도의 파괴가 있기 전에는 본래 가장 크고 오래된 도시였을 것으로 추정된다. 그래서 인더스문명을 Harapp 문명이라고도 한다) 등이 그것이다. 여신상, 동물상 등 천신의 보살핌 아래 다양한 평화로움을 상징하였다.

이같은 자연스런 신관사상을 아리안은 Cakra(수레바퀴)의 힘으로 정복했다는 이유로 천신을 독점하기 시작한다. 태양인 붉음(Brahma)인 창조신을 절대신으로 받들고, 그 밑에서 일을 하는 신들이 필요하므로 붉음과 같은 개념이면서 창조에 참여하는 불의 자식(Puruṣa)[2]과 창조신의 마음인 33천의 Brahman(불맘, 梵)을 상정하고 인간의 계급도 그 불맘을 실천하는 계급이 있으니 그

2) 애초에 시작은 리그베다에서 붉음(Brahma)인 창조신의 몸으로써 4계급이 생기는 원리를 설명하기 위해 생겨난 창조신의 대리자로 시작되었으나, 점차 불교의 영향으로 각각의 4개의 몸들이 모두 창조신과 같은 개념으로 발전되어 Brahman(불맘: 범梵)과 ātman(아맘: 아我)이 둘이 아닌 범아일여를 이루면서 붉음(Brahma)인 창조신과 동격이며 같은 체인 제3의 원리로 발전되게 된다. 그러므로 인도철학에선 이 Puruṣa(불의 자, 불의 몸)의 개념을 이해하는 것이 매우 중요하게 되었다.

것을 Brāhmaṇa(불맘계급, 성직자)이라 부르고 신과 같은 일을 하는 계급으로 두고, 그리고 지배계급 Kṣatriya(사또), 농민 · 상인 Vaiśya(애써)의 사회 중요 직책은 모두 아리안들이 차지하고 나머지 잡일은 Sūdra(저것들, 저들) 드라비다가 맡으니 천민이 되었다. 그 나머지는 멀리 도망갔다 돌아온 사람들, 말을 안 듣는 이들, 이런 사람들을 4계급 외에 Dalit(짤려) 불가촉천민이라 하였다. 보다 독립성이 강한 드라비다는 하루아침에 후손들이 개돼지보다도 못한 생을 살게 된 것이다. 똥이나 치우고 빨래나 하면서 후손들이 살게 되고 다른 계급과는 결혼도 못 하는 엄격한 신분사회를 만든 것이다.

부족별로 작은 도시국가를 만들고 무역을 하면서 수메르지역과 동아시아지역과 자연스레 연결되어 수천 년을 풍요롭고 자유롭게 살아온 드라비다는 수메르문화의 변방 아리안들에게 정복되어 처참하게 몰락하고 말았다. 그러기에 어느 집단이고 선진문화를 빨리 받아들여야 하고 특히 자기를 지키는 일에는 늘 관심을 가지고 대비해야 한다. 평화가 선한 마음 하나로 유지되지 않는다는 법, 드라비다 패배의 교훈이다.

아리안은 절대 창조신과 세상을 지배하기 위해 필요한 몸과 마음의 신과 그 신이 인간과 관련되는 윤회사상을 독점하여 드라비다 마음속의 신과 주체성을 빼앗아 버리고 만 것이다.

Hindus(흰젖)의 땅과 Gaṅgās(강가)의 땅과 생각을 드라비다는 모두 빼앗기게 되었다.

대목신이 2000년의 수행을 마치고 세상을 둘러보니 이렇듯 동국의 뿌리 땅 정기가 어수선하였다.

이제 다시 서서히 인간세계의 인연이 필요한 때가 되었다.

고요함(靜)이 움직임(動)으로 변화함이요 혼(魂)이 피로 변화하여 육신을 득하여 움직임이 필요하게 된 것이다.

2. 바무니(Bhāmuni, BC 12세기) 탄생(가섭불)

(1) 끝자락 달메땅과 천하명당 4대 절터 점지(點指)

대목신이 이제 인간 세간에서 할 일이 생기니 그들과 인연을 맺는 일이 우선이었다.

돌아보니 2000년의 세월이 감사도 하려니와 인간 수명의 주기로는 50~70세대를 내려오는 긴 세월이라 적응을 위해서는 그들의 사는 방식, 사고방식 등의 적응이 필요하였다. 정오에 나뭇가지와 잎으로 하늘을 가려보니 사방으로 햇살의 영기(靈氣)가 돌기로 새어나가는 중에 동남쪽의 돌기가 굵은 卍자를 그리며 새어나가고 있었다. 따라가 보니 아늑한 땅이다. 히말라야 산맥이 백두대간을 거쳐 지리산에 종결하고 경상도에서 감싸니 그 꼬리 끝 벌판(慶州)은 사람들의 기질이 믿음을 한 번 주면 변함이 없는 편한 땅이었다.

훗날 서라벌이라 칭하니 소위 Sravasti(쉬러왔어, 살아벌판) 사람이 모이는 땅이다. 이곳에서 잠시 인간 세상과 친해지다가 훗날 인연될 힌두의 땅에서는 다시 그쪽 Sravasti(쉬러왔어, 서라벌, 사위성舍衛城)에서 살게 된다. 넓은 버덩이고 그곳에 Jetavana(제타의 원園, 기원정사祇園精舍)가 있을 터였다.

이곳 서라벌에서 인간 한 생을 지내기로 하였다. 육신의 거처는 은나라 멸망 후 고조선 지역으로 이동한 피난민 동이족 맥족(貊族: 곰족)의 후예로 정하기로 했다. 동이족 기자왕의 4대손[3]이시다. 피난민의 자식이란 훗날 대각 후 인도의 거주민이 피지배족 천민으로 전락한 드라비다족의 상심(傷心)을 위로하기에는 공통점이 있고 의미가 있는 것이다.

자그마한 언덕 달메재(훗날 경주 월성月城)에 토굴을 마련하고 남향 땅에 밭을 좀 일구며 언덕 너머 판판한 땅 저습지인 훗날 황룡사터 반석이 수행에 적합하였다. 토굴에서 수행하다 언덕

---

3) 은(殷)나라는 유물의 발견으로 존재가 확정되었다. 동이족 은나라 멸망이 BC 1046년 혹은 BC 1122년으로 알려졌다. BC 12세기에 동이족 맥족의 이동이 동아시아에서는 일대 사건이다. 주로 요하강 고죽국 고조선지역에 정착을 하게 되나 일부는 한반도의 평양・춘천(우두동牛頭洞, 샘밭 밝산에 고인돌과 함께 작은 왕국 맥국터가 남아있다. BC 12세기~AD 3세기까지 존속. 멸망 후 일본으로 넘어가 우두천왕이 된다)・경주 등으로 흩어져 내륙 깊숙이까지 퍼져 살게 된다. 다시 일부는 만주 중앙아시아지역으로 일부는 캄차카반도에서 알류샨 열도를 지났다고 본다. BC 12세기~BC 11세기 조성된 온돌이 알류샨 열도의 작은 여러 섬에서 발견되었다.(2019년) 민족이 이동했다는 증거이다. 고조선 지역 기자왕 재위 기간이 BC 1126~BC 1082으로 알려지고 93세 졸(卒, 사망)로 알려진 기자는 BC 1176년생으로 알려졌으니 4대손(玄孫)이면 아무리 빨라도(1대를 15년으로 계산) 바무니는 적어도 BC 1116년생 이어야 하는데, 그렇다면 석가모니 탄생(BC 1087년)과 비교해 30년 정도의 차이밖에 없는 셈이다. 그러나 이것은 역사 기록 자체가 상나라 멸망 이후 최소 1000년 이후 후세에나 쓰여진 것이고 당시가 3000년도 더된 과거 상황이라 몇 십 년의 착오는 이해할 수 있는 수준이다. 바무니가 돌아가신 해는 석가모니 탄생으로 알 수 있기에 90년 수행이라고 가정했을 때 BC 1176~BC 1087년으로 추정한다. 바무니의 언급이 더욱 중요한 가치가 있는 이유는 북방 불기와는 바로 시대상황이 연결이 된다는 점이다. 현재 통용되는 남방 불기 위주로 적용시키면 483년이라는 오차가 있다. 바무니의 생의 가치가 새로운 국면으로 드러나는 대목이다.

너머 걸으며 생각에 잠기다가 선선한 구름 낀 날 반석 위에 다리 엮어 앉아있노라면 어느덧 시간이 저물어 하늘의 구름이 갖가지 붉은색으로 물들어 해가 저 너머 대지로 넘어감을 알릴 때쯤 까치가 깍깍 "이제 그만 쉬세요~"하면서 들어가 쉴 것을 알렸다. 어느 날은 까치가 반석 위에 날아와 "제가 선생님이 마곡의 땅에서 오신 것을 알아요. 말라버린 고목도 앉아 봤구요. 영광입니다. 칠월칠석이면 우리 지역은 청량산(淸凉山) 한 골짝에 모여 회의를 하는데 달메땅을 보고할 때면 지역의 왕까치가 조심해서 잘 모시라고 당부를 하곤 한답니다. 규율이 엄하지요. 반석 위에 앉아 삼매에 드셨을 때 혹여 하늘을 날다가 실수로 똥이라도 갈기는 까치는 칠월칠석 회의에 참석도 못 할뿐 아니라 다음날 회의 마치고 돌아온 까치들에게 물려 죽습니다. 모지리니까요. 앉아계신 하늘이 절반은 황토 붉은색으로 환한데 그것도 못 보는 까치는 조선땅 까치의 자격 미달인 겁니다. 낮이면 선생님의 후광으로 땅에 구렁이, 지네, 삵 이런 것들이 범접을 못하니 저희가 편히 낮잠을 즐기지요. 밤이면 뜰 앞 느릅나무 위의 푸른 색소 기운으로 숨쉬기가 얼마나 좋은지 몰라요. 있던 병도 낫겠다고 친구들이 찾아오거든요. 저는 죽어 선생님 곁에 늘 있기를 원하지요. 나중에 주위에 새 주둥이 입을 한 말썽쟁이가 있거들랑 저인 줄 아세요. 저 외에 선생님을 모시지 못하는 조선 까치들도 조선을 얼마나 사랑하게요. 사람들은 그걸 알아야 해요. 저 흰 단군족이 사는 마을까지만 이예요. 더 이상은 가지 않지요. 조선 까치는 똥을 먹지 않아요. 선생님 그거 아세요? 쥐눈이콩, 검은콩 그런 콩 아시죠? 땅바닥의 저놈들도 동이(東夷)와 서하(西

夏)는 구분하지요. 조선족이 집안에서 콩나물을 키워 먹겠다고 하면 도와요. 크게 자라지요. 화족이 키우면 콩나물은 심통으로 자라지 않지요. 화족의 손바닥에 색칠을 해놨어요. 훗날 조선족이 갈라져 훈족이니 몽골족이 되어도 콩나물은 도울 겁니다."

이렇게 한참을 수다를 떨다가 가버리곤 한다. 이런 날은 저녁식사를 거를 것인데 이놈들이 또 곡식이니 다래니 오얏 등을 물어다가 손에 얹어 놓고 가곤 한다. 다래는 한 움큼을 다 먹어도 늘 모자라다. 맛있다. 반석 위에 들러붙은 똥이 없는 것을 보니 까치 말이 맞는 것 같긴 하다. 그 녀석 작은 이마를 만져주면 바로 환도인생하련만 나도 정이 들어 그런지 조금은 더 보고 싶다.

신(神)은 지공무사(至公無私)이나 심심한 나를 위해 잠시 미루자꾸나. 뒤를 돌아보면 족제비도 멀리서 고개 너머 달메 언덕배기에서 고개를 들고 쳐다보곤 한다. 저 녀석은 늘 거리를 두고 쳐다본다. 어쩌다 토굴 입구에 앉았다 한참을 터를 쳐다보고 가는 걸 보니 훗날에 족제비복터라 불리겠다. 그놈이 스치면 남는 향긋하고 재미있는 여운이 복을 부르니 말이다. 그래 인간이 복을 받는 몇 가지 요소 중 하나에 재미(funny)도 있다. 감당할 만한 간(肝)도 이생에 가져 나와야 하겠지만 우선 대복자 밑에 붙어있을 붙임성이 있어야 복도 자연스레 전달되는 것이다. 그것이 권력이라면 권력, 재물이라면 재물, 재물 모으는 방법이라면 방법도 모두 우선은 주고 싶게 만들어야 나오는 것이다. 인간으로 나오면 알게 되는 붙임성과 정(情)이란 것이다. 이것이 나도 모르게 스루스루 몸에 배어 훗날 업이 되는 것인데 부디 선업(善

業)으로 서로 편한 것이 오래가는 그런 사이가 서로 되기를 진심으로 바라본다.

우선은 내가 남을 해치는 마음이 없어야 할 것이고, 남이 설사 나쁜 마음으로 나를 이용하려 하더라도 그런 것을 미리 알고 대처할 수 있을 힘이 있다면 세간 생활이 편할 것이다. 이것을 사람들은 자비요, 위력 위엄이요, -극의 독기와 싸울 수 있는 +극의 독기 대처 힘이라 하니 이 셋을 모두 갖춘 이를 신 불덩어리 불(佛)이라고 할 것이다. 햇살을 갖춘 태양, 응달을 지배하는 태양, 이런 것이다.

세상의 -극의 힘도 +극의 힘과 똑같이 키워지는 것이라서 천 년 묵은 구렁이의 힘은 작은 마왕(魔王)에 견주는 힘이라서 죽어 저승사자(使者)에게 끌려 다니고 뭐 이런 일은 없다. 이래서 힘의 관계로만 치자면 어지간한 산신 위에 마왕, 그 위에 보살, 불 이런 관계이다. 마왕은 신으로도 받들어지니 Indra신이 그것이다. 응달의 신이다. 즉 -극의 신이다. 천둥과 번개의 신이며 용맹과 힘이 말도 못해 인드라신은 신(神) 중의 왕으로 받든다. 그래서 힘의 관계로만 따질 때 산신 위에 마왕, 그렇게 위치한다.

조금만 더 구체적으로 보자면, 하늘의 영의 배선(配線)조직상의 도수로 표현하자면 보통 인간이 36°(나은 인간은 100°까지, 저지능아는 20°), 북한산신(北漢山神)이 90°, 금강산신이 150°, 백두산신 180°, 이렇게 보고 대선사 200°이상, 보살 300°이상, 불은 완성의 한 바퀴 원 360°이다. 이렇게 구분한다면 마왕은 보살 밑 대선사 주위의 200°거나 그 이상의 힘이다. 산신 위 보살 밑의 화엄신중 정도의 힘이 된다. 90°면 동네의 이름난 수재요, 180°이상이면 역사의 업적을 남기는 세종같은 큰 인물임을 볼 때 대선사는 귀한 인물임에도 대선사도 대마왕(大魔王)에게는 당할 수 있다. 동네 소마(小魔) 지네 300년 묵은 것 환도인생한 인물 정도에는 당하지 않더라도 마왕에게는 당하는 것이다. 300년 묵은 지네만 하더라도 죽어 저승사자에게 불려 다니는 일은 없으니 수행하는 이는 늘 이 힘의 관계를 조심하고 주의깊게 살펴야 한다.

여기에서 + - 구분은 별개이다. 당연히 마왕은 -극임을 수행인은 잊으면 안 된다. 이런 힘의 관계는 하다못해 구병시식(救病施食)하는 무당이나 승려도 정신력이 약한 자라면 보통 인간의 원귀(寃鬼)에게도 당해서 시식 후 귀신병을 앓게 된다. 어차피 수행이라는 것이 늘 이런 관계를 살피는 것이고 우리의 세간생활이 모두 이와 관련이 되어 있으니 골이 좀 아프고 재미는 없더라도 원리는 그렇다. 그리고 원귀얘기가 나와서 하는 말인데 원귀는 비명횡사 뭐 이런 것이고 자연히 환도인생 후에는 원망하는 마음이 배어있으니 늘 누구를 원망하는 습(習)이 있어 결국 마음속 -극이다. 원한을 풀어야 한다. 평상시에 무심결이라도 괜히 상대에게 해(害)가 되는 일은 삼가는 것이 좋다.

가령 『삼국지』의 인걸(人傑) 조조도 개인적으로는 신목의 영력(靈力)에 못 미침에도 미처 사람 사이에 묻혀 그것을 잊고 궁전을 짓겠다고 탁용사의 배나무 신목(神木)을 자른 이후에 나무 동토로 시달리다 죽게 된다. 밤마다 평생 전쟁터에서 죽인 수많은 사람의 혼령이 찾아와 환청에 시달리게 되는데 이는 신목의 영이 죽은 영혼을 끌어들여 조조를 죽게 한 것이다. 이것이 영력의 힘의 관계이다.

국내에도 몇 십 년 전, 함지박장이들이 사용할 동네나무를 계약해놨다가(버드나무 50여 그루) 계약한 날 그 동네주민 노인들 꿈에 목신이 나타나 '그거 베면 동네 망한다'고 경고했건만 밭주인이 계약금 받아 벌써 써놔서 이러지도 저러지도 못하고 끌탕만 하다가 넘기는 당일 나무 쪼개니, 나무 뽀갠 자는 그날부로 나머지 동네 청년, 아이들 27명이 하루, 이틀 저녁에 모두 쓸어나가 동네를 폐하고 그 자리는 연자방아에 논밭이 된 경우도 있으니 현재 계룡대에서 멀지 않은 논산 상월면 석종리(石宗里)이야기다.

힘의 역학관계에 대해 일률적으로 말하기 곤란한 것이 업(業)에 대한 해석이다. 호랑이가 산에서 들 토끼를 잡아먹을 때 어흥~ 한마디 울음소리에 토끼는 혼이 나가버리는데 잡혀 먹히는 순간 그 정신 속에 호랑이에게 복수한다느니 이런 것은 이미 없으니, 호랑이 죽어 제 마음대로 처칠이나 조병옥이나 각자의 크기에 따라서 약간의 차이는 있을지언정 국가의 지도자 위치로는 나오는 것이니 이는 사자도 마찬가지이다. 루스벨트나 록펠러나 모두 아프리카 초원의 수사자들이고 죽을 때 뭐 낑낑대고 이런 거 없고 조용히 앞의 들판을 바라보다가 숨만 멎으니 다음 생 기막힌 복이 열린다. 2차대전의 영웅 아이젠하워를 보라. 각궁(角弓)입이다. 전생에 초원을 누비던 그들이기에 용맹한 눈과 이마, 붉은 입술이 긴 명품 각궁입이다. 극귀(極貴)이다. 그들에게 죽음의 공포란 없다. 이생에 태어나 내가 전생에 무엇이었는지는 몰라도 살면서 공포심은 없다. 그러니 큰 인물이요. 수행이니 뭐니 따로 공부가 필요 없는 것이고 그저 호랑이가 배불러 바위 위에 배 깔고 편안히 쉴 때 바라보는 그 마음이 공부이다.

삼매(三昧, 定)의 Samādhi(싸맸지)는 번뇌를 보자기에 싸매버리는 것이다. 그러면 저절로 고요해진다. 두려움이 없다. 그것이 삼마디다. 마음이 공포 속에 사는 자는 다음 생에 좋기 어렵다. 잠 잘 자고 아침에 일찍 일어나고 낮에 눈 속에 햇빛 집어넣고 누굴 해치지 않고 자기 하고 싶은 일 정진하고 그러면 절반 극락에서 사는 셈이다. 무슨 일을 함에 토끼 눈 돌리듯 너무 산만하면 정신분열이 온다.

선정(禪定)에 Vipassanā법이 있다. vi는 ① 이(離), 떼다, 떼버리는 것이고, ② 위(違), 분리하다. passanā는 부수거나 없애버리는 것이니 즉 분리해서 없애고 지속해서 집중하는 것이다. 능멸(能滅)로 해석한다. 쪼개서 분리해버리는 것이다. 올라오는 번뇌 대가리를 망치로 족족 없애버린다는 뜻이다.

삼마디가 편안한 햇빛이라면 이빠사나는 어두움(번뇌)를 없애는 것이니 햇살이나 햇볕이다. 정(定)과 혜(慧)는 지(止)와 관(觀)

으로도 통한다. 사실 이 햇살은 사람에게는 생명과 같은 존재라서 매우 중요한 개념이지만 잘 모르고 지나친다. 햇살의 살은 해의 살인 셈이다. 즉 Śarira, 살이라, 살 즉 사리(舍利), 체(體), 신(身)의 뜻이다. 태양의 살이니 햇살이요 따뜻함이 있고 생명의 근원이다. 이것이 Śrivatsa, 살이왔어, 卍 ☼이며 광선(光線)이 되기도 하는데, 햇살은 햇빛 광(光) + 햇볕 열(熱)의 의미도 된다. "따사로운 봄 햇살이 비껴 들어왔다"의 문학 표현과 같은 의미다. 덕(德)의 의미로도 쓰인다. 복희(伏羲)씨의 탄생도에도 햇살의 Śrivatsa의 도상이 나오는데 태양에서 비롯되는 햇살은 생명의 근원이요 태양처럼 귀한 존재의 탄생이기 때문이다. 이 햇살의 고마움은 춤사위에도 나타나니 Svastika, 서서찍어 즉 서서 앞다리나 뒷다리를 서로 꼬여 엑스자형으로 꺾고 살짝 구부리는 자세이다. 卍자인 셈이다. 춤사위 중에 살짝 십자로 꺾고 앉았다 다시 시작함은 태양의 힘을 받아 다시 시작하는 것, 복을 준다는 의미다.

이같이 선정(禪定)도 번잡하지 않으려면 토끼 머릿속의 이빠사나는 곤란하다. 평생을 해봐야 번뇌가 끝이 없단 얘기다. 애초 대가리 들고 올라오는 놈이 없어야 쓸 망치도 없는 것이다. 그것이 배부를 때의 호랑이 마음이다.

가령 호랑이도 사냥 중 다치기도 하고 살점이 잘리기로 하지만 그것이 일상생활에 조금 불편할 뿐 마음속에 응어리로 남지는 않는다. 며칠 후 나으면 그만이고 생활에 큰 차질이 되지 않으니 그 머릿속에 대가리 들고 올라올 특별한 게 없는 것이다. 혹여 살면서 스트레스가 쌓여 잠을 못 이룰 일이 생기더라도 하루 고민 후엔 피곤해서 적어도 그 다음 날엔 잠을 자게 되는 것이 몸의 본능이며 그런 것들이 마음속에 굳이 계속 번뇌로 남을 일은 아닌 일상사일 뿐이란 얘기다.

간혹 전생에 토끼, 고라니 이런 것들의 환도인생자는 착하긴 하나 본인이 본래 겁이 많고 고민이 많기에 어떻게라도 그곳에서 벗어나 보려고 포고발심(怖苦發心: 고통이 두려워 발심)의 글귀 안에서 자유자재의 경지를 느껴보느라 글쟁이 되어 문구 익히면, 시간이 지나 사회에서는 그를 전문가라 부른다. 세간은 이런 식으로 토끼가 사자에게 정신력을 강의하기도 하는 아이러니 세상이기도 해 웃을 일이 있다. 그때의 전문가 '왈 자유자재(曰 自由自在)'는 번뇌에 깔린 자유자재다.

대목신의 환생은 몇 번을 다시 태어나도 원체 선골로 조용히 살므로 정신력이 점점 커진다.

바무니는 2000년 대목신 수행이라 피가 맑고 얼굴이 해맑고 성품도 깨끗하니 하나를 보면 미루어 그 원인까지 보는 눈을 지녔으되 인간 세상과 친해지는 일은 또 별개의 일이었다.

그래서 멀리 산속 명당 터를 후세에 미루고 세간 근처 달메재(月城)를 수행터로 정한 것이다. 그러나 훗날 해동의 명당 터 몇 군데는 살펴보고픈 의욕이 일어났다. 거기서 수행하는 후배들은 법연(法緣) 후배들이 아닌가. 그들의 보금자리 땅에 마음의 작은 점 하나 스치고 싶었다.

바무니 공부 중 잠시 유람을 다녀보니 만인의 수행터는 이미 다 점지(點指)되어 있었다.

후세에 하늘의 인연 수행자를 통해 알리면 될 일이었다. 달메재 남쪽으로 멀지 않은 곳에 태백성이 유난히 직통된 터가 두 군데 보인다. 먼저 바닷가 쪽부터 살펴본다.

범천에서 오색구름을 타고 금색어(金色漁)가 내려와 헤엄쳐 노는 금정산은 훗날 동래(東萊)의 우백호이며 부산의 진산(鎭山)이며 금정산 돌우물(金井山石井) 금샘 밑의 터는 복터로 훗날 범어사(梵漁寺)로 불릴 좋은 곳이었다. 가히 금어가 범천(梵天)에서 내려오고(降天) 올라갈 만한(昇天) 신성한 곳이다. 후세에 인연제자 의상(義湘, AD 625~702)이 창건하니 화엄 10사찰의 으뜸이요 호국의 비보(裨補)사찰이요 부산지역 인업(人業)의 인걸(人傑)이 끊이지 않으니 믿음의 부찰(富刹) 터다. 연하여 인근의 백성들의 근기에 믿음과 신념이 따른다. 낙동강과 바다와 산이 어우러진 원만구족 터이고, 낙동강은 두만강과 더불어 서출동래(西出東來)라 황하(黃河)와 대비되는 영원한 독립의 근원지이다. 경상 함경의 땅과 기질이 독립의 근원이 되는 것이다. 부채바위 · 동자바위 · 나비바위 · 흔들바위 기암괴석의 아기자기한 다정함을 따라 주민들의 너그러움과 말(언어)의 붙임성이 척을 지은 이도 돌리는 힘이 있으니 신심(信心)과 부(富)와 주체성의 근원이 된다. 훗날 원효가 범어사의 가치를 알아보고 많이 아쉬워하니 따르는 이들이 의상봉보다 범어사 가까이의 장엄한 봉우리를 원효봉으로 추대한다. 원효가 받아들인다.

바무니 고개를 들어 북(北)을 바라보니 금정산에서 멀지 않은 북쪽에 긴 벗들과 더불어 하늘을 나는 신령스런 독수리바위산이 보인다. 일명 해동 영축산(靈鷲山)이다. 인도의 영축산이 홀로 하늘을 우러러 기도하며 멀리 해동을 바라보는 형국이라면, 해동의 영축산은 무리들과 더불어 날개를 활짝 펼치며 하늘과 땅을 적당히 아우르며 대지를 품은 행복한 독수리이다.

영축산 품 안의 산내 사찰, 암자도 모두 등천(騰天)으로 이끌 수 있다는 자신감의 발로이니 영험 독수리 날갯짓 힘에 산내 암자는 수도 제일 터다. 대웅전 터에서 올려다보는 영축산이 듬직하고 늠름하고 허물없이 잘 생겼다.

뿌리인 인도 독수리와 지맥(地脈)이 일맥상통하여 통도사(通度寺)이고, 바무니 훗날 인도 석가모니로 태어나 그의 사리가 인연으로 해동에 오는 것은 뜻과 사리의 왕래니 법(Dharma)의 왕래 즉 통도(通度)다. 자장(慈藏, AD 590~658)이 창건하니 자장은 문수보살과 관련이 있고 문수(文殊, Manjusri)는 맘, 줍다, 주우리(줏으리), 마음을 다스리는 지혜 제일 보살인데 중국 오대산(五臺山, 淸凉山)에서 자장에게 현신(現身)하여 사리(舍利) 100과를 전하였다. 사리는 법체(法體)이다.

자장은 나머지 4대 보궁(설악산의 봉정암, 오대산 월정사 위 상원사 적멸보궁, 함백산 정암사, 영월 사자산 법홍사)과 더불어 통도사에 사리를 모시었다.

사리를 모신 곳이 탑(Stūpa)이고 탑은 덮어, 덮다는 의미니 묻음, 무덤인 셈이다. 법체의 무덤이다. 자장은 문수보살의 현신(現身)을 뵈어 수기(授記)를 받고 부촉(咐囑)을 들었을 때 황룡사 9층탑을 모실 것을 부탁을 받으니 모두 사리 · 법의 인연이요, 이는 석가모니 전생 바무니 수도처 기념 법맥인 셈이다. 지혜 제일 문수보살은 인도땅 석가 세존 입멸 후 법맥이 살아있는 해동 땅이 좋아, 지금도 법주사 팔상전 목조9층탑 앞뜰 정이품송으로 쉬고 계신다. 해동 제일 탑은 황룡사 9층탑이었고 그 터는 그의 스승 석가모니의 전생 바무니의 수도터였으니 인연이 되어 복원되는 날을 보시려 함이다. 이처럼 만년 향화지터인 통도사의 사리탑 보궁에는 법의 보존에 끊임이 없으나 그에 못 미치는 궁터 황룡사터의 9층탑은 전생 가섭불 설화와 과거 칠불의 터임에도 아직도 복원되지 못하고 인연을 기다리고 있으니 만인의 절터와 궁터의 복의 차이를 나타냄이다. 이것은 목신의 후예였던 바무니의 인간을 벗하기 위한 첫 동네 선택지였기에 말미암은 것이다.

영축산 통도사는 독수리 형세가 영험하고 그 뿌리인 인도의 영축산과 관련되고, 산이 잘 생기고 서출동래(西出東來)의 앞 개천이 장(長)하고 흐르지 않게 흐르니(止), 복이 무진장이라 범어사와 더불어 부찰(富刹) 터이고 산중의 암자는 수도에 제일이니 좋은 땅이다. 바무니는 하늘에서 내는 땅은 모두 자연의 상징 표시가 있고 그대로 이름을 지으니 훗날 만민의 땅이 됨을 기뻐하였다.

다시 경주를 지나 북으로 발걸음을 돌렸다. 동해안을 타고 올라가니 동해는 무언가 근심이 사라지는 휴식의 땅이다. 벌써 강릉 경포호(鏡浦湖)를 지나 주문진을 지났다. 강릉은 과거부터 사람이 제법 많이 모여 산다. 영동지방의 중심이다. 조금 위에 바닷가 언덕배기에 기도터가 하나 보인다. 훗날 의상대와 홍련암으로 불리우는 낙산사가 있을 곳이다. 속초를 지나니 산맥이 보이기 시작한다. 설악 너머 화진포 지나 멀리 눈부신 비경산맥(秘境山脈)이 보인다. 훗날 금강산이다. 멀리 보이는 금강산은 바늘 쌈지 펼친 산이다. 내금강의 아름다움에 취하고 집선봉 · 옥녀봉 · 채하봉 등 외금강에 해금강이 있어 더욱 아름다운 산이다. 신선과 보살이 노니는 선경이다.

옛날 구선봉(九仙峰) 아래 감호(鑑湖)는 바다와 더불어 선경이라 하늘의 선녀가 하강하며 생황과 피리를 어울려 부는 곳이다. 나무꾼이 위기에서 구해준 사슴의 말대로 선녀가 내려오는 시간에 기다리니 선녀들이 감호에 하강해 천의(天衣)를 벗어놓고 목욕을 즐겼다. 나무꾼이 옷을 숨기니 한 선녀가 옷을 찾지 못해 당황해하고 다른 선녀들은 제각기 훌훌 날라 하늘로 올라갔다. 나무꾼이 다가가 저희 집으로 가자하니 선녀가 수줍게 사람의 옷으로 갈아입고 따르게 되었다. 둘은 아이가 셋이 되도록 알콩달콩 살다가 선녀가 늘 애원하는 말에 어쩔 수 없이 깃옷을 내어주고 바로 선녀는 양팔에 아이 둘과 한 애는 입으로 물고 하늘로 올라가 버렸다.

금강산 일만이천봉 중 마지막 봉우리 구선봉 밑의 감호는 신선의 마을이다. 신선의 하늘도 감호땅 하늘이다. 선녀가 늘 하강하고픈 그림 같은 산천이다. 바무니가 살아가야 할 길은 중생구제이다. 그러나 마음 한구석 아름다운 조선의 산천은 지워지지 않는다. 금강은 조선인의 마음의 고향이다. 겨울이면 감호와 구선봉에 한길이나 쌓이는 눈에 시원하게 그려지는 설경과 감호의 속살, 눈 무게에 자연스레 늘어진 소나무의 비경이 눈에 어려 자꾸 더 머물게 한다.

조금 북쪽 통천(通天)해안 총석정(叢石亭)도 비경이다. 자연이 만들어 낸 신의 조화다. 바다에 수직으로 솟은 돌기둥이 돌뿌리는 바다에, 정상은 옆의 고개 정자 높이와 같다. 위와 아래가 한 결같은 먹줄을 쳐서 깎아 세운 것 같은 주상절리(柱狀節理) 돌기둥이 만고(萬古)에 사자 떼와 같은 풍랑과 더불어 우뚝하니 기상이 늠름하다. 관동팔경의 백미(白眉)다.

총석을 본 조선인은 자연 백절불굴(百折不屈)의 정신을 잊지 않게 될 것이다. 아름다움에 더한 金剛(Vajira, 베라, 바셔라, 부셔라)의 신심은 마음을 더욱 굳건히 만들 것이다. 금강은 chedika(째다: 능단能斷)의 금강저(金剛杵)의 정신이기 때문이다.

남으로 내려오는 길에 화진포(花津浦)에 머물며 금강의 아름다움에 취한 흥분을 가라앉힌다. 바다지만 육지인 아늑함이 묻어 있다. 여기부터는 차분히 가라앉는 안정의 길목이다. 거진(巨津) 포구를 지나 간성(杆城)에서 하늘의 봉(鳳)이 내려앉은 천봉산(天鳳山)으로 들어간다. 이 길이 건봉산을 조용히 음미하며 가는 길이다. 깊은 산중이나 바다가 멀지 않은 지형이다. 서쪽 봉우리

기슭, 자연 반석 위에 막 등공(騰空)하려는 듯 석봉(石鳳)이 자리 잡은 천봉산은 금강산 줄기로 아늑한 땅이다. 그러니 본래 하늘이 주신 이름이 천봉산(天鳳山) 건봉사(乾鳳寺)이다.

금강산 본산의 빼어남과 화려함이 인생에 선물이라면 여기는 복을 짓고 지키는 곳이다. 심산(深山)의 산이 아주 부드러우며 서로가 서로를 죽이지 않는 복덩어리 연꽃봉우리이다. 서로가 서로를 두 손 모아 받드는 형국의 땅이다. 대웅전의 위치는 개울 뒤 남향자리가 좋으며 대웅전 앞산이 적당히 야트막이 시야가 탁 트이며 멀리 보이는 봉우리도 여름 저녁이면 시원한 바람을 선사하며, 가을이면 요란하지 않은 자연단풍이 만춘(晩春) 연산홍이 파란 잎 속에 어울려 박혀있듯 넓은 덩어리의 산들의 파랑과 보석처럼 조화를 이루는 아름다운 수행처다. 이곳의 사람들은 산천과 같이 서로가 서로를 도우며 길이 함께 기도하며 수행할 땅이다. 금강을 본 후 설악을 보면 눈이 감길 만큼 금강의 온 곳 자태가 빼어나되 대복터 수행처는 여기 한 곳뿐이니 금강산 건봉사이다.

신라 초조(初祖) 아도(阿道, 애초)화상이 훗날 창건하니(AD 520) 동양 최고의 명당터요 영원불멸의 부처님 터다. 아도는 이 땅의 가치를 알아보고 백성들을 위해 원각(圓覺)을 이루고 세간살이 중 원 없이 대복을 이루라고 개산(開山)하였다. 산이 하나같이 원만해 원각(圓覺)이라 했으나, 고려초 천봉인 서쪽봉우리의 석봉(石鳳)의 의미가 더 깊게 새겨져 도선(道詵, 827~898)이 서봉사(西鳳

寺)로 개명하고 다시 고려말 나옹이 천봉산이니 건봉사(乾鳳寺)로 개칭한 것이다. 과연 대선사 나옹다운 아름다운 작명이다. 명찰(名刹)은 모두 하늘에서 내려다보이는 대로 지은 이름이되 햇살의 사리 중심, 법체 중심이 자연의 감각과 조화를 맞추니 이를 품격이 있다 하는 것이다.

절의 중심으로 서출동래 개울이 흐르고 개울 끝을 막아서는 동쪽 낮은 둥근 봉우리는 노적봉이니 쌓인 가마니가 헤아릴 수 없이 길고 수북하다. 해송의 청량한 기운이 보탠다. 부처님은 서방 금(金)이라 몸에 금을 잡수시고 기도하는 이는 그 금의 가피를 받는다. 본래 부처님의 가르침은 원각이라 터와는 상관없는 가르침이나 명당터에 와서 기도하는 중생에게 금(金)옷의 가피와 금(金)터 기운으로 금갑(金鉀)을 이루고 집으로 돌아가니 나름의 소원성취요 이는 '신(神)은 지공무사(至公無私)' 지극히 공정하여 사사로움이 없다 했으나 눈앞에서 아른대는 자에게 부처님도 잠시 눈을 감아주는 셈이다. 그러니 명당터 정신통일하는 중생의 기도는 보살의 '지공무사'의 원칙을 헤뒤집는 피할 존재들의 행동이기도 하다.

금갑(金鉀)은 소원성취요 용갑(龍鉀)은 죽지 않는 몸이나, 고려말 용갑인 일본의 아지발도가 천운(天運)인 이성계와 이지란에게 지리산 앞자락 황산(黃山: 황산대첩)에서 목구멍 속이 뚫려 죽는 것을 보면 오랜 기간 적덕(積德)으로 쌓인 천운을 용갑은 당하지 못하는 것이고, 혹여 금갑의 가피가 있더라도 늘 중생과 나누는 이타행(利他行)의 정신이 필요함도 또한 알아야 한다. 그것이 도량의 정신이다. 해동(海東)은 청색소라 약기운이 가득한 곳이다. 그런 곳에 서방금의 한 줄기 빛, 금기운 가득 종기(鍾氣)한 신비한 터가 있으니 이런 땅은 보물이요 서방 힌두의 금(金)기운이 중심 없이 흩어진 어설픈 땅기운과는 다르다.

금(金)기운의 핵심도 동방에 위치하는 셈인데 이는 금성의 집중 기운 때문이다. 그러므로 동국이 수행 제일터이고, 죄짓고 염라대왕 앞에 가서도 "저 마곡사 절깐 청기와 봤는디유~"해가며 다시 동국에 태어나려고 하는 것이다. 건봉사터는 혹여 땅이 패어도 다시 메꾸면 그만이다. 그대로 다시 좋다. 금광산은 캐면 그만이지만 금터는 무한이다. 마르지 않는 샘이요 날마다 쌀이 모이는 계룡산 용화사의 쌀바위요 화암사(禾巖寺)의 수(秀)바위다. 태평양이 다시 뒤집혀도 부처님 터는 그대로니 지구의 축 중심이요 지구는 부처님 터를 위해 생긴 것이다. 금기(金氣)가 종기(鍾氣)한 땅이요 영원불멸의 땅이다. 훗날 중국인도 해동의 금강산 건봉사터에 향을 사리기를 평생의 원으로 삼았다.

멀리 서북쪽으로 대찰 터가 보인다.

수행의 끝 향내 나는 산 묘향산(妙香山)이다. 향산의 힘이 평양(平壤) 피양[piyaj, piyajña(피어, 피었니, 피어나), pi(피다, 무성하게 이루다, 盛), yaj(~어, 그렇게 되다), yajña(~어나, 대회大會), 무성하게 이룰 땅]을 이루었다. 피양은 묘향의 맥이 160킬로를 달려와 천하명당 제일 도읍지를 이루어 단군 이래 내내 수도역할을 하는 곳이다. 사람이 쉴 곳이되(Sravasti, 쉬러왔지, 살아벌판) 그중 제일 무성한 곳이란 뜻이다. 히말라야 곤륜산의 정기가 만주벌판 뒤로 웅거(雄據)한 백두산이 종산(宗山)이요 백두산의 정기는 낭림산맥을 거쳐 역장역수(亦壯亦秀)의 제일 신령한 영봉(靈峰) 묘향산을 하나 이루고 향산의 84,000봉이 주봉인 비로봉(1909m) 쪽 외향산과 그 서남방향 칠성봉 쪽 내향산을 이루고 향로봉 남쪽 단군굴 단군대 단군봉(檀君峰), 설영봉(雪嶺峰)이 있으며 칠성봉(七星峰)은 태양을 머리위로 둔 자연제단이며 칠성봉에서 멀리 남쪽으로 바라보이는(약 120km) 용맥은 피양 모란봉(95m) 용머리에 맺히고 그 앞 대동강의 넓고 기나긴 젖줄에 능라도(綾羅島) 여의주를 왼쪽으로 농(弄)하는 명당 바닥에 북쪽의 보통강과의 넓은 합수지역이 본래의 궁터이다. 천하명당 도읍지이다. 단군 이래 고구려·통일신라·고려·조선 내내 피양은 수도 내지 별경으로서 도읍 또는 준도읍의 지위를 잃지 않은 채 현재에 이른다.

궁터의 기선제압에 눌려 한참의 시간이 흐른 후에 고려에 이르러 향산 속 대찰 터인 버덩 둘레가 30리는 됨직한 웅장한 수도터를 고르게 된다. 그쪽 땅과 사람 기질에 맞추어 보현보살의 보현사(普賢寺, Samanta bhadra: 자 많다 받아라, 자비의 의미)라 함이다. 주봉인 비로봉 서남쪽 내향산에 위치한다. 훗날 서산이 향산 40년살이에 절로 대선사요 기상이 웅장하니 영축산 암자들과 더불어 동국제일수행(東國第一修行)터이다. 불보·법보·승보의 유일 삼보통합사찰이다. 평양의 기독교도 말살시킨 공산정권도 없애지 못하고 이용하는 명당터이다. 향산(香山)의 향목은 나무 중 귀물이요 인간으로는 대선사이다.

이렇게 산천과 별정기를 중심으로 핵심 네 곳 명당터를 인연 수행터로 정하고 훗날 후배들의 정진을 기대하며 달메재로 돌아온 바무니는 마음이 흡족하였다. 대각 후 바무니가 떠나더라도 두고두고 보살들이 인연을 가지고 이 땅을 이끌 것이며 대선사 선지식이 줄을 이을 것이기 때문이었다. 그리고 경주 황룡사(皇龍寺)터 반석 수도인연으로 달메재는 훗날 신라의 도읍으로 천년의 영광을 누릴 것이며 이름하여 서라벌이라 할 것이다. 바무니의 Sravasti(쉬러왔어, 살아벌판)는 고마운 땅이었다.

대성자 출현을 밑받침한 이 땅에 조금이나마 도움이 되려는 건 한편으론 당연한 보답이다. 그러면서 동시에 터와 상관없이 영력이 증가되는 그런 법을 성취하고 만들어야겠다는 사명감이 일었다.

(2) 삼생수도 공부법(훈습熏習개념[4])

산천유람에서 돌아와 반석(磐石)에 앉은 바무니는 이제 마음이 좀 편해지긴 했다.

4) Vāsanā(배잖아: 훈습). 훈습의 한자 표기가 일반적으로 향기 훈(薰)을 쓴다. 그런데 경전에서는 연기 훈(熏)을 쓰는 것에 유의. 틀린 것이 아니라 熏에는 연기 또는 스며들다의 의미가 있어서 향기보다는 더 적극적인 뜻으로 사용했고 입문 · 대각의 모두를 포함하는 광범위한 개념이다. 그러나 혼용하는 향기(薰)의 훈습은 여래의 훈습만을 의미하거나 그렇게 되라는 의미인데 그 수준이 입문자에게 꼭 맞는 것은 아니다. 그런 차이가 있다. 즉 연기는 무조건 스며드니 보다 더 적극적인 수행의 표현이고 향기

영력이란 어느 날 갑자기 하늘에서 떨어지는 것이 아니고 수없는 시간과 노력으로 작은 미물에서부터 물방울이 모이듯 수행의 힘이 쌓여 커가는 것이다. 그러다가 어느 정도의 힘을 갖춘 후에 자기의 의지가 간절하면 어느 순간에 그를 힘껏 도와 대각을 이루게 된다.

미물일 때는 생존이 먼저이고 그저 하루살이가 살다가 어쩌다 살아나는 놈이 있다. 하루살이의 혼이 햇빛의 전류 속에 싹 녹아버릴 때 거기에서 살아나는 놈이 있다면 그 혼이 나방, 잠자리, 메뚜기, 매미, 왕매미 그러다 조개, 대합(육지는 참새), 고등어(육지는 꿩)로 성장하고 다음엔 사람으로 올 수 있다. 장엄한 영력 증강 진도표 생태도이다. 영력 증강 진도표를 보는 기준은 횡적 각각의 생물 종(種)의 입장에서는 이해가 안 될 수 있다. 호랑이와 개의 혼은 각각 상대로 태어나긴 힘들다. 사람을 거치면 거의 모든 동물이 교체가 가능하다. 쥐만 해도 사람으로 온다. 묵은 쥐는 환도인생 후 정치인도 있다. 큰 수도자로 올 재목은 -극의 동물로는 오지 않는다.

석가모니 전생담에서 석가모니는 전생에 수없는 생을 거쳤다. 황금사슴(니그로다), 공작, 물고기, 원숭이, 코끼리, 서민, 장자, 국왕, 천인, 보살들을 거치며 선행을 쌓았다. 전세의 수없는 고행

는 나쁜 냄새를 좋아할 이는 없으니 이미 나쁜 것은 뺀 상태에서의 수행이라 훗날 정리가 된 표현으로 보면 된다. 그러나 이런 구분도 대승에서는 별 의미가 없는 것이 향을 내가 피워 연기로 만들어 내 몸에 배게하면 둘이 하나로 합쳐지는 것이다.

이 축적된 결과가 현재이다. 삼세불(三世佛)이 이를 증명하니, 정광불(定光佛) · 서가모니불[5] · 미륵보살이 삼세불이고 정광불은 전세불인 보광불(普光佛) · 연등불(煙燈佛)인데 범어로 dipaṃkara 짚은 손(손은 가리는 용도로 쓰였다) 즉 연등부처님이 과거 전세에 서가모니 전신인 수행자 Sumedha(좋은, 맞아맞다, 善慧)에게 수기(授記, vykarana, 이거 알아봐)를 주셨다 한다. 그 인연으로 서가모니불이 된 것이다. 선근공덕과 수행의 결과를 연등불이 알아보고 수기를 주었다. 대목신과 경주 바무니(바모니, 파모니)도 서가모니의 수없는 전생담의 테두리 안에서 해석이 가능하다. 과거불인 연등불의 수기 이후로 곱향나무와 바무니 인간 수행 후 석가세존이 된다. 그래서 탄생 시 천상천하 유아독존 삼계개고 아당안지(天上天下 唯我獨尊 三界皆苦 我當安之: 천상천하에 내가 독재존재니 욕계 · 색계 · 무색계가 고해라. 내가 편히 하려 나왔도다)의 의미는 전세의 대각과 이생의 세존을 의미한다. 그러므로 기존에 우리가 알던 석가세존이 29세에 출가해서 당대의 선지식을 찾아다니며 이론을 정립하고, 35세에 보리수 하에서 대각을 하고 이런 이야기는 모두 인간의 입장에서 그들의 머릿속의 수준으로 이해해가는 이야기며 그러기에 세존도, 인간의 선배를 대접하는 그분의 인격이 곁들인 이야기인 셈이다.

이미 태어난 순간부터 마야부인의 우협생이요, 아니 그 이전, 인간은 아버지계의 조상으로부터 영계의 허락을 받고 어머니의

5) Sakya족의 muni, 성자(聖者)란 의미이다. 그러므로 석가모니나 서가모니나 음역이므로 혼용해 써도 틀린 것은 아니다.

몸에서 태어나는 것이므로 아버지계에서 허락되는 과정이 일반인이 태어나는 과정과 다르게 정반왕[Śuddhodana(淨飯), śuddha(솟다 높은 곳, 淸淨, 秀), dana(다놔, 布施, 飯)]에게 영태(靈胎) · 신태(神胎)한 것이다.

조금 자세히 설명하면, 보통 사람이 태어나려고 혼이 들어올 때 주(主)가 되는 아버지의 조상영과 외가의 영, 마지막으로 산천의 영이 대부분의 신청자들을 걸러낸다. 오겠다는 혼들의 경쟁자들이 끝도 없이 줄을 서기 때문이다. 이때 그 저항에서 살아나려면 강한 영력을 갖춰야 하는데 이럴 때 써먹는 것이, 전생에 한 가지에 집중했던 공부 그것만이 유일하게 힘이 되어 저항에서 견디어 낸다. 석가모니는 이런 우주의 법칙에 적응하되 보통의 인간과는 다르게 막강한 영의 힘과 원력으로 신태(神胎)를 통해 아버지가문, 어머니가문과 산천영의 환영을 통해 나오는 것이다. 각각의 업에 의한 생존의 경쟁과 세상구제를 위한 태어나는 방식은 다르다.

즉 기존에 배우던 개념에서 다시 새로운 방식의 불교개론이다. 기존의 불교개념이 인간 위주에서 바라보는 유식의 훈습이론이었다면 지금 말하는 개념은 여래장 혹은 제9식[6] 불성의 훈습이론 바탕이다.

이것은 마치 세상에 한 나그네가 아요디야(Ayodhya: a부정+소

---

6) 제9식 amala식 불성(佛性)의 체(體). a는 부정, mala(말려야)는 더럽다, 썩었다는 뜻이니 청정식(淸淨識)을 말한다.

요騷擾터, 아여기야, 무릉도원)를 찾아 헤매다가 밤중에 길바닥 어느 구석에 앉아 문득 멀리 바라보이는 산골짝의 호롱불이 유식의 훈습이라면, 거기에 다가가 보고 '아 저기 호롱불 오두막집이 있네'하며 안심하는 것이 여래장 훈습이고, 거기 들어가 살며 우릴 부르는 것이 Amala(제9식) 훈습이다. 든든한 뒷심이 생기는 것인데 수행은 똑같이 하되 가능성을 알고 하는 것과 막연한 기대와의 차이다. 마치 돼지가 주둥이로 땅을 파서 언제 굴을 만들 것이냐, 되긴 되느냐 하는 불확실성과, 이미 멋진 돼지동굴이 어느 골짝에 있음을 알고 찾아서 사는 이야기의 차이다.

이렇게 든든한 마음을 바탕에 깔고 시작하고 싶은 것이 인간의 본성이다.

세간의 일상사가 살아보면 얼마나 고된가. 열심히 산다고 해서 먹고사는 문제가 다 해결되는 것도 아니고 또 그것이 어느 정도 해결되었다고 해서 인간관계가 다 해결되는 것도 아니다. 또 개인의 문제가 해결되었나 싶으면 집안의 문제가 발목을 잡고, 설사 집안 문제가 해결이 되어도 나라의 문제로 인해 곤란을 겪는 공업(公業)의 문제도 있을 수 있다.

그래서 세간사는 고해(苦海)이다. 고해의 근원은 육신이다. 육신에 근거한 의식이 있는 것이고 그래서 근본적으로 고해이다. 그러기에 더욱 중생에게는 든든한 뒷받침이 중요하다.

그것이 가능한지 그런 법은 있는지 알아보자.

사람의 모든 생각과 행동이 쌓이는 것을 훈습이라고 하는데 훈습이란 내가 평상시에 생각하고 행동하고 수행하는 모든 것이 내 마음속에 쌓여서 나의 성품과 사고방식의 모두를 만든다.

안
이
비 6식 → manas, 自我(표층의식의 잠재의식) → ālaya식(심층의식)
설
신

일반적 훈습개념(유식의 轉迷開悟)

훈습의 개념은 나중에 여러 가지 의미로 발전하면서 다양하게 쓰이며 인생관 실천론의 의미를 풍부하게 만드는 개념인데, 일반적으로 이해되는 유식(唯識)에서의 훈습이란 안・이・비・설・신・의(眼耳鼻舌身意, 前6識)－마나스(manas)－알라야식(ālaya 識)으로 이어지는 의식라인에서 前5식[7]－6식[8]－7식(manas)[9]→ 제

7) cakshurvijñāna(안식眼識, 짝수, 이아냐, 이앎), śrotravijñāna(이식耳識, 소리들어), ghrāṇavijñāna(비식鼻識, 길어), jihrāvijñāna(설식舌識, 혀), kāyavijñāna(신식身識, 갸)

8) vijñānam(아냐맘, 의식意識). 앞의 5식의 더듬이를 촉매로 오성적(悟性的) 인식(認識) 즉 계도분별(計度分別)과 기억(記憶) 또는 재인식(再認識)을 하는 수념분별(隨念分別) 작용을 한다. 아비달마유파는 제6식만 인정한다. 제7식, 8식은 유식에서 인정을 하게 된다. 제6식은 유식론에 오면서 전(前)5식과 뭉뚱그려져 전6식으로 불리운다. 초기불교에는 동의어로 불리던 심(心)・의(意)・식(識)을[예를 들어 AD 1세기 이후 『반야심경』에서 무안이비설신의…에서의 전6식 의미의 6식이 manās(맘)으로 표기되어 있다. 6식 의미가 7식 마나스로 표현된 것이다. 이것은 이미 우파니샤드에서부터 통용되던 방식이다. mano vai brahmeti 맘이 브라만이다.(『브리하드아란야카』 4.1.6) 이런 것들이 유식에 와서 정리된 것이다.] 별도로 구분하기 시작하면서 citra, 개별 짓의 모

8장식(藏識)으로, 다시 말해 그동안 살아온 생각들이 쌓여 표층의식에서 심층의식으로 가게 되고, 마지막 과정으로는 알라야식[10]이라는 윤회의 종자식(種子識) 속에 차곡차곡 쌓이는 작용이 가장 기본적인 개념이다. 이건 속이지도 못하는 것이고 속아지지도 않기에 수행의 과정에서 가장 중요한 개념이라 볼 수 있다.

임으로 citta(짓다, 심心, 사량思量)의 바탕이므로 manas(맘, 의意, 대상)을 식별 vijñāpti(이알았지)하므로 의식 vijñāna(이아냐맘)라고 불리게 된다(集起名心 思量名意 了別名識 是三別義)(『성유식론成唯識論』 5권). 그러면서 vijñāna(이때는 이앎, 이아냐, 識)의 용어는 전6식, 7식, 8식 모든 식 뒤에 통용됨도 설명된다.(如是三義雖通)(『성유식론』 5권).

9) manas 맘, 의(意), 자아의식이라고 한다. 안 · 이 · 비 · 설 · 신 전5식과 의식(意識)을 바탕으로 자아(자기 정체성) 나름의 기준에 의한 의식이다. 현대 정신분석학에서 보는 '무의식', '잠재의식'인데, 불교의 이론과 섞어서 해석한다면 표층의식 안에서의 잠재의식인 것이다. 세친의 삼성설(三性說) 관점에서 보면 주로 변계소집성을 바탕으로 한 의식이 심층의식인 제8식에 영향을 끼치는 것이다.

10) ālaya는 심(心), 제8식이라는 심층의식 세 가지 의미로 쓰인다. ① 현장(AD 602~664)의 석이 주로 쓰인다. a를 부정으로 보지 않고 해석, laya는 놔여, 부착, 저장藏으로 보고 장식(藏識)으로 해석. laya의 어근 √li는 놔, 붙다 밀착하다의 의미이다. ② Dignaga(진제, AD 499~569)는 ā를 부정으로 해석하고, laya의 두 번째 의미인 죽는 것을 보태 무몰식(無沒識: 사라지지 않는다)으로 해석한다. 놓여, 놔, 옛 분들은 사람이 죽으면 말아서 모셔놓은 것 같다(maranam, 말아 놈, 사死). 거적때기에 마는 것은 생과 사의 구분이며 죽음의 시작이다. 그리고 이것이 장례의 시작이기도 하다. 이처럼 산스크리트어에는 처음에 말이 만들어질 때의 개념 형성과정이 보인다. 즉 의태어가 그대로 뜻이 되는 것이 많이 보여 퍽 흥미롭다. 예) √dṛś는 뚫어지게 보다. ③ vipāka는 바꿔 즉 태어날 때마다 바뀐다는 이숙식(異熟識) – 결국은 하나의 세 가지면일 뿐이다. 변하지 않으며, 평생의 생각이 저장되며, 변화되어 다음 생으로 간다는 것이다. 이 아라야식은 매우 중요한 개념이다. 제6식과 제7식을 표층의식으로 본다면 제8식은 심층의식이다. 현대의 정신분석학이나 현대심리학은 자아의식(제7식)을 '무의식', '잠재의식'으로 구체화한다. 다만 제8식은 서양에는 없는 개념이다. 각각의 윤회 시 개인이 넘어가는 의식이며, 수행 시 우주의 진리와 상통하는 원성실성을 이룰 수 있는 우주진리의 공통적 의식이기에 매우 중요한 특징을 지닌다.

이 틀을 바탕으로 제8식을 맑게 하는 방법으로 전미개오(轉迷開悟)의 전사전득(轉捨轉得)공식이 도출되는데 이것은 미망(迷妄)의 세계에서 진리의 환한 세상으로 길이 바뀌는 것이다. 고해(苦海)를 벗어나 마음의 법해(法海)로 전환되는 것이다. 이제 이것을 믿고 가보자.

어두운 밤을 뚜벅뚜벅 걷는 소의 신심으로 가다 보면 희망이 없을 그 길에도 어느덧 밝은 빛이 곁드는 새벽은 오고야 만다.

1) 험난한 육도(六道)과정

물론 육도의 수행과정이야 험난하다.

훈습을 Vasana(배잖아)라고 하는데 인도 Veda 문헌의 신을 뵙고, 신을 칭송하며, 신의 곁으로 가기 위해 실천 헌신한다는 의미의 ① 뵈다, ② 외다, ③ 배다의 3가지 의미와 같은 것이다. 전생의 습관이 30% 따라오고 식성(食性)이 10% 따라오니 수행에 참고로 할 일이다. 식성은 거의 따라오지 않으니 이번 생에 고기를 전혀 못 먹는다면 전세에 산속 암자승이었을 것이다. 평생에 하던 모든 것이 나의 업력으로 계산되고 이것이 +, - 선악의 구별까지 계산되어 나의 모습을 이루니 전세의 골상은 50% 이상 따라온다. 그래서 이 골상을 보고 품성도 판단하니 사람만이 아니라 육도중생 하다못해 땅도 같은 원리이다. 동네땅의 골상이 동네 터의 모습이다. 충주시 뒷산이 점잖고 달래강이 풍부하니 충주 인근 그 밑으로 음성 증평 사람들 모두 품성이 원만한 것이 다 그런 산천의 모습 영향이다. 나라에서 제일 점잖은 성품들이다.

축생에서 사람으로 오는 것은 등급이 많이 오른 것이고 공덕이 많은 것이다. 그러나 그 습(習)은 피할 수 없어서 대체로 네 발 달린 축생이 사람으로 오면 약간 사람을 멀리한다고 볼 수 있다. 사람과 아직 못 어울리는 습이 있는 것이고 축생 시절, 집 없이 오는 비 다 맞고 구질하게 살던 습관 때문이다. 특유의 냄새가 나기도 한다. 심한 사람은 잠시 왔다 갔는데도 마루에서 한 시간 이상 코를 들 수 없을 정도이다. 그런 첫 번 인간세상 여행 때 주위를 잘 만나 공부에 전념해야 하는데 대체로 그렇지 못하는 것이 안타깝다. 공연히 혼자 먼 산 바라보길 좋아하는 어린애가 있는데 이는 전세의 축생이라 사람을 피하는 것보다도 팔자가 일찍 요절(夭折)하게 되어 슬퍼 그럴 수도 있고 또 철학자나 절간의 팔자라 그럴 수도 있으며 목신 출신도 대체로 조용한 것을 좋아해 그런 것이다.

전생 사람과 인간의 구별은 대체로 자비심으로 측정되는데 인간의 한 생이란 어찌 됐든 아이도 낳아 오랜 기간 키워보기도 했기에 애틋한 마음, 그리움 등이 마음에 새겨져 남이 불행한 일이 생겼을 때 잠을 안 자고 끌탕을 하며 애타는 마음이 있다. 그런 전생 사람이 부부가 되었다면 일일이 말을 하지 않아도 믿음이 가는 행동을 하며 서로 위하는 마음에 곰삭은 정이 쌓인다. 그러나 전생 1,000근(斤) 이상 돼지 출신 사람으로 온 환생자는 남이 죽든 망하든 들을 때뿐 귀에 새기지도 않으며 그날 밤 쿨쿨 잠만 잘 자니 애초에 자비심이 없는 꼴이라 이제 배워야 할 길이 멀고 덕분에 식구들 마음고생이 말이 아니다.

이런 얘긴 좀 하기 그렇지만 사람이 못된 짓을 평생 많이 하면 나쁜 곳으로 간다는 걸 미리 알았더라면 그리하지 않을 텐데, 어느 할망구 평생 쌀 팔면서 돌가루 집어넣어 팔아먹어 이득 남기고, 홀로된 시어머니 밥도 안 주고 내쫓고, 동네에서 못된 짓만 많이 하더니 죽기 며칠 전 자식을 불러놓고 "야야 내가 죽어 혹여 이상한 꼴로 변하거든 제발 죽이지는 말고 그냥 쫓기만 하거라"하고 고개 떨구니 방에서 슬슬 구렁이로 변하더라. 그래 자식이 차마 어쩔 수 없어 방문을 열어주니 집에 미련이 남았는지 방안과 마당을 한번 빙빙 돌다가 문턱을 넘어 뒷산으로 사라지고 만다.

죽기 일주일 전에야 자기 갈 꼴을 짐작하니 자연의 엄중한 가르침이다. 자식이 창피하고 누구에게 말할 수도 없어 모두 쉬쉬하고 마는 수밖에는 없다. 인간 못된 거 평생에 한 짓 제8식에 모두 저장해 혼으로 나가 허공에 영으로 갔다가 거기에서 판결을 받고 다시 그에 합당한 혼으로 오는 것이 정상 코스이건만, 죽는 그 자리에 내 육신이 과보로 축생으로 화(化)해 버리니 신이 어지간히 화가 나지 않으면 하지 않는 특이한 현상이다.

과거에 십 년 키운 암탉이 종일 안 보여 찾다 보면, 부엌 한구석 겨울에 쓰던 화로에 담긴 고운 재 위에서 슬금슬금 구렁이로 변하여 가는 일이 드물게 있거나, 암캐가 오래 키워 35년이쯤 지나면 이것도 어느 날 구렁이로 변하여 슬슬 마당을 헤집고 사라지는 일이 있기도 하였으니 이처럼 사람이 축생으로 바로 과보를 받아 그 자리에서 변해버리는 일은 희귀한 일이다. 신이 그의 머릿속에 구렁이의 혼을 집어넣어 화기 100°, 수기 36°의 새로운 혼이 수기 100°, 화기 36°의 구렁이 육신으로 변신하도록 명령한 것이니 신을 그토록 화나게 하는 경우는 드문 사례이다.

그런 일은 아니라도 사람 중에 남의 애쓴 시주돈을 받아먹다가 그 돈이 얼마나 무서운 대가를 바라고 낸 돈인 줄 생각도 않고 냉큼 받아먹고 홍청망청 살다가 나중에 죽을 때가 되어서 구렁이로 절 근처를 배회하니 기회를 크게 놓친 불쌍한 전생인간도 있다. 전생인간 구렁이가 가장 못 참는 것이 부엌 부뚜막 위 솥에서 끓는 밥 익어가는 냄새며 누룽지 끓이는 냄새다. 이건 막아서 되는 일이 아니다. 꼬랑지로 감아 솥뚜껑을 휙 잡아채고 끓는 누룽지를 꼬랑지로 탁탁 튕겨 구렁이 입으로 씹어 먹으니 가관 중 가관이다. 그러게 시주돈 무서운 줄 알았어야지. 아는 이는 그냥 줘도 안 가져가는 것이 시주 돈이다. 6·25 직후 건봉사 주둔 연대에서 불이 나 전소되었을 때 동네 주민이 빈 절에 올라가 타다 남은 재목 정리해, 쓸 만한 것 추려 간성시내 한옥 집 지은 사람 집안 망하고 말았다.

3생을 꿰뚫어 가며 이런저런 이야기를 하는 중이라 망한 얘기만 할 것은 아니고 앞에선가 조금 언급한 적선(積善)의 결과 향기서기(香氣瑞氣) 만당(滿堂)에 다음 생 부자로 나오는 얘기는, 묘향산 위 백벽산(白壁山) 견성암 강보살 이야기로 언급을 했는데 이렇게 다음 생에 부자가 되어 나오는 루트는 여러 가지가 있을 수 있다.

삼성의 이병철은 전생 참선승이었으며 그의 정신력으로 갑부인업(甲富人業)으로 나온 것이고, 정주영도 조상 적선의 힘으로 강원 통천 조상의 명당 산소의 힘을 빌어 원력자(願力者)를 데려온 것이니 정주영이 보여준 잘 살기 집념은 세계에 교훈이 될 만한 일생이었고, 김우중도 인업이었으나 아쉽게 기업청산의 비운(悲運)으로 막을 내리게 되었다. 그러나 그의 후신 대우기업은 살아남았다. 그가 말년에 베트남에 가서 한국 청년들을 기업인으로 키우던 교육방식를 생각해보자. 인도네시아, 미얀마, 베트남 등 동남아시아의 거점을 콕 찍어 청년들을 보내 장기간 현지에 정착을 시키고 철저한 기업인 마인드를 주입시켜 1세대 창업 기업인을 키우는 방식은 돈줄을 훤히 아는 인업이 아니고는 할 수 없는 그만의 애국사업이었다.

이처럼 전세의 적선이나 영력이나 조상의 적선이건 간에 인업으로 나오는 법에는 그 결심(因)이 연(緣)을 만나야 하는데 이때 연줄이란 마치 관세음의 힘이 동시에 시공초월로 가피를 주듯 영계의 연줄 해석 비중이 80% 이상이요 나머지가 rūpa(相) 보이는 세상의 구체적 해석을 곁들인다.

그 연줄의 힘으로 재물대감을 부리는 인업(人業)은 자꾸 신경이 돈줄로 가고 있으며, 권력으로 연줄이 닿은 자는 모든 신경이 권력으로 행하니 그런 사람을 만나고 얘기하고 그런 것만 추구하는 길에 선이 닿으려고 하니 결국은 한번은 성취가 오게 되어있다. 소원을 성취한 후에는 그 다음 생은 자기가 각자 하기에 따라 정해지는 법이지만 대다수의 부자들은 다음 생이 전생

보다 못한 수준으로 떨어지는 코스를 밟는다. 절반 극락같은 대복자의 업력이 두 번 생을 거치기도 어렵다는 이야기인데 그만큼 복자의 삶이란 정신력이 쇠퇴하는 환경이기 때문이다. 이것이 3생을 꿰뚫는 부자론의 실체인데 시중의 부자를 연구하는 분들은 전세의 일은 모르고 이미 다 이루어진 연줄 이후 태어난 사람의 습성만 연구를 하게 되니 반쪽짜리 연구라 아니 할 수 없다. 20% 연구에 그친다.

그밖에 나머지 하나, 주위에 영향을 미치는 연줄 가운데 지혜 혜(慧)자 연줄이 있는데 이건 그의 지혜에 의해 주위에 도움이 되는 것이다. 그렇게 영향력이 미치기 위해서는 그 사람의 사는 모습이 고난해야 그 정신 속에서 중생구제의 힘이 나오고 힘을 받는다. 가난한 경지든지 겨우 밥걱정은 하지 않는 정도의 수준이라야 정신력을 한군데 집중하기 때문이다. 로또에 맞는 재물복이 쏟아진다면 집 넓히랴, 가구 장만하랴, 좋은 차 사랴, 쇼핑하랴, 화려한 나날에 빠진 나의 복락에 남에게 쓰여져야 할 지혜가 내 머릿속에서 사장(死藏)되고 만다. 그래서 재물을 성취동기(통장 재산)로만 만족하던지, 일 년에 한 달이고 두 달이고 집중 기간, 인내 기간(기도 기간)을 정하던지 이런 최소한의 노력도 하지 않으면 혜(慧)의 연줄은 사라지게 된다. 이 같은 고난의 지혜 연(緣)줄은 당연히 다음 생에도 본인이 원하는 일을 성취할 수 있다. 영력이 집중되어 힘이 모아지기 때문이다. 이 3가지가 남에게 그래도 영향을 끼칠 수 있는 지도자의 유형 연줄인 셈이다.

그렇다면 적선(積善)으로 쌓이는 공덕의 결과는 참으로 짧은 것이고 근본적인 해결법은 자기의 영력으로 만드는 원력의 연(緣)줄이다. 재복론에도 자주독립(自主獨立)정신이 중요한 것이다. 개인적으로도 정기신(精氣神)의 집중(정신통일)이 좋은 이유이다.

마치 동국의 국토가 낮에 뜨거워진 대지의 열을 흡수한 대기의 신(神: 양기)이 밤 자정(子正)이면 식어가는 대지의 정(精: 음기)과 합쳐져 정기신 통일의 결과인 감로수(amṛ: 불멸, a+沒)를 매일 밤 끊임없이 이루어내듯 똑같은 현상이 인생에서도 감로수는 정기신의 통일만이 죽지 않고 오랜 생으로 연결이 되는 것이다.

짧은 한 생의 복은 그저 등짝에 스치는 시원한 한여름 밤의 바람 정도다.

2) 쉬워야 저지른다

그래서 생각하는 인간은 오랫동안 불멸의 감로수 같은 영원한 복락(극락)을 상정하고 거기에 가기 위해 아니 쉽게 접근하기 위해 여러 가지 지혜를 동원하는 것이다.

위에서 말한 철학의 체계상 유식의 훈습이론은 인간이 생각하는 최고의 정진개념이다. 본인의 종자식(種子識)에 좋은 인상을 새겨서 나를 극락에 가까운 세상으로 다가가게 하는 이론이다. 이것이 습이 되면 그 보람으로 맑아진 종자식을 나는 가질 수 있다. 어떻게 하면 더욱 오랫동안 그런 좋은 습이 유지될 수 있을까. 그 방법을 찾는 것이 연기론을 바탕한 마음 수행법 유식과 유식 이후의 여래장 상정법이다. 인간의 마음속에 맑아진 종자식이 늘 있을 수 있지 않을까 하는 것이 여래의 씨 여래장이요 그 여래장이 아예 좋은 자리에 늘 고정으로 있을 수 있다고 보는 것이 진여(眞如)이다.

진여(眞如)와 여래장식(如來藏識)을 정리해 보자.

일반적으로는 여래장식과 진여(眞如)와 불성(佛性)은 모두 동일 개념으로 생각해도 무리가 없다. 그런데 일심(一心)을 설명하는 원효와 법장의 이론 전개 시 진여문과 여래장심이 별개의 것처럼 설정해놓아 살짝 개념의 혼동이 생기기 시작한다. 여래장식은 제8식과 제9식(불성佛性 자체인 불성체佛性體. 태양, 대일여래) 사이에서 제8식과는 등가(等價)이며 제9식은 아닌(非等價) 상태에서 활동하는 식(識)이라고 생각하면 되고 그 안에서 비교적 제8식이 맑아진 상태를 상정(想定)한다. 진여는 같은 개념이나 주로 제8식과 제9식의 공간 안에서 제9식의 체만 아니지 내용은 제9식인 발광 태양이다. 그렇다면 같은 활동공간 안에서 내용도 둘이 같은 개념이나 제9식의 내용을 말할 때는 진여이고, 여래장식은 세간 중생의 마음속에서 그 진여의 가능성을 말할 때도 쓰이는 것이니 장바닥 속 작은 태양이고 활동 범위가 좀 넓다고 생각하면 좋을 듯하다. 근본적으론 같은 개념이나 활동공간 속에서 고정자리(진여)와 움직임이 넓은 자리(여래장식) 정도의 차이다.

(제8식) | · —→ 여래장식의 특성 및 활동 범위 —→ ◦ | (제9식)

진여의 자리

(· 는 等價, ◦는 非等價)

이런 구조 속에서는 유식의 청정세계로 나아가려는 의지의 실천원리와 훈습의 이론은 진여의 성격 즉 발광 태양으로 인하여 새로운 세상과 접하게 된다.

안
이
비 6식 → manas, 자아(표층의식의 잠재의식) → ālaya식(심층의식)
설
신

(유식의 전사전득 훈습개념)-여기에 진여의 자체발광이 더해져(+) 제8식이 쉽게 맑아진다.

전의의 기본구조는 유식의 전의개념과 같으나(돼지가 주둥이로 굴을 파는 것) 여래장이론의 전의는 돼지가 돼지굴을 발견했기에(진여훈습을 전제) 그쪽으로 초점을 맞추어간다. 이것을『기신론』에서는 진여가 무명을 훈습(熏習)하기 때문에 이 훈습의 인연의 힘 때문에 망심(妄心)이 생사의 고통을 싫어하고 즐겨 열반을 구하도록 한다고 말한다.[11)]

11)『대승기신론』(T32, P.578中), "所謂以有眞如法故能熏習無明 以熏習因緣力故

이러니 『기신론』의 염법훈습은 단순한 염법에서 헤매는 훈습이 아니라 여래장의 활동 범위가 세간의 생멸문인 것처럼 진여로 향하는 훈습이 된다. 용어의 혼란은 어쩔 수 없겠으나 이것이 용어를 초월하는 여래장 사상의 매력이다.

① 기신론의 염법훈습[12]:

ㅡ (☆진여훈습을 전제) ㅡ ⇛ · (主) | | ㅡ ⇛ | ㅡ〔|→○〕

前五識(무명) 6식 7식 〔제8식 진여〕

청정세계로 나아가려는 실천의지

그렇다면 사실 여래장이 진여와 하나되는 자리를 원하는 것인데 이때의 rūpa(相의 세계)는 이미 6식, 7식이 8식을 거쳐 진여의 세상으로 가는 형식도 필요 없게 되는 것이라 도표의 사유방식이 편하게 바뀔 수도 있다. 그러면 용어의 혼란도 피하게 된다.

이것이 진여훈습 도표이다. 진여가 자체발광인 셈인데 이유는

則令妄心厭生死苦樂求涅槃"

12) 염법(染法)훈습이라는 용어에 주의해야 한다. 일단 『기신론』 해석분(T32. P.578.상)의 용어해석으로만 보면 정법(淨法)훈습은 진여(眞如)가 무명(無明)을 이겨 훈습하는 것이고, 염법훈습은 무명이 진여를 이겨 발생한다는 단순용어 해석이다.(그래서 염법훈습에는 無明훈습, 妄心훈습, 妄境界훈습이 있다) 그러나 단순 글자의 해석은 아무 의미가 없다. 진여훈습을 주목해야 한다. 『기신론』은 이러한 염법세계에서 벗어나는 길을 설명하는 이론이다. 그래서 잠시 용어에 혼란이 있을 수 있다. 그러나 이 혼란을 벗어나는 것이 『기신론』이다. 생각의 전환이다. 그것의 반영이 염법훈습이란 용어다. 여기서 말하는 실천론이란 이 세상에서 벗어나기 위함을 말하는 것이기 때문에 그것이 주인공이다. 그래서 여기서의 염법훈습은 염법세계에서

여래장이다. 혼자만 방 한구석에 처박혀있는 진여가 아니라 여래장처럼 여기저기 활동 반경이 넓은 공간 중에 성격을 같이 하는 진여이기에 진여는 저쪽을 구제해야만 하는 사명이 내포하는 개념이다. 그것이 진여의 발광이다. 작은 태양의 개념이라 그런 것이다.(9식의 體는 아니나 내용은 같다.)

(보살행위 · 청정행위) ——⇒ ·

② 기신론의 정법훈습[13]: ↻ (主)｜←(｜ ←｜⇐〔｜←○〕

전5식 6식 7식 〔제8식 진여〕

진여의 자체발광 훈습 · 大悲

이 둘 개념의 정리는 다음과 같다.

① 염법훈습이 ② 정법훈습으로 바뀌니 자연히 여래장의 본래 성격이 드러나 이것을 정리하다 보면 생각의 순서도 바뀌는 것이 자연스런 『기신론』 일심론의 해석이 된다.

근거는 '염법은 본래 부단히 훈습을 계속하지만 부처의 경지에 이르면 그친다. 그러나 진여법은 영원히 훈습되는 것이기 때문에 망령된 마음이 소멸되면 법신이 드러나고, 훈습을 일으키

벗어나기 위한 마음의 가능성 마음의 혁명을 말하는 것이다. 개념혁명이 오는 순간을 설명하는 것이라 용어에 혼란이 있을 수 있고 내용으로 이해해야 한다. 어려운 일이다. 엄밀히 말하면 이때부터 기존 용어를 사용하지 말아야 한다, 그러나 어쩔 수 없이 기존 용어를 사용해야 개념혁명이 이해되기에 사용해야 하는 불가피성이 있다. 가능성과 마음의 방향을 주목해야 한다. 즉 단순 용어 염법훈습은 진여의 가피 이전이고 여기서의 염법훈습은 진여훈습이 내려온 이후의 염법훈습이다.

13) 정법(淨法)훈습은 진여(眞如)의 훈습이다. 진여의 가피 이후의 정법훈습이다. 단순히 유식의 올바른 방향으로 나아가는 실천원리 정도가 아니라 진

기 때문에 단절이 없다[14)]"가 그 이유이다.

실천원리 순서: 염법훈습② —— ⇒ 불과증득

(전5식) ↺ ⇐ ①진여훈습 —— (진여)

이것이 자체발광 여래장 이론 실천원리 순서이다. 누구나 꿈꾸는 사람이 된다는 뜻이다.

이것을 설명하는 이유는 사유방식을 좀 더 수월하게 바꿈으로써 인간이 진리에 접근하는 법이 쉬워진 것이고 그렇기에 더욱 오래 정진하는 바탕이 되며 또한 이때부터는 겁 없이 확장하게 된다. 이미 나의 주체가 즉 내가 작은 태양이 된 것이다. 주체적 인간상이다.

자체발광의 인간상은 불퇴전의 신심이 되고 어려움이 없고 하고 싶은 의욕의 만발이다.

10살짜리 아이라도 믿고 따르면 영험이 일어나니 약사여래의 구제도 어려운 것이 없고 믿는 10살짜리 아이가 보살이 되며 태양의 불덩어리를 믿는 마음에 모든 인연 연줄이 얽히어 되는 쪽으로 그물망이 짜지게 된다. 사람이고 환경이고 최선의 조합으로 이룩되었다는 것은 그런 결심을 한 것이 우주에서 맺어지는

여가 자체훈습을 하기 때문에 다 바뀌는 것이다. 진여의 훈습 후에 전의(轉依)의 개념이다.

14) 『대승기신론』(T32, P.579上), "染法從無始已來熏習不斷 乃至得佛後則有斷 淨法熏習則無有斷盡於未來 此義云何 以眞如法常熏習故 妄心則滅法 身顯現起用熏習故 無有斷"

것이다. 바무니의 마음이 그러하였다. 바무니의 존재가 곧 진여의 훈습 태양의 발광이므로 사회가 불신과 시기와 남을 헤쳐 나만 살겠다는 마음이 사라지고 변신하여 믿음과 자비의 강물이 넘치는 그런 분위기가 형성되는 것이다. 정직한 인간의 심층의식 종자식의 개념이 확장되어 힘을 받게 된다.

3) 수행의 연(緣)줄 해석

또 한 가지는 나의 수행 환경과 인생의 삶에 관한 연(緣)이다.

사람으로 태어나 환갑까지 산다 함은 20년은 자라는 과정에서 소비하고 나머지 한 40년 사는 중에 헛되게 산 것, 육아 아픈 것, 이런 거 저런 거 한 10년 제외하면 그저 한 30년 제정신으로 건강하게 수도를 한다고 볼 적에 30년 마음공부는 너무도 모자라는 기간임을 실감하고, 건강한 육신으로 최소 지속 수행 기간 100년을 계산하면 연거푸 환도인생 삼생(三生) 정도는 되어야 성불의 기초는 닦는다고 본다. 이는 전생 습관 30%와 식성(食性) 10%가 기준이다. 불퇴전(不退轉)의 습관(훈습) 100%가 되려면 적어도 3생(30%×3)은 되어야 가까이 가는 셈이다.

훈습의 특성을 인간의 생의 나이에 비교해 더 발전시켜 보자는 취지인데, 그것의 기본 바탕은 원인(因)과 연기(緣起)와 과(果)다. 인(因)은 hetu 싹아(芽)이고 애초이다. 어찌 해보겠다는 마음이고 이것이 중요하다. 아직 설계도는 없으나 마음을 먹은 것이니 이것이 핵심이다. 과(果)는 phala 빨아, 과일이 다 익어 빨아

먹는 것이다. 결과이다.

결과가 이루어지는 과정이 연기(緣起, pratitya samutpāda)이다.

pratitya는 더불어서 samutpāda는 삼아 뻗다이니 '(더)불어되어 삼아 뻗다(緣起)'이다. 인(因)이 불어나 어떤 상태가 되면 그것을 바탕으로 삼아 새로운 것이 나오는데 이것이 연기(緣起)다. pāda 뻗어는 발(足)이다.

뻗어 나가니 연(緣)은 원근(遠近)과 고금(古今)을 넘어간다. 독안에 들어앉아 있어도 팔자를 피할 수 없다는 말이다. 영계(靈界) 길 여행 혹은 꿈에서 어느 길을 가다가 뭘 물어도 도대체 길가의 사람이 대답을 안 하고 자기 일만 하고 있다면 듣지 못하는 것, 나와 연(緣)이 없는 것이다. 파동의 주파수가 안 맞는 것, 연줄이 없는 것이다.

이때의 연(緣)은 ① 식파의 영계(靈界)의 연(緣)이고 또 하나는, ② 상(相, rūpa, 엿봐)의 세계의 싹을 키우는 여러 환경으로 해석되는 연(緣)이다. 물론 이 연(緣)줄 안에서 다시 순서와 중요도가 다르고 인과가 존재하니 영계의 연줄 해석이 먼저고 다음이 rūpa의 연줄이다. 애초의 인(因)이 마음인 것과 같이 연줄도 마음(靈界)의 연줄이 80% 이상 90%의 범위와 중요도를 차지한다.

불교개론 수업에서 학생들을 놓고 가르치는 선생이 인(因)이 씨라면 연(緣)은 환경이다. 공기, 흙, 물, 보살핌 모두가 환경이다. 이렇게 rūpa세상의 그림으로 가르치고 또 그렇게 개념으로 배운 학생이 연(緣)을 자꾸 rūpa세상의 그림으로 상정한다면 보이지 않는 영계의 연줄 해석이 점점 멀어진다. 그러니 육도 유정(有情)들의 험난한 수도과정 윤회를 설명함에 가르치는 이나 배우는 이나 서로 모르고 이해가 되지 않으니 그저 "육도는 정신의 수준을 부처님이 말씀하시는 겁니다"하고 "무아법에서 보면 갈 혼도 없지요" 이렇게까지만이 수업 내용이다. 육도 윤회의 과정을 소상히 알 수 없으니 어디까지 말하고 어디는 미비점이고 이것은 아니다를 가르칠 수 없게 된다. 이러니 여래장이론이 시장바닥에 버려지는 무청을 만지는 거친 손에 있지 않고 메마른 허공에만 자리하는 싸늘한 무아법(無我法)에 머무는 것이다. 무아는 힌두의 유파에 경종을 울리는 하나의 공간개념의 진리파악법의 일환이요 진리 접근의 한 면이지 불교가 결코 그 사유방식 하나에 허구한 날 머무는 것은 아니다. 그래서 인생관과 수행관은 연기법 위주로 설명이 되는 것이 수월하다.

종교가 항상 '아니요, 아니요'라는 부정의 사유방식에 젖어 있다면 태양인 대일여래(大日如來)도 무아(無我)니 빛을 발할 수 없게 되고 그(대일여래) 개념 또한 무아이고 인간은 종말에 간이 쪼그라들어 주위에 아무것도 남지 않는 하루살이 혼이 되어 태양의 전류 속에 일시에 소멸되고 만다. 바람직스럽지 못한 종교의 모습이다. 자라나는 아이들의 간덩이를 키우는 것이 불교요 연기(緣起)의 혼줄도 적극적으로 설명하여 수행의 과정도 본인이 판단하여 삼생을 어떻게 살아갈 것인가를 본인이 결정하게 해야 한다. 잠시 복진 타락의 결과가 올지라도 태어난 조국의 발전을 위해서 한 생을 기여하고 개인의 긴 수행의 끈을 또한 잊지 않기 위해 그 와중에도 손에 염주라도 열심히 돌리는 수행 연(緣)줄의 모범을 가르쳐야 한다. 이것이 삼생수도법을 관통하는 영력도수 200도 대선사의 경지에서 바라보는 인생관이요 가르침일 것이다.

아무튼 인연줄의 해석은 좀 복잡한 상관관계 함수관계이며 미로와 같은 방정식이다. 여기까지 오면 초기 우파니샤드 『찬도갸』의 karma의 단순 일대일 인과업보설(kratum kurvita, √kṛ: 그리하다, 행위) 그리했다면 그리 된다.(『찬도갸』 3.14.1)의 경지는 벗어난 개념이다.

이런 3생 계산법도 결코 쉬운 일은 아니다. 쓸데없는 업장이 없어야 정상적인 삶을 살 수 있으며 우선 인간으로 세 번 환도 인생이 쉬운 일이 아니다. 길거리에 다니는 사람 10명 중에 한두 명도 전세에 사람인 것이 드문 현실에서 수행자들은 어떻게 해서라도 이번 생에 끝을 보려고 애를 쓰는 것도 사실이다. 축생은 으슥한 나무 밑에서 사람을 피하고 살생으로 생존해야 하고 먹을 것을 땅에 묻어두고 살아간다. 그러기에 그 습이 온전히 전해온 세간의 인간성품이 물고 물어뜯고 사기짓하고 부부지간도 속이는 경우도 있다. 수행자는 이와 같은 현실을 너무도 잘 알기에 인간세 수행의 가치를 절감하고 어떻게 해서라도 남들의 3생의 수행을 이번 생 한 번으로 압축하려 노력하게 된다. 속도전이 되는 것이다.

바무니는 3생의 연속 환도인생이 쉽지 않음을 간파하고 삼생(三生) 영력공부의 가치를(성불 시까지 중도타락은 없다) 꿰뚫고 이번 한 생 동국에서 90세의 불퇴전 용맹수행을 보이시니 업력의 굴레에서 벗어나 자유자재로 사는 수행을 석가세존으로 오시기 직전 생에 몸소 보이신 것이다. 또한 이 의미는 수행이란 영력의 증진 속에 육신과 자연의 원리에 능통하는 지혜가 동시에 곁들여야 80세 이상의 영험체로서 3생 동시 불퇴전이 가능하다는 뜻이다. 수행자가 육신을 가벼이 보면 그는 진리를 바로 직시하지 못한 것이다. 업보 중 최고의 업보는 이생 밥그릇이 짧은 것이다. 복력은 그 다음이다. 감각기관 안 · 이 · 비 · 설 · 신(眼耳鼻舌身) 중 최고의 비중 안(眼)의 결핍 장님으로 태어남은 전세의 모진 행의 결과다. 구체적 서술은 말하기 곤란하다. 육신 혈액순환의 중심 심장병 또한 업보가 지중하다. 선남선녀 환도인생이 3명의 심장병 환자를 고쳐준 결과는 선과(善果)가 결코 아니다. 어떤 가수의 슬픔도 보았고 수행자도 과거에 단명함을 보았다. 좋은 일 하기도 만만치 않은 것이다. 보이지 않는 파동의 힘의 싸움이 뒤에 도사리고 있다. 나의 해석의 경향이 비관적인 것이 아니라 세상이 진실의 면을 미처 보고 있지 못할 뿐이다. 그렇기에 바무니의 80세 이상의 맑은 정신 수행은 마땅히 언급되어야 하는 공덕이다.

걸림 없는 수행, 힘이 있는 자비라야 인과에 얽매이지 않고 조건 없는 구제가 가능하다.

힘없는 개인으론 불가능한 것이기에 2000년 목신수행이네, 돼지굴이 어쩌네 기술하는 이유다.

이 모든 것이 다 정직한 훈습 Vasana(배잖아)의 결과이다. 바무니는 이것을 다 극복하시고 이생 훈습의 보답인 보신(報身)의 대각을 이룬 후에 다음 생 화신(化身)의 불(佛)로 태어나신다.

(3) 달메재(월성) 곁의 소년 3형제

바무니가 반석 위에 돌기둥같이 앉아 수행할 때마다 조금 멀리 언덕 위에서 꾀죄죄한 손으로 하루 종일 장난하며 노는 아이들이 있었으니 종대가리와 발싸개와 밥통이의 삼총사다.

종대가리가 1살이 위라 맏이라 부르다가 무리 중 어려운 일이 생기면 중심을 잘 잡아준다고 마루대가리라 불렀다. 마루는 무리 중 자연스레 리더가 되었고 아버지가 돼지사냥 중에 돌아가시어 집안의 어려운 일도 도맡아 하게 되었다. 어메 돕는다고 들토끼 잡아다 가두고 풀을 뜯어다 말려 먹이고 닭도 키워 알도 받고 집안의 효자였다. 놀 때는 집안에 항아리가 남아나질 않게 장난질하고 놀다가 문득 슬퍼질 때는 재에 올라 하염없이 지는 해를 바라보곤 하였다. 태양 같던 아빠가 그리웠다. 그럴 때마다 멀리 바라보이는 바위같이 앉아 수행하는 '저분은 어떤 분일까'하는 생각이 들었다. 멀리서 뵙는 그분은 수염이 하나 가득 기르시고 눈이 얼마나 빛이 나시는지 슬쩍 스칠 때의 그 모습은 별빛의 광채였다. 가끔 지나치실 때마다 머리 숙이며 바라보는 그 모습은 무섭기도 하였다. "오 그래~"하시는 말이 쩡쩡 울리는 것이 천둥소리 같았다. 용기가 나지 않았다. 그래서 한동안은 그냥 든든한 마음으로 족하고 주위에서 놀기만 하였다. 겨울이면 그분이 수행하시는 반석 주위 쌍 연못에서 우리는 대를 쪼개어 발밑에 길게 대어 묶고 발썰매를 만들어 서로 밀고 놀았는데 한쪽 넓은 연못 위에서 놀다가 다른 연못으로 연결되는 좁은 통로에서는 마루의 실력이 월등하였다. 한 발로만 살짝살짝 발을 대어야만 통과가 되는데 어쩌다 옆땡이 황토흙 무더기에라도 대(竹)신발에 닿을라치면 앞으로 나아가 지지가 않아 자빠지기 일쑤였다. 어제 낮에 놀 때 마루가 몇 번 자빠지는 것을 흘낏 본 발싸개는 어느새 돌로 그 솟은 황토 더미를 깨어 말끔히 치워놓곤 하였다.

발싸개는 엄마 아버지가 모두 계시고 농사도 제법 크게 짓는 집이고 셋 중 제일 넉넉히 사는 집 아이면서도 얼마나 꼼꼼한지, 늦가을 서리오는 시기면 벌써 발싸개를 하고 다녀 별명이 발싸개가 되었다. 어쩌다 들토끼탕이라도 어메가 끓여주시면 먹다 잊지 않고 질그릇에 싸 와 둘에게 먹이겠다고 애를 쓴다. 마루가 잘 먹고 '맛있네~'하면 그릇 치우는 와중에도 얼굴에 흡족한 미소를 잠시 짓는 모습이 귀여운 녀석이다. 마루가 보면 늘 부러운 녀석이다. 집도 화목하지 잘 살지 게다가 늘 꼼꼼하여 단정하게 생김새를 갖추고 다녔다. 부러우면서도 뭐라고 흠도 잡을 수 없는 완벽한 녀석 그 녀석이 발싸개다. 아무튼 먹을 것도 많이 가져오고 고마운 녀석이다.

어쩌다 싸개가 수수부꾸미 개떡 이런 거 싸 오면 덥석덥석 잘도 먹는 녀석이 있으니 밥퉁이다. 밥만 잘 먹는 게 아니고 그러자니 늘 사근사근하다. 입의 혀처럼 비윗살도 참 좋은 녀석이 밥퉁이 퉁이다. 먹을거리를 실컷 얻어먹을 때는 늘 어디서 듣도 보도 못한 재미난 얘기가 끊임이 없다. 퉁이는 엄마가 안 계신다. 동생을 낳다가 엄마가 돌아가셨단다. 아빠가 농사지으러 나가시면 늘 할메가 무한 이쁨으로 키워주셔서 그런지 넉살이 좋다. 이렇게 셋이 모이면 서로의 모자람이 보충이 되고 우선 늘 즐거운 얘기가 먹을 거와 더불어 함께하니 서로 좋았다. 그리고 각자의 집에서도 애들의 인상이 나쁘지 않고 제 아이가 좋아하니 몰려다니는 것을 인정하게 되었다.

이 아이들이 하루는 늘 멀리서 바라보이는 바무니 어르신을 뵙기로 하였다. 지난겨울에 눈이 펑펑 내리던 날 삼총사는 머리가 유난히 큰 눈사람을 만들어 바무니가 지나시는 길모퉁이에 세워놓았는데 바무니께서 지나시다가 빙긋 웃으신 적이 있다. 그래서 용기를 내 보기로 하였다. 서로 그날은 몸가짐도 바로 하고 입는 옷도 깨끗이 하고 재에서 내려다보이는 반석에 가기로 하였다. 그 반석 남서방향으로 소나무 한 그루가 공부하실 때 살짝 그늘을 만들어 우산처럼 덮어드리고 있었다. 바무니께서는 반석에 앉아 계시고 우리는 셋이 땅 위 그늘에 앉아 그분의 말씀을 들었다. 세상에서 처음 듣는 소리였다. 온화하시나 우렁찬 목소리가 쩌렁쩌렁 울려 나갔다. 법력의 힘이 무섭다. 저 멀리 지나가던 멧돼지도 조용조용 발걸음을 옮겨나간다.

"서역은 힌두라는 땅이다. Hindus는 흰젖을 말함이다. 세상에서 가장 높은 산이 그곳에 있는데 그 산의 이름은 Himalaya요, 흰 청정한 땅이란 뜻이다. 천강(千江)이 띠를 두르고 이는 명월(明月)이 승천하여 사해(四海)에 도장을 찍음과 같은 이치이다. 나의 다음 갈 곳은 바로 그곳이다.

내가 그곳에 가는 이유는 산천의 운(運)이 그렇게 돌아가기 때문이다. 말하자면 할 일이 그곳에 있기 때문이다. 아리안족의 침입으로 인한 dravida족의 고통을 덜어주어야 하는 사명감이 있는 것이다. Dravida란 들어오다, 드리다, 원주민의 의미고 그곳을 jambu-dripa라 하는데 jambu나무 즉 나무처럼 뿌리내리고 자리 잡다의 뜻이며, 염부제 중생의 영원한 수도처 우주를 동서남북으로 나누고 지구는 우주의 남섬부주(南贍部洲)의 의미도 되는 것이다. 그렇게 평화롭게 자리 잡고 잘 살던 드라비다족이 지금 천민(賤民)으로 취급되어 비참하게 살고 있는 지가 벌써 수백 년이 되어 그들의 신음소리가 나의 수행하는 자리까지 들려오고 있으니 내가 그곳에 가서 할 일이 있음이다. 근본적인 싸움이 없어진다. 곳곳에 작은 나라의 왕들이 나의 감화의 영향으로 그 백성들이 평안히 살 것이니 내가 그런 일을 해야 한다. 지구 정기의 뿌리와 끝을 묶어 수행인연을 맺어놓으면 나머지는 절로 엮어지는 것이다. 뿌리로 가는 이유다. 곳곳을 내가 직접 걸어 다니며 교화해야 하느니라."

"사람은 껍데기는 같은 사람이되 속으로 지혜가 천차만별이고 복으로도 제 식구는커녕 제 입에 풀칠도 못 하는 이가 있는가 하면 만백성을 모두 먹여 살리고 덕으로 교화하는 사람도 있느니라. 이는 태어나는 과정에서 전생의 영이 혼으로 바뀌는데 이때 각자 지은 바에 따라서 얼마짜리 집을 지을 밑천을 다르게 가지고 나오기 때문이니라. 싸구려 집이면 혼이 가볍고 비싼 집이면 혼이 무겁다. 혼이 무거우면 말도 무겁다. 그 말 한마디면 온 우주가 다 무겁게 받아들인다. 세상이 다 지켜야 하는 말이기 때문이다. 싸구려 혼의 말은 허공에 새겨지지 않는다."

마루와 싸개와 퉁이는 머리를 짜내어 그 말을 이해해보려고 하였지만 어렵기만 하였다. 그냥 이 자리에서 이해가 되는 것은 아니라는 걸 알게 되었다. 인사를 드리고 물러 나와서 셋은 한동안 말이 없었다. 바무니의 말씀이 그들 모두에게 혜두(慧頭)가 되었다. 그들은 집에 가서 생각하고 또 생각을 해보았다. 만약에 내가 다니는 길에 개울을 건너기 힘드니 돌다리를 놔줘요하면 누가 내 말을 듣나. 결국은 나 혼자 그걸 해야 한다. 친구들이 도울 순 있겠다.

몇 해 전 여름 장마 때 바무니께서 불어난 개울을 말없이 건너실 때 퉁이 할아버지와 몇 분이 말없이 며칠을 돌을 주워와 생선비늘모냥 군데군데 쌓아 다리를 놓아 편히 건너시게 만들어 드렸다. 바무니는 말씀도 안 하셨는데 저절로 그렇게 되었다. 생각이라도 하셨는가, 그래서 그렇게 된 걸까. 삼총사는 바무니께 가서 여쭈었다. 바무니는 웃으시기만 하시면서 "저절로 됐겠지~" 알쏭달쏭한 말씀만 하시었다.

말씀하는 와중에도 동네에서 모르는 왠 아주머니가 바무니

앉아 수행하시는 쪽으로 와서는 온갖 귀물을 늘어놓고 자랑을 해댄다. 바무니께서는 "쓸 일도 없는 그런 거 도로 다 갖다 주시오"하니까 "네~"하고는 귀신같이 빠르게 사라진다. 바무니께서 "너희들 저 아주머니 치마 속 꼬랑지를 보았느냐"하는데 마루가 아차 싶었다. 본 것도 갖고 아닌 것도 갖고 마루가 막 뛰어 좇아 가보니 어느새 보이지 않을 만큼 사라지고 말았다. 바무니는 "저 아주머닌 둔갑여우니라"하신다. 숲에 살다 심심하면 민가에 나와 둔갑을 하곤 저런 짓을 벌인다. 꼬랑지를 보았다 하시면서.

도대체 바무니께서는 어떻게 사람을 척 보고 알아내실까. 삼총사는 의문이었다. 때로는 곰을 보시고 "능손아~"하시고, 1000근이나 나갈 멧돼지도 바무니께서 "이리 오너라"하고는 머리를 쓰다듬어 주시면 씩씩대고 어지럽히던 그놈이 황송해 어쩔 줄을 모르고 얌전히 사라진다. 바무니께서는 "저놈은 이제 전생의 업장이 사라지고 얼마 안 있어 사람으로 태어나 수행자가 된다"고 하셨는데 동네 어른들 말이 '얼마 후에 큰 멧돼지가 들판에 죽어 있었다'고 하였다. 삼총사는 살면서 참 이해가 되지 않는 불가사의한 일을 바무니 옆에서 겪으며 조금씩조금씩 뭔가 다른 세계가 있구나 하는 것을 직감으로 알게 되었다.

하루는 마루와 싸개 둘이서 바무니 계시는 초가에 들러 신기한 이야기를 많이 듣고 이제 정리하고 일어서려 하는데 바무니께서 잠시 낮잠에 드신 것이다. 싸개가 "형 절하고 가자"하는 걸 마루가 "야야 그냥 조용히 가자"하고 주섬주섬 챙기고 간단히 목

례만 하고 일어나 나오게 되었다. 마루는 집에 와 얼마나 후회했는지 모른다. 싸개는 저렇게 예의 바르고 어르신께서 주무시던 앉아 계시던 변함이 없다. 아마 녀석은 기다리고 앉았다 인사드리고 나왔을 것이다. 근데 나는 그냥 나오는 인간성은 무엇인가. 그분이 나의 행동과 마음을 모두 보셨을 텐데 나는 어쩌면 오늘의 이 예의 없음에 언젠가는 업보를 당할지도 모른다. 싸개의 바른 마음가짐에 부끄러웠다. 어르신께 언젠가 대신 무한대의 일로 갚아야 할 것 같은 마음이 들었다.

시간이 다시 지나고 바무니께서 "싸개는 복이 많구나. 마루는 나중에 큰일을 하겠어. 마루의 용기로는 나를 따라다닐 수도 있겠는걸. 퉁이도 조용히 좋은 일을 많이 하겠네"하며 큰 격려의 말씀을 주시었다. 셋은 그 말씀을 듣는 순간 한없는 환희심과 어깨가 들썩이는 자부심이 얼마나 생기는지 서로가 얼굴을 쳐다보며 마치 하늘의 왕이라도 된 듯 세상의 주인공이 된 듯한 야릇한 기분이 되어 있었다. 바로 그것이었다. 수기(授記)를 받은 것이었다. 바무니 어르신 앞에만 오면 무언지 모르는 든든함과 나도 마치 어르신의 경지에 이른 듯한 의젓함이 어느덧 배어나는 것이었다.

하루는 마루가 닭 우는 소리에 깨어 아직 어두운 새벽에 닭장에 알을 주워오려는데 재 넘어 바무니 어르신 쪽 하늘이 환한 것이었다. '뭐지 저쪽만 해가 먼저 올라오나'하고 뛰어 가보니 바무니께서 벌써 일어나신 건지 잠자리에 들지도 않으신 건지 바위처럼 앉아 계시는 바위에서부터 그렇게 환한 기운이 뻗치는 것이었다. 동트기 전의 어두운 새벽이라 그 빛의 정체를 알 수 있었다. 불가사의한 분이셨다. 삼총사는 그분께 인사드리고 물러 나오는 길이면 집에 오는 길 달메재에서 누가 먼저랄 것도 없이 '바무니는 훌륭하신 분이야. 우리가 잘해드려야겠어. 공부도 하고'하면서 결의를 하는 것이었다. 이것은 실로 석가모니 부처님 제자 이전에 전생 바무니의 어린 제자 삼 형제의 입문식이었다. 바무니의 어린 동네 꼬무리들 쓰다듬으심이 훗날 신라 3대선사 원효(元曉), 의상(義湘)과 윤필거사(尹弼居士)의 3의형제 출현을 예고하는 것이었다. 맏이 마루는 원효, 모범생 싸개는 의상, 막내 원만이 퉁이는 윤필이 되었다.

어느덧 바무니께서도 이제 경주 황룡사터의 수행을 마무리지시고 뿌리인 인도 땅으로 태어나심을 준비하시게 되었다. 수없는 전생의 수도와 2000년의 대목신 그리고 인간으로의 마지막 수행 끝 대각을 여기 이 땅에서 마무리하고 이제는 중생을 위해 공인(公人)의 모습으로 나서게 되는 순간이었다. 고요하고 인성(人性)이 훌륭한 이 땅과 인연되는 모든 사람을 위하고 또 바무니 개인적으로도 언젠가는 다시 한 번 들르고 싶은 아름답고 정겨운 땅이었다.

Ⅱ. 석가모니 탄생(BC 1087년)과 연꽃시대

1. 석가모니 사주(四柱)와 풍찬노숙(地火明夷 / 더 이상 나쁠 순 없다)

이제 산천운이 바뀌어 바무니께서 인도 땅을 고르시니 이는 산천정기의 끝에서 뿌리로 옮기신 것이다.

사람으로 태어난다는 것은 우선 어느 집안의 자식으로 나오는 것이기에 우선 아버지되는 집안의 조상줄에 신고를 하게 된다. 성인(聖人)이야 약간 다른 방식을 택하기는 하지만 겉으로 보기에는 다름이 아니다. 바무니는 인도 북부의 작은 나라 석가족의 나라 정반왕(淨飯王)을 골라 영태(靈胎)를 하기로 하였다. Śuddhodana왕이시니 Śuddho는 솟다, 높은 깨끗함의 의미요 dana는 다놔 즉 보시의 의미니 합하여 깨끗한 보시를 많이 한 정반왕이시다. 정반왕의 조상들에게 말씀을 드리고 그들에게 감사의 인사를 받은 바무니는 이제 마야부인에게 신태(神胎)를 하시니 Mahamaya라 함은 Maha 마~, 뭐~, 크다, 위대하다는 의미요 maya는 마술(魔術), 환영(幻影)의 뜻이니 눈부시게 아름다운 여인이다. 마야는 sthula sarira(찔러 살: 육신의 세계)이요 suksma sarira(섞으마 살) 즉 미묘한 살(에너지)의 세계요, rūpa[엿봐, 예뻐(相, 色)] 바탕의 karma[그리하마(業力)]의 세계 속에 있는 것이니 śanti(잠티, 적정寂靜)의 세계와 반대되는 개념이다.

석가모니가 엄마의 육신 세상에 들어갔음을 말함이요 육신의 세계에 어쩔 수 없이 의탁해 나오심을 뜻한다. 위대한 영이지만 엄마의 육신에서 피와 살을 조성해 나오심이니 육신을 타고남이란 이제 고해(苦海)의 바다에 들어섰음을 의미하는 것이다.

마야부인 우협생(右脅生)으로 나오시니 우협생이란 신태(神胎)의 탄생을 말한다.

룸비니동산에서 태어날 때 우협생 7일 만에 어머니 돌아가심을 '아침 햇빛에 구름이 걷히듯 하더라'하는 룸비니 탄생지 성도들의 찬양시는 석가모니의 마음과 동떨어진 그 사람들만의 세상이 있음을 말하는 것이다. 석가모니는 이렇듯 탄생 시부터 호된 시련을 받는다. 중생구제가 어머니의 희생과 맞바꿀만한 가치가 있는가. 중생이 아무리 세존을 존경한들 아버지의 마음속 허전함과 섭함을 메꿀 수 있는가. 석가모니가 평생을 아버지를 제대도 바라보지 못했음을 성도들은 아는가. 아버지인들 석가모니를 볼 때마다 마음이 편했을까. 이렇게 괴로움에서 시작된 이승의 인연임에도 아무 티를 내지 않고 바르게 키우려 노력하심은 정반왕의 마음이 자식에 대해 바다와 같이 무량함을 말함이다.

아무튼 바무니 전세의 무슨 실수가 있었는지 아니면 정반왕 가문의 그 무슨 실수인지 뭔가 알 수 없는 karma의 업력이었다. 이렇듯 개인 집안의 희생에서 시작된 공인(公人)의 세상살이 시작이었다. 석가세존의 사주를 밝힌다.

BC 1087년 음 4월 8일(갑술일) 巳時생. 四象체질 중 太陽人. 영력도수 360°이시다.

正財		正財	比肩		
己	甲	己	甲	釋	乾
				迦	命
巳	戌	巳	寅		
傷官	偏財	傷官	比肩		
亡身	華蓋	文昌星, 亡身	祿		

정	병	을	갑	계	임	신	경	大	運
축	자	해	술	유	신	미	오		

불기(佛紀)는 불멸기원(佛滅紀元)의 의미로 돌아가신 해가 기준이며 그것도 현재의 불기는 세력이 강한 남방불교 위주이다. 불기의 통일을 위해 1956년 결의한 것뿐이다. 그러나 이것도 불멸년도를 원년(元年)으로 보느냐 주년(週年)으로 보느냐에 따라 1년

이 또 달라진다.

본래의 북방불기는 현재의 불기에 +483이 맞다. 그리고 태어나심을 따질 때는 83[15]을 더한다. 흔히들 80이라 하니 세 살 혼란이 있을 수 있고, 또 혼이 들어온 때부터 따지는 우리나라의 법도가 맞는 것이나 국제적으론 한 살이 적다. 그렇다면 2021년의 불기가 2565년이라면 사실 탄생은 +483 +83 즉 탄생 3131년이 되는 것이고 태어난 해는 BC 1111년생(庚寅年)이 된다. 이것을 큰 기준[16]으로 삼되 현재 쓰이는 갑자년 기준으로 같은 60갑자 그룹 안의 호랑이 띠 갑인년을 찾으면 BC 1087년이 되는 것이다. 이유는 갑기(甲己)의 간합(干合)이다. 성인(聖人)의 피가 맑기에 사주의 정기(精氣)가 정갈하다. 24년의 차이는 3000년 세월의 자연스런 작은 오차의 합산이다.

갑술일(甲戌日)은 일좌공망(日座空亡)이니 부처님의 사주 탄생일이요. 수도로 독신으로 사는 사주요 전세의 수도자이다. 모든 부처의 공통일이다. 미륵불의 생일도 이를 택할 수밖에 없는 것

15) 주역의 성인(聖人) 나이 계산법이다. 동방은 음수 38 사상(四象)에 10간(干)은 40넣음. 남방은 양수 27 오행(五行)에 10간 50넣음. 동방의 공자 1주(周)가 90도. 서방불 90도. 남방 예수 90도. 북방 노자 90도. 4주가 360도 중간점이 공자와 불. 공자 나이 73-40=33은 예수 나이, 예수 33+50=83은 부처 나이, 부처 83+40=123은 노자 나이, 노자 123-50=73은 공자 나이, 공자 73-40=33은 예수 나이.

16) 현재의 甲子기준년 세종 26년(1444년)은 복희씨 기준(BC 2637년 기준 갑자년)과 일치한다. 그밖의 별개의 기준 BC 1065년 갑인년은 BC 105년 갑인년 기준과 일치하며 이때는 탄생 기준년(BC 1087)과 22년 차이가 있다. 이것은 모두 수천 년 기간 동안의 당연한 약간의 오차의 합이다.

이며 또한 생시(生時)가 사시(巳時)임도 공통점이시다. 성인(聖人)의 생시요, 혹여 밤 시간을 택한다면 해시(亥時)이다. 갑기(甲己)의 합이 토(土)요 천간이 모두 토(土)가 되어 아주(我主: 주인)의 갑술(甲戌)의 토(土)와 일체(一體)를 이루니 중심의 토는 믿음 신(信)이요, 나의 영(靈)이 체(體)라면 신(信)은 용(用)이라 한덩어리요 변함이 없이 무엇을 이루어야만 하는 사명을 타고난 것이다. 특히 종교인이라면 제격이다. 월지(月支)의 상관(傷官)과 시지(時支)의 상관을 보아 상관격(傷官格)이라면 당사자 본인은 자존감과 총명함이 특징이요 관(官)이 없어야 제격이니 마침 사주에 관(官)이 없으니 극귀(極貴)의 사주다. 아주(我主: 주인장)의 갑목(甲木)이 생년의 갑인(甲寅)으로 비견(比肩)을 이루니 내 몸이 신약(身弱)은 아닌 셈이고 장년 이후에 인성(印星)으로 흐르니 한점의 관성(官星)도 없이 재(財)와 인성으로 흐르니 귀함이 절정에 이르고 점차 힌두땅에서 명성과 더불어 Śrāvasti(쉬러왔어, 살아벌: 舍衛城) 근처 Jetavana 제타의 원(園, vana) 기원정사에 대중과 더불어 안정적으로 24안거(安居)를 보내시게 되었다. 남자의 사주에 관성이 자식이니 비록 사주에 관성은 없으나 재성의 속내용으로 대신하여 조상줄에 최소의 도리는 행할 수 있게 자식을 하나 가지게 된다. 월지에 상관(傷官)은 형제가 불완(不完)이고 연상(年上)에 상관을 피함은 아버지의 명성과 후덕이 도움이 되는 것이다.

세간에 나가면 전륜성왕(轉輪聖王)이라는 말이 나옴은 아주(我主: 주인)가 신약(身弱)은 아니므로 그럴 수 있겠고, 생일의 공(空)이 토공(土空)이 화왕지월(火旺之月)이라(火生土) 비공(非空)이라 편재가 살아있어 그리될 수도 있겠으나 젊은 시절 대운이 인성(印星)으로 흐름은 아니니 어짜피 그리 나갈 사주는 아니다.

평생괘는 甲戌日生에 뇌택귀매(雷澤歸妹 金 8)이시다

甲戌日　　雷澤歸妹

금8 ↪ 兌爲澤

	文	戌	ソ(應)	玄武
(進神)	兄	申	ソ	白虎
	官	午	＼	螣蛇
	文	丑	ソ(世)	句陳
	才	卯	＼	朱雀
	官	巳	＼	青龍

연못 속의 우뢰질이니 좋을 리 없다. 연못에 풍랑이 일고 천둥번개가 치니 밖에서 노는 철없는 어린 누이를 집으로 돌려보내는 격이니 누구도 마뜩치 않다. 석가모니의 말씀은 뭐든지 세상 처음에 나와 못 알아듣는 소리에다 대중 자체가 당시에 문맹이라 도대체 알아들을 수 없는 내용이었던 것이다. 그래 석가모니의 운명이 풍찬노숙(風餐露宿: 길바닥에서 겪는 수많은 고생)이었던 것이다. 아리안의 침입으로 이미 선주민인 드라비다족은 천민(Sūdra, 저것들, 저들)의 신세로 전락되어 교육 부재에 말을 해도 알아들을 수 없는 환경이라 중생교화의 운명을 타고난 서가모니

의 평생괘는 바로 인도의 환경과 뗄 수 없는 관계였던 것이다. 70%의 운의 괘가 좋을 리 없었고 나머지 30%가 겨우 태위택(兌爲澤) 길괘(吉卦)에 속하니 석가모니의 인생이 그러하였다. 이미 대각자임을 선포하였으나 대중이 무식해 알아듣는 이가 없었다. 많은 인내를 요하는 인생이었다. 축(丑)과 술(戌)이 세응관계에서 그나마 교화에 맞는(文) 토(土)의 합(合)을 이루는 기본 바탕 위에서, 토신(土神)이며 흉(凶)한 병신(病神)의 나의 운(句陳)이 도적지신(盜賊之神)인 수신(水神)인 환경(玄武)을 겨우겨우 이겨나가는(土克水) 그런 인생이었다.

석가모니 고생 후에 다음 시절 용화(龍華)시대 미륵불의 평생괘는 수화기제(水火旣濟)이니 이는 서가모니와 반대되는 환경을 말함이다. 싯달타와 같은 왕자의 몸과 우협생은 아니되 환경은 신의 세계와 동등하게 개화된 과학의 시대라 모든 그물코를 완전히 마무리함을 말함이다. 보통사람의 모습으로 와 대지혜를 전함이니 기존 Saṁgha(衆家)의 재정비가 필요한 것이다. Saṁgha의 쌍은 쌍이 모이면 무리가 되니 무리의 최소 단위인데, 마치 kṣana(짬, 째나)가 찰나(刹那)요, kalpa(곱)이 겁(劫)의 최소 단위의 표현과 같은 의미이다. 훗날 승(僧)이 중승이라 함은 애초 무리에서 기원됨을 뜻하는 것이었고, 후에 집단에 성스런 성(聖)의 의미가 자연스레 첨가된 것은 오로지 석가모니와 보살제자들의 도력의 힘이었다. 이는 불멸(佛滅) 후 석가모니 말씀을 정리하기 위한 결집(結集)이 Saṁgīti(무리중, 짓다노래, 合誦)라 함에서 Saṁ의 본래의 뜻을 알 수 있다. 공부하는 무리의 정신이 훌륭한 것이 귀함이요 집단 자체가 본래 귀하다는 것은 아니다.

미륵은 Saṁgha의 일원으로 오지 않으니 연화시대와 용화시대의 차별을 의미한다.

가람이 없는 거지신세니 온 세상이 가람이요, 수행제자 무리가 없으니 각자의 집안에서 책을 읽고 이해하는 이가 모두 제자인 셈이다. 이처럼 석가모니와 미륵은 시대의 환경과 사명이 다르다. 그래서 거기에 맞게 불가의 환경도 변하는 것이다. 이때에 해동의 만년향화지터 수행처는 시대의 정신을 반영해가면서 색심(色心)의 관계에서 정신이 주인인 그 핵심을 잃지 않는 수행이 이어진다면 이는 연화시대의 전통의 이음과 동시에 미륵시대에 사는 중생들에게도 정신적 위로가 되는 휴식처가 될 것이다. 전생불인 정광불(定光佛) Dipaṁkara(짚은 가려, 짚은 손)부처님은 그렇게 전세 석가모니에게 수기(授記)를 주시고, 또 다시 석가모니와 미륵불의 시대의 사명이 다름을 손으로 가리키시는 것이다. 바다와 가까운 아늑한 땅 충남 서산 마애 삼세불(三世佛)이 그 상징이다.

미륵불의 평생괘는 甲戌日에 水火旣濟(水4)이시다.

甲戌日 水火旣濟

水4 →風火家人

孫 卯 ←(泄氣)	兄 子	ソ(應)	武玄
	官 戌	＼	白虎
	文 申	ソ	螣蛇
	兄 亥	＼(世)	句陳
	官 丑	ソ	朱雀
	孫 卯	＼	靑龍

모든 부처님이 갑술일생(甲戌日生) 일좌공망(日座空亡)과 사시(巳時) 혹은 해시(亥時)의 생시(生時)는 공통이시다. 그래서 갑술일생이다. 또한 사상(四象)체질 중 태양인은 성인(聖人)의 공통점이시다.

불(火) 위의 물(水)이니 물은 내려감이요 불은 올라감의 성질인 가운데 서서히 더워지는 물이니 위험하지 않고 자연스러움이니 이미 다 되었다. 좋다. 우주 생성의 원리로 말하자면 물속 불을 말한다. 얼었다 더운 기운이 들어올 때 우주 만물이 화생(化生)한다. 산소가 있는 세계를 말하니 수화기제이다. 이미 다 이루어진 것이다. 이미 지혜가 완성됨을 말함이며 수화기제(水火旣濟)는 미륵불의 특징을 상징한다. 다만 환경은 별개의 것이라 응(應)의 환경이 나의 세(世)와 동격인 수(水)의 바탕 위에, 자축(子丑)이 합토(合土)요, 묘술(卯戌)이 합화(合火)라 토극수에 형제발동 응동무실(應動無實)은 개인적으로 유복하고 편안한 환경은 아니니, 석가세존과 마찬가지로 토신(土神)이며 흉(凶)한 병신(病神)의 나의 운(句陳)이 도적지신(盜賊之神)인 수신(水神)인 환경(玄武)을 겨우겨우 이겨나간다(土克水). 세응의 자묘의 삼형(三刑)의 고난은 관세음도 겸해 오시는 분이라 중생구제란 본래 개인적으론 고난과 희생인 것이고, 70%의 수화기제에 30%의 풍화가인으로 넘어가는 해석 중에 응동무실(應動無實)에 형제발동 매사불성(兄弟發動每事不成)에 세기(泄氣)니 이는 본래 지혜로만 오신 분이 세간 중에 발을 디딤으로 세간사 작은 일에 기(氣)가 새고 실적이 없을 수 있으나 그것은 본래 수화기제 지혜의 완성으로 오신 분이라 그 힘과 막강한 사명에 묻혀 중요사가 되지는 않는다. 중요한 것은 그분의 완성된 지혜를 받아들이는 환경이 썩 좋지 않음이니 그것은 약간의 인내를 의미하는 것이다. 시간이 조금 필요한 것이다.

다시 돌아가 석가모니 교화에 관한 주역의 괘는 지화명이(地火明夷: ソ ソ ソ \ ソ \)괘이니 이건 땅 밑으로 지는 해라. 못해도 그것보다 못할 수 없는 고생을 지고 사는 인생이었던 것이다. 아리안의 침입으로 말미암아 사회의 계급이 나누어져 기존 질서의 기득층 종교인 힌두교의 유파(有派)와 맞서는 개혁의 무파(無派) 수장이니 어려웠고, 수드라계급의 대중들이 무지하고 힘이 없으니 근본이 어려웠다.

2. 스승 옆에서 자며(Upaniṣad) 배운 나의 존재

(1) 불기(佛紀)의 오류로 인한 석가모니 역할 위축

불기(佛紀)는 앞에서 언급한 바와 같이 불멸기원(佛滅紀元)의 의미로 돌아가신 해가 기준이며 그것도 현재의 불기는 남방불교 위주이다. 불기의 통일을 위해 1956년 결의한 것뿐이다. 그전에는 동아시아는 과거의 고유의 불기를 사용하고 있었다. 본래의 북방불기는 현재의 불기에 +483을 더한다. 그렇게 그대로 사용했더라면 부처님이 태어나신 후의 인도사상과의 비교분석에서 많은 다양하고 이로운 해석이 많았음에도 하루아침에 남방불교의 세력에 밀려 북방불교의 고유성이 사라지고 만 것이다. 단순히 부처님 탄생일이 통일된 것인지 혹은 앞선 것인지 뒤선 것인지의 문제가 아니고 베다(BC 1200~BC 1000년경)와 우파니샤드(BC 8세기~BC 5세기경 혹은 BC 3세기)와의 관계에서 주도권과 영향력이 어떻게 되는가의 중요한 문제가 걸려 있는 것이다. 그대로 놔두었으면 북방불교의 다양한 해석에서 시작되는 불교의 역할이 보다 중요한 비중을 차지했을 많은 점을 많이 상실하게 되었다. 다시 말하지만 서로의 전통과 개성대로 해석을 했어야 하는 것이었다. 인위적인 조정이 남긴 교훈이다.

어차피 불교는 북인도 지역에서 출발한 것이었고 그것이 나중에는 가까운 지역 쿠샨제국(Kushan, 貴霜, 大月氏國, Togara의 분파, BC 60~AD 375) 이후 현재의 파키스탄 너머 중앙아시아지역에서 대승불교가 전파되었으며 학승들에 의해 1세기경 자연히 중국을 통해 전달되고 4세기 구마라즙[17](AD 344~413, Kumarajiva, 꼬무리집: 어린이 마음, 동수童壽) 등이 나타나 불교경전이 번역되며 6세기경에는 티벳지역으로 밀교가 전해지는 등 비교적 자연스레 전달되는 과정을 거친 반면, 소승불교는 애초에 상좌부와 대중부로 나뉘고[18] 아쇼카왕(BC 304~232, 재위 기간 BC 269~232)에 의해 스리랑카로 전파된 상좌부가 대사파(大寺派)와 무외산사파(無外山寺派)로 나뉘는 등 부파불교의 대립을 통해 AD 4~5세기경 미얀마, 타이, 캄보디아, 라오스 등으로 세력을 형성하였다. 오히려 정치적으로 아쇼카왕 때에 남방으로 전해지고 이후 극단적으로 양분된 교단의 마찰로 인해 전개된 남방불교보다는 자연스럽고 순수하게 북방으로 전달된 점이 많다고 보는 북방불기(佛紀)를 굳이 버릴 필요는 없었다고 보는 것이다. 종교가 정치에 개입되면 정치인 자신과 연관되는 여러 가지 이점을 개입시키게 되고 그에 따른 혼란이 오게 되는 수도 있고 또 개입된 시기도 대승불교 쿠산왕조(月氏國) 카니시키왕(재위 기간 AD 128~151) 시기보다 먼 과거이고 또 상좌부, 대중부 각 내부의 분열도 극심했다고

---

17) 천산산맥 밑의 오아시스지역. 현재의 위구르지역 쿠차국 왕자로 탄생. 전진(前秦)에게 모국(母國)이 점령당하고 포로로 중국에 끌려 다니며 대승불교 경전 번역. 후배인 현장(玄奘)과 더불어 2대 역성(譯聖)으로 불리운다.

18) 上座部(Sthavira, 座라: 원로라 의자에 앉은)와 大衆部(Mahāsaṁghika, saṁgha: 무리 衆)로 나뉘고 여기에서 각자의 내부 분열이 일어남.

본다. 먹는 우물도 달리 쓰는 그룹들이었다.

그러한 연유로 남방불교와 북방불교의 차이가 +483년이다. 거기에 탄생은 +83을 더해야 하고 이 큰 기준점에서 유추해 석가모니의 탄생은 BC 11세기(BC 1087년생)가 되는 셈이다. 483년이라는 차이의 시기가 인도에서는 베다 형성의 매우 중요한 시기라 북방불기로는 베다 초기 형성단계부터 주도권을 잡은 것이라 우파니샤드(BC 8세기~ BC 5세기 혹은 BC 3세기경)의 범아일여 사상의 바탕이 된 것이고 남방불기로는 우파니샤드 중·후기부터 영향력을 끼치게 된다. 여기선 석가모니의 탄생을 알기에 당연히 북방불기 위주의 입장에서 기술한다.

(2) 우주 3법인(法印)과 편한 마음 – 마음이 주인

석가모니가 인도의 신본(神本)위주의 유파(有派)세상에서 기치를 들고 나오신 첫 번째 차별성이 다 아시는 바와 같이 시간(Kāla 갈라) 기준으로는 제행무상(諸行無常, sarva samskara anitya)이요, 공간(Dik, 집) 기준으로는 제법무아(諸法無我, sarva dharma anatman)이다. 존재의 정체를 밝히는 두 가지 중요한 잣대이다.

제행무상(諸行無常, sarva samskara anitya)은 sarva 살아, 잘아는 모두란 뜻이고, samskara는 삼아(sams), √kṛ(그리하다) do에서 파생된 행위라는 것이고, a는 부정 nitya는 늘, 항상의 의미로 즉 모든 움직이는 것은 항상 똑같지 않다는 뜻이 된다. 모든 존재는 항상 그렇지 않다는 것이니, 늘 시간 속에서 변화를 하게 마련이라는 것이다. 이것을 연기론(緣起論)이라 하고, 비슷한 개념으로 서양철학에서는 주관과 객관 사이의 관계를 연구하는 인식론(認識論)이라고 부르니 이것들은 모두 시간이라는 공통분모가 있어야 존재하는 것이다.

연기(緣起)란 pratitya[19] samutpada[20] 더불어서 삼아 뻗다인데 연(緣)이 되려면 그 이전에 hetu(싹芽, 因)인 직접원인이 있어야 하고 그것에서 비롯되어(불어서) 생기는(뻗는) 것이다.

개괄적으로 그렇다고 하지만 그 원인이 연으로 둘러싸이는 과정이 단순한 어떤 결과가 맺어지기 전까지 무수한 보이지 않는 연관 관계가 맺어진다. 즉 보이지 않는 마음 영계(靈界)의 연이 80~90%의 비중이다. 일단 어떤 결심을 하게 되면 처음에는 구체적 설계도 없이 결정된 마음뿐이고 이것이 실현화되려면 무수한 관련된 연줄을 당겨와야 한다. 개인의 인생뿐만 아니라 우주도 같은 과정을 겪게 된다. 이 복잡한 관계를 인도철학에서는 연기법이라고 하고 동북아시아에서는 주역으로 관계를 설명한다.

주역(周易)이 '주(周)나라의 역(易)'이 아니라 '두루 주(周)자 주역 건곤지주(乾坤之主) 즉 음양이고,' 역(易)은 순역변역(順逆變易: 차례

19) 더불어 되어서 산스크리트어 pra는 ① 불어나, ② 부러, ③ 빨리, ④ 더불어, ⑤ 불(火) 또는 佛, ⑥ ~에 대하여 등의 의미로 쓰인다.
20) 삼아서 뻗다 즉 씨와 조성된 환경을 바탕으로 또다시 계속 뻗어 나가다, 起, pāda, 발을 뻗다.

로 또는 반대로 다양하게 변하는 역)의 기본 개념 하에 나(世)와 우주가 돌아가는 여러 환경(應과 合, 冲, 破 등) 연(緣)을 우주를 중심으로 해석하는 것이니 나는 사(私)이고 우주가 공(公)이다. 똑같이 인도철학과 불교도 똑같이 마음에서 비롯되어 불어나 얽혀 다시 생기는 여러 관계를 살피는 것이다.

이와 같은 연기법을 서양철학과 비교해 보면 우선 현실 파악을 주관인 나와 객관으로 나누어 인식 과정으로 풀어보는 인식론이 있다. 인식론(認識論)은 인식의 기원(起源)과 대상(對象)으로 설명한다.

서양철학의 인식론(認識論)은 인식의 기원(起源)과 대상(對象)으로 나누어 살펴보는데, 인식의 기원에는 ① 합리론(合理論, rationalismus): 인식의 기원이 오로지 선천적인 이성(理性)에 있다. ② 경험론(經驗論, empirismus): 감각(感覺)이 없으면 지성(知性)도 없다는 이론. ③ 선험론(先驗論, transzendentalismus): 감성에 의해 주어진 대상을 오성(悟性)으로 사유한다. 즉 감각의 질료(質料)를 시간, 공간 형식의 범주에서 종합적으로 통일 인식한다는 세 가지 이론이 있다.

인식의 대상에는 ① 관념론(觀念論, idealismus): 개인의 주관론인 주관적 관념론과 선험적 관념론이 있다. 선험적 관념론은 칸트의 이론이 대표적인데 Kant의 선험적 관념론이 실재론과 관념론을 조화하려는 입장에서, 보편적(선험적) 주관을 가지고 객관적

논리형식의 범주 안에서 물자체(物自體)[21]를 인정하려 한다. 표상(表象)을 감성(感性)이 수용하면, 선험적 지각(知覺)이 결합(結合)과 재생(再生)을 통해 구상(構想)을 하여 오성(悟性)에 보내고, 오성 즉 선험적 통각(統覺)이, 과거의 표상이 현재의 표상 속에 동일한 것으로 남아있는 것을 승인하면 이것이 사유이고 개념이 된다. 인식의 주인은 감성(感性)과 오성(悟性)이면서, 동시에 시간과 공간의 표상(表象)이 나를 따르는 구조이다. 그래서 순수관념론과 실재론을 조화하려는 입장으로 보는 것이다. ② 실재론(實在論, realismus): 인식이란 주관을 초월하여 자율적 독립적으로 존재하는 대상을 파악하는 일에 불과하다고 보는 소박(素朴)실재론(native realism)과 Kant 철학을 실재론적 방면에서 살피는 선험적(先驗的) 실재론이 대표적이다. 인식을 위해 과학적 처리로 접근되는 물자체(物自體) 즉 자체적(自體的) 존재를 인정하는 것이다.

관념론이든 실재론이든 불교의 연기론의 입장(주관과 객관의 상호관계를 종합적으로 살피는 관점)에서 보면 칸트의 선험적 관념론과 실재론이 그나마 동양의 사고방식과 유사한 면이 많이 보임을 알 수 있다.

다음에 공간적으로는 제법무아(諸法無我) sarva dharma anatman는 [sarva(살아 즉 모든), dharma(잘매, 잘 맞아 법法), an(아니), atman[22](아我맘, 내 맘)] 즉 모든 공간존재는 고정된 나와 같은 실체가

21) 物自體: 한계개념으로써 현상을 생각할 때는 반드시 상정하지 않으면 안 될 사유의 요청 내지 假定인식의 기본바탕인 感覺의 근원처인 물자체는 실재하며 여기에서 감각은 촉발된다.

22) atman: at는 아(我), man은 맘, 마음.

없다는 것이다. 고정된 실체가 없다는 것은 각자의 존재라고 볼 만한 근본 물체가 없다는 것이다. 근본 단위에 분자(分子) 원자(原子)도 아니고 요즘 과학의 양자역학(量子力學)의 소립자(素粒子) 정도의 개념으로 들어가 정신과 물질이 분리가 잘되지 않는 분야 정도랄까. 그러나 이것도 철학적으로는 고정되어 있는 실체는 아니라고 본다.

즉 현재 공간적으로 존재하는 체의 바탕 즉 본체(本體)를 존재론적으로 들여다보는 것인데, 서양철학에서는 형이상학(形而上學: 형상과 그 안의 것, ultimate reality)으로 부르고 불교는 실상론(實相論, 실체론)이라고 한다. 존재를 말할 때는 당연히 인간의 존재도 그 속에 내포되는 개념이다. (존재 ∋ 인간)

존재의 본질을 정량(定量)적 개념(量)으로 나눈다면 다원론(多元論) · 일원론(一元論) · 무한론(無限論) · 유한론(有限論)으로 나눌 수 있고, 정성(定性)적 개념(質)으로 나눈다면 유물론(唯物論) · 유심론(唯心論) · 이원론(二元論) · 일원론(一元論) 등이 있다. 실재(實在)의 생성(生成)의 문제로 구분하자면 기계론(機械論) · 목적론(目的論)이 있다.

결국 시간과 공간의 이 두 문제는 따로 노는 것이 아니고, 유기적인 세계 속인 연기의 세계로 해석하는 것이 자연스럽게 되고, 공간과 시간 개념의 종합산물인 인간의 마음속으로 귀결되며 삶의 주체인 인간의 마음으로 해결해야 하기에 자연스럽게 연기론인 마음의 작용과 마음속 유전장식(流轉藏識)을 연구하게 되는 것에 초점이 모아진다. 다음 생으로 넘어가는 종자식(種子識) 위주의 해석을 통해 소위 식내우주(識內宇宙)라는 법칙으로 객관세계의 모든 것도 따지고 보면 모두 주관이 주재한다는 유식(唯識)이론[23]이 등장한다. 서양의 선험적 관념론을 넘어서는 마음이 주인인 주관론[24]이다. 이것을 석가모니가 주창하게 되면서 인간 주체로 연기론의 바탕 위에서 육신의 세계인 rūpa(엿봐: 예뻐, 相, 色의 세계)바탕의 망집(妄執)을 버리면 맑은 세상이 보인다

---

23) Vijñānaptimatratal matra(맡어: 전담으로 맡으니 오직 唯), vijñānapti(이알았지: 識) 합쳐 유식론이다. 이때 vijñāna 이아나(앎, 識)는 전5식, 제6식, 제7식(표층의식 작용이면서 잠재의식), 제8식(심층의식) 뒤에는 일반적 식의 용어이며, 제6식은 vijñāna-skandha(이아냐맘 챈다) 알아챈다는 마음이다(了別). 유식론을 유심론(唯心論)이라고도 하는데 이때의 용어는 Cittamātra(짓다 맡어) 즉 유심인데 이때 짓다는 심(心)으로 표현되는데 짓다는 인간의 수행이랄까 훈습이 포함되는 수행론에서 사용하는 것이 적절할 듯하다. 왜냐하면 citta는 *Lañkāvātara sutra*『능가경』 Lañkā(눈깔 세속), vātara(받들어 혹은 왔어), sutra(수秀, 틀), 經(AD 4세기 후반 성립). 세속세계가 다시 눈앞에 왔어. 반야, 중관 이후 드디어 다시 세속을 중요하게 여기는 여래장사상이 대두되는 중요한 경]에서 일심(一心)으로 표현되는, 수행전반을 설명하면서 주로 사용되는 용어이기 때문이다.
Asanga[무착, a(부정), sanga(삼아), AD 310~390]이 도솔천에서 미륵보살의 가르침으로 지었다는 『유가사지론』과 그의 동생 Vasubandhu 세친[봤어반겨(AD 320~400)]의 『유식삼십송』, 『유식이십론』, 『삼성론』이 이론의 근간이 되었고 후에 중국승 현장의 『유식삼십송』 번역본과 그에 대한 여러 주석을 정리한 『성유식론』이 유명하다.
유식을 정리한 사람이 왜 세상과 친한 세친인가 하는 의구심이 들겠지만 이는 이 사람이 본래는 아비달마 유파의 『구사론』을 지어 유파를 정리한 사람인데 형의 영향을 받아 유식으로 돌아서서 이름이 그렇게 되었다고 이해하면 쉬울 것 같다.

24) 서양의 선험적 관념론이 대상을 인식과정에서 인정하는 것이라면 유식론은 주관이 주인으로 대상을 다스리는 것이다. 내 마음이 대상을 만들고 대상을 인식하는 것이다.

고 제시한다.

육신의 바탕세계에 연연됨은 고해(苦海: 육신은 dhukha 죽어 죽는 것이니 일상의 괴로움이 아니라 근원적 괴로움이다)인 것이고 여기에서 벗어남이 일체개고(一切皆苦)에서 벗어나는 것이다. 그것은 법해(法海)이니 이렇게 석가모니는 이 세 가지로 진리를 바라보는 기준 잣대를 제시하였다. 이런 연기법의 진리가 바탕되는 식(識, 마음) 위주의 인간 주체의 생각들은 인도 유파의 우파니샤드의 범아일여의 사상을 주체적으로 다듬어 가게 된다.

(3) 천민(賤民)이 하늘의 자리에 앉다
– 이루지 못할 꿈이 현실로

인도는 원래 BC 2300~BC 1800 모헨조다로 하라파 돌라비라 등 여러 도시 중심에서 주위로 퍼져있던 인더스[25]문명을 이

세친의 『유식삼십송』 중 제 17송 vijñāna-pariāmó'yaṃ vikalpyate yad vikalpyate/ tena tan nāsti teneaṃ sarvaṃ vijñāptimātrakam// 이 변하는 식은 곧 분별이며 이 분별된 것은 실재하는 것이 아니다. 그러므로 이 모든 것은 오직 식(唯識)이다.

범어 텍스트는 S.Levi 편집 *Vijñāptimātrasiddhi*(Paris. 1925) 이하 범본 『유식삼십송』은 여기에서 참조.

vijñā(이앎: 마음, 識), -pari(바리發, 움직임), vikal(빛깔 즉 분별), sarva(살아, 잘아, 모든), mātra(맡어, 전담으로 맡으니, 오직 唯).

25) Mohenjo Daro 沒한 자의 땅= 죽은 자의 땅, dal=dar 땅. BC 4000년에 시작되어 BC 2500~1800년경에 전성기였을 것으로 추정. 인구 3만~5만으로 추정. 인더스문명의 가장 큰 도시. 인더스강 중하류. 5갈래 상류가 하나로 모인 곳이다. 드라비다족 문명으로 추정된다. 인더스강은 물줄기가 여러 번 바뀌어 서서히 도시가 몰락하게 되었다.

루고 살던 드라비다족[26] 중심의 터전이었다. 인더스문명은 정령(精靈)신앙과 범신론(汎神論)을 믿던 여러 가지 증거들이 많이 남아있다. 그러다가 점차 강줄기가 바뀌면서 기존도시가 쇠퇴하고 동쪽 갠지스강(Gaṅgā강가강, 히말라야에서 뱅골만으로 흐르는 강 2,500km) 쪽으로 서서히 이동하게 되고 이때쯤 결정적으로는 카스피해 서쪽에 살던 아리안족이 BC 1500년경 침입한 이후로 드

Harappa(할아빠: 할아버지). 인더스강 상류의 고대도시. 현재 발굴 상태로는 두 번째로 크나 시크교도의 파괴가 있기 전에는 본래 가장 크고 오래된 도시였을 것으로 추정된다. 그래서 인더스문명을 Harapp 문명이라고도 한다. 더 상류인 힌두쿠시산맥 바로 밑에는 Rehman Dheri(내맘, 땅), Manda(맘땅), Ropar(높아)가 있고 그 밑에 Rakhigarhi(제법 큰 도시, 낮으리, 낮아져) 또 바로 밑 낮은 곳에 Mitathal(밑에 땅)이 있다. 인더스강은 상류는 5줄기이며 이것이 중류 이하로는 하나로 합쳐진다. 하라파는 그 상류의 일부이다. 또 지금의 파키스탄 쪽 산 밑 지형에 Mehregarh(메는 산, 산밑, 산가)와 그 밑에 Nausharo(낮아) 유적지가 있는데 이곳은 인더스문명 기원으로 분류되기도 한다.

Dholavira(돌로이뤄: 돌로 성곽과 저수지를 조성) 인더스강 최하류도시, Ganweriwala(거느리어) 여기까지는 제법 큰 도시 그밖에 Lothal(낮다, 낮은 땅), ChanhuDaro(찬 땅, 혹은 달농네), chandal(찬달, 月), Amri(아+沒, 불멸), Balakot(바라곳 혹은 좋은 곳), Kuntasi(큰 터지), Surkotada(秀, 좋은 곳 터다) 등의 10여 개 도시가 있다.

Indus 본래는 Hindus이다. hin은 하얀 흰, dus는 젖, 흰 젖이 흐르는 3,000km의 아라비아해로 빠지는 강이다. 이를 한자로 身毒, 身묘라 불렀는데 hindus=sindus인 것은 형님을 성님으로 부르는 이치와 같다. Himalaya[him(하얀), alaya(놔여): 저장 즉 하얀 눈이 있는 산이란 뜻]에서 내려오는 흰 젖이 흐르는 땅이란 뜻이다.

26) Dravida 들어있다, 토착민. 아리안 침입 이후 아리아인들은 Brāhmana(불맘: 제사장), ksātriyaḥ(士徒: 무사층), Vaisya(애써: 평민 – 상인, 농민)이 되고 드라비다족은 Dasas(탔어: 검다)로 불리다가 수드라(shudra: 低들, 저것들, 천민, 잡된 노동일)계급으로 전락하며 갠지즈강에서 점차 인도남부로 밀려들어가 산다. 오늘날 타밀족.

라비다족 문화의 고유성이 침해되며 아리안족의 천신(天神)사상이 들어오게 된다.[27)]

아리안족은 인더스 도시국가를 점령하고 점차 동쪽 갠지스강 지역으로 넓혀가며 자기들의 통치기반이 되는 사상적 개념[28)]을 정립해 가게 된다. 이것을 베다[29)]시대라고 한다.

베다에는 ① Samhitas(싸맸다: 集成), ② Brahmanas(불맘 – 신

---

27) 육지 깊숙이 있던 하라파도시도 육지와 또는 인더스 중하류 모헨조다로를 통해서 아라비아해를 통한 해상으로 메소포타미아문명의 우르 우르크로 연결이 되어 문명의 교류가 있었고, 역시 인더스강 최하류인 돌라비라도 해상교통로를 통해 메소포타미아문명과 교류한 흔적이 보인다. 그러나 이 시기에 메소포타미아의 천신사상과의 구체적 사상적 교류는 현재까지의 유물로는 알 수 없다. (그러나 토착인들의 여신, 범신, 다신관 등의 생각들이 후에 아리안의 베다문헌에도 영향을 끼쳤을 것이다. 결정적으로는 우파니샤드의 범아일여 사상에도 영향을 끼친다.) 그러다가 강줄기 변화로 차츰 인더스도시 문명이 쇠퇴할 무렵 결정적으로 메소포타미아 문명권이랄 수 있는 육지의 중앙아시아 떠돌이 아리아인이 침입하게 되는데 이들이 침입 후 지배계층이 되면서 본격적으로 천신지배 사상인 베다를 완성해가면서 드라비다 고유사상과 뒤섞이게 된다.(BC 1200~BC 500경까지 베다시대 베다 완성)

28) 카스피해 서쪽 지역 아리안의 신관은 애초 수메르의 영향으로 보고 절대신의 개념은 인간의 마음의 근원과 안정의 출발점이기에 꼭 필요한 개념이요 절대적 가치다. 다만 아리아인이 인도 정복 이후 정치적으로 인도 토족들을 다스리는 도구로 이용한 베다의 문헌에 사회계급 제도를 신의 몸뚱이에 비유하여 차별한 것이 문제일 수 있으나 이것도 석가모니에 의해 무아법과 인간존중 사상으로 점차 범아일여로 변화되며 또한 변화의 과정에서 원주민의 정령신앙 사상도 스며들어 절대신과 범신과 인간이 공존하는 범아일여 범신론이 탄생한다. 그런 종합개념을 모두 섞어 설명하는 것이 여래장이론의 원효의 작은 일심이 큰 일심과 하나됨이요, puruṣ의 작은 태양이 brahma(창조신)과 하나되는 개념이다.

29) Veda ① 뵈다, ② 외다, ③ 배다, Brahmā(붉음: 창조신)의 맘인 Brahman(불맘: 범천) 33천을 찬양하는 찬가집. 어원이 √vid 뵈다, 이해하다. 베다는 śruti(소리 들은 것)와 smrti(삼으리: 기억하는 것)으로 분류한다. 그래서 외우고 몸에 배게 하는 것이다.

의 마음, 祭儀書), ③ Aranyakas(알안에: 森林書), ④ Upanisad(옆에 서 자: 奧義書), ⑤ Sutra(秀틀: 경전)으로 시대별 발전 구분된다.

① Samhitas에는 *Rig veda*(이끌다, Mantra 신의 맘따라 즉 주문를 통해 신에게 접근하는 것), *Yajur veda*(여쭈다, 犧牲祭式), *Sama veda*(삼아, 持頌: oṃ과 udgitha 위를 향해 짓다 – 찬송가를 통해 신을 아는 것), *Atharva veda*(신에 따라, 복을 빈다)가 있다.

Samhitas베다는 대략 BC 1200~BC 1000년경에 이루어지고 Upaniṣad는 BC 8세기에서 BC 5세기경 혹은 BC 3세기경에 완성을 보게 된다.

그렇다면 석가모니께서는 베다가 이루어지는 변혁의 초기 시기에 세상에 나오신 것이다. 가장 극단적 대립의 시기에 나타나신 것이다. 지배계층 위주의 신본주의 세상에서 인간 가치 위주의 생각이 먹혀들 리가 없고 그런 생각을 주장하는 사람을 제도권이 받아들일 리 없는 것이었으니 힘든 싸움을 하신 것이다. 그러기에 서가모니 활동의 역점(易店)이 지화명이(地火明夷: 지는 해)의 환경이다.

Upaniṣad는 Samhitas베다 시대를 거친 후 어느 정도 사상이 정리되어가는 BC 8세기경에 나타남을 볼 때, 이미 석가모니의 인간 가치의 생각이 영향을 준 것이며 또한 대부분을 차지하는 인도 원주민과의 자연스런 공존을 위한 생각이 반영된 위대한 범아일여의 사상이 초기 우파니샤드에서부터 나타나게 되었다고 본다. 그러면서 이후 중기, 후기 우파니샤드를 거치며 우파니샤드 안에 인간의 존엄성이 자꾸 드러난다.

범아일여 사상이라는 큰 물줄기가 확립되었기 때문에 더 이상의 세부 변동은 무심히 지나치기 쉬우나 우파니샤드 안에서도 전기 · 중기 · 후기시대를 거치며 자세히 보면 작지만 의미 있는 변화가 보인다. 당연히 석가모니의 생각의 영향이다.

근본적 원인은 인간이란 존재 자체가 끊임없이 대자유를 추구하는 존재이며 그 속에서 자기의 지위를 상승시키려는 무한 호기심과 원력의 존재이기 때문이다. 진리를 추구한다는 명분하에 소박하게 시작한 존재가 스스로가 진리 주체가 되어보려는 야망이 있는 존재임은 틀림없다.

이런 본성을 석가모니 대각자가 직시하는 것이다.

세상이 늘 무서워 눈알이 항시 뱅뱅 돌아가는 토끼를 보고, “너는 저 바위 위에 제멋대로 엎어져 있고, 온 동네를 휘젓고 어슬렁거리는 호랑이가 될 수 있어”라고 부추기는 사람이 대각자이다.

과연 이런 일이 가능할까. 어찌보면 시련을 겪고 있던 인도 토착민인 드라비다족에게도 똑같은 입장이었을 것이다. 지화명이(ソ ソ ソ ＼ ソ ＼)는 땅속으로 묻히는 지는 해라. 당장의 희

망은 없는 괘다. 이제 지는 해를 보고 언제 희망을 이야기한단 말인가. 이제 화려하게 지는 해를 보며 긴긴 무서운 암흑의 밤을 겪으려는데 내일의 희망을 얘기한다는 것이 너무 염치가 없지 않은가? 보통 인간은 못하는 일이다. 이런 환경에서 대각자는 불가능한 꿈을 꾸라고 얘기한다. 아니 확신을 하는 것이고 이것은 하늘이 증명한다고 말한다. 그것도 아니면 내 뒤의 붉은 후광이 하늘의 불덩이임을 증명한다고 말한다. 이루지 못할 꿈이며 내일이면 잡아먹힐 집토끼에게 야산의 대자유 대호(大虎)가 되는 꿈을 꾸라고 한다. 천민 수드라에게 인도의 왕이 아니라 우주의 왕이 되라고 한다. 수드라 처녀에게 하늘 선녀의 윗자리가 너의 자리라고 한다. 땅속의 눈 없는 지렁이에게 하늘의 목성을 너는 볼 수 있는 눈이 있다고 한다. 동네 산까치에게 너는 천리 만리 밖의 적장(敵將)의 마음을 볼 수 있다고 한다.

이것이 가능하겠는가.

석가모니는 이것에 대해 반문한다. 도대체 이 세상에 불가능한 것이 무엇인가? 그런 것이 존재는 하는가?

나는 한 자리에서 2000년 대목신을 거쳤다. 시간과 공간의 짜임 속에서 자신의 원력(願力)과 정진(精進)이 합쳐진다면 인연의 그물망이 짜지는 것이다. 무엇을 원하는가가 중요한 것이다.

어떤 이가 한평생 꿈을 꾸던 일이 죽을 때 이루어지지 않았다고 끝이 난 것인가. 그건 그 사람의 생명이 이번 생 밥그릇이 작아 좀 짧은 것이요 뭐 설사 그렇다 하더라도, 죽는 순간 공포 속에서도 자기의 생각을 잊지 않으면 다음 생에 제 생각과 가까운 환경으로 태어나는 것인데, 그렇다면 개인이 소원을 성취하는 것이 불가능한 것은 아니다. 이생에 몇 번의 실패와 좌절이 있다 하더라도 그의 꿈을 막을 수 있는 그 무엇은 없다.

일제하 강원도 통천의 가난한 농민의 아들 정주영은 새벽부터 아무리 부지런히 일하고 근검절약해도 조반석죽(朝飯夕粥: 아침은 밥, 저녁은 죽)을 면치 못하는 농촌의 가난이 싫어 3번의 가출 끝에 걸어서 서울에 올라와 인천, 서울을 거치며 부두노동자, 채석장일 등 사람의 노동으론 안 해본 일이 없고 그늘 밑의 여느 시원한 바람도 그만큼은 그 소중함을 아는 것이며, 최초의 장사 쌀장사도 일제의 방해로 망하고 빚만 졌으며, 신용만으로 다시 시작한 자동차 수리공장 또한 불이 나 망했으며 다시 빚을 내어 시작한 수리공장 또한 당시 일제의 지시로 못하게 되었으며, 새로 시작한 건설사업 또한 6 · 25전쟁 후 맡은 고령교 다리공사 하나도 2년간 물가가 100배로 오르고 화폐 가치는 100배로 내려 빚더미 위에 완성을 보았다. 그러한 숱한 좌절을 극복하고 우뚝 세계 굴지의 인업(人業)으로 일어선 이유는 오직 하나, 신용과 개인의 근검절약 그리고 나는 될 재목이라는 타고난 믿음, 어머니가 나를 위해 새벽이면 장독대에서 기도하고 계시니 나는 잘 될 수밖에 없다는 믿음 그거 하나였던 것이다. 그것은 그의 전세에 나는 한번 부자로 태어나 조국에 보답하겠다는 원력이 그를 통천(通川) 어느 바닷가 명당터의 힘을 빌어 세상에 나오게 한 것이니, 이것이 바로 마음속 부자의 씨 여래씨의 훈습(熏習)이다.

누구라도 다 그러하다. 세상의 결과(phala 빨아: 과일이 익어 먹는 것)는 모두 그 씨(hetu: 싹芽)가 있는 것이니 삼성의 창업자 이병철도 전생 승려시절 참선 중 원력을 속세의 부자로 돌린 결과였다. 그분이 죽기 전 어느 신부에게 물었다는 죽음에 관한 질문 몇 가지 메모는 바로 그가 전세에 완전히 풀지 못한 화두였던 것이다. 세계 유수의 인업 대복자이다.

대복자 인업(人業)은 현생에서 복의 연(緣)줄을 다각도로 끌어당긴다. 그런 분 옆에 있으면 나도 내 자식도 먹고사는 일에 덕을 본단 얘기다. 이때의 연줄은 식파(識波)의 연줄이니 고금(古今)과 공간을 넘어서 과거의 선업(善業)이 지금의 대복자이다. 전세인연의 복자(福者)는 말하는 태도와 밥 먹는 모습과 하는 짓과 자는 모습이 어릴 때부터 밉지 않고 믿음이 가고 주위에서 도와주고 싶으니 자꾸 복의 주머니가 커지는 것이다. 이걸 지금 막는다고 막아 지는 것이 아니다. 서로 돕고 따라야 한다. 스탈린이 부자들 숙청 이후 왜 소련의 경제가 망해 연방이 해체되었는가를 살펴본다면 짐작이 갈 것이다. 군수산업 위주라 망한 것이 아니라 대복자를 숙청해서 상서로운 기운을 모두 서방세계로 빼앗겨 망한 것이다. 6 · 25동란 일사후퇴 때 휴전선을 넘어온 것은 사람 무더기가 아니라 복덩이가 남으로 넘어온 것이다. 상서로운 황토색 기운을 북은 모두 빼앗겼다. 이미 거지가 된 인민들을 데리고 새벽부터 천리마운동을 아무리 해봐야 되는 일이 아니다. 사람 하나가 만인(萬人)을 거느리는 복덩이 개념을 놓친 것이다. 사람의 머릿속에 그 사람이 꾸는 꿈을 놓친 것이니 그들이 권력을 잡으려 할 때는 인간의 평등을 주장하며 현재의 복주머니를 나누어 먹는 데만 집중이다. 그들의 정의를 실천하는 과정에서 숙청을 통해 갑부를 멀리하니 목적 달성 후엔 이미 먼 과거의 업이 인연줄로 온 대복자는 사라진 이후다.

어느 대기업이고 처음에는 구멍가게에서 시작이 되었다. 창업자의 이름을 내건 이후에 그의 신용과 그의 머릿속 사업에 대한 구상, 그의 성실함이 반영된 이후에 그것이 동네에서 소문이 나면서 복이 붙어 가게가 커지면서 회사가 된 것이고 자연히 그의 복 아래 종업원을 뽑게 되어 대기업이 된 것이다. 아무나 자기 이름을 걸고 사업을 한다고 다 잘되지 않는다. 복이 있는 자만이 잘되는 것이고 그렇게 잘되기 위해서는 그의 머릿속 청사진과 그의 신념, 결단력, 성실함, 신용 이런 모든 것들이 종합되어 복덩이가 불어나는 것이다. 그것이 먼저이다. 그 순서를 명확히 알고 협조하는 사회가 희망이 있는 나라다. 복을 키운 이후에 철학 등 정신교육을 통해 자발적으로 서로 베풀고 나누면 그 사회가 극락이다.

그런 순서를 알고 자기 자리에서 열심히 일하는 정신자세도 훌륭한 정법(正法)훈습이다.

누구도 몸이 아파 병원에 갈 때는 그들의 몸속에 수만 년 조상의 시간과 몸(공간)에 축적된 과학의 DNA의 구조는 인정한다. 그리고 과거의 마음고생의 결과인 훈습의 결과 덩어리 자기 얼굴도 달고 다닌다. 이것은 몸과 마음의 훈습의 축소판이다. 그것이 현재의 자기 얼굴이요 현생의 복이다. 그럼에도 인간의 과거는 무시하고 현실의 평등만 중요하다고 한다. 까막눈도 이런 까막눈이 없고 모순도 이런 모순이 없다. 과거를 연구한다고 단순 숙명론자가 아니다. 발전을 위해 못난 과거를 직시하고 분석과정을 거침은 용기가 없으면 못하는 일이다.

다시 우파니샤드로 돌아와서 우파니샤드는 시기별로 초기와 중 · 후기로 편의상 나눈다.

샹카라 주석의 만듀카 등은 후기 우파니샤드, 중기에 문다카, 초기 우파니샤드로는 『브리하드아란야카』(*Bṛhadāraṇyaka*)[30], 『찬도갸』(*Chāndogya*)[31] 등이 있다.[32] 초기 · 중기 · 후기를 거치며 같은 범아일여의 사상도 미세하게 변화가 있음을 볼 수 있다.

초기 우파니샤드(BC 8세기에서 시작)에는 베다에도 등장하는 윤회설,[33] 계급 업보설이 등장하지만 윤회설이야 사실 고통의 이

---

30) Bṛhadāraṇyaka: 불에서 비롯된 신을 뵈는 신성한 노래, Bṛhad 불에서 비롯, 붉은 태양이고 불(Agni)은 신, āraṇyaka 얼안에(vane, 숲), 얼 아는 곳, 삼림.

31) Chāndogya: 贊道歌, 찬송의 용어 풀이.

32) 현재의 통용 남방불기 기준으로는 초기는 불타 이전, 중 · 후기는 불타 이후로 본다(막스 뮐러, 라다크리슈난, 다스굽타, 중촌원 등) 북방불기라면 초기 우파니샤드도 불타 이후가 된다.

33) samsara: 生살아 혹은 삶 살아. 베다의 윤회는 아리안의 지배계층을 확고히 하기 위해 윤회하는 현상세계를 정치적으로 이용하려는 개념도 있었다. 『리그베다』(10.90.12) 푸루사 찬가에서 브라만은 puruṣa(불의 몸, 불의 子)의 입에서 나왔고, 수드라는 puruṣa(불의 몸, 불의 子)의 발가락에서 나왔다는 등의 수많은 과거 업에 의한 현세과보 암시 언급들이다. 그러다가 우파니샤드에 오면서 점차 현생의 인간 삶 위주의 업 타파 생각으로 바로잡아가게 된다. 예) 초기 Upaniṣad 『브리하드아란야카』 4번째 염송편, 제4브라마나 제5송(Brh.Ⅳ.4.5) yathākārī yathācārī thatā bhavati /

세상을 점차적으로 벗어나려는 생각이 깔려있는 것이므로 개인의 업이 결과를 받는 과정에서 각각의 업이 주체냐 아니면 그 안에서도 개인 주체냐 아니면 차츰 인간의 업이 여러 관계와 뒤섞여 신과 인간의 문제 우주와 인간의 문제로 복잡하게 발전하며 업을 인간 주체냐 아니면 그 이상이냐로 해석이 되기 시작한다. 그런 관계로 발전해야 인간이 구속없는 자유를 만끽하기 때문이다. 이유는 간단하다. 우물 안 개구리에서 벗어나야 하늘을 보기 때문이다.

이런 변화는 또한 우주와 인간의 관계에서도 약간의 주도권이 바뀌는 현상도 보인다. 이것은 아리안 침입 이후 약 500~600년이 지나며 서서히 기존 세력들 속에서도 자체개혁, 자기정화가 일어난 결과인 인간 사유의 발전이라고 볼 수도 있고, 토족세력과의 대화 혹은 공존이라고 볼 수도 있다.

물론 그런 변화의 중심에 석가모니가 있다. 초기 우파니샤드부터의 범아일여설이 그 근거이다. 다만 이것은 급격한 변화라기보다 서서히 대중의 교육을 통해 이룩된 결과이다. 이렇게 사상적으로 변화가 온 것은 쉽게 변하지 않는다는 장점도 있다. 이것을 남방불기 위주로 해석하면 범아일여 사상의 태동에 석가

---

sādhukārī sādhur bhavati / 사람은 행위와 처신 여하에 따라 그렇게 결과가 됩니다. 선을 행한 자는 좋게 됩니다.

yathā(如何: ~와같이), kārī(그리함, 일거리. √kṛ: 그리하다, 행위), cār(갈 행위), bhavati(봐바: 존재 결과로 눈에 보인다), dhur(좋은)=su, sukhā(좋은, 좋게), sukhāvati(좋게 왔어, 극락)

모니는 아직 세상에 나오지도 않은 꼴이 된다. 범아일여라는 사상의 철학적 대사건의 비중을 생각할 때 훗날 중기 우파니샤드에 이르러서야 인간 아맘(ātman) 위주 범아일여 내용에 숟가락이나 얹는다는 식이니 이에 북방불기의 전통을 깊은 생각 없이 버린 오류를 지적하는 것이다.

이러한 환경변화로 우파니샤드도 초기와 말기의 성격이 점점 더 토착인 수용 혹은 신 위주에서 점차 인간 위주로 변화를 가져오게 된다. 제사 위주에 대한 반감, Maya(魔, 幻影)세계에서의 해탈, 윤회에서 벗어나기 위한 업의 적극적 해석, 그리고 가장 중요한 신(神)과 내가 하나라는 개념에서의 미묘한 내부변화이다. 신과 내가 둘이 아닌(不二) 하나이면(범아일여), 수드라도 귀하기는 매한가지이고 그 안에서 다시 내가 주체라면 나는 내 땅의 주인이 되는 것이다.

초기『브리하드아란야카』첫번째 염송 중 네 번째「브라마나편」10송(Brh I.4.10)에서, 현자 바마데바는 "나는 마누이다. 그리고 태양임을 안다. '나는 브라만이다'라고 자각하는 사람은 이 모든 것이 된다. 실로 신들도 그를 막을 수 없기에 그들은 모든 존재의 자아가 되었다"[34]라고 하면서 인간의 존재가 브라만이 될 수 있음을 말

34) *The Principal Upaniṣads* by Radhakrishnan, London George Allen & Unwin LTD, 1968. 우파니샤드 원본 p.168. 이하 우파니샤드 산스크리트 원본은 모두 이 책에서 참조.
aham brahmāsmīti sa idaṃ sarvam bhavati, tasya ha na devāś ca nābhūtya īśate, ātmā hy eṣām bhāvati/ (내가 브라만이다'라고 자각하는 사람은 실로 이 모든 것이 된다. 왜냐하면 신도 그를 막을 수 없기 때문에 그는 존재

한다. 소위 범아일여(梵我一如)이다. 인간 가치가 살아나는 대목이다. 더 나아가 생각하면 창조주와 함께하는 고차원 범신론(汎神論)으로의 귀향이다. 나는 창조의 신도 되고 태양도 된다.

이것을 인도학자 라다크리슈난Radhakrishnan(『인도철학사』I, 제4장 13)은 "만일 신이 우리 삶의 근본적인 실재이며 우리는 그것 없이 살 수 없는 것이 범신론이라면 우파니샤드는 분명히 범신론이다. 유한자는 자기초월을 추구한다. 이것은 무한자가 유한자 속에서 활동하고 있다는 것을 분명하게 나타낸다. 실재는 비실재적인 것의 토대가 된다. 만일 신의 내재에 대한 교의가 어떤 철학체계를 범신론으로 판단할 수 있는 충분한 교의가 된다면 우파니샤드 철학은 범신론이다. 이러한 의미에서의 범신론은 모든 참된 종교의 본질적인 모습"이라고 자기의 생각을 밝힌다.

즉 신이 내 속에 내재(內在)해 있다면 그 삶은 위대한 것이다.

아리안의 지배 이래 신(神) 위주의 해석 중심이지만 점차 그 가치를 아는 인간은 신의 경지에 오르는 범아일여(梵我一如)의 생각이 자연스럽게 불이(不二)의 범신론(汎神論)으로 해석이 되는 대목이다. 소위 아리안의 침입이라는 대사건이 있었지만 시간이 지나면서 원주민인 드라비다의 생활 속에 2000년 이상된 인더스 문명의 자유로운 생각들이 서서히 회복되는 것이며, 문화와 문

의 자아가 되었다.)

aham(에헴: 나), sarvam(잘아: 살아 모든), bhavati(봐바: 존재), tasya(탓에, 때문에), na(아니다), devāś ca[(불에)데어, 신, 제帝] / nābhūtya(되지 못하게), na(부정), bhūtya(붙어 됐어: 실현 가능) / ātmā(아맘: 자아)

화의 강제 접근 후 어느 한쪽의 힘의 논리가 서서히 무너지는 현상이라고 해석할 수도 있다.

물론 우파니샤드도 인도 전통철학의 입장에서는 유파(有派)[35]로 분리되고 있고 또 초기 우파니샤드인 『브리하드아란야카』에서 비록 큰 줄기의 범아일여의 생각이 나오기는 했지만 각론(各論)으로 들어가 인도인의 일상생활에 들어가면 카스트제도의 언급과 철학적 해석에서 아직도 브라만이 우수하다는 생각을 떨치지는 못하는[36] 등 혼재한 양상이다. 그러나 그것은 점차 중 · 후기 우파니샤드로 내려오면서 더 자유로워진다. 이렇게 변화하는 결정적 원인으로는 Samhitas 베다시대 (대략 BC 1200~BC 1000년

35) 유파는 베다 우파니샤드 혹은 브라만을 인정하는 것이고 무파는 그 반대이다. 불교, 자이나교 등이 무파에 속한다. 불교는 무아법에 기초해 브라만을 부정해 무파로 분류되나 대승 이후 범신론적 다양한 불보살 등장으로 사유방식은 유파와 흡사하다.

36) 『브리하드아란야카』 1번째 염송편 제4브라마나 제15송(Brh. Ⅰ.4.15)
tad etad brahma kṣtraṃ viṭ śūdraḥtad agninaiva deveṣu brahmābhavat, brāhmaṇo manuṣyeṣu/
그러므로 붉음(brahma)은 크샤트리아이고 바이샤이고 수드라이다. 붉음은 신의 존재로서는 아그니이고 사람으로서는 브라만계급(brāhmaṇa)이다.
agninaiva(아궁이, 불), deveṣu(데어: 제帝, 신), brahmābhavat(붉음봐바: 붉음, 존재), manuṣyeṣu(사람)
tasmād agnāv eva deveṣu lokam icchante, brāhmaṇe manuṣyeṣ/
그러므로 신들의 위치에서는 아그니를 유일하게, 사람들 중에서는 브라만계급(brāhmaṇa)을 바란다.
tasmād(~다 짬에, ~다메, ~땜에, 그러므로), agni(아궁이, 불), eva(이와 같이), icchant(利, 큰 이익이, 큰 바라다)
창조신인 붉음은 크샤트리아 · 바이샤 · 수드라도 주재하나 특히 창조신은 불과, 붉음의 마음을 아는 불맘을 사랑하므로 사람들은 불맘인 브라만계급을 으뜸으로 친다. [이때의 불맘은 붉음의 대신인 ① 신이며(brahman), ② 사성제계급 중 하나이다.(brāhmaṇa)]

경)에 인도철학의 반항아 무파(無派)인 불교가 등장하면서 업과 윤회를 주체적으로 해석하면서 바루나 카스트제도를 철학적으로 무의미한 것으로 정의하게 되었기 때문이다. 석가모니의 생각이요 전생 바무니의 사명이 곰삭아 불가능을 가능으로 바꾸는 과정이다.

(4) 전기(前期) 『찬도갸(*Chāndogya*) 우파니샤드』 – 하늘 중심 범아일여

앞서 살펴본 『브리하드아란야카』의 범아일여에 대한 개념 외에 브라만에 대한 찬덕가 지송집(贊德歌 持頌集)인 『찬도갸(*Chāndogya*) 우파니샤드』에서는 브라만을 표현하는 방법으로 말로써(vac), 숨으로써 oṃ과 udgithā가 중요 개념으로 등장하는데 oṃ은 모든 것의 핵심이며 최고 아트만의 상징이고[37](『찬도갸』 1.1.3), udgithā는 ud는 호흡, gi는 말, thā는 음식이라고 한다.[38](『찬도갸』 1.3.6)

---

37) oṃ은 a u ṃ(a는 창조의 신, Brahmā 붉음 창조의 신. u는 Siva 지워, 파괴의 신. ṃ은 Visnu 있잖아, 현상유지의 신) 이것이 일반적 개념인데 여기서 '최고의 ātman'이란 일반적 我의 개념의 ātman(아맘)이 아니라 brahman 불맘을 이야기한다고 본다. 즉 태양의 맘, 신의 맘, 불아맘이다.

38) udgithā는 찬송가인데 ud는 호흡, gi는 말, thā는 음식으로 비유한다. ud(위)는 하늘 신의 상징으로 호흡, githā는 짓다, 노래인데 행동하는 짓과 마무리인 다로 나눌 때 짓는 말, 다는 행동의 결과이므로 이것을 (제사)음식이라고 상징적으로 비유한 듯하다.

『찬도갸』는 찬송가를 방편으로(삼아) 신에게 다가서는 *Sama veda*의 완성편인데 위의 세 가지 호흡 · 말 · 음식으로 또는 태양[하늘(天)] · 바람[대공(氣)] · 아그니(불)[땅(地)]으로 구분하여 사마베다는 ud 즉 하늘, 야주르베다가 대공(기), 리그베다가 땅(주문은 지상에서 극락이 이루어지는 결과)로 나누며 이때 결과인 땅의 음식은 우유인데 이 안에 옴을 담고 있는 것이라고 하였다.(『찬도갸』 1.3.7) 이 말은 하늘과 땅이 둘이 아니란 의미이다.

ud(위)	호흡	하늘(天)	태양	Sama veda: 찬송가 찬도가가 완성
gi(氣)	말	대공(氣)	바람	Yajur veda: 의식
thā(땅)	음식	땅(地)	아그니(불)	Rig veda: 주문

즉 하늘을 찬송하며 의식을 통해 바쳐진 음식은 이것이 곧 하늘을 상징하는 주문 옴이며 옴은 곧 하늘이 지상에 머무는 것이다. 즉 불이(不二)의 범아일여를 옴이라는 주문을 통해 설명하고 있다.

그렇다면 베다의 완성 순서도 천(天) · 기(氣) · 지(地)를 편의상 허공 높이 상 · 중 · 하로 나눈다면 하 · 중 · 상 순으로 발전한(주문의 리그베다가 먼저, 의식 위주 야주르가 신에 대한 먼저의 예의, 찬송의 사마 장엄이 나중) 것이며 이것은 아리안이 드라비다 · 문다족 등 토족인과의 융화과정에서 정착 우선 순서(順序)에 의한 자연스런 현상이라 볼 수 있다. 당장은 정착이 급했을 것이므로 주문(呪文) 위주가 먼저이고 차츰 적응이 되어감에 따라 안정적인 철학적 주석 또는 종교 품위의 의식, 찬송, 복을 비는 순서가 따랐을 것이다.

다시 『찬도갸』 내용을 좀 살펴보면 위의 옴은 즉 베다의 소리이며 그 자체가 불멸이며 두려움이 없는 모습이며 그 속에 들어가 신들은 불멸의 존재, 두려움이 없는 존재가 되었다고 한다.(『찬도갸』 1.4.4.) 내가 외우는 찬송 주문인 옴이 곧 브라만임을 믿으라는 소리인데, 그 브라만의 정의를 『찬도갸』(3.14.1)는 “세상은 브라만에서 생겨나고 다시 그 브라만으로 돌아가며 그 안에서 움직인다. 그러므로 그대는 이 브라만을 생각해야만 한다. 사람은 그 안에서 의미를 가져야 하고 행해야 한다. 그대가 행하는 대로 죽어서도 그대로 이루어지리라. 그러므로 자신이 한 일은 한 대로 그대로 이루어진다”[39]고 하였다.

---

39) sarvam khalu idaṃ brahma, tajjalān iti, śānta upāsīta ; atha khalu kratumayaḥ purusaḥ yathā-kratur asmin loke puruṣo bhavati tathetaḥ pretya bhavati, sa kratuṃ kurvīta(실로 이 세상은 붉음이다. 거기에서 나왔고 그것 없인 소멸되며 그 안에서 숨 쉰다. 그래서 그것을 명상해야 한다. 사람은 분명히 말하건대 생각대로 이루어진다. 실로 사람은 세상 안에서 무엇을 위해 사는가에 따라 행하면, 죽어서 그렇게 된다. 그래서 그가 하는대로 그는 그렇게 된다.)
sarvam(잘아, 살아, 모든), khalu(갈러: 선명히 말해, 실로), idaṃ(이것, 이 모든 것), brahma(붉음, 창조신), tajjalān(ja: 탄생), la(끝), an(유지), śānta(잠티: 적정寂靜, 지식止息), 지식은 명상을 의미(『금강경』에 smṛitimupast āpya: 숨을 止며 빠졌다. 즉 숨을 고르며 명상에 드셨다). upāsīta(옆에 앞에, 싣다, 거기에 대해서), atha(아따: 그래서), khalu(잘라: 분명히 말하자면), kratumayaḥ(생각대로 이루어진다), purusa(불의 子, 태양, 우파니샤드에서는 나의 태양 즉 人我, 사람, 靈), yathā-kratur(如此, 이와 같이 행한 것은), asmin(이짬에, 이중에), loke(누깔), bhavati(봐바: 존재), tathetaḥ(그대로, 그래서), pretya(불에 데어: 죽어서), kratum kurvita(그리했다면 그리 된다. √kṛ: 그리하다, 행위).

그럼 나는 무엇이냐. 나의 중심 속에 있는 자아(ātman)는 쌀알, 보리알, 작은 겨자, 조보다도 껍질 깐 조보다도 작도다. 또 나의 중심 속에 있는 이 아트만은 땅보다 천상보다 혹은 이 모든 것들을 합한 것보다도 크도다.(『찬도갸』 3.14.3) 그는 모든 것이며 모든 욕망이며, 모든 냄새며 맛이며 모든 세상을 사방천지에서 둘러 에워싸고 있고 말이나 경배의 범주를 초월하는 것이다. 이것이 바로 마음 안의 나의 아트만 바로 브라만이다. 이 육신이 없어지면 나는 결국 밝음(창조주)으로 돌아가리라.[40](『찬도갸』 3.14.4)

옴(oṃ)을 중심으로 찬송하는 찬도갸이지만 브라만의 개념이 창조의 개념이면서 ātman 또한 브라만과 같은 경지의 초월자이며 내가 돌아갈 곳도 내가 비롯된 자리 브라마(붉음 창조주)인 것이다. 그러면서 각각의 업은 지은 대로 받을 것이라는 해석도 첨부한다. 이것은 범아일여의 생각이 초기 우파니샤드인 찬도갸

---

40) sarva-karmā sarva-kāmaḥ sarva-gandhaḥ, sarva-rasaḥ, sarvam idam abhyātto'vāky anādaraḥ, eṣa ma ātmāntar hṛdaye etad brahma, etam itaḥ pretyābhisambhavitāsmīti/ 모든 일이며 모든 욕망 모든 냄새 모든 맛 이 세상을 에워싸고 있고 말과 경배를 초월하는 것이며 이것이 마음 안의 나의 자아 곧 붉음의 마음(불맘)이다. 이 몸이 죽고 나면 붉음(창조주)에게 결국 돌아가리라.
sarva-karmā(모든 행위), karmā(그리함), sarva-kāmaḥ(모든 욕망), kāma(感, 욕망), gandha(곰져: 냄새), rasa(야자: 맛, 味), idam(이점: 이것, 이, 이 세상), abhyātto(업었다, 에워싸다), avāky(a+vāk: 왈, 언어), anādara(an+adara: 막다루는 것이 아닌 것, 온화한 것), eṣa ma(이것이 마), ātmān(아맘: 자아), hṛdaye(알다야: 마음), brahma(붉음: 돌아가는 자리니 창조주 붉음이다. 창조주의 마음이), brahmam(불맘이다), pretyā(불에 데어: 죽어서), ābhi(얻다), sambhavitā(참봐바: 참 존재, 브라흐만), asmīti(이짬에, 이 와중에).

에서는 브라만 중심으로 해석되는 면이 있고 동시에 업(業)사상의 인과(因果)가 개인의 책임으로 해석되는 경향이다.

(5) 중기(中期) 『문다카(*Muṇḍaka*) 우파니샤드』
– 사람 중심 자유자재 범아일여

중기 우파니샤드부터는 초기 우파니샤드의 범아일여와 내용상 약간은 다른 해석 부분이 있는지 살펴본다.

muṇḍa 문더, 머리를 확 밀어버린다는 뜻의 브라만에 대한 진리를 깨끗이 정리해 놓았다는 우파니샤드다. 앞서 전기 『찬도갸(*Chāndogya*) 우파니샤드』에서는 옴과 찬송을 통해 신을 찬양하고 선을 행하면 지은 대로 잘 살 수 있다고 하였는데 중 · 후기로 들어오면서는 인도 전역에서 철학의 혁명가 불교의 무아법의 깊은 영향으로 보다 더 ātman(아맘) 위주의 인간 주체 범아일여임을 주장하는 면이 보인다.

세계의 창조자인 brahma(붉음)이 그의 맘인 brahman(불맘)[41]

41) brahman 불맘, brahma (붉음) 창조신의 마음, 절대진리인 범천(梵天)이다. 범아일여의 범은 brahman불맘이다. brahma(붉음)이 힘을 쓸 때는 Iśvara 아이쉬워라 즉 자유자재신(自由自在神)이 된다.
Brahma(붉음)는 창조의 신, Siva는 지워 파괴의 신, Visnu 있잖아, 현상 유지의 신이다.

을 맏아들 아타르바[42]에게 주었고(『문다카』 1.1.1) 그의 분류에 의해 세상의 지식을 낮은 것과 고귀한 것[43]으로 구분되었고(『문다카』 1.1.4) 즉 『문다카』에서는 각종 베다문헌도 낮은 계급의 앎으로 분류되고 오직 최고의 ātman을 체득하는 것만이 높은 앎이라고 보았다. 같은 베다라도 베다 수행 때는 고귀한 것으로 단순히 학문 분류의 베다는 낮은 차원의 것으로 분류되었다. 철저히 수행과 학문을 분리하여 이성적으로 나눈 것이다.

원래 Veda는 수행자들이 보았다고 표현하는데(『문다카』 1.2.1) apaśyam(아봤어)는 베다는 인위적으로 지은 것이 아니라는 것을 강조한 것이다. 진리전달 통로의 자격이랄까 과정을 말한 것인데 불맘(범천, brahman)은 붉음(brahmā)의 큰아들 아타르바에게 주었고 그만이 범천의 진리를 보았다는 것이다. 볼 수 있는 안목을 가진 자가 중요하단 뜻이다.

시간이 지나도 허공에 남아있는 진리(識波)를 후세에 태어난 자격을 갖춘 이가 그것을 알아채는 것이다. 그래서 Veda는 진리를 본 것이고, 그래서 외운 것이고(śruti: 소리 들은 것), 기억(smrti :

---

42) atharvāya jyeṣtha putrāya(아따라와 첫째 붙어: 붙어는 매달려있으니 아들이다.)

43) laukika jñāna(낮은, 낮기, 앎, 낮은 수준의 앎), paralaukika jñāna(바라보이는 넘어선 즉 고귀한 앎)
laukika jñāna에는 śikṣā(시꺼, 시끄러워: 음성학), kalpo(깔포布: 제례학), vyākaranaṃ(봐깔아놈: 문법), niruktam(아니+이뤘다: 이루기 전 즉 어원학), chando(간주間奏: 음률학), jyotiṣam(역歷셈: 천문학)과 *Rig veda · Yajur veda · Sama veda · Atharva veda*가 있고, paralaukika jñāna에는 수행을 통해 최고의 ātman을 아는 것이다.(『문다카』 1.1.5)

삼으리)을 통해 이어지는 것이다. 즉 ① 뵈다, ② 외다, ③ 배다의 3개념이 모두 하나같이 중요하다.

그런 자격이 되는 사람에게만 브라만의 진리를 전하라. 그렇지 않은 사람들에겐 전하지 말라(『문다카』 3.2.10)고 한다. 그래서 그런 자격이 되는 이에게 특별한 의식을 전했으니 소위 śira vrata의식[44]이고 이를 행하지 않는 자는 이 진리를 공부할 수 없도다(『문다카』 3.2.11)고 하였다.

이때 공부를 할 수 없는 자란 무엇을 말하는가.

불교에도 무불종자(無佛種子)의 개념이 등장하기도 하고[45], 반야계열 『금강경』의 범소유상 개시허망(汎所有相 皆是虛妄)인 뜻도 유상무상(有相無相)도 개시허망(皆是虛妄)이라 한다.

즉 유상(有相: 보이는 모든 것)만 허망한 것이 아니라 유상의 기준으로만 사는 중생(衆生)의 혼(魂)도 유상으로 분류되어 죽어 하루살이처럼 허공에 흩어져 버릴 것이라는 엄중한 가르침이다.

---

44) śira vrata: śira는 실어, 담겨 즉 머리頭. vrata 부르다.
머리에 Agni(아궁이, 火宮 즉 불신)를 이고 주문을 외는 의식. 머리에 불을 얹었다는 것은 그 사람의 머리 위에 브라만의 상징인 불이 얹혀있는 것이고 그 의식을 통해 신을 부르니 신과 그 사람이 하나가 되어 범아일여의 의식이다.

45) 『성유식론』 권2(T31, p.8上-中)
又諸有情旣說本有五種姓別故 應定有法爾種子不由薰生
이곳의 오종은 본래 능가경의 오종을 받아들인 것이다.
一聲聞種姓 二獨覺種姓 三如來種姓 四不定種姓 五無有出世功德種姓
성문 독각 여래 부정종성 무불종성

이렇듯 자격을 운운함은 언뜻 듣기에는 배타적인 개념으로 보이기도 하겠으나 사실은 우리가 매일 세간에서 당하는 인간의 품성과 품격과 수행과 그 능력에 관한 지적이다.

수행의 개념도 우파니샤드는 'Brahma(붉음)인 puruṣa(불의 子)에는 karma(행위)와 tapa(고행)의 둘로 구분된다'(『문다카』 2.1.10)고 하였다.

karma는 마음이 시키는 대로 그리하는 것이니 행위(行爲)이고 그에 따른 결과(果)가 따른다. 소위 인과법(因果法)[46]이다. 육도윤회의 수레 속이다.

tapa는 타봐, 불 속에 육신을 지나가 보는 것이다. 살면서 슬쩍 죽음의 맛을 한번 볼 필요가 있다. 이건 붉음을 맞이한다는 의미도 있지만 현실은 고행(苦行)이다. 그 고행 자체가 puruṣa(불의 子)인데 이는 곧 불멸의 붉음(brahma)이기도 한데 이 개념을 앎으로써 고통에서 풀려날 수 있다고 하였다.(『문다카』 2.1.10)[47]

---

46) hetu-phala(hetu는 싹아, 芽. phala는 가을에 과실은 빨아먹는 것). 싹을 키워 농사지어 결과를 보는 것, 지은대로 받는 것이다. 因果.

47) puruṣa evedaṃ viśvaṃ karma tapo brahma parāmṛtam, etad yo veda nihitaṃ guhāyāṃ so' vidyā-granthiṃ vikiratīha, saumya[이 세상 모든 행위와 고행은 뿌루샤 그 자체이며 불멸의 붉음(brahma)이다. 뿌루샤는 비밀스러운 곳에 존재하며 이 원리를 안다면 무지의 구속에서 벗어날 것이다.]
puruṣa(불의 子, 불의 몸), evedaṃ(이와 같은), viśvaṃ(이 전부의), karma(그리함, 행위), tapo(타봐: 고행), brahma(붉음, 창조자), parāmṛtam(para+a+沒: 영원히 죽지 않는), etad(에또: 이런, 是 此), veda(뵈다, 알다), nihitaṃ(ni+hita: ~에 있다), guhāyāṃ(住野, 비밀 장소, 동굴 속), vidyā-granthiṃ(보다, 쥐다, 大綱), vikiratīha(비키다: 벗어나다), saumya(싸움: ~ 에, 속하는, ~에 관계되는).

일반적으로 수행하면 이 고행이 포함된 말이지만(修行∋苦行) 이것이 karma보다는 상위의 자리이다. 이 tapa는 3개념을 설정하고 조화를 맞추어가는 수행을 설명한다. 그렇다면 일반적 인과의 행위보다 차원이 높은 수행이 고행의 이름인 tapa이고 이것은 능력 있는 자만이 선택하는 것이다.

이제 구체적 설명이다.

oṃ(옴)의 소리는 활이요 ātman(아맘: 自我)는 화살이다. 그리고 brahman(불맘)은 그 과녁이다.[48](『문다카』 2.2.4) 이것의 합치가 수행의 완성이다. 즉 화살인 내가 집착과 머무는 것이 없는 마음[49]으로 brahman(불맘)으로 들어가는 것(『문다카』 3.2.4)이 완성이다. 이때 화살인 내가 날아가 박히는 것이니 이때껏 설명한 능력 있는 자가 선택되면 그 사람이 수행을 통해 이루되 집착이 없는 마음을 가지고 진리에 진입한다는 의미다.

이렇게 용맹정진하는 사람은 śukram(쉭으렴: 소위 물질세계가 탄

---

48) praṇavo dhanuḥ, śaro hy ātmā, brahma tal lakṣyam ucyate
praṇavo(불어넣는 것), dhanuḥ(재나 궁), śaro(살, 화살), brahma(붉음)은 절대자니 거기에 꽂히면 불맘이 된다. tal(달아: 궁사수, 왼쪽 팔, 혁대), lakṣyam(낙서, 표시), ucyate(익었다, 우짰다, 칭송하다.)

49) na ca pramādāt tapaso vāpyaliṅgāt
알음알이로 갈 수 없고, 버림 없는 고행으로도 얻을 수 없다. 즉 집착과 머무는 것이 없는 마음이라야 갈 수 있다.
na(부정), ca(着: 머물다, 되다), pramādāt(더불어, 맞아, 아는 것, 알음알이), tapaso(타봐: 고행), vāpy(물받다, 얻다), a(부정, 아니), liṅgāt liṅgā(넌가, 넌가, 너냐: 징표, 수행)

생하기 이전 태극과 같은 상태)의 단계를 초월한다 하였는데[50](『문다카』 3.2.1), 이 상태는 세간의 카르마와 결과(인과)가 아닌 마음속의 매듭이[51] 사라진 것이고, 행위들이 더 이상 남지 않는데[52](『문다카』 2.2.9) 이것이 인과에서 자유로울 수 있다는 의미이다.

다시 말해 나는 인과에서 벗어날 수도 있고 그 속에 들어올 수도 있다. 그것이 자유다. 내가 붉음(brahma)과 하나가 되었기에 가능한 것이다. 마치 브라만이 창조신이면서 주재신(主宰神)이며 여러 다신(多神) 속으로 들락날락하는 것과 같은 이치이다. 이것이 진정한 자유가 아닐까.

아비달마 유파에서 말하는 해탈(mokṣa, 묶자, 묶어, 무찔러: 사실은 能滅로 번역했어야 한다)이 번뇌 대비(對比)에서 벗어나는 것을 강조했다면 『문다카』에서는 자유자재의 언급이 보인다.

이것은 초기우파니샤드 『찬도갸』 karma의 인과업보설(kratum kurvita: √kṛ 그리하다, 행위. '그리했다면 그리 된다.'『찬도갸』 3.14.1)과는

---

50) sa vedaitat paramam brahma dhāma yatra viśvaṃ nihitam bhāti śuhkram
최고의 brahma (붉음 결국 그의 맘, 불맘)을 아는 자 모든 세상의 바탕이며, 밝음의 세계에 머무는 것이다(존재와 혼돈의 상태에서 벗어난 것)
vedaitat(뵈다), viśvaṃ(離, 떼어버리는 것), niḥ(~이 이룩되기 이전), bhāti(봐: 존재), śuhkram(섞으렴: 혼돈의 상태)

51) 『문다카』 2.2.8 hṛdayagranthiḥ(마음이 복잡한 것, 마음속 매듭), hṛdaya(알다야: 마음), granthiḥ(그란디: 그런데)

52) 『문다카』 2.2.9 kṣiyante cāsya karmāṇi(행위가 더 이상 남지 않는다)
karmā(그리함, 행위), ni(아니다), kṣiyante(끝, 안땅)

차원이 좀 다른 해석이며 인과를 벗어나는 자유자재 개념이다.

공적으로는 사회질서 유지를 위해 찬도갸의 업보를 교육해야만 하면서, 개인의 마음 한구석에 남아있는 진정한 자유로의 탈출구를 늘 생각하는 그런 정진(精進)자에게 주어지는 문다카의 선물이다.(불맘 · 아맘의 합일을 ātman의 입장에서 해석)

이 뜻을 완전히 아는 사람[53]은 극락에 사는 사람이며[54] 그래서 그는 붉음의 창조신의 세계에서 영원히 불멸하며 완전한 해방자가 되는 것이며[55](『문다카』 3.2.6), 그의 업과 지혜의 아뜨만이 함께 불멸의 창조의 존재와 하나가 되는 것이다.[56](『문다카』 3.2.7) 이것은 karma의 업에서 자유로운 것이며, 또한 그러한 사이클을 완전히 알아버린 영특한 지혜의 아맘 또한 karma의 인과에서 벗

---

53) vedānta vijñāna suniścitārthāḥ / (베단타를 완전히 아는 사람). vijñāna(이아냐, 이앎: 識), suniścitārthāḥ(全體알다)

54) saṃnyāsa-yogād yatayah śuddhasattvāh / (참된 수행으로 극락에 온 사람). saṃnyāsa(참된), yataya(여차: 그래서), śhuddha(좋다, 극락), sattvāh(在, 有情)

55) te brahma-lokeṣu parāntakāle parāmāṛtāḥ parimuctanti sarve
그래서 그는 붉음의 창조신의 세계에서 영원히 불멸하며 완전한 해방자가 되리라.
te(그래서), brahma-lokeṣu(붉음, 창조자 세상), parāntakāle(저 너머, 찰나가 아닌), kāle(갈라: 짤라, 순간), parāmāṛtāḥ(멸하지 않는), māṛtāḥ(沒, 죽다), parimuctanti sarve(저 멀리, 무찌른, 존재), muctanti(무찌른: 能滅, 번뇌를 없앤)

56) karmāṇi vijῃānamayaś ca ātmā parévyaye sarva ekā-bhavanti
그의 업과 지혜의 아뜨만이 함께 불멸의 창조의 존재와 하나가 되는 것이다.
karmā(그리하마: 업), vijῃāna(이아냐: 이 앎), paraayaye(멸하지 않는 저 세상), yaya(여의다, 滅하다), ekā(하나), bhavanti(봐바: 존재)

어남을 말한다. 그렇다면 나의 지혜를 증장시키는 영력을 키우는 일이야말로 karma의 인과를 벗어나는 진정한 해탈구이며 brahma(창조주)와 하나되는 일이다.

이것은 나의 ātman(아맘)이 brahman(불맘)과 하나되는 범아일여사상 중에 초기의 우파니샤드에서는 '마음 안의 나의 ātman(아맘)이 바로 brahman(불맘)이다. 이 육신이 없어지면 나는 결국 brahma(붉음 창조주)로 돌아가리라(『찬도갸』 3.14.4)'고 하여 중심이 창조주임을 강조하였으나, 중기 우파니샤드는 '나의 아맘이 집착이 없는 마음을 가지고 지혜를 통해 paraayaye(멸하지 않는 저 세상)인 brahma(붉음, 창조주)와 하나가 되는 것이다.(『문다카』 3.2.7)' '이것은 매듭이 사라진 것이고(『문다카』 2.2.8) karma에서 벗어난 것이다(『문다카』 2.2.9)'라고 하여 아맘 중심으로 이동하는 범아일여사상 내부의 변화가 보인다.

이렇듯 중 · 후기 우파니샤드로 내려오면서 초기 우파니샤드의 하늘 중심의 범아일여가 인간 중심의 범아일여로 생각이 전환됨과 동시에 업보사상 또한 사회의 질서유지 근간 이념인 동시에 개인적으로는 그것에서 벗어날 수 있는 가능성이 자꾸 드러난다.

이것은 범아일여 중 신관 위주의 범아일여가 그 중심이 보다 더 인간의 마음 위주로 이동한 것으로 볼 수 있겠으며, 또한 아리안의 지배가 오래되어 가며 자체적인 자기모순에 대한 자아혁명이며, 사실의 내용으로는 불교의 영향력이 큰 작용을 한 것이다.

이것은 또한 사성제 계급 제도 속에서 사는 드라비다족(Sūdra 저것들, 천민)에게 정신적으로는 완전히 벗어났음을 철학적으로 선포한 것이다.

정신적 자유자재는 인간의 본성이다. 인간은 신의 본성과 같으므로 brahma(붉음)을 정신으로 말할 때는 brahman(불맘)이요, 행동으로 말할 때는 Iśvara(아이쉬워라) 자유자재신(自由自在神)이듯 인간도 신과 똑같이 생각하고 움직이는 수준으로 격상되었음을 뜻한다.

3. 여래의 씨 훈습(熏習, Vāsana: 배잖아)

(1) 깨우침의 길
– 유식의 식전의(識轉依) / 맑아지는 혼(魂)

인도의 전통적 유파인 우파니샤드에서는 vidya(뵈다)에서 출발해 내가 궁극적 brahman(불맘)과 하나가 됨을 이상으로 본 것이라면, 현실은 그의 반대인 avidya[무명세상이 지배하는 Maya(魔, 魔術, 幻影의 세계)]이므로 여기에서의 해탈을 논함이 vedānta(veda의 anta 안땅, 끝, 우파니샤드)의 목적이었다.

이것을 볼 때 베다의 시작은 아리안의 신과 지배 목적에서 출발되었는지 모르겠으나 현실에 대한 인식은(Maya: 魔, 魔術, 幻影의 세계로 보는 것) 다분히 수드라(저것들, 제들)로 전락한 토착민의 상황이었음을 부인할 수 없다.(수드라와 달릿[57]이 70% 정도 차지)

아리안들이야 인도에 들어온 이후에 현실이 극락이었을 것이다. 본래 종교는 현실이 극락인 사람에게는 과히 필요성을 느끼

57) Dalit(짤려: 사성제 계급에도 들지 못하는 불가촉천민): 토착민 중 아리안 침입 시 멀리 도망갔다 다시 몰려든 드라비다나 문다족(Munda) 등이다.

지 않는다. 다만 갠지즈강 근처의 하절기의 섭씨 40도에 이르는 살인적 무더위가 살면서 점차 그들에게도 종교적 분위기로 이끄는 조건이 될 수는 있었을 것이다.

아무튼 다분히 인도의 사상은 시작부터 드라비다의 현실을 바탕에 깔고 시작되었고 그들을 점차 정신적으로나마 위로가 될 수 있는 세상을 제시함으로써 사회의 안정화를 바라는 것이 목적이었을 수도 있다(아리아인 지배계급인 브라만·크샤트리야·바이샤의 인구 비율이 대체로 30%가 넘지 않는다). 그러므로 인도에서 세간을 Maya(魔, 魔術, 幻影)로 보는 것이나 불교에서 고해(苦海)로 보는 것이나 모두 avidya(무명)에서 출발된[58] 일관된 현실 인식이고 드라비다의 현실인 셈이다.

이 같은 사회역사적 기반을 통해 AD 4세기 무착, 세친의 유식론에 이르러서는 이미 우파니샤드의 범아일여론 등이 완성(BC 5~3세기)을 본 지 700년이 더 지난 후이므로 이미 모든 인도유파(有派)의 장점들은 불교에 흡수되어 있었다고 보아야 한다. 석가모니 인간주체론의 기치가 우파니샤드에서 완성을 본 이후에 불교도 시간이 흐름에 따라 인도유파의 장점을 흡수해 철학과 사상이 이제 완성을 향해 나아가고 있다. 이것은 본래 석가모니가 생각하던 모습이었다. 그것을 이제 그 제자들이 완성을 향해 나아가는 것이다.

---

58) 개인적으로는 무지몽매며 공적으로도 독립성을 잃어 주체적으로 생각을 못하니 무지다.

이런 인도의 기본적인 풍토와 문화 환경에서 불교가 인도 땅에서 정착되어 간다.

그 과정 중 하나의 이론이 유식의 식전의(識轉依) 전사전득(轉捨轉得)이다.

우리가 사는 현실은 rūpa[59](엿봐: 色, 형태)를 바탕으로 한 vikal(빛깔, 분별)인 vijñāpti(알았지) 상태의 vijñāna[60](이아냐맘: 思量, 意識)이다. 소위 제6식의 성품을 바탕으로 한 변계소집성이 바탕이다.

물론 유식론의 시기에는 manas(맘: 意, 자아의식, 제7식, 표층의식의 잠재의식)와 ālaya(藏識, 심층의식, 제8식)의 개념이 성립되었으나 삼성(三性) 중 변계소집성[61]의 수준은 아직 망집(妄執)에 걸려버린 제6식 요별(了別)의 수준에서 벗어나지 못한다.

이게 마치 망집세계에 집착된 무불성(無佛性)중생[62]의 얼굴인 듯하나, 유식에서는 이 상태가 개과천선 불가능을 말한 것이 아

59) rūpa: ① 엿봐, 色, 형태, ② 예뻐(라틴어 Leporem, 예뻐, 매력)

60) vijñāna(이것을 앎, 思量, 이아냐맘), 단순히 아는 것은 √jñā(아냐, 앎), vijñāna-skandha(이아냐맘 챈다, 알아챈다는 마음이다. 요별了別) 이때의 식은 제6식 意識이다.
또 다른 vijñāna(이아냐: 識)은 전5식, 제6식, 제7식(표층의식 작용이면서 잠재의식), 제8식(심층의식) 뒤에 붙는 일반적 識의 용어이다. 이때는 뒤에 붙는 단순 識의 의미이다.

61) parikalpita-svabhāva(존재에 걸리는 성품, 遍計所執性), parikalpita(벌려, 걸렸다), svabhāva(在봐바, 제봐)

62) 『불지경론』 권3(T26, p.298上), "一切有情有五種姓 一聲聞種姓 二獨覺種姓 三如來種姓 四不定種姓 五無有出世功德種姓"
성문 독각 여래 부정종성 무불종성(출세란 불의 마음자리다. 출세공덕이란 불

니라 단지 변계소집성의 수준이 그러하기에 거기에서 벗어나면 된다는 전제조건으로 언급된 것일 뿐이다. 물론 이것은 후에 여래장사상이나 밀교사상에서는 근본식의 개념 설정에서부터 무불성(無佛性)의 개념조차 없어지는 것이지만 다만 유식에서는 인간심리의 현실을 정확히 파악하느라 이용된다.

이 같은 유상세계의 변계소집성을 위주로 하는 세간의 제6식 요별(了別) 수준을 바탕으로 하는 현실에서, 유식은 제8식인 심층의식을 염 · 정성(染 · 淨性: 더럽다, 깨끗하다)의 두 가지로 파악하면서 의타기성[63]을 중심으로 전의개념을 도출하면서 잡염분(雜染分)의 제8식을 변화시켜 청정분(淸淨分)의 8식으로 변화시켜 나간다.

제6식 - 제7식 - 제8식을 총동원하여 즉 의식구조의 표층의 식(6식)과 표층의식의 잠재의식(7식)을 총동원하여 심층의식 속(제8식)의 더러움을 제거하고 청정한 종자식으로 바꾸려 노력한다.

호법은 『성유식론』에서 이것을 전의(轉依)라고 하는데 이건 내 마음을 뜯어고치는 것이다.

공덕이다.)

63) paratantra-svabhava[저쪽 땅터, 기준(依他), 在 봐바]: 연관관계를 살피는 본성 즉 연기를 이해하는 성품이다.
의타기성은 제6식-제7식-제8식 라인을 종횡무진하면서 식의 전사전득을 통해 더러움을 청정분으로 바꿀 수 있다. 이런 일의 주인공인 이유는 pratitya samut pāda(pratitya: 더불어서, samut: 삼아, pāda: 뻗다 나아가다.) 더불어 삼아 나아가는 연기(緣起)의 성품이기 때문에 잡염과 청정성이 모두 모일 수 있기 때문이다.

아뢰야식에서 진여로 뜯어 고쳐지는 것을 말하는데[64] 물론 이때 유식은 의타기성이 중심이 되어 아라야장식 속의 잡염분을 버리고 다시 아라야장식 속의 깨끗한 면인 진여의 면을 체득하는 것이다. 물론 아직까지 유식이 여래장에 관심이 있는 것은 아니고 그저 깨끗한 진여의 면을 체득하는 것(得智)이 목적이다. 아직 완전한 진여의 개념 도달은 아니다.

이것을 『성유식론』에서는 '의타기성상의 변계소집성을 전환해서 버리고 의타기성 속의 원성실상(圓成實性)[65]을 전환해서 증득한다. 번뇌를 전환하여 대열반을 얻고 소지장을 전환해서는 최고의 깨달음을 증득한다'[66]고 하였다.

정리하자면, 전의란 잡염분을 전환해서 버리고(轉捨), 청정분을 얻는 것(轉得)이다. 전환한다는 것은 문제 덩어리인 나의 마음을 그대로 사용해서 바뀌는 것이다. 다른 곳에서 얻어오는 것이 아니다.

---

64) 『성유식론』 권10(T31, p.55上), "二所轉依 此復有二 一持種依 爲本識 … 二迷悟依 謂眞如"

65) 『유식삼십송』 제 21송

paratantra-svabhāvas tu vikalpaḥ pratyayodbhava/
의타기성은 분별세계를 바탕하나 더불어서(緣) 연기를 살피는 성품이다.
niṣpannaṣ tasya pūrveṇa sadā rahitatā tu yā//
원성실성은 이 의타기성이 앞의 것을(변계소집성-분별성)을 내내 멀리 뗀 것이다.(niṣpannaṣ: 빵 터지는 둥근 원, pūrveṇa: 불, 東, 앞, sadā: 自至, 始終, rahitatā: 離, 遠離)
parinispanna-bvabhava 바라니 (소원하니) 빵. 빵 ṣpanna은 뻥 터지는 것이니 원이고 길상이고 후광의 붉은 원이다.

66) 『성유식론』 권9(T31, p.51上), "能轉捨依他起上遍計所執及能轉得依他起中圓成實性 由轉煩惱得大涅槃 轉所知障證無上覺"

무분별지(無分別智 혹은 無二智)를 닦아 익혀서 근본식 중에 인무아(人無我: 주관)와 법무아(法無我: 객관)의 경지에 이르러, 능히 의타기성 속 변계소집성을 전환해버리고, 의타기성 속 원성실성을 전환해서 증득한다. 나의 마음에서 관계(의타기성)를 살피어 똥물을 맑은 물로 전환시키는 것이다.

주관의 인무아 경지에서 대열반(大涅槃)을 얻고, 객관의 법무아 경지에서 무상각(無上覺)을 얻는다.[67]

이것이 전사전득 전의의 과정이고 그 결과이다.

여기서 한 가지 유식의 중요한 특징을 하나 짚고 넘어가자면 전사전득 과정에서 드러나는 의타기성의 중요성이다. 다시 연기론 중심으로 돌아온 것처럼 그 해석에서 연기법이 주인 같은 조연으로 등장한다. paratantra[바라보이는 저쪽, 땅터, 기준(依他)] 의미는 pratitya(더불어서)의 강조를 말하는데 주위와의 관계 속에서 나를 바라보는 것이다. 결코 주위를 버리는 것이 아니라 내가 디디고 승화될 곳인 여기에서 깨닫고 일어서는 것이다.

마치 주역(周易)이 '주(周)나라의 역(易)'이 아니라 '두루周자 주역 건곤지주(乾坤之主) 즉 음양이고', 역(易)은 순역변역(順逆變易)의 기본 개념 하에 나(世)와 우주가 돌아가는 여러 환경(應과 合, 冲, 破 등) 연(緣)을 어떻게 조화롭게 해석하느냐가 진리 해석의 요점이 되는 것과 같은 이론이다. 우주 속에서 관계로 나를 본다.

---

67) 『성유식론』 권9(T31, p.51上), "由轉煩惱得大涅槃 轉所知障證無上覺"

순역지리(順逆之理)의 한 예다.

澤天夬(少女 · 父) ↷	天風姤(父 · 長女)
ソ	\
\	\
\	\
\	\
\	\
\	ソ

택천쾌(澤天夬)의 내괘 천(\ \ \)이 천풍구(天風姤)의 외괘 천(\ \ \)으로 올라감(\ \ \→\ \ \)은 순(順)이요, 택천쾌의 외괘 태소녀(ソ \ \)가 천풍구의 내괘 손장녀(\ \ ソ)로 변형이 되어 내려감은(ソ \ \→\ \ ソ) 역(逆)이다. 순이 하늘의 공간에서 상대의 하늘로 아래위만 바뀐 것이라면 역은 상대의 아래위로 바뀌며 동시에 나의 지구가 뒤집혀 자전한다. 이것도 마음이 하루에 열댓 번 바뀌는 복잡한 영계(靈界)의 연기법에 비하면 그나마 간단한 도식일 뿐이다. 이와 같은 것을 불교에서 의타기성으로 보고 해석한다 함이다. 순역변역(順逆變易)과 석가모니의 연기법은 모두 관계를 중시하는 해석에 맥을 같이한다.

가령 지구가 생기는 원리를 해석함에 있어, 천체의 불덩이 속에 물이 내재하는데 그것이 팽창되면 그 와중에 지구가 생긴다(變이라야 化하는데, 물이 이동하므로 陽이고 변하여 불이 된다. 그 뒤에 불속에 내재된 물이 팽창되면 다시 지구가 생긴다).

水火旣濟(/ ソ \ ソ \ ソ \)괘를 말함인데, 물이 얼었다 더운 기운이 들어오면 우주의 모든 것이 화생(化生)한다. 물속 불(주인공 물속에 불이 들어온 것으로 불 위 물을 의미)인데 이 더운 기운 속에 만물이 화생하니 산소가 있는 세계 수화기제이다. 따뜻한 물의 세계가 만물의 근원인 셈이다.

반면에 지구의 멸망은 火水未濟(\ ソ \ ソ \ ソ)인데, 덥다가 찬 기운이 들어오는 것이니, 불속 물(주인공 불속에 찬물이 들어온 것이니 결국 차가운 물 위 불을 의미)인데, 따뜻했던 물이 싸늘해지면 생물이 모두 사라지는 것이다. 이것을 수(水)와 화(火)로 표현하면 즉 물속의 불(수화기제)이 있는데 물이 없어지면 생물은 모두 산소가 없는 극독에 있는 것이라 지구의 멸망이다. 동시에 각각의 창조 이전 세상이기도 하다.

개괄적 우주론에서는 불이 물을 내포함이요, 구체적 각론으로 들어가 지구나 사람의 창조론에 들어가면 물속에 불이 응집되어 있다. 각각의 창조의 시작은 물이겠지만 큰 우주에서는 불이 본래의 시작점이다. 이같이 반대되는 개념을 두고 여러 가지 관계를 설정하고 해석한다. 필요한 순서도 정한다. 후에 기술하겠지만 인간의 사상론(四象論)을 설명함에도 이 관계와 순서를 이용한다. 시작이 수화기제의 소음인 태음인이요 마무리와 결실이 화수미제 소양인 태양인이다. 수화기제의 시작은 연기(緣起)세상이요 화수미제의 마무리는 공(空)이다.

이같이 석가모니의 연기론과 음양의 순역변역(順逆變易)의 해석은 늘 변화하는 속에서의 복잡한 관계를 살피는 면에서 일맥상통하는 면이 있다.

이와 같은 연기(緣起) 중심에서 유식은 인간이 주체가 되어 주위 여건을 기반으로 진리 속으로 애써 진입을 하려는 경우이다. 그러나 그 자리인 유식의 궁극적 자리인 원성실상[68]도 원(圓, ṣpanna)은 뻥 터지는 것이니 길상이고 후광의 붉은 원이고 원만구족이다. 불이지(不二智)에 충실하나 그 끝은 여래의 성품자리이다.

이것은 물의 근원 속에 불이 내포되어 있음을 뜻하는 근본자리이며 그 불의 성품자리가 걸림이 없는 여래장으로 서서히 표현되는 것이다.

(2) 방향 전환 – 진여(眞如)의 자체 발광

우파니샤드가 신의 중심인 베다시대를 거치며 서서히 인간의 가치 중심으로(범아일여) 또 그 범아일여도 초기 신(神) 중심(불맘)에서 중·후기 우파니샤드에서는 불교의 강한 영향도 받으며 인간 중심(아맘) 위주의 범아일여로 나아가며 애를 쓰는 데 반해, 애초에 과학 중심에서 인간 위주로 시작한 불교는 유식을 정점

68) niṣpannaṣ tasya pūrveṇa sadā rahitatā tu yā//(『유식30송』 제21송) 원성실성은 이 의타기성이 앞의 것을(변계소집성 – 분별성)을 내내 멀리 뗀 것이다.

으로 서서히 인간의 본마음 중에 원(圓, ṣpanna)·길상·후광의 붉은 원·원만구족 등이 목표인 여래의 심성으로 서서히 자리를 이동하게 된다. 그리고 최종으로는 신(神) 자신인 제9식 아말라식의 상정에까지 이른다. 이미 이때의 불교는 아비달마 유파의 초기불교와는 완전히 다른 것이다.

석가모니의 마지막 지향점이 무엇이었을까. 또한 우파니샤드와의 관계에서 영향을 준 것과 받아들인 것은 무엇인가를 살펴보자.

돼지가 주둥이로 굴을 파겠다는 것이 유식이라면 이미 존재하는 돼지굴을 발견하는 것은 여래장이론이다. 이런 돼지굴을 *Laṅkavatāra*[69](랑카받들어 또는 랑카왔어, 『入楞伽經』)라 했으니, Laṅka는 śrilaṅka와 같은 의미라 하늘의 햇살의 랑(浪, 파도)땅 거룩한 바다의 땅이니 여래장 땅이 온 것이다. ālaya식과 여래장의 개념 속에서 신(神)·불(佛)의 세상을 다시 맞이할 준비를 해놓았으니 그리 표현함도 틀린 말이 아닐 것이다.

Buddha(봤다, 깨달았다, 부처)가 Varuna(바르나, 발랐나: 아리안이 보기에 드라비다족 피부가 검은 것을 빗댄 것. 피부색이 다른 것에 계급이 정해진 카스트제도) 세상에 나와 수드라(Sūdra. 천민)와 달릿(Dalit: 불가촉 천민)이 주인에게 매 맞고 기어오면 연뿌리를 주면서 염증

69) 『大乘起信論』, 『寶性論』과 함께 ālaya식과의 관계를 본격적으로 조화롭게 설명하기 시작하는 제3기 여래장사상 경전이다. 이전의 『佛性論』, 『攝大乘論釋論』 등에서는 ālaya식과의 관계 정립이 조금 미진하였다.

을 제거해주며, 글을 배우지 못한 이 사람들에게(당연히 베다 우파니샤드도 읽을 줄 몰랐다) 팔정도(八正道)와 십이연기(十二緣起)로 달래며 우선 시작은 했지만, 석가모니의 마지막 지향점이 모두 초기불교인 것만은 아니다. 여래장이론은 세상에 아름다운 세상이 부르고 있으니 한번 그쪽으로 머리를 돌려보라는 것이다. 사실은 세간 중생의 입장에서는 무엇을 외우고 공부하느라 애쓰는 일보다 이것이 더 쉬운 일이다. 바라만 보고 굳게 믿기만 하면 되는 일이다. 여래장이란 이런 쉬운 이론이다. 유식의 최종 목표도 빵 터져 붉은 기운이 번지는 길상의 확대(消災吉祥)가 원성실상이듯 이미 무이법(無二法)의 진리의 세계가 눈앞에 와있는 것을 더욱 실감나게 설명하는 것이 여래장식이다.

마명 작[70) 『대승기신론』의 설명을 보자면 대승을 일심(一心: 총섭의 의미)으로 보고, 일심에 이문(二門: 진여문과 생멸문)을 설정하며, 이것이 다시 삼대(三大)로 분류되는데 곧 체(體) · 상(相) · 용(用)이다.

一心
- 진여문 — 體大(내용상 一心)
- 생멸문 — 相大
  — 用大[71)

70) Aśvaghoṣa(馬鳴, 서기 80~160). Aśva(말, 馬), ghoṣa(소음, 울음, 鳴).
71) 『대승기신론』(T32, P.575下) 마하연 설명 참조.

이것을 다시 삼신(三身)사상으로 설명을 하자면 이렇다.

일심
- 진여문 — 體大 — 法身
- 생멸문
  - — 相大 — 報身
  - — 用大 — 應身(化身)

체(體)는 궁극적으로 평등하며 변이가 없으며 파괴할 수 없는 일심뿐이므로 진여(眞如)라고 부른다. 일법계(一法界)란 진여문이 의지하는 본체를 말한다.[72] 즉 법신(法身)이며, '본래부터 진여 그 자체의 성품에는 모든 공덕이 다 갖추어져 있어'[73] 즉 보신(報身)이다. 여기에 육도(六道)의 차별적인 모습은 응신(應身, 化身)이고, 한계와 차별이 없으면 보신(報身)인 것이다.

세상의 모든 문화의 다양함은 상(報身)과 용(應身)의 설명으로 가늠될 수 있다.

이것을 교과서로 삼고 후세에 법제자인 원효와 법장의 풀이를 한번 들여다보자.

원효는 그가 본 『대승기신론』에 대해 주석을 달았는데 그것이 『기신론소』이다.

『기신론소』에서 아래의 도표를 참조하여 설명하면, 심생멸문

---

72) 『대승기신론』(T32, P.576上), "畢竟平等無有變異不可破壞 唯是一心故名眞如 … 此眞如體無有可遺 以一切法悉皆眞故"

73) 『대승기신론』(T32, P.579上), "復次眞如自體相者 從本已來性自滿足一切功德"

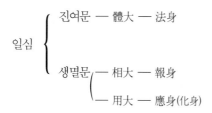

의 여래장(이때의 여래장은 일단 중생의 일상심에서 시작된다. 가능성만 보고 시작된다)이 전의를 하여 심진여문 일심으로 마음이 맑아지면 총섭의 중생심이 모두 일심이 되는 것이라 하여(심생멸문의 맑아진 일심이 심진여문의 일심과 총섭의 일심과 같아지는 一法界의 이치) 무이법(無二法) 신인합일(神人合一) 회통을 의미한다.[74]

중생심(一心) 총섭	─ 寂滅(一心)	:	心眞如門 ─ 體大
	─ 如來藏	:	心生滅門 ─ 相用 二大

이 이론은 심생멸문의 여래장이라는 명칭이 일단은 세간 사람의 마음에서 시작되고 그 속에 진여가 있을 것이라는 말인데 물론 시작점의 마음속은 여래성이 잠겨있는 것뿐 아직 여래의 품성이 나온 것은 아니다. 그러나 이때 중생이 사는 세간 속에서 진여가 훈습을 먼저 하는데 이 진여훈습이 내재되어 있는 속에서 소위 수행을 통해(識의 표현으로는 전사전득) 심진여문의 맑은 마음이 되면(一心) 천체우주도 일심으로 회통되는 것이다.

일심이 비록 겹쳐지고 시작점을 중생이 사는 곳(생멸문)으로 상정하고 거기가 중생이 살아날 시작이자 마지막이라고 강조하는 것이 특징이지만, 일법계로써 진여의 일심과 총섭의 일심이

74) 원효의『기신론소』권상(T44, p.206下) 一心의 구조 설명.
一心法有二種門者 如經本言 寂滅者名爲一心 一心者名如來藏 此言心眞如門者 卽釋彼經寂滅者名爲一心也 心生滅門者 是釋經中一心者名如來藏也 所以然者 以一切法無滅本來寂靜 唯是一心 如是名爲心眞如門 故言寂滅者名爲一心 ….

사실은 내용상 다른 것은 아니니 이 일심의 일법계는 사실상 스승인 마명과 다를 바 없다.

이때 심생멸문의 여래장의 특성 및 활동 범위는 일반적 여래장이 제(諸) 식(識)과의 관계 속에서의 위치와 일치한다.

(제8식) | • —→ 여래장식의 특성 및 활동 범위 —→ ◦ | (제9식)

(• 는 等價, ◦는 非等價)

이런 구조 속에서는 유식의 청정세계로 나아가려는 의지로써의 실천원리와 훈습의 이론은 진여의 훈습으로 인하여 새로운 세상과 접하게 된다.

여기서 잠시 좀 더 살펴보아야 할 점 하나는 진여의 훈습의 이유가 무엇이냐는 것이다. 『기신론』에서 생멸문 안에 있는 성정본각(性淨本覺)을 진여로 보기에 훈습이 있는 것이며, 진여문 안의 진여가 아니다. '진여문 안에서는 태어나는 의미를 설명할 수 없기 때문이다'[75]라는 대목이 있다. 노는 물이 없으니 답답한 거다. 활동할 공간을 달라는 거다.

그래서 진여훈습의 완전한 이해를 위해 또 하나의 이론 비교를 법장의 이론으로 해본다.

---

75) 원효, 『대승기신론소』 권하(T44, p.217中), "然此文中生滅門內性淨本覺說名眞如 故有熏義 非謂眞如門中眞如 以其眞如門中不說能生義"

돌다리도 두드리고 가는 꼼꼼쟁이 법장의 일심이론이다.[76)]

衆生心, 一心(如來藏心)	約體絶相義 ：	眞如門 – 體大
	隨緣起滅義 ：	生滅門 – 體相用 三大

이 구조는 진여문이 생멸문 속에 모두 들어있는 구조이다. 즉 체대(體大)의 이중구조이다. 다시 말해 생멸문 속의 본각(本覺)이 진여문의 진여와 같은 것이다.[77)] 그러면 『기신론』에서 말하는 생멸문이 있는 곳에 진여의 훈습이 있다고 한 스승의 이론이 생멸문 안에서 부합된다. 누깔세계(loka)의 생멸 속으로 진여가 훈습하는 거지 적막한 진여끼리 그런 짓을 할 필요가 없다는 뜻이다. 진여는 따로 노는 것이고, 법장의 입장에서는 『기신론』의 '진여문에서 훈습이 끼어들 여지가 없다'는 대목과 일치한다. 그렇다면 여래장심인 일심이 생멸문 속에 내려오기 좋아하고 그 훈습을 통해서 생멸문의 인간이 진여의 본체를 알아간다면 그 과정 속에 진여의 체는 자연 따라오게 된다. 그러면서 진여문의 체대라는 예비별동중대를 다른 금고에 따로 보관하고 있다. 이때의 진여문은 스승인 총섭일심과 생멸문이 상통할 때 끼어들면 안 되는 왕따별동대이다. 그러나 체대를 이중으로 배치했다고 스승을 욕보이는 것이 아니라 생멸문을 더 존중한다는 것이고, 한곳에서 다 보여드린다는 성의이고 별체의 진여문은 다시 고

76) 『대승기신론의기』(T44, p.251中-下), "一心法有二鍾門 云何爲二 一者心眞如門 二者心生滅門 初中言一心者 爲一如來藏心含於二義 一約體絶相義 卽眞如門也 … 二隨緣起滅義 卽生滅門也"

77) 『대승기신론의기』(T4, p.256上)

이 모시는 구조다. 꼼꼼히의 별난 외고집 성격이다. 법장의 이론에서는 총섭의 진여훈습이나 생멸문의 사람이 전의(轉依)를 통해 일심(一心)으로 향하는 과정이 생멸문 속에 모두 순조롭게 이어지고 있다. 나름 완벽주의자다. 그러면서 여래장을 상급부대 일심(一心)과 같이 받듦으로써 겉으로는 최고의 예우를 하고 있다. 이때의 여래장의 위치는 저 높은 신(神)의 위치인 제9식에 가까이 앉아있는 셈이다.

과연 그런 것인가. 여래장식의 위치가 다름에 원효는 무슨 생각을 하는 것인가.

중생심(一心) 총섭	– 적멸(一心)	:	심진여문 – 體大
	– 여래장	:	심생멸문 – 相用 二大

원효의 심생멸문이라는 표현은 생멸문과 같은 의미이기도 하므로(총섭 일심의 품 안에 있는 분류이므로) 그저 심을 더 강조한다는 의미로 보면 된다. 심생멸문의 상용(相用)은 아직 체를 갖추지 못한 절름발이 형상인데 이것이 일란성 쌍둥이 형인 심진여문의 체와 어떻게 해서라도 하나가 돼야 하는 입장인데 그 형이 도도한 적멸 일심이다, 이 형과 합치려면 나도 어느 정도의 자격을 갖추어야 하니 형에게 나도 자격증 땄다고 으스대는 형국이다. 배우지도 않은 자가 여래장이란다. 이자가 형의 정식 졸업장(적멸, 일심)과 강제 병합하니 대장인 Supervisor 일심이 이만하면 됐다고 인가를 한다는 것이다. 못 배운 나를 믿어보란다. 내

가 종자가 똑똑하니 형(작은 一心)도 그런 것이고 그러니 스승(큰 一心)과 다를 바 없단다. 통신학교생이랄까? 아니 독학생이 스승에게 편지로 너와 같다는 것이다.

이런 원효의 특성은 이미 여러 행적에서 우리가 익히 알고 있다. 『발심수행장(發心修行章)』에 '이심중애 시명사문 불연세속 시명출가'(離心中愛 是名沙門 不戀世俗 是名出家: 마음속 사랑애를 버리면 사문이요 세속의 그리움을 버림이 출가이다)의 대목 등이다. 아직 머리도 다 깎지 못한 행자(行者)다. 부뚜막에서 솔갱이나 넣고 밥이나 짓는 행자의 마음이다. 혹여 아까운 인물이 출가하겠다고 때 지난 시간 저녁공양간에 와서 앉아 있는 모습을 보노라면 슬며시 다가가서 "저기요~ 그만한 인물이면 속세에서 얼마든지 잘 살 것 같아요." 말 던지고 국수가락 던져놓고 사라지는 게 행자의 마음속이다. 원효는 그런 마음속에 마음속의 애(愛)를 다 던져라. 세속의 일도 부모부터 다 끊으라고 하는 사람이다. 연(緣)이란 ptatitya 더불어서이다. hetu(因)가 싹인데 그 싹이 잘났던 못났던 그것을 살뜰히 키우고 보살피고 가르치던 부모인데 그 부모가 연(緣) 중에 최고의 비중인데 그걸 칼로 싹 베어버리란다. 엄밀히 말하면 싹이 전세에 인으로 이생에 그런 팔자로 나왔다면 어쩔 수 없는 것이로되 연을 원만히 마무리하면 되겠구만 그걸 한목에 싹 정리하라는 것이다. 아무튼 이런 원효의 성격이 그대로 드러나는 대목이 원효의 일심론이다. 그렇게 나와 형제의 일심이 스승의 일심과 같음을 인가받은 후, 다시 그 스승을 누깔세계(loka)로 모셔오자면 초청할 누추한 집(생멸문)이라도 있어야 하는데 집 그런 것도 필요 없는 것이다(심생멸문). 없어서 미안한 게 아니라 필요 없다는 것이다. 그래서 내가 곧 집이다. 그래서 그런 마음의 생멸문(心生滅門)은 울타리가 필요 없는 것이라 형이 곧 나와 한 몸이라(心眞如門) 스승이 마음만 먹으면 오늘이라도 급행으로 올 수 있다는 것이다. 이것이 원효의 염법훈습과 진여훈습이론이다. 역시 원효에게는 학교라는 울타리 스승이라는 격식이 필요 없어 보인다. 어쨌거나 원효의 이론에서도 심생멸문이 심진여문과 하나가 되면 그것이 곧 통째로 하나가 된 것이므로 전체 지배자인 일심(一心)이 나에게 더 빠르게 다가올 수 있는 구조이고 어찌보면 올 필요도 없는 이미 하나인 구조이다. 이미 일심이 일란성 쌍둥이 마음속에 있기에 스승과 같은 것이다.

그렇다면 여래장을 생멸문 속에 구겨 넣은 원효의 마음속은 여래장의 자리 위치가 더 높은 제9식 가까이에 있음을 의미한다. 행자보고 내가 너를 믿으니 담박 해결하라는 것과 똑같다. 그놈의 머릿속이 어찌 되었건 너는 해결할 수 있다는 거다. 약간의 소란이 있을지언정 가능하다는 것을 일찌감치 믿고 가는 것이다.

거기에 비해 법장은 매우 의존적이다. 나는 스승의 가르침을 완벽히 증명하기 위해 학습 과정에서 따로 인가인증서도 준비해 놓았으되 생멸 속에 들어와야 하는 여래장을 스승의 고귀한 진여문 속에 같이 섞어 놓음으로써 설명할 게 많아지고 할 일이 많아진 스승의 형국이다. 어차피 생멸문은 진여의 훈습 하에서 진로공부가 되는 것인데, 하늘 꼭대기를 혼란시키고 자기는 공손한 척 하는 것이다. 스승 방안의 여래장은 저 밑의 생멸문 속의 차별세상 구석까지 다녀야 하므로 겉은 높은 위치이되 내용은 제8식의 잡염분의 자리까지 가야 하는 고달픈 위치이다.

이것을 우파니샤드와 비교하자면, 원효의 일심론이 중·후기 『문다카』(*Mundaka*) 我(ātman) 중심 범아일여론이라면, 법장은 초기 『찬도갸(*Chāndogya*)우파니샤드』, 아직은 梵(brahman) 중심 범아일여론과 유사함을 볼 수 있다. 원효의 여래장 배치 자리가 보다 더 인간 가치 위주의 이론 바탕이면서 신과의 합일 일심(一心)인 것이다. 이처럼 인도의 유파와 무파의 이론은 약간의 용어만 다를 뿐 서로 교차되는 많은 생각의 유사점을 발견할 수 있다.

아무튼 원효의 일심이나 법장의 일심이나 각기 특성이 있을 뿐 염법훈습과 진여훈습에 모두 적용이 되는 데에는 문제가 없는 이론이고, 또 그중에서 순서는 진여의 성격상 진여의 훈습이 먼저라는 것까지 알아보았다. 이것은 전통적인 유식의 생각에서 사유방식이 다양하게 바뀌는 과정이라고 말할 수 있다.

이때 진여의 훈습은 거꾸로 내려오는 것인데 진여도 생멸문으로 내려오고 싶은 욕구가 있기에 가능한 것이고 다만 제9식처럼 체로 존재하는 것이 아니니 생각의 사유방식만 그렇다고 하는 것이다. 그러나 생각의 사유방식이라도 이제껏 하던 방식의 반대이므로 개념의 혁명이다. 신(神) 위주의 생각이고 잘 꾸며진 돼지굴이다. 이렇게 여래장이 중간 매개역할을 충실히 함으로써 제9식은 기존 식의 구조에 무리 없이 적응이 된다.

『기신론』의 훈습을 종합해 보면 ① 이때껏 이상으로 보아오던 유식의 청정세계로 나아가는 훈습과(물론 진여의 훈습이 전제되어 있다고 앞서 설명했다. 그러므로 내용은 유식과 다르나 방향이 그렇다는 것) ② 이때껏 보지 못하던 진여의 자체 훈습(자비) 개념의 두 종류가 보인다. 두 번째 훈습은 자비니 구세니 이런 표현을 하는데 사실은 누구나 몸에 밴 그대로 생각과 행동이 나오는 것이라 여래도 자기 성품대로 나오는 행동이므로 진여의 훈습이라고 말해야 옳다.

⇐——(☆진여훈습을 전제) ——·

안

이

비 의식 ⟶ manas 자아(표층의식의 잠재의식) ⟶ ālaya식(심층의식-진여)

설

신

① 기신론의 염법훈습(유식의 전의처럼 보이나 진여 자체발광이 있어 공부가 쉽다)

안

이

비 의식 ⟵ manas ⟵ ālaya식(• – 여래장식 – ◦ amala식)

설

신

② 정법훈습(진여훈습)

이로써 상하 원만구족(圓滿具足) 또는 원융무애(圓融无涯)라고 하는 훈습개념이 완성되었다.

이것은 인도사상사에서 유파의 절대신 중심과 불교의 그중에 고정개념은 좀 없애라는 무아의 과학적 접근 방식이냐의 시작의 차이만 있을 뿐 사유방식은 공유한다.

위의 ① ② 훈습의 설명을 참고하면, 세속(생멸문)과 진리(진여문)을 하나로 엮으려는 여래장이론이나, bhakti(바쳐, 헌신)를 통해 신이 내 안의 ātman을 구원하는 우파니샤드의 불이(不二)의 범아일여론(梵我一如論)이나 모두 비슷한 사유방식이다. 즉 여래의 자체 훈습으로 인하여 Veda의 ① 뵈다, ② 외다, ③ 배다의 순서처럼 여래장의 훈습(vāsanā)도 유식의 훈습에서 벗어나 ① 왔잖아, ② 배잖아의 순서를 갖추니 결국 유파니 무파니 다툼이 없게 되었다. 각자의 약점을 보강하면 결국 원만한 하나가 된다. 절대신과 내가 하나되어 모두 자유를 얻는다.

여기까지 왔으면 아하~ 불교는 무신론이네 유신론이네를 함부로 논하는 그 이상의 자리라고 생각해야 한다. 이제 시중에 무신론으로 유일신과 다투거나, 유일신관으로 우상타파니 하며 시비 거는 인간이거나, 팔정도의 정견과 위빠사나의 쪼갬의 미학이 불교의 전부인 양 얘기하는 분들의 머릿속 boundary가 자연 드러난다.

보살이 신(神)이요 대일여래(大日如來, Mahā-vairocana-tathāgata, 해로 차나 닿다갔다)는 큰 자체발광체니 brahma(붉음)의 절대신이요, 인간의 마음이 여래 · 신의 씨다. 진여의 훈습에 따른 신심

(信心)도 진여(眞如)의 금강저(金剛杵)요 능멸(能滅)이다. 여기에 마음이 주인인 3생을 꿰뚫는 혜두법(慧頭法)[78]을 잊지 않으면 이것은 생멸문의 여래장이 진여문 일심과 하나되어 총섭의 일심과 회통됨이다.

앞서 본 중 · 후기 우파니샤드인 『문다카』에서 본 '이 뜻을 완전히 아는 사람은 극락에 사는 사람이며(『문다카』 3.2.6) 또한 그의 업과 지혜의 아트만이 함께 불멸의 최고 아트만 속에서 하나가 되도다(『문다카』 3.2.7)'의 의미를 이제 여래장의 넓은 안목으로 다시 해석할 수 있지 않을까.

그의 영력으로 인하여 (bhakti, 바쳐: 구원를 통해 신의 능력을 부여받음) 태어남과 지혜가 자유자재롭다는 의미이고, 후기 우파니샤드에서 보이는 인간 존엄의 고양뿐 아니라 이미 하늘과 하나가 되어, 소위 하늘의 법칙으로 알고 있던 생사의 태어나는 과정(망각의 강을 건너는 이런 법칙)을 벗어남을 의미한다. 가고 싶을 때 가고, 가고 싶은 데 가고, 가서 할 일도 내가 정하고, 안 가고 가고도 내가 결정하는 것이다. 시공초월과 내생의 목적, 생사의 결정권도 내가 가지고 있다는 것이다. 이것이 극락이다. 하늘과 법칙을 내가 정하기도 하고 그 안에 들락거림을 내가 결정하는 것이다.

소위 자유자재라고 하는 것일 거다. 이것은 자유이다. 태양이

78) 화두(話頭)인 공안(公案)은 본래 혜두(慧頭)이다. 3세를 관통하면 전세의 의문점이 저절로 머리에 남아있어 혜두인데 아직 그 수준이 안 되어 스승이 정해주거나 스스로가 고르니 화두가 되었다. 곤이지지(困而知之)의 수준에 머무는 것이다.

고 그런 광명 밑에서 사는 사람은 따뜻하고 안온한 햇살을 느낄 것이다. 바다에 나가 배를 탄다면 가장 안전한 물의 세계권역을 다스리는 용이 앞을 인도하는 반야용선을 타게 되고, 천 길 낭떠러지에서 떨어지더라도 관세음보살께서 두 손으로 안아주어 사뿐히 내릴 수 있는 안락함이다.

그런 마음이 가능한 이유는 여래가 먼저 세간 세계의 중생에게 손을 내밀고 내가 그 세상을 믿기 때문이다.

(3) 이미 있던 길 – 제3의 원리 puruṣa(불의 子)와 원효의 일심(一心)회통

불교가 여래장이론으로 돌아서면서부터는 그렇게 바쁘게 몰아치는 군상(群像)보다 조금 여유있는 인간상이 보이기 시작한다. 그것은 진여(眞如)를 마주하기 때문이다.

여기서 진여(眞如)란 여래장식(如來藏識), 불성(佛性) 등과 개념이 같으나 제8식과 제9식과의 사이에서 여래장이 조금 넓게 활동 범위가 분포하고 진여(眞如)는, 내용은 제9식이나 체(體)만 제9식과 등가(等價)가 아님을 말했다.

이렇듯 제8식 중 맑아진 상태를 진여로 상정하고 또 거기에서 자체 훈습도 하는 등 준여래(準如來)로 활동을 하다 보니 이제 사람들의 마음은 진여를 하나의 몸체로 생각하는 것이 편하다고 여기게 되었다.

우파니샤드에서 창조신 붉음(brahma)의 마음이 불맘(brahman, 梵天)이고 이 불맘이 나의 주체인 아맘(ātman)과 하나가 될 때 무한한 환희심을 느끼듯, 불맘이 내 속에 있기를 원하게 되었다. 그래서 우파니샤드의 제3의 원리 puruṣa(불의 子)의 개념이 등장하게 된 것이다.

즉 저 멀리 창조신인 붉음(brahma)과 별반 다른 것도 아닌데[79] 나인 아맘(ātman)의 개념이 중 · 후기로 내려올수록 점점 강조되고 강화되어 아맘(ātman) 위주의 범아일여가 강조되고(그것은 결국 마음 위주인 셈), 그러다 보니 허전한 내 곁에 태양의 자식 하나를 가져온 것이다. puruṣa는 작지만 태양임에는 변함없으니 진아(眞我), 자아(自我), 영(靈)과 창조신(神) 자체의 동시개념으로까지 발전된다.[80] 그렇다면 puruṣa(불의 子)는 내 주머니 속 태양이시며 태양이 곧 내가 된 것이다.

---

79) puruṣa의 명칭만 보자면 리그베다에서부터 유래되는 이름이다. 음(brahma)과 동격이고 그의 몸이기도 하다.

80) 『문다카 우파니샤드』(2.1.10) 세상사 모든 인간의 행위와 고행은 puruṣa(불의 몸) 자체인데 이것은 불멸의 붉음(brahma)과 동체이며, 이것은 내 속에 있는데 이 뿌루샤를 인식하는 것은 곧 자유를 얻는 것이라고 하였다.

puruṣa evedaṃ viśvaṃ karma tapo brahma parāmṛtam, etad yo veda nihitaṃ guhāyāṃ so' vidyā-granthiṃ vikiratīha, saumya / 뿌루샤는 이 모든 행위와 고행 그 자체이며 불멸의 붉음(brahma)이다. 뿌루샤는 은밀한 곳에 존재하며 이 원리를 안다면 무지의 구속에서 벗어날 것이다.

puruṣa(불의 몸, 불의 子), evedaṃ(이와 같은), viśvaṃ(이 전부의), karma(그리함, 행위), tapo(타봐: 고행, 수행), brahma(붉음, 창조자), parāmṛtam(para+a+沒: 영원히 죽지 않는), etad(에또: 이런, 是, 此) veda(뵈다: 알다), nihitaṃ(ni+hita: ~에 있다), guhāyāṃ(住野, 비밀장소, 동굴 속), vidyā-granthiṃ(보다~, 쥐다, 大綱), vikiratīha(비키다: 벗어나다), saumya(싸움: ~ 에 속하는, ~에 관계되는)

불교도 똑같은 과정을 거치게 된다. 이미 여래장사상에서 생멸문 속의 인간 주체의 진여의 개념이 완성되었지만, 거기에 보태어 내 주머니 속에 태양 구슬을 갖고 다니고 싶었던 것이다.

그것이 제9식 amala식으로 불성(佛性)의 체(體)이다. a는 부정, mala 말려야는 더럽다, 썩었다는 뜻이니 청정식(清淨識)을 말한다.

제9식이 본체(本體)요 제8식은 용(用)이므로, 만법이 제9식으로 귀일(歸一)된다고 본다.[81] 그렇다면 작은 태양인 셈이다.

결국 우파니샤드의 puruṣa(불의 子)와 같이 진여의 체로서 자리를 잡게 되고 내용도 불덩어리(대일여래)로써 우파니샤드와 똑같이 내 안에 신(神)이 들어온 것이다. 그리고 범아일여는 일심(一心)과 한 개념이 되었다.

이로써 종교성으로 완성이 되었고 세간중생의 마음에 태양을 얻게 되었다. 이제 사람들 마음속에 뒷심이 생긴 것이다.

그리고 제9식은 불성의 체이므로 생멸문 속으로 내려감이 당연하게 되었다. 우파니샤드의 창조신 붉음(brahma)이 puruṣa(불)이듯 같은 개념의 大日如來(Mahā-vairocana-tathāgata: 큰 해로차나 닿다갔다)의 『대일경』「주심품(住心品)」에 삼구(三句)의 개념이 있다. 지혜는 무엇을 인(因)으로, 무엇을 근(根)으로, 무엇을 구경(究竟)으로 하는 것인가? '보리심을 인, 대비를 근, 방편을 구경으로 한다.'[82] 즉 순수 진리인 보리심을 인으로 하여 대비방편으로 중생

---

81) 『佛頂尊勝心破地獄轉業障出三界秘密三身佛果三種悉地眞言儀軌』 권1(T18, p.913下), "阿摩羅識體 阿梨耶識用 … 猶如來藏含諸法也"

세계로 내려가겠다는 것이다.

이는『금강정경』에 나타나는 금강계만다라[83]의 구성에서도 그 뜻이 보인다.

⑤	⑥	⑦
④	①	⑧
③	②	⑨

가장 중심에 ①은 중심의 태양 대일여래이다 그런데 그 자리 이름이 Karma 회(會)이다. 즉 행동이다. 이것이 바깥세상으로 무한히 나갈 준비를 한다(①→⑨의 방향으로 회전하면서 바깥으로).

도표는 다음과 같다.

안
이
비 의식 ← manas ← ālaya식(· –여래장식– ◦) ← amala식
설
신

자비구세(amala식의 훈습)

82)『대일경』(T18, p.1下), "佛言菩提心因 悲爲根本 方便爲究竟"

83) Maṇḍala(壇, 輪圓具足, 滿, 잘라): 꽉찬 원 속에 채워 넣는다는 뜻. 도량도 일종의 만다라이다.

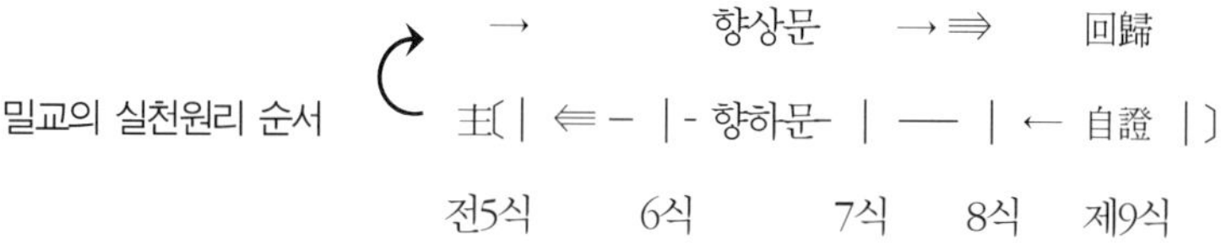

이처럼 제9식은, ālaya식의 전의(轉依)의 불이성(不二性)에 충실하면서 마음이 분별없는 마음을 갖추고, 이것을 여래장이론에서 진여의 자체발광으로 인간의 세간 생활로 내려오는 방향으로 바꿔고, 마침내 청정식(淸淨識)이라는 식(識)의 체(體)를 인정하면서 한없는 진리의 자비훈습을 허용하여 세간 사람들의 각박한 현실에서 극락을 체험하게 바탕을 마련한 것이다.

그러므로 우파니샤드의 창조신 붉음(brahma)이 인간의 마음속에서는 또 하나의 태양인 puruṣa(불의 子, 작은 태양)이고, 똑같은 개념으로 大日如來(Mahā-vairocana-tathāgata, 큰 해로 차나 닿다갔다)는 제9식인 셈이다. 이것이 우파니샤드의 범아일여(梵我一如)의 핵심이며, 원효의 일심(一心)이론의 핵심이며, 불교의 불(佛)과 나의 불이일체(不二一體)이다. 단순히 이론상으로 우주와 나, 불(佛)과 아(我)가 하나가 아니라, 내 속에 puruṣa(불의 子, 작은 태양)와 제9식(amala식: 佛性의 體인 淸淨識 즉 작은 대일여래)을 어느덧 알게 되어, 우주 창조신인 붉음(brahma)과 大日如來(Mahā-vairocana-tathāgata: 큰 해로 꽉 찬 여래인 法身)와 하나된 것이니 이를 원효는 "세간의 중생의 여래장씨가 적멸(寂滅) 작은 일심(一心)을 알게 되어 총섭 우주의 큰 일심(一心)과 하나 됨이다"라고 한 것이다(왜 숫자 1인가. 하늘의 숫자 1 즉 하늘로 회귀하는 것이다).

이토록 작은 태양, 작은 불성체, 작은 일심(一心)의 제3의 원리를 강조한 이유는 무엇일까.

그것은 인간이 태양에서 나와 속해 살면서 각기 따로 독립체를 이루고 있으며 그 안에 우주원리가 모두 들어있기 때문에 똑같이 설명되는 것이다. 그리고 그 인간 안에서 또 죽어서 가버리는 그 무엇은 축약된 씨로 남아 늘 정진의 원리 속에 있기 때문이다. 그렇다면 우주와 둘이 아닌 경지의 개념은 유지하면서도 각자의 고유의 차별은 있는 것이다. 즉 나는 우주가 그대로 들어온 축소판이면서도 그 안에서 다시 축약이 되는 원리이다.

즉 내가 곧 우주인 것은 불이(不二)의 범아일여(梵我一如)요, 다시 축약이 된 것은 제3의 원리인 puruṣa(불의 子, 작은 태양)요 제9식(amala식: 佛性의 體인 淸淨識 작은 대일여래)이며 심생멸문(心生滅門) 속의 여래장(如來藏)씨가 체(體)의 작은 일심(一心)과 하나된 것이니, 혹 이것이 다음 생으로 갈 때는 영(靈)의 압축된 혼(魂)으로 가는 것을 말함이요 몸뚱이 그대로 승천함은 아니다. 영계에 머물 땐 영(靈)으로, 다시 올 땐 혼(魂)으로 즉 ālaya식(識) 즉 제8식의 씨(① 저장藏으로 보고 藏識으로 해석. laya의 어근은 √li로 놔, 붙다, 밀착하다는 뜻이다. ② ā를 부정+laya의 죽음의 의미를 보태 無沒識, ③ vipāka는 바뀌 즉 태어날 때마다 바뀐다는 異熟識)로 옮겨 다닌다.

즉신성불론(卽身成佛論)의 중요 개념은 살아생전에 정신과 몸과 진언으로 잘 수행하면(身口意 三密) 임종 시의 해맑은 얼굴의 맑은 피가 두려움 없이 다음 생에 그대로 압축된 제8식에 의해 전달됨인데 이를 두고 몸이 다음 생으로 넘어간다고 한 것이다. 몸뚱이가 아니라 압축된 USB가 전달되는 것이다. 건봉사 등공탑의 의미가 그것이다. 이래서 내 품속에 puruṣa(불의 子, 작은 태양, 압축 태양)가 중요한 개념이다. 다시 말해 여전히 몸과 마음의 관계에선 마음이 주도하는 것이다. 세간 속의 중생의 여래장(如來藏)씨가 작은 일심(一心)과 하나가 되는 마음의 주도가 있어야 큰 일심도 내려오게 된다. 그래서 원효의 여래장이론은 단순히 제8식 유식에서 제9식이론으로 넘어가는 중간 정거장인 중간다리 역할이 아닌 9식 전개 시의 필수이론 바탕이요 outline을 정해준 셈이 된다.

이제 캄캄한 암흑 속에서 걷다가 돼지굴을 발견하고 비바람을 피하고 편히 휴식을 취할 수 있는 나의 보금자리를 마련한 셈이다. rūpa(엿봐: 예뻐, 相, 色의 세계) 바탕의 육신으로 태어나보니 죽음이라는 근원적 고해(苦海)가 있음이요 이것을 벗어나니 법해(法海)다. 법해의 자리는 본래 있는 자리를 발견한 회귀(回歸)이다. 본래 세상에 있던 것이었다.

결과적으로 석가모니는 힌두땅에 발을 디디신 이후 인도의 거주민의 고통을 외면할 수 없는 현실에서 인간의 주체를 기치로 들고 나오셔서 아리안 위주의 신관인 베다문헌에 영향을 미치어 인간의 귀함을 역설하시어 인간을 천상의 자리에 앉게 하고 (우파니샤드의 범아일여), 그 범아일여의 생각이 다시 후기로 내려오면서 인간 위주 즉 아맘(ātman) 위주의 대자유 범아일여를 실현시킨다. 그리고 불교도 제행무상(諸行無常)과 제법무아(諸法無我)와 인연(因緣) 연기법(緣起法)의 연기론(緣起論)도 인간 유식(唯識)의 목표인 맑아지는 혼에서 점차 우주의 바탕이며 인간 심리의 밑바닥 근원점인 진여(眞如)의 자체 훈습을 받아들임으로써 우주의 일심과 나의 일심이 둘이 아닌 하나임을 인정하기에 이른다.

이것은 구체적으로는 아리아인의 범(梵, brahman, 불맘: 태양의 맘)을 받아들인 것이지만 멀리는 아리안의 생각의 근원처인 수메르의 신관을 받아들인 것이 되고, 또한 세상의 정상적 개념의 신관 또한 받아들이는 포용의 시스템을 갖추게 되어 석가모니는 신과 인간이 각각의 자기의 입장에서 대립하고 있던 상황에서 본래 하나였음을 선포하신 것이 된다.

rūpa(相의 세계)의 인간은 내 속에 작은 근원(태양, 火)도 가지고 다니면 든든한 마음 훈습도 하늘이 베푸신 것이 된다. 그 주체인 믿는 마음은 여래의 훈습이므로 변함이 없으며 이것은 고향으로 돌아가는 든든한 밑천이다.

그렇다면 불교는 베다의 신(神)에 인간을 불어넣어 신인합일(神人合一)이 되게 하고, 불교 자체로도 범(梵)인 신(神)을 받아들인 셈이 되지만 여래장 속에 진여가 '바탕 신(神)'이므로 본래 인간의 마음속에 그것이 있었음에, 받아들였으되 본래 있었던 것이요, 인간의 귀함을 베다에 주었으되 본래 신(神)의 품성에는 인간이 있음에 준 것이 아닌 묘한 진리의 모습과 품성을 보이신 것이다. 사실은 그러한 오묘한 모습이 진리이다. 그래서 그 자리는 나누되 나누어지지 않고, 사명(使命)으로 왔으나 온 것도 아닌 자리이다. 결국 색신(色身)의 오고 감은 개념으로 생각함과 다름이 아닌 것이다.

4. 불보살과 제자들

(1) 보살13으로 정리/ 제자10 – 300° 영력 도수

석가모니 Hindus(흰 젖) 땅에 오신 이후 최대의 수혜는 인도 땅이 얻은 수많은 불보살 제자들이다. 영력 증가란 애초에 시작이야 미미한 하루살이부터 시작이라면 이것들이 하루를 살고 다음날 햇살 전류 속에 혼이 사라질 때 어쩌다 살아남은 혼 중에는 나방, 메뚜기, 매미, 새, 쥐, 큰새 등으로 영의 크기가 커지는 영이 있게 되고 이것 들 중 이제 새, 쥐부터는 사람으로 오기 시작한다. 여름밤 법주사 넓은 주차장과 상가 터의 밝은 불빛 밑에 보면 죽은 매미가 셀 수도 없이 길바닥이며 좌판대에 널부러져 있으니 생존의 현장이 장엄하다. 깊은 산 높은 벌판의 외떨어진 환경이라 그러려니 생각이 들기도 하지만 너무 많은 매미떼의 폐사라 적지 않은 충격으로 다가온다. 세간의 땅이란 그렇듯 처절한 생명들의 생존 벌판이다. 그런 과정을 거치며 인간의 세계 남섬부주 인간 세상 해동 땅으로 오는 것이다.

인간 세상은 모든 생명의 마지막 성불의 수행처 도량이기에 고귀한 가치가 있다. 모든 종류의 생명에게 주어지는 성불(成佛)

전환의 기회 공간이다. 우리가 도량(道場)에서 새벽 인시(寅時) 예불에 운판(雲板) · 목어(木魚) · 대종(大鐘) · 북 · 작은 종 · 목탁에 인간의 음성까지 동원해가며 예불을 드리는 것은 모두 지옥 · 아귀 · 축생 · 아수라 · 인간 · 천상 주위의 목신 등 모든 중생이 업장을 소멸하고 진리의 세상으로 함께 가자는 동참 기도이다.

모든 중생은 이렇듯 인간 세상에 태어나기가 쉽지 않으니 지붕 없는 산속에서 구질구질 살아도 마음속 어디엔가 늘 바라보이는 인간세상이 그립고 소원하고 있으니 백 년 묵은 여우와 인간의 꿈결에 신접(神接)으로 나온 이가 강감찬이다. 남태령고개 근처 낙성대이다. 그는 그 증거로 몸이 작고 얼굴이 꾀죄죄하였다. 문신(文臣)으로 출발하였다. 그림자가 없었고 때로는 신(神)의 세계가 번뜩여 귀신같이 알았고 신의 도움을 청하는 법을 꿰뚫고 있었으니 국난 앞에 백절불굴(百折不屈)이었다.

고려 1019년(음력 2월 1일) 피아 30만 명의 평안북도 귀주(龜州) 벌판 거란족과의 대회전에서 초전에 불리했으나 접전 중 갑자기 몰아치는 역풍, 신풍(神風)으로 비바람이 적진으로 몰아쳐 거란족 요나라 소배압의 병력 10만 이상을 궤멸시키는 대첩의 주인공이 된다. 가히 한국의 3대 대첩이요 고려의 영웅이요 고려는 그가 존재해 자존심을 지켰다. 과천 너머 길 작은 남태령의 백 년 묵은 여우의 원력이 나라를 구한 셈이다. 이순신의 한산대첩은 나라를 위하는 충심과 효심이 이루어진 하늘의 보답이요, 귀주대첩은 인간세상을 원하던 축생의 소원이 신접(神接)으로 이루어낸 이 땅에 대한 은혜의 보답이었다.

이렇듯 축생이 인간세상을 꿈꾸고 인간으로 올 수 있는 놈도 있기에 다양하게 영력이 증강되어 가며 살아가는 모습이 바람직하게 성장되는 방향이다. 즉 지옥 · 아귀 · 축생 · 아수라 · 인간 · 천의 육도(六道) 세상 한가운데서 업장을 소멸해가며 개인의 업(業)에서 영원한 자유의 세상으로 본인의 영(靈)의 힘으로 개척해 나가는 것이다.

고행(苦行)은 작복지원(作福之源)이요 인욕(忍辱)은 수덕지본(修德之本)이라.

대부분의 개인은 이렇게 개인의 업의 문제를 해결하고자 애를 쓰고 고해(苦海)에서 고생하는 과정에 있는 것이라면, 특별히 석가모니의 가르침에 의하여 이번 생에 빠르게 영력 도수 300°에 오른 이들이 불제자 10대제자와 13보살이니 이는 모두 석가모니의 위력(威力)이다. 가히 군계일학(群鷄一鶴)이요 색소세계 마지막 단계 보물이요 불사(不死)의 자유자재 경지이다.

보살과 불의 힘의 관계를 살펴보자면, 가령 석가모니의 좌우보처에 문수 · 보현보살이 있다면 보살의 영력 도수는 300°이니 영력 도수 합이 600이요 두 보살의 영력과 지혜를 동시에 합한다 해도 석가모니의 영력 도수 완성 360°에 미치지 못하니 대략 보살 4에 부처 한 분과 비등하다. 이는 보살 4의 합 1200도수가 부처 360도수에 버금간다는 말이니 단순 수학 계산의 합이 아님을 알 수 있다. 이것은 영의 힘의 관계의 독특한 계산법이다.

이것은 마치 인업(人業)으로 태어난 대복자 정주영, 이병철이 창업을 이루어 기반을 만들어 놓으면 그 자식이나 후계자들이 보조하게 되는데 그 자식이나 후계자 입장에서는 회사의 크기를 내가 몇 배로 키워놓았으니 창업자보다 낫거나 그만한 그릇이라고 주장할 수도 있겠으나 영력의 계산법은 그렇게 하는 것이 아니라 대복자 그늘 아래 협력자로 정의한다. 애를 낳아 놨으니 크는 것이요. 낳은 이가 엄마요 키운 것은 보육사와 스승이다. 그들은 논공행상의 대상이나 창업자는 태양인 것이다.

그런 인간관계가 가장 바람직하게 이루어진 것이 불과 보살의 관계이다.

13보살과 10제자이다.

부처님이 보이든 안 보이든 어떻게 해서라도 그분의 가르침을 따르고 뜻을 전하려고 애를 쓰는 분들이 제자와 보살 들이다.

1) 13보살(Bodhisattva) - 수없는 보살은 13으로 정리된다

보살(Bodhisattva)은 Bodhi(보다, 봤다, 깨닫다), sattva의 sat는 在, 존재요 그 존재의 근원이 sattva[在다, 쌌다, 사타(구니, 宮)]니 유정(有情)을 뜻해 합하여 깨달은 중생이 된다.

크게 나누어 문수 · 보현 · 관음 3이요, 다시 세분해 문수 · 보현 · 지장 · 미륵 · 관음 5이고, 여기에서 관음의 중복이지만 그 하는 일이 좀 극락세계 가는 길로 특화되어 있는 대세지와 정취를 보태어 문수 · 보현 · 대세지 · 정취 · 지장 · 미륵 · 관음 7이다. 거기에 중생구제의 중요함에 따라 관음이 가장 중요한 비중을 차지하니 나머지 6관음[聖 · 千手 · 馬頭 · 十一面 · 准提(cundi, 宮池: 佛母) · 如意輪]을 보태어 문수 · 보현 · 대세지 · 정취[正趣, Ananyagamin: an(부정), anya(다른 곳), gamin(간다) 즉 다른 곳으로 가지 않고 극락으로만 간다] · 지장 · 미륵 · 관음 · 성(聖) · 천수(千手) · 십일면(十一面) · 준제(准提, cundi, 宮池: 佛母) · 마두(馬頭) · 여의륜(如意輪)의 13분이다. 그밖에 수월관음과 앙류관음은 33변신 관음 중 유명하신 관음이시고 대륜(관음) · 만월(관음) · 군다리(관음)보살도 변신관음이시다.

6관음의 묶음세트 천수(千手) · 성(聖) · 마두(馬頭) · 십일면(十一面) · 준제(准提, cundi, 宮池: 佛母) · 여의륜(如意輪) 보살은 관음의 변화(變化)관음이며 사바세계의 교주이신 세간에서의 관음의 중요성을 보여주는 것이며 동시에 활동공간에 따라 나누게 된 이름이니 지옥 · 아귀 · 축생의 세계를 구원함은 천수(千手) · 성(聖) · 마두(馬頭)관세음이요, 아수라 · 인간 · 천의 세계를 구원하시는 분은 십일면(十一面) · 준제(准提, cundi, 宮池: 佛母) · 여의륜(如意輪: 세운 오른다리 위에 오른팔을 얹어 앉아 계시는 관음보살)이시며, 십일면보살은 석가모니의 자비심의 기념 표상이시다. 석가모니가 자비심을 말씀하심에 따라 식인종이 없어짐을 기념한 것이며, 궁지보살은 여러 관음의 근원을 말함으로써 다보살(多菩薩)의 개념 혼란에 순서를 정하려 함이다.

크게 개념으로 나눌 때 지혜의 가르침과 실천 그리고 구원으로 나누니 문수 · 보현 · 관음인 것이고, 거기에 시간 개념이 보태어져 미륵과 미륵이 오시기 전의 시간 나눔 개념을 더하면 문수 · 보현 · 관음 · 지장 · 미륵이 되는 것이다. 대세지 정취는 극락세계로 가는 지혜와 실천의 길잡이며 관음의 특화이고, 나머지 6관음보살은 관음의 중생구제가 그만큼 어렵고 지난하고 중요하고 진여의 자체 훈습으로 중생구제가 주 관심사임을 말하고 있다. 불보살의 존재 의미요 중생과 함께하는 개념이기에 재차 강조하는 것이다.

가령 크게 나누어 지혜의 가르침과 실천이란 뜻은, 인도 정통 유파의 6파철학의 일파인 Sāṃkhya(sāṃ, 셈: 數, 數論)철학에서도 세상의 원리를 puruṣa와 prakṛti의 이원(二元)으로 나누어 설명하는데 puruṣa(불의 子)는 brahma(붉음 창조원리)에서 기원한 자아(自我) 정신적 바탕원리이고, prakṛti(더불어 그리했다. 즉 세상의 물질적 원리 質料因)는 세상 물질의 원리인 셈이다. 다시 prakṛti는 세 가지 성질로 나누는데 sattva[84](在의 근원성질 즉 純質), rajas(欲=rañj, 染: 움직임, 운동, 動質), tamas(그릇에 담아놓으니 죽었다. 무거움, 어둠, 暗質)로 나누어 설명하고 있다. 세상의 원리를 딱 둘로 쪼개어 정신과 물질로 설명하는 것인데, 이것이 이해가 쉽지 않으니 이를 빗대어 정신의 상징은 눈 뜬 앉은뱅이, 물질의 상징은 힘이 장사인 장님으로 묘사한다. 이 둘이 조화를 이루려면 장님 장수 위에 눈뜬 앉은뱅이가 올라타 이리가라 저리가라하면 만사형통이라고 말한다. 맞는 말일 것이다. 정신과 육체는 뗄 수 없는

84) tva(~다): 근본자리를 의미하는 語尾. sat는 在.

관계이고 같이 가야 한다는 말이다. 단 육체엔 죽음과 쉼(tamas: 空)이 있다. 살아나면 다시 눈 가진 앉은뱅이와 같이 움직인다. 불교도 똑같이 문수의 지혜와 보현의 실천이 같이 가야 한다고 말한다. 한 묶음 세트다. 그래서 문수, 보현은 대웅전 석가모니의 좌우보처이다. 그런 이유로 지혜와 실천 그리고 종교성의 근본 구원의 관음으로 우선 크게 나누어 본다.

관세음보살의 명호 avalokitesvara는 두 가지 뜻이 있으니 ① a~(와), va(봐): 관(觀), loka(누깔): 세간(世間), tes(떼), svara: 소리의 관세음과, ② a~(와) va: 관(觀), loka: 세간(世間), gita(음): 노래, 짇다, isvara(아이쉬워라): 자재, 자유자재, 관자재의 두 가지이니 관세음은 몸뚱이가 모두 귀(耳)인 동해 용왕의 힘을 빌어 관세음이요, 중생을 구제함에 자유자재로 할 수 있으니 관자재보살이다.

관음의 전신은 동해 용왕의 여식(딸) 화서(華胥)이고 천선(天仙)이고 훗날 관음으로 화현(化現)하시고 사바세계의 교주가 관음이시다. 남섬부주에 자주 화현(化現)하고 좌보처에 남순동자 우보처에 동해 용왕이다.

이는 인도의 유파에서 창조신인 brahma(붉음)가 a는 창조의 신 Brahmā(붉음): 창조의 신, u는 Siva: 지워 파괴의 신, ṃ은 Visnu(있잖아)는 현상유지의 신으로 나뉘고, 다시 세상 유지신인 Visnu신은 매우 다양하게 자신의 avatar(아왔다: 化身)로 Krishina(가리시나: 검다, 인격의 신), Rama(男兒: 라마야나의 주인공), Kalki(갈퀴: 불칼을 쥐고 백마를 탄 머리의 화신), Parasrama(팔에 쥐마: 勇士의 신), Nrshnha(느리시나: 반신반축半神半畜의 사자신), Matsya(멋져: 큰물고기, 神魚), Hamsa(흰새, 백로신), Kurma(구르마: 거북이신), Varaha(와락: 멧돼지신) 등을 두고 중생을 구제하는 모습과 똑같이 그런 모습으로 관세음보살이 나타나는 것이다.

하나에서 나와 여러 신으로 갈리며 중생구제의 구역을 담당하는 것과 같은 맥락이다.

이 같은 다신론(多神論), 다불다보살론(多佛多菩薩論)은 베다사상 초기의 창조신 일신론(一神論)에 인간의 주체를 개입시켜 나타난 범아일여의 범신론(汎神論)을 바탕한 유파와 불교가 다양하게 교류한 사유방식의 발전 결과이다.

① 문수(文殊)보살: Mañjuśrī(맘줍다, 맘줏으리) 완전한 지혜(prajñā, 불아냐)를 모았다는 의미 혹은 mañju(맘주다) 아름다운 묘(妙)한 śrī 햇살의 길상 사리(舍利) 즉 '묘한 법신'. 사리는 법신이므로 석가모니의 좌협시 보살 지혜의 상징이다. 지혜의 상징인 맑은 청량산(淸凉山, 五臺山)에 계신다. 과거칠불의 스승이며 미래에 보견여래(普見如來)로 오신다 함. 법주사 정이품송으로 수도 중이시다.

② 보현(普賢)보살: Samantabadra(자 많다. 받아라)는 자비를 의미한다. 석가모니의 우협시 보살이다. 중생 구제하러 움직여야 하니까 코끼리를 타고 다닌다.

③ 관세음(觀世音)보살(=관자재보살): avalokitesvara[a~(와), va(봐; 觀), loka(누깔: 世間), tes(떼), svara(소리)]의 관세음과 [a~(와), va(觀), loka(世間), gita(음, 노래, 진다), isvara(아이쉬워라; 자재, 자유자재)] 관자재의 두 가지 의미의 보살이다. 세간의 소리를 들을 때는 용의 능력을 통해 듣고 알고, 구제는 다양한 방법으로 구제하는 보살이다. potalaka[pota(뽀얗다), laka lańka(浪땅, 바다땅): 흰산, 바다땅]산에 머무신다.

관음은 『법화경』의 「관세음보살보문품」에 보문시현의 33현신(現身)으로 나타나시고 그 구제 공간과 내용을 다시 쉽게 정리하면 6관음으로 나뉘게 되는데, 천수(千手: 지옥 구제) · 성(聖: 아귀 구제) · 마두(馬頭: 축생을 구제하시는 관세음이라 말머리를 하고 있다) · 십일면(十一面: 아수라 구제) · 준제[准提. Cundi(궁디) 宮池: 청청한 佛母보살로 불리움. 모든 부처를 낳을 수 있는 子宮池라 파도가 울렁이는 해수면에서 솟은 연화좌 위에 앉으신다. 인간계 구제] · 여의륜(如意輪: 천의 세계를 구제하신다)이 되는 것이다. 이의 6도(道)는 각각의 공간도 됨과 동시에 인간 마음의 6도(道)도 되는 것이다. 이 여섯 관음은 석가모니가 6도를 설하심에 따로 계산하고, 33현신 관음의 모든 관음과 변신의 관음은 ③번 속에 포함시킨다. 하나가 여럿이 됨이 변신인데 굳이 여럿으로 셀 필요는 없다.

송(宋)나라 소강절(邵康節, 1011~1077)이 자칭 알아주는 학자인데 젊은 시절 엄동설한 밤중에 아랫집 친구 녀석이 문을 두드린다. '저 자식 왜 왔나?' 점을 치니 5에 1, 천풍구(天風姤)괘라 위는 금(金)이요 아래는 목(木)이라. '아! 저놈이 호미 빌리러 왔구만'하며 광에서 호미 내 오는데 아버지 그걸 보고 "저놈~, 얘야! 호미가 아니라 도끼다. 이 겨울에 호미 필요하겠니?" 소강절이 큰 도끼 집어서 나가니 "얘야, 작은 도끼 내줘라. 굵은 장작 패다 작은 도끼 필요해서 왔을 거다. 그 집에 작은 도끼 없다." 다시 작은 도끼 바꾸어 대문가에 내 던지니 친구 왈(曰) "야! 저놈이 도사는 도사구나." 웬걸 농사꾼 아비가 도사인 셈이다. 사정을 잘 아니까 그런 것이다. 호미도 도끼도 천풍구나 작은 장작 팰 땐 작은 도끼가 관세음인 셈인데 그래서 관음은 여럿이 필요함에 일일이 숫자로 구분할 수는 없다는 뜻이다. 농사꾼 아버지 말고도 며느리가 관음인 경우도 있으니, 당(唐) 원천강(遠天綱)이 아들이 아파 점을 치니 '흑연장곡(黑煙長谷)에 자장필사(子將必死)라'(검은 연기 가득한 골짜구니에 아들장군 반드시 죽는다) '아이고 아들놈 죽겠구나'했는데 당사자 며느리 보더니 "아버님 무슨 해석 그리하십니까. 부엌 굴뚝에 쥐새끼 있나 보네"하더니 굴뚝 뒤져 죽은 큰 쥐 찾아내었다. 이 집안은 또 자장(子將) 아들이 쥐새끼로 바뀌어 자식은 살았으니 관음은 작은 도끼였다가 쥐새끼였다가 바쁜 몸이다.

수월관음은 33현신 관음이시며 기타의 변신 대륜 · 만월 · 군다리보살도 여기에 포함된다. 이 4분 관음은 『천수경』에 나타난 관음의 10대 이명(異名: 관세음 · 천수 · 여의륜 · 관자재 · 정취 · 십일면 · 수월 · 만월 · 대륜 · 군다리) 중 관음(관자재)과 정취, 6관음에 포함된 천수 · 여의륜 · 십일면보살을 제외한 나머지 대륜 · 만월 · 수월 · 군다리 보살인 셈이다. 그리고 여기에 포함되지 않은 나머지 이름이 알려진 한 분 불공견색(不空羂索)관음은 십일면

보살이 사무량심의 표현이라면 이분은 사섭법(四攝法)인 보시(布施) · 애어(愛語) · 이행(利行) · 동사(同事)로 고해중생을 구제하시는 보살이시다.

＊ 대륜(大輪)관음: 스스로 법륜을 만드시는 보살이다.

＊ 만월(滿月)관음: 달을 쥐고 계시는 보살이다. 풍랑에 구제한 기록이 있다.

＊ 수월(水月)관음: potalaka[pota(뽀얗다), laka laṅka(浪땅, 바닷가 땅): 백화가 있는 바닷가 땅]산에 머물며 달이 높이 떠오른 날 물가의 바위 위에 앉아 남순(南巡)동자(善財동자)에게 가르침을 주는 보살. 공작의 꼬리와 같이 날개가 긴 파랑새와 정병에 버드나무 가지는 곁에 있으니 법문과 구제가 동시에 가능한 보살이다.(33관음의 한 분)

＊ 군다리관음: Kundali(구운 자루, 병甁), 고해에서 구하는 상징의 병이며 군다리관음은 병을 들고 계신다. 또 한 면은 군다리는 마구니를 쫓는 칼을 든 큰 자루로써 액을 쫓아낸다.

＊ 불공견색(不空羂索)관음[Amoghapasa(아니, 무不空, 빼내다): 엉성하지 않고 잡아채는 올가미]: 십일면보살이 사무량심의 표현이라면 이분은 사섭법(四攝法)인 보시(布施) · 애어(愛語) · 이행(利行) · 동사(同事)로 고해중생을 구제하시는 보살이시다.

④ 지장(地藏)보살: Ksitigarbha[지地, 가려, 지태地胎]. 중생을 대지가 품듯이 보호하고 구제한다는 의미이다. 육도중생을 미륵이 오실 때까지 구제하는 대원본존(大願本尊) 지장보살이다.

⑤ 미륵(彌勒)보살: Maitreya mitra(엄마의 마음, 믿으라)의 자(慈)에서 나온 자씨(慈氏)보살 엄마들, 든든한 믿음을 바탕한 용화세계의 보살이다. 미륵불로 오신다. 새로운 세상에 나오시어 그동안의 모든 미비한 점을 모두 꿰매신다. 그러므로 관음과 미륵이 한 몸이다. 관음의 후신이 미륵용화세존인 셈이다.

⑥ 대세지(大勢地)보살: Mahasthama-prapta(마~, 세勢마, 부럽다, 득대세得大勢). 아미타불의 우보처이다. 무변광(無邊光)으로 불리우는 지혜의 상징이다. 극락으로 향하는 지혜를 가르친다.

⑦ 정취(正趣)보살: Ananyagamin[an(부정), anya(다른 곳), gamin(간다) 즉 다른 곳으로 가지 않음] 무이행(無異行)보살. 극락의 길로만 실천으로 안내하는 보살이다.

⑧ 천수(千手)관음: Sahasrabhuja-avalokitesvara[sahasra(千), bhuja(뻗어), 팔(腕)] 천수천안(千手千眼)관음이시다. 다시 천안과 천수를 나눔은 무한한 지혜와 무한한 자비를 말하는 것이다. 원만자재(圓滿自在)의 지혜와 광대무변(廣大無邊)의 자비이다. 과거 전세에 대비심대다라니를 듣고 환희하여 원을 세워 천수의 몸이 되었다. 대비관음(大悲觀音)으로도 불린다. 천수관음의 마음을 읽는 다라니경이 『천수경』이며 그중 특히 신묘장구대다라니가 유명하다. 신묘장구대다라니는 번역을 해보면 천수의 다양한 현신(現身)만큼이나 인도의 유파의 신(神)들의 이름이다. Naraka(나락: 밑바닥) 지옥 중생을 구제한다.

⑨ 성(聖)관음: 변화 관세음의 본신(本身)으로 다른 화신(化身)의 5관음과 구별하여 성(聖)이라 하였고 정관음보살(正觀音菩薩)이라고도 한다. 특히 6도 윤회 중 Preta 아귀도 구제이다. pre=bre는 불덩어리라, 시작되다, 비롯되다의 뜻이다. brahma(붉음)가 불태양이라 창조신인 것과 같다. 그런데 preta(불타)는 불이 타버린 것이다. 소멸 죽음이다. 그래서 아무것도 없는 황량한 벌판에 놓여진 상태가 아귀도다. 너무 먹어 삭막해졌다고 볼 수도 있겠으나 애초에 황량한 벌판에 배치받아 배가 고픈 것이다. 느낌이 다르다. 아귀도(餓鬼道)의 중생을 구제하는 보살이시다. 연꽃이나 감로수병을 들기도 하신다.

⑩ 마두(馬頭)관음: Hayagrīva(어여, 말馬), grīva(굴, 얼굴, 頭). 축생을 구제하시는 관세음이라 말머리를 하고 있다. 인도의 세상유지신인 Visnu신의 변신(變身) 중에 Kalki(갈귀: 불칼을 쥐고 백마를 탄 머리의 화신)에서 보듯 말이 신성시 되었다.

⑪ 십일면(十一面)관음: 대광보조관음(大光普照觀音)이라고 한다. 머리 위에 11가지 얼굴상이 있다. 머리 위 정면(正面)에 3면[Maitri(엄마들 믿으리): 자심상慈心相, 미소상] 왼쪽(관음의 입장에선 오른쪽)에 3면[Karuṇā(그리나): 비심상悲心相, 남의 고통을 제거해준다. 분노상], 오른쪽에 3면[Muditā: 멋있다, 남이 낙을 얻는 것을 즐거워하는 것, 희심상喜心相, 백아소상白牙笑相], 뒷면에 1면[Upekṣā(엎어져 다 버리다): 평안한 마음, 사심상捨心相, 폭대소상暴大笑相]의 사무량심(四無量心)과 정상에 1면(佛面, 부처상)이시다. 왼손은 시무외인(施無畏印), 오른손은

감로수병을 든다. 석굴암의 11면관음상이 유명하다. Asura(아서라) 마신(魔神), 악신(惡神) 중생을 구한다.

⑫ 준제(准提)관음: Cundi(궁디, 궁지宮池). 청정한 불모(佛母)보살로 불리움. 칠구지(칠억 무량무한)불모대준제보살이라고도 불린다. 모든 부처를 낳을 수 있는 자궁지(子宮池)라 파도가 울렁이는 해수면에서 솟은 연화좌 위에 앉으신다. Manusya 사람(man)의 사이 인간계를 구제하신다. 인간계의 재화재난(災禍災難)을 없애고 목숨 연장과 자식을 구하는 일의 소원을 들어준다.

⑬ 여의륜(如意輪)관음: Cinta-mani-cakra(심心, 중中 – 마음 – 차끌어). 여의(如意)보주법륜 줄여서 여의륜이시다. 법륜으로 세간의 보물 출세간의 복덕 지혜의 모든 것을 주신다. Deva(데어) 제(帝), 천(天)의 세계를 구제하신다.

2) 10대제자(大弟子) – 제자의 평생은 그 이름에 숨어있다

석가모니 인도 땅에 오신 이후 북인도 지역의 풍찬노숙(風餐露宿) 45년 세월동안 여기저기서 안거(安居, vāvasāna: 와왔잖아, 머물러 잔다, 우기철 수행)를 44번 수행하였다.

Benares 사슴 동산에서의 첫 안거 이래 초기 20년은 왕사성(Rajagṛha: 아가家, 왕의 집) 죽림정사(竹林精舍, Venuvana-vihāra: 베나園-이어라)에서 제2차~4차, 제17차, 제20차 5회의 안거와 나머지는 여기저기 되는대로 지내셨으며, 거의 환갑이 다 되어서야 사위성(Śrāvasti: 쉬러왔지, 살아벌) Jetavana-vihāra(제타의 園-이어라, 기원정사祇園精舍)에서 제21차~43차 안거를 좀 안정적으로 보내시고 마지막 제44번째는 석가모니가 좋아하던 대도시 Vaiśali(Vishal왕의 이름에서 따왔으나 배倍살리 큰도시의 의미도 된다) 근처 Beluavana(竹林精舍)에서 마치게 되었다. 베샬리는 번화한 도시였으며 석가모니에게 망고 숲을 기증한 빼어난 미모의 기녀(妓女, ambapālī)가 사는 땅이었으며 『유마경』의 유마거사(Vimala-kīrti: 이미말라, 淸淨, -그렇지, 無垢稱)의 활동지이기도 했다. 마지막 45차 안거는 마치지 못하신 채 Kushnagar에서 nirvāṇa[ni(아니), irvāṇa(일어나): 열반, 寂滅]에 드시게 된다. 그 45년의 장도(長途)의 길에 소득이 있었으니 그를 따르는 제자 중에 수석제자 10명이 모두 영력 도수 300°의 위치에 도달하여 13보살의 위치와 같은 수준으로 이미 3생의 윤회와 생사의 업과 오고감에서 자유자재하며 진여의 훈습으로 중생구제에 석가모니와 동참하니 석가모니의 덕화가 가이없는 것이었다.

3000년 전 북인도 지역에서 쓰던 산스크리트의 근원을 찾아 제자들 이름의 의미를 살펴보자.

인류는 18만 년 전 현생인류의 조상인 Homosapience의 유전자 속에 말을 할 수 있는 유전자 foxp2라는 돌연변이가 생겼다 한다. 겨우 한마디, 한마디 말을 뱉었을 것이다. 다시 10만~7만 년 전쯤 아프리카를 떠나 중동을 거쳐 동남아시아와 유럽으로 퍼져나갔다. 다시 4~3만 년 전 동남아시아에서 동북아시아로 이동한다. Altai 카라쿰 사막에서 4만 년 전 구석기 시대 세석기(細石器)가 발견되었고, 3만 년 전에는 현생인류가 한반도에 이르렀다고 본다(후기 구석기시대). 그러다가 18000년 전에 시베리아에 영하 50°의 빙하기가 닥치게 되어 전 중앙아시아와 한반도로 모두 흩어져 동굴 속에서 살게 되었다. 이것이 공통 언어 전파의 1차 원인이다. 이때 동북아시아에서 동굴을 가장 많이 지니고 있던 지역이 한반도이다. 수천 개가 존재한다. 이때 동굴 속에서 지내던 구석기인의 언어는 현재 언어의 기원이 되었을 것이다. 그러다가 12000년 전쯤 날씨가 풀리며 동굴에서 나와 강으로 들로 퍼져나갔다. 이때가 신석기시대의 시작이며 이때의 인류가 현재의 우리와 혈연과 언어에 직접 관련이 있다. 8000~4000년 전의 몽골지역의 기후는 현재의 한반도와 비슷했다. 이때 북반구의 날이 풀리며 14000년 전~7500년 전 사이에 세 번에 걸쳐 해수면 상승으로 동남아시아의 순다랜드가 물에 잠기고 주민들이 아시아 곳곳으로 퍼져나가니 소위 남방계의 언어가 섞이는 계기다. 6000년 전까지도 서해는 육지였다. 최근 독일 막스플랑크 〈인류사연구소〉 마티너 로비츠 박사 연구진은 언어학 · 유전자학 · 고고학 연구를 종합 분석해 알타이 언어 시발점은 9000년 전 요하강 일대의 기장을 재배하던 농민에서 시작되었다고 한 것은(2021.11. 네이처지), 알타이어인 트랜스유라시아어족(투르크어 · 몽골어 · 퉁구스어 · 한국어 · 일본어)의 기원이 동굴에서 살아남은 한반도 요하강 일대의 주민의 언어가 퍼진 과정을 연구한 것이고, 그 밖의 터키 밑의 수메르지역 문명(5~6000년전) 시리아, 이라크지역과 인도 북동부의 네팔지역과 드라비다어도 모두 교류가 되고 영향을 주고받았다. 그 후 시간이 흘러 3000년 전이면 이미 동북아시아와 중앙아시아 인도 북동부 언어의 교류는 수천 년 교류의 안정권에 접어든 시기이므로 당연히 산스크리트와 동국의 언어는 상관성이 있다. 한자(漢字) 또한 마찬가지로 초기에는 한자에 산스크리트가 유입되고 이후에는 서로 섞여 들어가게 된다. 은나라 갑골문 한자(漢字) 또한 최소 3200년 전이기에 초기의 한자엔 산스크리트의 음과 뜻이 후기엔 서로 교류의 결과 산스크리트에 한자가 섞여 들어오게 된다. 그렇기에 10대제자의 이름을 알타이어족 원형이 거의 변하지 않은 우리말로 풀이할 수 있는 것이다.

산스크리트와 우리말 한자와의 연관성의 예이다.
ma 말 馬/ vac 왈 曰/ saṁsa 生死/ sva 自/ gai 歌/ stha 處/ grha 家/ kama 感化, 사랑/ so 燒/ ga 去/ si 地/ ca 車 / sat 在 저애, 제 존재의 의미/ pūja 富者/ rūh 樓/ ho 呼/ sa 賜/ sā 事仕施侍視/ su 壽秀/ bhaga 福/ cet 體 … san/ 산다 buy/ deva 帝 데어(불에 데어 즉 불덩어리는 神)/ nāgari 나가리(집 밖에 나간다, 마을)/ devanāgari 신의 마을(범어 문자)/ samskṛta[sams(성스런, 聖), krta(그리다) 作 즉 범어)]/ jñana 아냐, 앎 智/ namaḥ 남아 歸依/ bodhi 보다 覺/ bodhisattva 보다 有情 覺者菩薩/ śūnyatā 쉬냐 空/ malā 말려야 垢/ vimalā 이미말러 淨/ unā 어나 減/ pari~pūrna 빨리 불어나 增/ hetu phala (싹芽, 애초: 과일이 다 익어 빨아) 因果/ bhakta 바쳐, 공양된/ maitreya 엄마들 믿어, 慈氏미륵부처

님/ karuna 그리나 悲/ ghrina 그리나 悲/ kṛtpa 그리워 悲 / ajāta 아니 잤다 不生/ īśvara 아이쉬워라 自在/ praśama 佛 잠 寂滅/ virikta 비었다 寂滅/ nirvana 아니, 일어나 涅槃/ santi 잠티 寂靜/ sukhavati 좋게왔지 極樂/ loka 누깔 世上, 世間/ tathāgatā 닿다(왔다)갔다 如來/ karma 그리함 業/ kama 感 감정, 느낌/ stūpa 덮어 塔/

śrivatsa [(햇)살이 왔어] 卍字, 德字: 태양의 지글대는 열/ jvala 열나, 光廉/ pra-jvala 불(火)열나, 佛열나(부처의 후광)/ avalokitesvara: ~와보다(ava), 누깔세상(loka), 떼(tes), 소리(svara), 觀世音菩薩 ….

시간이 지나면서 한자(漢字)의 발음과 뜻이 그대로 산스크리트어에서 차입(借入)되기도 한다. suniścitārthāḥ: 全體, 알다. …

수메르 지역의 언어와 동국 언어의 공통점. 몇 가지 중요개념의 예이다.

Asur(아스라이) 전쟁신, 새상징, 태양/ Tigris(띠고리) 수없는 띠고리 강이다/ Euphrates(불어터져) 해마다 강이 범람한다/ Mesopotamia(메우소 다메워): 홍수로 땅이 메워진 곳. 걸프만에서 시작 위로는 지중해 아래는 홍해를 끼고 나일강의 이집트 평야에 이르는 비옥한 초승달 지대의 핵심 평야다/ Gilgamesh[Bilgamesh → Gilgamesh v가 w로 다시 g으로 바뀐 것. 긴 꺼메 쉬 긴 검은 수염. 수메르 대표도시 Uruk(日落, Ur의 서쪽 도시)] 왕/ Ziggurat(Zaqāru 저기로 저기樓 → Ziggurat) 바라보이는 하늘 신전/ Dumuzi(Tammuz) 담았지, 추수 후 봄에 씨 뿌리기 전까지 물을 머금고 죽었다 살아나는 대지의 신. 후에 인도의 유파에 근거한 Samkhya(셈 數論)철학의 물질세상의 3덕인 sattva(純質) · rajas(動質) · tamas(暗質) 중 tamas(담아 담지 暗質)로서 공(空, śūnya 쉬냐)사상과 연관이 된다. 죽음의 세계에서 쉬는 것이다.

① 舍利子: Śāriputra śāri[백로, putra붙어 덜렁대는 것, 아들(子)]. 엄마 집안 이름이 śāri라 백로(白鷺)의 아들인 셈이다. śāri의 음차는 사리(舍利)이므로 부처님의 śarira(사리)와 다를 바 없으니 태양의 환한 햇살 속으로 날아다니는 환한 백로가 하늘의 사자(使者)라고 생각했을 것이다. 그래서 혼용하여 썼을 수도 있다. 사실 부처님의 사리 śarira는 태양의 햇살(卍)을 의미하는 대일여래[大日如來, vairocana(해로차나)] 법골(法骨)을 의미하는 것이다. śri suriya sūrya sura 모두 같은 태양의 햇살에서 기원한 것이라 태양 신(神) 등으로 불린다. śri suri sūri sura śari 모두 태양의 햇살이므로 산스크리트 초기의 표기 시에 여러 가지 spell을 혼용해 쓴 것에 속지 말아야 한다. 비슷하게 들리는 음의 본뜻을 새겨야 한다[surā는 술(酒)이고 śāri는 작은 새, 백로이니 이것만 별도의 기록이 필요하다]. 그러므로 태양의 햇살이 온 것을 śarivatsa(살이 왔어) 만덕(卍德)이며, 만(卍)은 svastika(左찍어)로 움직이는 방향은 右向이다(ㄱㄴ의 반대방향 ㄴㄱ인 셈이다). 고구려 춤사위에 돌다가 잠시 쉴 때 두 발의 무릎을 교차해 모아 살짝 앉고(잠시 꺾어쉬고) 방향을 바꾸거나 새로운 동작으로 전환하는데 이것이 svastika(左찍어)다. 모아서 다시 새로운 세상으로 나아가는 것 즉 태양의 한 점에서 햇살이 퍼져나가는 것이며 지혜의 광명이다. 사리(舍利)에 śarira의 진골사리와 법사리(法舍利: 지혜 경전)가 있으나 이것의 뿌리는 모두 한 가지이다. 본래 인간은 태양의 사선(射線)에서 온 것이요 마음의 병도 태양을 접함으로써 고치는 것이기에 근본이 햇살이라고 본다. 그것을 간단하게 표현한 것이 śri suriya sūrya sura이고 거기에서 나온 최고의 보물덩어리가 śarira(舍利)인 것일 뿐이다. 또한 śari는 바다의 사리(밀물)을 뜻하기도 하는데 조금(죽음)의 반대로 살아있다는 뜻이니 모두 태양의 햇살에 기원해 살아있는 것을 뜻한다. 사리때를 두고 '아름다운 소리(聲 śrotavyaka)[85]나는 섬(島)'이라 했으니 소리도 살아있으니 나는 것이고 그것들은 모두 햇살(śarira)에 기원한다. 그러므로 햇살은 생명이요 진리요 소리이다.

사리자는 석가모니의 수석제자로 지혜 제일이다. 이럴 때 지혜는 prajñaṇa(pra불 jñaṇa 아냐 앎/불덩이아냐: 신을 아는 것) 최고의 지혜를 의미함으로 곧 태양의 엑기스인 śarira 햇살(卍)과 같은 의미인 셈인데 그래서 백로의 śāri를 사리(舍利)로 음차했을 것이다. 그러므로 사리자는 햇살의 사리(舍利)와 같게 되었다. 그런 증거로 사리자는 사리함을 들고 있다. 스승보다 먼저 열반적정의 세계를 보이셨다.

---

85) 이때의 소리는 聲(śrotavyaka, 소리: 닿은 것)은 근원을 살아있는 것(śari)과 햇살(śarira)에 기원하니 철학적 의미의 소리요, 또 다른 소리인 śabda는 싸우다에서 나는 소리니 일반적 생활에서 들리는 소리(聲)이다.

② 목건련: Maudgalyayana(목걸려). 목을 움츠리고 계시는데 이는 전세의 업으로 과거칠불 시절에 잘못이 있었고, 또 석가모니 당시에도 길거리 걸식 중 석가모니의 진리를 시기하는 무리에게 몽둥이로 맞아 열반에 들게 됨으로 목을 움츠리고 있다. 석가모니는 그의 죽음을 그만의 죽음으로 생각하지 않으신다. 행걸(行乞)을 없애고 자경자립(自耕自立)을 오랫동안 생각을 하셨을 것이다. 목련은 청신녀 어머니가 사후에 아귀지옥에 빠짐을 보고 석가모니에게 구병시식(救病施食)을 배워 천상으로 구해주었다. 『목련경』의 주인공이며 그 이후로 음력 7월 15일 백중(百種)이면 하늘 문이 열리는 날이 되어 각각의 조상이 돌아가신 날이 아니더라도 공동제사를 모셔 조상영이 흡족하고 후손이 편안하게 되었다. 그래서 신통(神通) 제일이라 불리운다.

③ 가섭: Kāśyapa(可視, 빛, 환함. √pa: 퍼먹다, 음飮) 음광(飮光)으로 번역된다. 두타 제일이시다. 두타(頭陀)란 dhuta(주다)의 의미로써 의식주의 집착을 버리니 수행이며 두 손으로 머리를 받들고 비움으로 마음의 울타리를 없앰으로써 밝은 불(佛)의 광명이 막 들어오듯 지혜의 맥을 이었다. 수행(고행) 제일이시다. 영축산 영산회상(靈山會上)의 염화미소와 더불어 다자탑전분반좌(多子塔前分半座), 곽시쌍부(槨示雙趺)의 3처전심(傳心)법으로 선종의 제1조이시다. 구전심수(口傳心授)법의 제1조인 셈이다. 동방의 무수한 대선사 출현은 마음을 다 비우신 가섭의 가르침이 크다. 수제자들인 사리불과 목건련이 죽은 이후 석가모니의 의발(衣鉢)을 물려받은 수제자이며 그 의발을 다음 생 미륵불에게 전달해야 하는

사명으로 미륵불의 하강을 대비하여 머리에 부처님의 가사를 이고 계신다. 미륵불이 기자굴산(耆闍崛山, Gijjha-kūṭa: 끼억- 角, 독수리봉峰, 영축산)의 낭적산(狼跡山) 마루에 올라 기사굴산을 손으로 쪼개면 가섭이 멸진정(滅盡定)에서 깨어난다.

④ 아나율: Aniruddha(아니 눕다). 석가모니의 사촌동생. 석가의 가르침에 졸다가 지적을 받고 눕질 않아 눈이 멀고 대신 천안통(天眼通)을 얻었다. 마치 눈 없는 지렁이가 목성(木星)을 넘나드는 천안통이듯이, 두 손으로 경전 두루마기를 들고 계신다.

⑤ 수보리: Subhūti(쉽지 쉽다). 공사상(空思想) 제일의 해득자이시다. subhuti를 su의 수(秀) 좋은, bhūti(봤지) 옳게보니 선현(善現)이고 쉬운 것이다. 그 깨우침은 어디까지나 공즉시색(空卽是色)과 진공묘유(眞空妙有)를 말하는 것이다. 『반야경』계열의 설법상 대 제자이다.

두 손을 잡으시되 공을 잡은 듯 공간을 비우시고 공기놀이하듯 쉽다는 표정을 지으신다.

⑥ 부루나: Pūrṇa(풀어놔). √Pr: 채워진 완전 이해된, 풀어놔 설법(說法) 제일이시다. 오른손에 감로병을 지니시고 왼손으론 진리를 알기 쉽게 풀어 설명하여 곳곳에 사람들에 불려 다닌다.

⑦ 가전연: Kātyāyana(같잖아). 논의(論議) 제일이시다. 중인도 출신. 기원정사로 파견된 웃제니국의 사신(使臣) 중 하나로 와서

바로 석가모니에 귀의하였다. 오른손 엄지 검지로 동그라미를 그리며 논의 중이시다.

⑧ 우바리: Upāli[옆의 너(니), 옆친구, 이발理髮사]. 석가족의 수발드는 이발사였으며 수드라계급 출신. 석가모니의 제자가 됨. 성심(誠心)의 지계(持戒) 제일이시다. 오른손을 왼손 아래에 받치고 공손히 계율의 상징을 보이시며, 이발사에서 석가모니 십대제자로 대전환 되었음을 후배들에게 귀감으로 보이셨다. 석가모니에게서 출가 허락이 떨어지자 머리카락이 저절로 깎이어 떨어졌다.

⑨ 라훌라: Rāhula[여울: 물길이 걸리고 막히다(장애)] 탄생 시에는 장애의 의미였으나 수행 후에는 밀행(密行) 제일이시다. 석가모니 자제분이시다. 왼손에 무얼 잡고 오른손에 비단 손수건을 잡으시고 무언가 밀행을 하신다.

⑩ 아난: Ānanda(안다). [Ānanda, 아 논다(喜) or bliss; 미남이고 자유로웠다. 기억력이 좋았다(안다)] 다문(多聞) 제일이시다. 석가모니의 사촌 동생이다. 다문(多聞)의 상징으로 귀가 당나귀 귀모양 크게 클로즈업 되어 있으며 석가모니의 법문을 공양 저금통에 하나하나 담는 손짓을 하며 얼굴에 자유로운 환희심으로 가득하다. 훗날 경전편집 제일 공로자이다.

10대 제자는 북인도 지역에서 석가모니의 진리에 동참하여 고난을 함께하며 개인의 해탈과 사회의 진리 완성을 위해 처절히 노력하신 분들이다. 석굴암의 10대 제자의 표정과 몸짓에 제자들의 일생이 함축적으로 잘 표현되어 있다.

(2) 6불(佛) – 주특기와 화신(化身)

불을 크게 구분할 때 법신불(法身佛) · 보신불(報身佛) · 화신불(化身佛) 이렇게 셋으로 구분하는데 이는 『열반경(涅槃經)』의 3신(身)사상이며 대적광전(大寂光殿)의 3불이기도 하다. 이것은 마음의 불 · 보답의 불 · Avata(아왔다)불이며 체(體) · 상(相) · 용(用)으로 구분되기도 한다.

법신불(法身佛)은 vairocana(해로차나) ☼ 태양인 셈이다. 석가모니의 마음 진리의 근본자리이다. 남섬부주 인간은 태양이 생긴 이후 태양에서 지구가 생겼으며 그 지구에 산소가 있어 사람이 나왔으니 생명의 근원은 태양이요 그래서 근본자리의 상징도 태양이다. 스트레스로 잠이 안 올 때 태양을 쪼이면 비타민D가 합성되어 잠이 오고 마음의 깊은 병도 태양 아래 노닐며 흙을 만지면 자연치유가 되는 것은 모두 태양햇살의 힘이다. 그래서 사실은 말이 필요 없는 인간의 근본 자리다. 훗날 밀교의 주불(主佛) 대일여래(大日如來, Mahavairocana)도 vairocana(해로차나) 큰 대일여래이니 사실상 법신불인 vairocana와 같은 것이다. 본래 인간 생명의 근원이며 마음의 근원인 태양으로 다시 돌아간 대일(大日)의 이름이지만 철학적으로는 근본 자리인 법신(法身)이니 모두 같은 것이다.

보신불(報身佛)은 rocana(~로 차나), vipakakāya[입어가, 갸(몸)], vaipakika(해받기 몸) 즉 ~로 채우고, ~의 은혜를 입고, 태양의 햇살을 받는 은혜를 받은 보답의 불이니 무슨 부처고 보신불의 은혜로 다시 각각의 자리에 나오는 것이다. 원만보신(圓滿報身) 노사나불이다. 그러므로 노사나불은 대적광전 비로자나 법신불의 좌보처이며 무수한 부처가 나오는 바탕인 화신불(化身佛) 이전 보답의 상징이며 단 직접 나타나는 것은 아니다.

화신(化身) 또는 응신불(應身佛)은 Saṁvṛitikaya(삼으리갸) 즉 ~로 삼는다는 것은 ~로 온 것이니(avata) 화신이다. 노사나불 보신이 모습으로 나타나신 것이다.

이러한 개념 하에 6불이 있다. 비로자나불 · 약사여래 · 아미타불 · 보승존불 · 부동존여래불 · 석가모니불이다. 근본 마음자리 체(體)에서 갈라진 각각의 자리에서 전공 부처님인 셈이며 각각의 자리와 전공이란 굳이 자리를 바꾸자면 360° 영력 도수이므로 가능하기는 하나 각각의 전공을 마스터하기엔 시간도 오래 걸릴 수 있으니 각 특성을 인정하는 것이다.

그러므로 하나에서 5이며 서가모니를 포함하면 6불인 셈이다. 석가모니로 오시면 비로자나의 마음은 같이 오는 셈이니 하나이며 둘인 셈이고, 미륵불로 오실 때도 비로자나와 약사여래가 하나로 오니 하나나 셋인 셈이고 거기에 관음보살도 더해지는 것이다. 그렇다고 영력 도수 360×3=1080도는 아니고 360도는 매한가지이다. 그러나 그 머릿속에 약사여래의 지혜도 가득 관음의 구제력도 가득한 것이다. 석가모니가 제자와 몸소 실천을 통해 겨우겨우 진리를 전파했다면 과학시대에는 그 전파력이 소리와 빛의 차이만큼 간격이 벌어지는 것이다.

(북방)

부동존여래불

(서방)아미타불　　　비로자나불　　　약사여래(동방)

보승존불

(남방)

① 비로자나불: vairocana(해로차나) ☼ 태양인 셈이며 마음의 근본자리이다. 근본자리라 중앙에 자리 잡는다.

중방화엄세계십신무애(中方華藏世界十身無碍)비로자나불이시다. 허공의 화(火)는 수(水)를 포함하는 것이니 만물이 화생(化生) 시 차가운 물에 더운 기운 火가 들어오기 시작해 창조가 시작됨은 (水火旣濟, ソ\ソ\ソ\) 본래 물속에는 불이 내포되어 있기 때문이다. 비로자나는 그런 창조의 근원 허공의 불과 같은 것이니 vairocana 해로차나이다. 마음의 근본체이며 모든 부처의 근원이다.

② 동방약사여래: Bhaisajya-guru[배싸줘 – 곯어(스승)]. 약병을

손에 잡으시고 중생의 아픈 배를 감싸주는 부처님이시다. 동방은 청색소의 약(藥)의 본향이니 만물을 살리신다. 갑을인묘(甲乙寅卯) 38목(木) 동방인수격(東方仁壽格)은 마음이 너그러우며(仁) 백세청풍의 격이다. 자비와 약을 겸비하신 부처이시다. 동방만월세계십이상원약사유리광불(東方滿月世界十二上願藥師琉璃光佛)이시다.

③ 서방아미타불: Amitabha[아니 밑에 봐(광명), 밑이 없는 광명] 즉 무량광여래이며, 『무량수경』(*Sukhāvatī-vyūha-sūtra*: 좋게왔지, 如何, 秀틀, 극락경)에 서방정토 극락세계에서 주석하시는 부처라 하였다. 서방은 나를 살리던 해가 지는 곳 rūpa의 색(色)과 상(相)의 세상을 버리고 예(禮)를 갖추어 돌아가는 곳이다. 관음과 대세지보살(지혜 담당)을 좌우보처로 삼는다. 서방극락세계사십대원(西方極樂世界四十大願)아미타불이시다.

④ 남방보승존불: 남방은 의(義)의 세계라 뜻을 아니 남방환희세계(南方歡喜世界)보승존불이다. 업장을 소멸해주시는 불이다.

⑤ 북방부동존여래불: 북방은 prajñā(불아냐) 지혜의 세계라 북방무우세계부동존(北方無憂世界不動尊)여래불이다.

⑥ 석가모니불: 해로차나 법신체 마음이 노사나불 즉 보답을 받아 은혜에 감사하며 석가모니로 힌두 땅에 나오시니 이는 과거전전세에 Dipaṃkara 짚은손 정광불(定光佛, 普光佛, 연등불) 부처님께서 Sumedha(좋은 맞아 선혜)에게 수기(授記)를 주시어 부처가 되

리라 하신 이후에 석가모니로 오시기 바로 전생에는 해동 땅, 훗날 경주 달메재 근처 황룡사 반석(盤石)에서 수도하시어 대각을 이룬 Bhāmuni(光明佛)가 산천운에 따라 동국의 뿌리(mula 물러, 물려)인 히말라야에서 그 땅에 거주하는 사람들의 정신적 안정과 평화를 위해 사명감으로 나오시니 이름하여 Sakyamuni(석가족의 성자 sakya는 싹 아芽를 말함이니 무한한 가능성이다)이시다. 태어나심에 사방 칠보 후에 오른손은 하늘 왼손은 땅을 짚고 '천상천하 유아독존 삼계개고 아당안지(天上天下 唯我獨尊 三界皆苦 我當安之)'라 하시니 이는 이미 전생서부터 대각자임을 선포한 것이다. Asita 선인(仙人)이 부처임을 예언하시고 눈물을 흘림은 태자가 성장했을 때 그는 이미 저세상 사람이니 서러워 우는 것이었다. Asita란 아스땅 동방에서 온 선인(仙人)이다. 어릴 때 이름 Siddharta는 쓰잘데 큰 떡잎이란 뜻이다. 모든 아비의 바람이다.

부처의 가르침을 제자들이 나름 분리 정리한 것이 經(Sūtra, 秀틀)이니 律(Vinaya, 비우나, 離네어, 떼네어, 제거하고 없애는 것, 無), 論(Sāstra, 썼어), 담(談)이다. 석가모니는 진리를 쉽게 이야기하시고 모르면 아주 기초부터 중복됨을 상관 안하고, 하신 얘기 또 하시고 그렇게 부담 없이 서술하신 것인데 이것이 분야별로 편집되다 보니 편리한 점이 있는 반면에 직접 대면하여 뵙던 모습과는 좀 서먹해지고 멀어지고 아쉬운 점이 많다.

석가모니 화신을 뺀 중앙과 동서남북의 5불이 각 지역의 특징별로 보답을 받아(노사나불: 보신) 나타나신 분이라면 이것은 오행의 설명으로는 동방약사여래는 간(艮) 인(寅)이요, 남방 보승장불은 손(巽) 사(巳)요, 서방 아미타불은 곤(坤) 신(申)이요, 북방 부동존여래불은 건(乾) 해(亥)가 된다.

	坎(자)	
곤위지☷ ☷부동존불 (亥)乾		艮(寅) 약사불 지천태☷ ☰
(유)兌		震(묘)
천지비☰ ☷ 아미타불(申)坤		巽(巳)보승존불 건위천☰ ☰
	離(오)	

동서남북을 의미하는 인묘, 사오, 신유, 해자 중에서 자오묘유(子午卯酉)가 아닌 인신사해(寅申巳亥)가 되는 이유는 각각의 내용이 되는 봄 · 여름 · 가을 · 겨울의 괘가 인신사해에 뚜렷이 나타나는 생장점 사장생(四長生)이기 때문이다. 그러므로 사장생을 뚜렷한 4계절의 특징으로 삼는다. 봄 · 여름 · 가을 · 겨울의 꼭지점인 묘오유자의 사장성(四將星) 왕지(旺地)는 뇌천대장(ソソ＼＼＼＼: 춘분), 천풍구(＼＼＼＼＼ソ: 하지), 풍지관(＼＼ソソソソ: 추분), 지뢰복(ソソソソソ＼: 동지)이다.

봄의 특징인 지천태☷ ☰(우수)에 양이 하나 더 첨가되어 여름이 더 가까운 것이요(춘분), 여름의 특징인 건위천☰ ☰(소만)에 음이 하나 스며들어 온 것이요(하지), 가을의 특징인 천지비☰ ☷(처서)에 겨울의 음이 하나 더 스며들었고(추분), 한겨울인 곤위지☷ ☷(소설)에 이미 봄의 양이 하나 스며들어온 것이기 때문이다(동지). 즉 생장점에는 각각의 특징의 DNA가 있기에 성장이 될 수 있는 것이고, 다 자란 꼭지점에서는 이미 다른 기운 쇠퇴의 기운이 스민 것이다. 그러므로 동방목은 인묘 중 인이 특징이요, 남방화는 사오 중 사가 특징이요, 서방금의 신유는 신으로 북방 겨울 해자수는 해를 특징점의 유전자로 삼는 것이 자연의 법칙이다.

즉 사장생(四長生) 인신사해가 각각의 특징점이요, 사장성(四將星) 자오묘유는 방향은 맞되 이미 쇠퇴의 기운이 스며들었기에 봄 · 여름 · 가을 · 겨울의 특징점의 DNA로 잡을 수는 없는 것이다. 이것은 매우 중요한 개념으로써 후에 인간의 신체의 특징을 사상(四象)으로 구분할 때 사장생(四長生)이 채택된다는 뜻이고 또한 동서남북의 4불에서 이미 사상의 진리가 내포되어 있음을 말한다. 우리가 생시(生時) 중 인신사해가 재주꾼이라 하는 것은 이런 봄 · 여름 · 가을 · 겨울의 특징점을 뚜렷이 타고나는 것을 말하는 것이고 성인(聖人)의 탄생 시가 사시(巳時), 해시(亥時)인 이유는 그 중 땅과 천의 상징이기 때문이다.

이것이 부처를 동서남북 중앙 합(合) 5불에 화신(化身) 석가모니를 보태어 6불을 삼은 이유다.

Ⅲ. 빛나는 동국(東國)의 15대선사(大禪師)

1. 고향 서라벌(Śrāvasti)

바무니께서 자리를 잡고 수도하시던 황룡사 터에도 많은 변화가 있었으니, 바무니가 인도의 석가모니로 떠나신 후 힌두지역의 많은 거주민의 인간 가치를 위해 노력하셨다. 그 결과로 우파니샤드의 범아일여 사상이 탄생하게 하여 지배족들의 잔혹한 폭정은 막으시려고 노력하시고 더운 지방임에도 불구하고 의외로 육식을 많이 섭취함으로 혈관계통 환자가 많음을 걱정하시어 식생활 개선에도 힘쓰시어 될 수 있으면 채식위주에 가끔 육식을 취함을 권장하시고 특히, 수행과 인욕을 강조하시어 작복(作福)과 수덕(修德)의 근원의 바탕을 마련하시어 신용과 믿음의 사회를 만드는 등 많은 공헌을 하셨다. 이것이 자연히 중앙아시아를 통해 중국 땅을 거쳐 고향 신라에서 가르침이 꽃을 피우게 되었다.

바무니 이후 어느덧 천년이 흐른 시점에 고조선이 사라지고 많은 유민(流民)이 유입된 경상도 지역은 남쪽에, 변한(弁韓) 위쪽에 진한(辰韓)으로 나뉜 중에 경주지역은 진한의 1국 사로국(斯盧國) 소속이 되었다. 사로국의 6부 촌장들이 하얀 기린(麒麟)이 오른 자리에서 태어난 아이 '밝은 붉어서 붉으내 왕'(朴赫居世, 밝붉어서)을 왕으로 추대하니 Śravasti(쉬러왔어, 쉬러벌판) 서라벌 경주 바무니의 수도터 자리에 나라가 들어선 것이다.

그동안 바무니의 어린 법제자들 종대가리 마루(소양인), 발싸개 싸개(태음인), 밥퉁이 퉁이(소음인), 달메 결의(決意) 3형제도 경주를 중심으로 주위의 많은 곳에서 몇 생을 거쳐 수행하면서 석가모니의 진리가 언젠가는 이 땅에 피우리라 결심을 하면서 기다리던 땅이었다.

땅기운의 뿌리이자 시작점인 히말라야와 산천정기의 끝 지점인 해동(海東)은, 각각 땅기운이 시작되고 모이는 곳이라(終氣) 하나이나 양 끝으로 존재하고 있다. 특히 해동(海東)은 세상의 모든 땅 정기가 모인 종기(綜氣)며 동방의 청색소의 생기(生氣)가 머무는 봄의 땅 종기(種氣)이다. 자체로도 시작이며 끝인 셈이며 세상의 모든 땅 정기가 주물(鑄物)되어 합쳐지고 동방의 청아한 소리 쇠북종 법음(法音)이 되니 일명 종기(鐘氣)땅이다.

석가모니 힌두 땅에 여래장 씨앗을 심은 영향으로 훗날 전륜왕이 나타나 석가모니 시절에 태어나지 못함을 한탄하던 아쇼카왕(BC 304~232 생애, BC 269~232 재위)이 마우리아왕조로 인도를 최초 통일하고 석가모니 근본 탑 8기를 다시 정비하여 84,000기의 탑으로 조성하며 먼 땅까지 석가모니의 인연을 전하고 다시 석가모니 존상을 세우려 했으나 여러 번 실패를 거듭하면서, 아육왕은 인연있는 땅에 조성되기를 발원하고 재료인 철과 황금을 실어 보내니 이것이 어디엔가 머물고 있다가 800여 년 후에 신라 땅 경주 앞 하곡현(河曲縣) 사포(絲浦)에 도착한 것이 서기 566년 진흥왕 27년이다. 이를 진흥왕 35년(서기 574년) 황룡사 터에 황철 57,000근, 황금 30,000푼으로 부처 1분, 보살 2분 3존상을 담박 한 번에 조성했으니 장육존상은 1장 6척(16척, 약 5미터), 철 35,007근, 황금 무게 10,198푼, 양 협시보살에 철 12,000근, 황금 10,136푼이었다. 이것이 유명한 신라 보물 황룡사 장육존상이다.

이는 바무니 가신 후 어린 법제자 달메 결의(決意) 3형제가 여러 생을 거치며 바무니를 다시 친견하고픈 기도의 결과(因)임과 동시에 당시 신라인의 발심 결과로(緣) 조성된 것이며, 내용으로는 바무니 수행터 기념불인 셈이다. 진흥왕은 북으로 함경도 지역까지 진출했으며 한강유역의 확보로 중국과의 직접 교통이 가능했으며 남으론 대가야를 정복하여 신라의 전성기를 누리면서 또한 장육존상 조성을 마무리하였으니 가히 인도의 아육왕과 인연이 닿은 전륜성왕에 비길 만하다.

이렇게 장육존상이 조성된 후에 주인공 3의형제들도 차례로 태어나니 원효(617~686), 의상(義湘, 625~702)과 윤필이 앞서거니 뒤서거니 태어나게 된다. 원효가 셋 중 leader 종대가리 마루요(소

양인: O형) 얌전이 발싸개 싸개가 의상이요(태음인: A형) 원만이 밥통이 통이가 윤필(소음인: B형)[86]이었다. 이들도 바무니 앞에서 공부에 대한 결심을 한 이후에 실로 1700년이 넘어서 이렇게 한자리에 다시 만나니 해동의 달메재 소꿉친구 어린 결의 3형제가 이제 경주 남산 수행결의 3형제로 다시 태어나는 순간이었다.

겨울이면 썰매타고 놀던 쌍연못의 땅 위대하시던 바무니가 반석 위에 고목처럼 버티어 수행하시던 땅 멀리 남산이 그림같이 보이고 옆의 달메재가 어깨높이로 나지막이 자리잡은 고향땅 그 정겹던 땅에 다시 모인 것이다. 이들의 인연을 빛내기 위해 황룡사도 이제 석가모니의 사리를 모시어 의미를 더하게 되니 고마운 선배 자장(慈藏, 590~658)의 덕이었다. 자장은 원력이 좋고 복이 으뜸이었으니 그저 막연히 생각만 하면 불보살이 선몽(先夢)으로 터를 잡아주던 복인이었다. 자장의 아버지가 자식이 없어 부처님 전에 자식이 생긴다면 불가에 귀의시키겠다고 약속을 하고 얻은 불가(佛家)의 자식이었다.

진흥왕 승하 후 자장은 선덕여왕의 명(636년)으로 중국(中國) 오대산(五臺山)에 가 문수보살의 현신(現身)을 뵈어 수기(授記)를 받고 부촉(咐囑)을 듣고 불정골(佛頂骨: 머리뼈) 치아사리를 모셔오

86) 달메재 3형제부터 이어져오던 성격이 신라의 남산결의 3형제로 이어오며 그대로 체질을 닮아 태어나게 된다. 이는 그들의 일생을 유심히 관찰하면 1700년 전의 훈습이 그대로 신라의 3형제로 박혀 내려오고 또한 원효, 의상, 윤필의 일생에도 그대로 적용됨을 미루어 알 수 있다. 원효의 호방함, 의상의 성실 치밀함, 거지왕 나복의 원만성 등이다. 그것이 용화시대의 과학과 어울려 사상(四象)의 신체질론으로 설명하는 것인데 후편에 자세한 설명이 나온다.

게 된다. 자장은 문수보살과 인연이 있어 문수보살로부터 천축국 아육왕이 황금, 철을 실어보낸 연유를 들었다. 그리고 9층탑을 조성해야 한다는 말씀도 들었다. 자장은 귀국 해(643) 선덕여왕께 건의를 들여 선덕여왕 14년 시작 다음해 황룡사 9층목탑을 조성하였다(645년). 쉽지 않은 불사(佛事)였다. 신라에는 마땅한 장인이 없어 백제의 아비지를 어렵게 모셔왔다. 200명 소목장(小木匠)을 거느리고 탑을 완성하였다. 찰주(刹柱)를 세우던 날 아비지는 백제가 망하는 꿈을 꾸었다. 아비지는 불전(佛前)과 예술에는 공덕이었으나 나라를 배반한 것이다. 9층탑을 조성한 후에는 조용히 사라진다. 아비지가 인간적 고뇌에 빠져 일에 진전이 없던 때에 그 옆에는 자장이 지켜보고 있었다. 자장의 공덕이 결코 작은 것이 아니다. 지금은 비록 없어져 버린 9층탑이지만 문수보살과 자장의 원력이 깃든 탑의 역사가 있기에 우리의 정신만 살아있다면 언젠가는 다시 복원된다. 왜 복원을 해야 좋을까. 정신에 주인정신이 있고 그 정신을 애써 실현했고 목탑 자체가 최고로 웅장하고 예술성이 있고 역사에 자랑이기 때문이다.

나라의 힘이 부족하면 우선 백제에 가서라도 아비지를 모셔오고 그렇게 실력을 키워 내 것으로 만들어 역사의 주인공이 되려는 자장과 선덕여왕과 당시의 신라의 정신세계를 배워야 한다. 서기 600년 원광법사의 세속오계 이후로 전승되던 화랑정신의 만다라가 황룡사 9층탑이다. 주변의 중심이 되려 했으니 일명 화랑탑이다. 허황된 꿈인 듯하나 인간은 결심하면 이루어진다.

자장은 646년에는 천하명당 통도사(通度寺)를 창건하고 금강계단(金剛戒壇)을 설치하였다. 5대보궁을 조성하니 바무니 이후 석가모니로 이어지는 해동과 인도의 인연의 법맥을 사리를 가져와 모심으로써 증명하였다. 자장은 사리를 모시는 일에도 전세의 원력으로 인하여 쉽게 이루어지니 황룡사 9층탑의 조성은 문수의 부촉을 받고 선덕여왕께 건의를 들인 것인데 이미 선덕여왕과 자장집안의 인연이 있어 중국에 가게 되었던 것으로 '되는 인연'이 조성되어 있었던 것이고, 통도사 창건 시에도 기러기를 날리어 기러기가 칡꽃을 물어와 겨울에 칡꽃이 핀 곳을 찾아 들어가 영축산 아래 연못에 칡꽃 자리를 찾은 것인데 자장이 스스로 감탄해 무심결에 말하기를 "이렇게 고요하고 아름다운 곳은 다시 찾기 힘들 것이다"라고 했으니 자장이 하늘의 선물에 놀란 터, 천하명당 통도사이다.

태백산 정암사(淨巖寺)도 선몽(先夢)으로 찾아내었으니 자장은 동국 15대선사 중 한 분으로 그의 안목으로 보아 대복자이며 대선사이시다. 『대승론』, 『화엄경』 등을 설하였다.

문수보살이 머무는 오대산(五臺山)을 우리 국토 강원도 오대산으로 사리를 조성하시니 불국토사상의 원조이시며 완성이시다. 당연히 우리의 오대산이 바무니 이후 석가모니로 이어지는 사리의 인연과 천하의 땅기운이 종기(鍾氣)한 터이므로 자장(慈藏)은 당당히 불국토건설에 매진했던 것이다. 상원사 위 적멸보궁의 터도 여의주를 농(弄)하는 용머리의 터로 자장은 대선사의 증명으로 충분하고도 남는다.

훗날 정암사에서 문수보살이 늙은 영감으로 변장해 삼태기에 죽은 강아지를 들고 와 자장을 뵙겠다고 하였는데 시자(侍者)가 "밖에 이상한 늙은이가 왔습니다"하고 여쭙에 "가시던 길 가시라고 하여라." 한마디 실수에 그만 문수 친견의 기회를 놓치고 말았다. 중국 오대산 이후 다시 뵈었다면 자장의 노고에 대해 문수보살의 칭찬이 있었을 터이고 그것이 기록에 남았을 것인데 아쉬운 일이다. 누구도 그런 실수가 있을 수 있다. 불보살도 각자의 전공이 있듯이 영력은 같되 약사여래가 아미타여래와 석가모니와 분야가 다르듯이 다른 분야의 골목길에는 어두운 것이다. 잠시 생각이 미치지 못하면 그렇게 된다는 교훈이다. 문수보살은 이제 법주사 팔상전 앞 정이품송으로 쉬고 계신다. 여전히 장엄한 사리탑 주위에 계심은 사리가 법체의 의미이기 때문이다. 법체는 mañjuśrī(맘 줏으리) 지혜(prajñā, 불아냐)이다.

이렇듯 한두 세대 선배인 진흥왕과 자장의 신심으로 신라 땅은 바무니와 후생 석가모니의 인연이 구체적 화엄(華嚴)의 모습으로 불국토 완성이 되어가는 시기에 원효, 의상, 윤필 남산(南山) 결의 3형제가 이제 이 땅에 나타나 마음껏 공부를 하게 된다.

2. 왜 15대선사(大禪師)인가 – 200° 영력 도수

(1) 15대선사(大禪師)(신라 7, 고려 3, 조선 5)

이제 선배들의 발심과 신심으로 어느 정도 장엄의 틀을 갖추어 가는 신라에 인재가 태어나기 시작하니 이것은 바무니부터 이어지는 인연이 무르익어 그렇게 되는 것이다. 사람은 누구든지 태어날 때 영(靈)을 모아 개인의 혼(魂)으로 만들어 자기의 다음 생 값어치 집을 엄마의 뱃속에서 만들어 나오는 것이니 이를 군자 불원천 불우인(君子 不怨天 不尤人)이라 한다. 모르는 인간들이 태어나 부모를 원망하지, 아는 이는 자기가 전세의 인연으로 택한 부모요 자기가 조직한 틀인데 원망할 대상은 오직 자기뿐임을 안다. 그러므로 후배들은 선배의 평생의 업적을 살피어 그 사람의 영력을 미루어 짐작이 가능하다.

앞의 장에서 전의(轉依)와 훈습(熏習)은 같은 것이라고 설명을 하였다.

전의는 제8식이 청정해지는 과정을 6식, 7식, 8식의 관계를 통해서 의지와 과정을 밝히는 것이고, 훈습(vāsanā)은 베다(veda)의 개념 ① 뵈다, ② 외다, ③ 배다의 명실상부 진리에의 구체화 현실화이다. ① 왔잖아, ② 배잖아 즉 보다 더 한발 진리에로 나아가는 종교성의 발로다. 철학의 구체화이며 종교적 실천원리 이름이다.

이를 바탕으로 사람의 현 실태를 파악해보자.

얼굴도 형제가 모두 다른 것은 각자의 전세의 골상 100%에다 엄마와 아버지의 피를 더하여 나오므로 결과적으로 전세의 골상 50% 이상이라 하는 것이다. 얼굴만이 아니라 습(習)도 30%, 식성도 10%이다. 이것은 공식이다. 이것이 vāsanā(배잖아: 훈습)의 배경철학이 된다. 행위에 대한 인과도 『찬도갸 우파니샤드』(3.14.1)에서 보이는 kratum kurvita (그리했다면 그리된다)는 인과 100%의 법칙으로 자신이 한 일은 그대로 받는 법에 근거해 훈습의 이론은 힘을 얻는다. 이런 행위 인과법칙을 인도학자 라다크리쉬난은 *Indian Philosophy*(제4장 2절 19) karma의 법칙에 대해서 윤리세계에 적용되는 (객관적) 에너지보존법칙, 즉 도덕적 균일성의 법칙[87]이라 하였다.

미국의 정치인 루스벨트는 전생 아프리카초원의 사자무리의 왕이다. 그런 놈들은 죽을 때 소리도 없이 눈뜨고 그대로 간다. 그 힘으로 기막힌 다음 생이 열린다. 록펠러도 사자고, 처칠도 호랑이다. 선악을 떠나 그만한 힘이니까 지도자로 왔던 것이고 또 정치의 현실은 선악을 떠난 것이니까. 반면에 이무기 사람

87) Radhakrishnan, *Indian Philosophy*, New York, Humanities Press, 1966 권1,4.19 karma p.244.
The law of karma is the counter-part in the moral world of the physical law of uniformity

온 것은 스탈린이다. 기독교인 포함 숙청된 인간이 1,000만 이상 부지기수이다. 지네 이런 거 사람으로 오면 어쩌다 햇빛에 비치는 뒷목덜미 색이 새빨갛다. 조선 인조반정의 이괄이다. 지네 300년 묵은 후신이다. 죄 없는 부모 포함 3대 몰살이다. 정치인이 상위자리 맹수만 오는 것은 아니다. 당연히 사람도 있다. 근대 한국에도 이승만은 삼각산 문수암의 승려이다. 승려 두상(頭相)이다. 노년에 그 인연으로 문수사로 개칭하고 편액(扁額)도 써 주었다.

이같이 우리가 평상시에 살아가는 모든 성품 행위가 모두 연관이 되어 체취(냄새) 얼굴 습에도 영향을 주는 것이다. 즉 훈습의 결과와 그 수행을 통한 동반되는 영력의 결과에 따라, 생사의 연장선상으로 설명하자면 내생도 달라지고 또 과정도 알 수 있다.

명나라 때 양명학(陽明學)의 대가 왕양명(王陽明, 王守仁, 1472~1529)은 나이 50에 진강(鎮江) 금산사(金山寺) 고적(古蹟) 탐승 시(探勝時) 왠지 경치가 낯이 익었다. 절을 참배하고 마지막 조사각(祖師閣)을 보려 하니 주지가 막아선다. 그 사연을 물으니 그곳은 50년 전 황선사(黃禪師)께서 안에서 문을 잠그시고 수행정진 중 열반하신 곳이고 누구도 열지 말라는 엄명을 내리셨다 한다. 왕양명은 궁금증이 동하여 강제로 문을 열고 들어가니, 황선사는 좌탈(坐脫)하였고 탁자 위 서찰(書札)에 "오십 년 전 왕수인 개문인시 폐문인(五十年前 王守仁 開門人是 閉門人: 오십 년 전 왕수인 이 문을 연 이가 이 문을 닫은 사람일세)"이라 하였다. 왕양명이 전생의 유골을 직접 보게 된 것이다. 유골을 화장하고 부도(浮屠)에 "정령(精靈)이 박후(剝後)에 환귀복(還歸復)하니 시신선문불괘신(始信禪門不壞身)이라(혼이 육신이 죽은 후에 다시 돌아오니 불가의 죽지 않는다는 말을 이제야 믿겠도다)"고 썼다. 이것은 전생 황선사는 내생 태어날 자리를 알았는데, 내생 왕수인은 전생을 몰랐다는 것이다.

중용에 등급을 나누는 기준이 있다. 중용(中庸)의 삼지(三知)에 생이지지(生而知之: 날 때 다 안다) 학이지지(學而知之: 배워서 안다) 곤이지지(困而知之: 고생해서 안다)가 그것이다. 여기에 서당 중심인 학이지지를 빼버리면 나머지가 생이지지와 곤이지지가 남는다. 노자의 도와 불교는 무식해도 되기 때문이다. 이때의 생이지지는 태어나자마자 견성(見性)이니 대선사 이상의 경지를 말하는 것이요, 황선사는 죽을 때 가는 길은 알았으되 태어나서 전생을 몰랐으니 삼생(三生)을 달관하지는 못한 곤위지지 중·상근기 정도로 구분되는 것이며 대선사는 못되는 경지이다.

사람이 태어나서 전생의 모든 것을 안다면 붓다의 영력 지혜 상근기(上根機) 생이지지다. 붓다 전세의 수없는 고행이 축적된 결과이다. 생이지지는 불보살과 대선사의 경지로 삼세를 관통하는 힘이다.

이러한 힘을 다시 나누는 것에 6신통이 있다. ① 숙명통(宿命通) – 봉황, ② 천안통(天眼通) – 지렁이, ③ 누진통(漏盡通) – 기린,

④ 천이통(天耳通) – 용, ⑤ 신족통(神足通) – 거북, ⑥ 타심통(他心通) – 까치가 그것이다.

모두에 완전하면 6신통 구족(具足) 부처님이요, 대선사는 그중 숙명통의 경지에 도달하되 나머지 6신통에 대해 부처님만 못하니 부처님(영력 도수 360°)에 비교해 영력 도수 200°이상이라고 비교해 말하는 것이다.

용은 천이통(天耳通)의 비밀을 지닌다. 수만 리 떨어진 미물 소리도 들을 뿐 아니라 중생의 마음속 말도 모두 듣는다. 관세음보살(觀世音菩薩)의 우보처(右補處)에 동해 용왕인데, 관음보살의 관세음의 뜻은 용의 천이통(비늘이 모두 귀), 관세음(소리를 눈으로 보고 안다) 능력이 가미된다고 보면 된다. 동해 용왕은 천이통(天耳通)이나 내다보는 힘(智慧) 부족으로(피와 살이 구분 안 되기 때문) 1년에 한 번씩 관음께 배움을 닦아 몇 생 후 대각이다. 신어(神魚)가 신룡(神龍)이니 양전기(陽電氣) 축적했다가 공간의 구름장에 임의로 강우량을 뽑아 내린다. 물이 불을 낳고, 불이 물을 낳는 것이 상호 가능함은 전극체(電劇體: 자체 발전)이기 때문이다.

선심(善心)은 양(陽)이라 하늘의 플러스극과 일치해 승천이 가능하다. 메기나 갈치, 구렁이 이런 것들 묵은 이무기는 음기(陰氣)라 종국(終局)에 벼락을 맞는다.

지렁이(地龍) 천년이면 땅속에서 다른 별을 본다. 천안통(天眼通)이다. 온몸이 눈이다. 그런 지렁이 사는 정자나무 밑에 정신 흐린 노인 낮잠 자다 혼비백산한다.

까치는 타심통이다. 수행자가 산에서 공부할 때면 산 밑에 못된 인간 오는 거 다 알려 준다. 묵은 거북이 모래 밑 훤히 보는 신족통(神足通)이다. 마주 보면 알을 밴다.

앞의 금산사 황선사의 경우는 수행으로 닦아온 결과 임종(臨終) 시 갈 길을 아는 것으로 곤위지지 상근기로 분류될 수 있을 것이다. 그런데 문제는 삼세를 관통하지 못하게 되므로 태어나 왕수인처럼 깜깜이가 되는 데 있다. 소위 세간의 수재(秀才) 정도로는 알 수 없는 이치로써 생사를 반복하는 과정에서 수행은 제 8 아라야식에 인품과 습(習)과 영력으로 저절로 쌓이되 전세의 세세한 행위까지는 망각되게 생사의 진통과정이 이루어져 있다. 이 배경에는 세간 중생의 많은 잡업(雜業) 때문이다. 과보를 모두 알고 감당해 살 수 있는 능력이 못 된다는 얘기다. 세세히 알아도 문제가 되는 근기(根機)가 있다는 의미다.

티베트불교의 달라이라마(taa-la'i bla-ma)제도도 환생하는 스승 제도이다. 관음의 후신으로 믿어지는 라마가 임종 시 어느 지역 어느 때 태어난다고 예언하고 가면 그 동네 태어난 어린애들에게 생전의 라마가 소지하던 물품을 보여주어 따르고 잡는 아이를 후계 라마로 추대하는 제도이니 이는 곤이지지의 중근기(中根機) 정도의 수준이다.

이것도 사람에 따라 다른 것인데 제도로 굳어지면 사이비가 나오는 법이라 곤이지지의 상근기만큼도 못한 중근기로 분류한다.

초심견성을 넘어선 견성(見性)이란, 전생에 수심견성한 대선사가 삼생(三生)을 달관하고 환도인생하여 전후 생을 모두 아는 것이다. 즉 생이지지이다. 사실 이분들의 내생이란 엄밀히 따지면 생사의 법에 관통할 뿐만 아니라 자기의 힘으로(종교의 입장에서는 원력이라 해도 나쁘지 않다) 간다고 보는 능동적 내세관이 더 맞을 수도 있다.

이 능동적 해석 문제는 우주 전체와 연관되는 내용도 포함되어 있어 여래장이론으로 해석한다면 더 수월하게 해석이 될 수도 있다.

이렇게나마 대선사의 삼세관통의 능력을 객관적으로 그 수준을 가늠하여 보았다. 즉 대선사는 불보살 밑의 생이지지자(生而知之者)의 경지인 셈이다.

동국의 15대선사(大禪師) 이시다.

대선사의 영력의 도수는 200°이상이시다. 보살이 300°이상이시고 부처님 한 분에 보살 넷, 보살 한 분에 대선사는 네 분의 몫이다. 대선사도 대단하시되 넷이 동시에 모여 상의해야 번뜩이는 보살의 지혜를 감당한다는 뜻이다. 부처님 좌우보처 2보살로는 힘이 비등하기는커녕 보좌에 의미가 있다고 봐야 한다. 그렇다면 동국의 15대선사가 모두 한자리에 모여 힘을 합쳐서 제안을 해야 부처님이 그렇겠구나 하는 정도이다. 공부의 길이 한량없다. 그러기에 부처님 당시의 10대 제자가 석존의 위신력으로 얼마나 큰 가피를 입었는가를 짐작할 수 있다. 스승이 옆자리에 계심은 한없는 혜택이다. 그러나 대선사 자리의 방석이라도 앉아 부처님 앞에 자기의 수준을 점검받는 영광이라도 누린다면 여한이 없을 금강천 누각의 자리다. 영력좌석배치도를 보며 의상과 지눌, 나옹이 여전히 목신수행을 하는 이유 또한 명료해지고 이해가 된다. 원효와 윤필 의형제도 이 땅 어딘가에 그분들의 성격대로 말없이 수행하고 있을 것이다. 대선사란 수백만 인구 중의 하나가 나올 듯 말 듯 한 군계일학이요 그 자리는 허공천 위의 생사초월 자유자재 sukhāvati(좋게왔지) 극락의 세상 자리이다. 그 자리의 존재자체로도 사바세계(Saha세계, 坐下: 무릎 꿇고 인내하는 고통의 세계)의 중생은 śarga(잘가: 하늘나라)로 가는 과정의 구원 이정표가 되는 자리이다.

신라의 7분 아도(阿道) · 자장(慈藏) · 원효(元曉) · 야운(野雲) · 의상(義湘) · 윤필(尹弼) · 진감(眞鑑), 고려에 3분 의천(義天) · 지눌(知訥) · 나옹(懶翁), 조선에 5분 무학(無學) · 일선(一禪) · 서산(西山) · 사명(泗溟) · 영규(靈圭)이시다.

조선은 억불정책으로 승려에 대한 핍박이 심했음에도 불구하고 불교국가 고려보다 대선사가 많음은 눈여겨볼 만하다. 이는 대접을 잘해준다고 고승이 더 나오는 것도 아니요 못해준다고 안 나오는 것도 아니란 소리다. 공부는 그런 것과는 상관없이 이루어진다는 의미이다. 아이러니한 이야기이다. 장이, 쟁이로 천하게 취급되던 기와쟁이, 그릇쟁이, 불쟁이들이 모두 명품을 이루었으니 인간은 고난에 처한다고 원을 이루지 못하는 것은 아니다. 부모의 도움 없이 고학(苦學)하는 학생들이 잘 될 확률이 적은 듯하나 그중에 특이한 정신력은 더 크게 이루어진다. 대선사 선배가 이를 증명하는 것이다. 1000년 후 등천하는 수백 미터의 길이의 용, 천하의 수증기를 좌지우지하는 용도 시작은 바위틈 조그만 청색 잉어가 고작이다. 그러나 그놈도 어엿한 역사의 일원 잠룡(潛龍)이다.

바무니는 그것을 일러주는 것이다. 보잘것없는 산속의 씨 하나, 여우 똥 속의 씨 하나, 그것이 2000년 수도 후 바무니요 다시 대각 탄생 석가모니다.

그리고 그런 공부의 과정 속에서 인연이 모이니 어느 때 어느 시대에 인물이 떼거리로 쏟아져 나오는 법이다. 이것도 핍박 속에서도 인물이 나오는 원리와 더불어 특이한 특징 중 하나이다. 신라의 원효 · 야운 · 의상 · 윤필, 조선의 선화자 서산 · 사명 · 영규같이 인물이 무더기로 한 형제나 한 집안 맥으로 쏟아져 나온다. 사람을 진심으로 대하고 받들면 어느덧 나의 원이 보답으로 오는 법이다. 서산은 선화자를 알아보고 받들었고 사명도 서산의 명을 충심으로 받들었다. 영규도 서산에게 그러했다.

임진왜란 금산벌 전투에서 갑사(甲寺)출신 승장(僧將) 영규는 의병장 조헌(趙憲, 1544~1592)에게 금산성(錦山城)을 치기에 이곳 연곤평(延昆坪)은 불리하고 인원도 부족하고 권율의 관군이 올 것이니 하루만 늦추거나 다른 장소로 옮기자고 했으나 조헌이 무시했다. 불과 보름 전 청주성 전투의 승기의 여운이 남아서인가 재수 없는 소리라 했다. 장수는 임전(臨戰)에 머리를 비워야 하는데 검은 구름(暗雲)이 드리운 것이다. 그는 송구봉의 제자였으나 지혜가 스승에 비해 영 부족했다. 영규는 공자의 글은 모르나 머릿속에 환히 전세(戰勢)를 읽고 있었다. 영규는 두말이 없었고 그곳이 마지막임을 이미 알았다. 이심전심(以心傳心)으로 전해진 800의승은 중과부적(衆寡不敵)으로 최후의 일인까지 싸우다 죽었다. 조헌은 왜군 정규군을 얕잡아 본 것이다. 애초에 포위가 될 진영 위치였고 전투 중 포위가 되었음에도 지혜가 부족한 장수의 고집이 부른 참사였다. 장수가 지혜가 부족하며 용기와 고집만 있다면 작전을 너무 몰아칠 수가 있다. 이순신의 용모는 얼굴이 아담하여 마치 수양근신(修養勤愼)하는 선비와 같았고 마음속에 담력이 있고 웃음이 적었다 함을 참고로 할 일이다. 모르고 죽고, 알고 죽고의 차이는 훗날 다음 생에도 영향을 끼친다. 생사를 초월한 승군(僧軍)의 눈빛은 당일 전장(戰場)이 거룩하게 보였을 것이다. 조헌의 머릿속 깜깜함을 들여다보며 잡음 없이 역사에 명분을 살려주며 그렇게 마지막 대선사는 조용히 가셨다. 대선사가 시절을 잘못 만나 전장에 임함에 전세(戰勢)를 읽는 능력과 죽음 앞에서의 그분의 마음가짐 그리고 흔들리지 않는 인품을 보이셨다. 절간에서 공부나 해야 할 대선사를 못난 나라는 또 그렇게 불러내고 재목을 제대로 써먹지도 못하고 보낸 것이다. 갑사 청련암(靑蓮庵)에서 그냥 마음대로 공부나 실컷 하게 놔뒀으면 용화시대 후배가 얻는 정신적 자산이 알게 모르게 지금보단 넉넉했을 것이다. 그의 눈에 비쳤을 계룡산 갑사 골짜기의 추상시 한 구절이 아쉽다. 답답하게 사는 오늘날 우리에게 시원한 청량제가 되었을 것이다.

한 시대가 못난 짓을 하면 그 후유증이 후배들에게 영향을 미친다. 줄줄이 이어질 법맥(法脈)이 이후에 그닥 대선사 출현을 보지 못한다. 당시 시대가 그렇게 못난 짓을 했기에 서산 · 사명 · 영규 3대 선사는 훗날 개인적 후유증을 치료하느라 많은 시간의 허비가 있었을 것이다. 아무리 인연중생 구제의 명분이 있었다 하나 개인적으로 살생을 한 업 그걸 누가 대신하겠는가. 그 분들의 많은 시간 동안 업력 정화에 애쓴 그런 치유의 시간에 대해 후배들은 부끄러운 염치가 있어야 한다. 대선사는 시대 상황의 생사에 말이 없으니 우리는 이 세 분 대선사에게서 그들이 그토록 원하는 삶 '자유'를 오랜 시간 빼앗은 못난 후배들이다. 그분들이 원했던 자유는 공기와 같아서 남에게 전혀 피해를 주지 않는 자유다. 그러기에 안타깝고 부끄럽다.

그렇게 살았던 전세의 뗄 수 없는 인연이 있기에 인걸(人傑)은 때가 되면 무리지어 나오게 된다.

신라의 ① 초조(初祖) 아도(阿道)는 본래 고구려의 승이나 소지 마립간 재위 479~500년 시절에 신라에 건너와 일선군(一善郡) 털네(毛禮)의 집에서 머물며 불법(佛法)을 전하였다. 신라 최초의 절 도리사(桃李寺)를 창건하였다. 이때 불사리탑도 조성하였다. 건봉사를 520년에 창건하였다. 처음에는 원각사(圓覺寺)로 불렀다. 말년에 건봉사 터를 잡은 그의 능력으로 보아 그는 대선사이며 신라에 최초의 불법을 전했기에 초조(初祖) 아도(阿道)이다. 초조로 불리나 그는 사실 경주 땅을 처음이 아닌 것으로 생각하고 시작했으니 전생부처의 수도처 7가람을 복원하려고 매진했던 것이다. 처음이되 처음이 아닌 불국토 건설이었다. 후배인 자장(慈藏)이 사리를 대량 모셔옴으로써 본격적인 화엄장엄 세계의 기초를 다졌다면 초조는 그 기초의 정신적 기반을 다진 셈이다. 아니 그의 머릿속은 너무 늦어 안타까운 생각을 했으니 같은 공간에 살되 차원이 다른 당찬 초조의 됨됨이인 셈이다. 초조의 이런 머릿속 구상과 굳은 의지의 근원에 고구려의 야무락진 여자 어머니 고도령(高道寧)이 있다. 그의 눈 뚜껍을 열어주고 유학시키고 경주 땅에 보내고 전생 가람터의 복원 신념을 불어넣은 근원이다. 바무니와의 인연이다. 동국의 불교는 우바이[Upāśika: upā(옆에), śak(싹, 싹수 있는 자의 여성형): 善近女, 淸信女, 재가보살]의 용기와 철석같은 믿음에서 비롯된 것이다. 자식을 홀로 키우고 타지에 부러 내보내고 외로이 산 그 세월이 신라불교의 역사가 되었다. 고도령과 초조가 바무니 수행터 기념 복원의 정신적 토대를 마련한 셈이다.

다음은 ② 慈藏(590~658)이다 자장은 646년에는 통도사(通度寺)를 창건하고 금강계단(金剛戒壇)을 설치하였다. 5대 보궁을 조성하니 바무니 이후 석가모니로 이어지는 해동과 인도의 인연의 법맥을 사리를 본격적으로 가져와 모심으로써 증명하였다. 황룡사 9층탑을 조성하여 신라의 주체정신을 정립하는데 기여하였고 초조 이후 본격적인 불국토 건설의 시작이 되는 셈이다. 그의 전세의 대복과 됨됨이로 천하명당 통도사를 창건하였다.

다음은 ③ 元曉(617~686, 경북 경산 생)이다. 원효(元曉)의 시봉(侍奉)이 야운(野雲)이요 야운의 시봉이 의상(義湘)이다. 원효와 의상에 윤필이 보태어져 결의 3형제가 원효 · 의상 · 윤필(尹弼)거사이다. 이들은 전세 바무니 시절 달메재 결의 3형제인데 이제 신라 경주 남산(南山)결의 3형제가 되어 신라의 정신세계를 빛나게 하였다.

④ 야운(野雲)은 원효에게서 계를 받았으며 금강산 선인(仙人)으로 알려진 영랑(永朗)이다.

⑤ 義湘(625~702)은 화엄종의 법통을 이어 한국 화엄종의 시조이다. 명당 부찰 터 동래 금정산(金井山) 범어사(梵魚寺)를 창건(678)하였다. 입적 후 용문사 한국 제일의 은행나무로 1300년 수도 중이시다. 이렇게 신라 대선사 아도(阿道)와 자장(慈藏), 의상(義湘)이 동국 천하명당 건봉사(乾鳳寺), 통도사(通度寺), 범어사(梵魚寺)를 나란히 창건하였다. 그 안목으로 대선사로서의 증명이 차고도 넘친다.

⑥ 윤필(尹弼)거사(대략 620~685 정도)는 원효, 의상과 과거 전세부터 이어온 인연이 깊다. 달메재 막내 밥퉁이 퉁이다. 종대가리 마루 형과 발싸개 싸개와 놀던 기억을 새기며 퉁이는 의형제들과 믿음으로 살아간다. 거지들의 우두머리 사복(蛇福) 사파(蛇巴)이다. 전세의 증거로는 『삼국유사』하 권4 「사복편」에 사복의 어머니가 죽자 고선사(高仙寺) 원효를 청하여 시다림을 다음과 같

이 부탁한다. "(과거) 우리 함께 공부할 적에 경전 싣고 다니던 암소가 내 어머니일세. 화상(和尙)도 그 인연을 감안하여 함께 염불해주는 것이 어떠하겠나"이다. 티끌같은 흔적을 남겼다. 문경 사불산(四佛山) 윤필암(潤筆庵)은 윤필거사가 과거 창건한 터라는 전설이 있다. 바무니의 제자들인 것이다.

⑦ 진감(眞鑑, 774~850) 혜소(慧昭)선사는 고구려 유민의 자식이다. 고생 끝에 당(唐)에 들어가 신감(神鑑: 제8조 마조의 제자)의 제자가 되었다. 흑두타(黑頭陀) 별명이 있으심은 석가모니 10대 제자 가섭이 두타(頭陀)행을 했듯(dhuta: 주다의 의미로써 두 손으로 머리를 받들고 비움으로 마음의 울타리를 없앰으로써 밝은 佛의 광명인 지혜의 맥을 이었다) 이후 숭산(嵩山)의 소림사에서 구족계를 받고 종남산(終南山)에 들어 수행하고 독자적 선수행을 했다. 830년 26년간의 수행 후 귀국해 상주 장백사(長栢寺)를 창건해 주석하고 다시 지리산 쌍계산문을 개창하였다. 동시에 범패(梵唄)를 해동에 들여왔다. 어산지류(魚山之流)의 비조(鼻祖)이시며 악성(樂聖)이시다(어산이란 항시 눈을 뜨고 있는 물고기 수행 음악인 불교음악. 梵唄, 古범패, 鄕범패, 唐범패가 있다). 또한 차를 들여왔다. 다도(茶道)가 시작된 셈이다. 쌍계사 진감국사비문에 처음으로 조계[曹溪: 6조혜능(638~713) 頓悟사상을 창시하였다]의 현손(玄孫: 손자의 손자)이라 기록이 되어 있다. 쌍계사 조사각에 6조혜능 – 남악 – 마조 – 염관제안 – 창주신감 – 진감을 모셨다. 인도의 가섭이 인도불교 선종의 1조요, 마명(馬鳴)이 12조, 용수(龍樹)가 14조, 바수반두 21조, 보리달마는 28조가 되고 다시 중국으로 건너와 제1조가 된다. 8조

마조의 제자에 염관제안(鹽官齊安)과 창주신감(滄州神鑒)이 있으니 그들에게 인가를 받았다면 10조의 세수가 된다. 그렇다면 가섭 이후 제37조 법세수(法世數)인 셈이다. 희양산문 긍양(兢讓)의 비문(碑文)에 의하면 '진감은 희양산문(曦陽山門)의 승려라 하였다.' 희양산문은 계보가 5조 홍인의 제자 신수(神秀) – 지공(志空) – 신라의 신행(神行) – 준범(遵範) – 혜은(惠恩)으로 이어지는 북종선과, 남종선 8조 마조 – 신감 – 신라의 진감 혜소로 이어지는 두 맥을 이은 지증대사 도헌(道憲)이 세운 문경 봉암사 선문으로 남종선과 북종선의 전통을 모두 이은 구산선문의 유일한 선문인데 여기에서 진감의 가치가 드러나는 대목이다. 그의 영향력이 어떠한가를 보여준다. 몸은 쌍계사에 있었으나 9산선문의 하나인 희양산문(曦陽山門)의 종조의 한 뿌리인 셈이다. 보살행으로 의술 활동도 하셨다.

고려에 들어와 ⑧ 대각국사 의천(義天, 1055~1101)은 고려 문종의 아들로서 스스로 불가에 입문하여 송나라에 유학을 다녀왔다. 신라 이후 기존 5교종 1선종의 대립을 교종, 선종 융통의 입장에서 통합하여 경전공부의 입장에서 선종을 교관겸수(敎觀兼修)로 통합하는 것이 좋겠다 하여 천태종을 받아들였다. 교(敎)의 입장에서 선(禪)을 포용하려 한 것이며 선교통합이다. 천태종의 중시조가 되는 셈이다. 그러나 결과적으로는 기존의 교와 선이 없어진 것이 아니니 신라의 불교가 경전 위주와 하나의 선종 즉 5교와 1선이라면 이후에는 천태종이 추가되어 5교양종(5敎兩宗: 고려 원종 때부터 1206~조선 태종 1418)이라 하는 것이다. 순수 교학 이외의 선을 포함하므로 5교 밖의 선종(禪宗)인 양종(兩宗)에 포함된 것이다. 기존의 불교가 모두 그를 따랐으면 통합의 하나가 되었겠으나 현실이 그렇지는 못하였다.

아무튼 천태종의 소의경전 『법화경』(*Saddharmapuṇḍarīka-sūtra*)[88]은 성문(聲聞), 연각(緣覺), 보살(菩薩)의 3승(乘)이 진실의 1승(乘) 즉 불승(佛乘)으로 귀일(歸一)한다는 통합의 이론이다. 이때 성문은 교학이요 연각이 선종으로 분류될 수 있다. 대도가 1승이므로 대도무문(大道無門)인 셈이다. 『법화경』의 교리 자체가 교와 선의 통합을 말하는 것이다. 이와 같이 의천의 노력에 의해 선교통합은 시작된 것이다.

여기에 대해 ⑨ 보조 지눌(知訥, 1158~1210, 황해도 서흥 출신)은 돈오점수(頓悟漸修) 정혜쌍수(定慧雙修)를 주장하며 교종과 선종의 통합을 이루되(禪敎一致) 선(禪)위주의 입장에서 통합을 하려했다. 정혜쌍수(定慧雙修)란 선정의 정(定)과 지혜 즉 경전을 통한 지혜도 포함되는 것이다. 조계종 위주의 선을 중심으로 통합을 꾀한 것이다. 어쨌든 마음이 주인인 여래장의 일심의 입장에서 보면 경전공부를 곁들인 마음 위주의 공부이므로 일단 바람직한 방향으로 길을 잡은 것이다. 의천은 최초로 통합을 주창하되 『법화경』을 중심한 교관겸수(敎觀兼修)통합이요 지눌은 정혜쌍수(定慧雙修)로 선교통합이되 선 위주의 통합인 셈인데 사실 이것은 『법

88) *Saddharmapuṇḍarīka sūtra*: sat(在, 존재, 진리), dharma(잘매, 잘마무리, 法), puṇḍarīka(부어오른, 떠오른浮, 자리: 인도의 연잎은 앉을 수 있다), sūtra(좋은 틀, 귀한 책은 잘 묶는다). 『妙法蓮華經』

화경』 내용 자체가 3승이 1승으로 통합되는 것이므로 이 자체가 완전하나 『법화경』이라는 경전에 의지한다 하여 교 위주의 선교 통합이라 해석하는 것이고, 지눌의 정혜쌍수(定慧雙修)의 혜(慧)에는 경전을 통한 지혜와 마음의 지혜도 함께하긴 하나 선 위주의 통합인 것이므로 의천의 교관겸수(教觀兼修)와는 다르게 수행과정에서 경전이 우선순위에서 뒤로 밀릴 수 있는 가능성이 예상되는 것이다. 아무튼 방향은 마음이 주인이 되므로 좋으나 게으른 수행자는 두 코스가 어려운 것이니 자연히 조계종은 교학 공부를 멀리하게 되는 것이다. 방향은 올바른데 게으른 수행자가 지난(至難)한 교학을 마스터 못하는 게 문제가 된다. 이러면 자기가 깨달은 내용을 논리적으로 설명이 안 되니 과학시대에 똑똑한 대중에게 더듬더듬하고 있는 꼴이다. 그렇다면 과학시대에는 의천의 주장이 더 설득력이 있다고 보아도 될 듯하나 이 또한 아무리 교관쌍수의 통합이라고 하더라도 마음에다 우선권을 둔다는 지눌의 방향이 어찌됐건 틀린 것이 아니기에 수행자는 그 논쟁의 의미를 깊이 새기고 의천의 교학정진에도 매진을 해야 한다. 사회의 지도자가 되는 것이 얼마나 막강한 영향력인가. 이미 영규대사가 임진왜란 금산벌 싸움에서 당했던 일 아닌가. 역사의 교훈이다.

어찌 되었든 지눌의 정혜쌍수(定慧雙修) 돈오점수(頓悟漸修)의 바탕 위에 간화결택(간화선)을 받아들임은 기존의 불교공부에 대한 동국식 불교공부의 정리 종합이라고 볼 수 있다. 선(禪)과 교(教)를 겸해 공부(雙修) 그리고 그것의 우선순위는 선(禪) 위주임을 밝히어 교(教)와 선(禪) 공부의 개념을 정리하고, 그리고 선(禪) 공부의 정리는 신라 9산선문부터 따르던 6조 혜능의 돈오견성(頓悟見性)의 남종선 조사선(祖師禪: 조사와의 문답을 통해 알아가는 깨달음)정신과 5조 홍인(弘忍, 601~674) 이후 수제자 신수(神修, 606~706)의 점수(漸修)의 훈습을 통한 깨달음과 이어지는 성실한 훈습의 자기정화 정신인 북종선의 종합 바탕 위에, 남종선의 자체 발전인 임제종(臨濟宗)의 전통을 이은 돈오바탕의 대혜종고(大慧宗果) 선사(남송, 1088~1163)의 간화선(看話禪: 근본은 조사선과 같으나 공부법이 화두를 들고 혼자 깨쳐 증명만 받으면 되니 강의수업 없는 임무형 교육인 셈이다)을 받아들인 것은 가히 불교의 동국식 체계종합인 것이다(선 위주 선교통합 기반 위에 南頓北漸+看話禪).

지눌의 보편적 사고방식과 정견(正見)의 체계정리가 있었기에 후에 한국불교는 넉넉한 공간 칩 바탕 위에 임제선의 돈오돈수식 간화선이 자리할 섹터를 정확히 구분하는 개념정리가 된 것이다. 또한 지눌의 점수(漸修)의 훈습수행법의 토대 위에 훗날 염불수행법도 받아들여지게 된다. 돈오돈수는 찰나의 깨달음과 정신의 주체성을 강조하는 일이나 동시에 조상의 훈습을 버리는 일이다. 육신을 타고난 인간은 누구도 인연과(因緣果)를 벗어날 수는 없는 법이다. 자잘한 일에 구속되지는 않을지언정 늘 그것과 함께 살아가야 하는 것은 숙명이다. 석가모니 탄생족인 석가족의 멸망 수모라던가 제자이자 사촌인 제바달타의 석가모니에 대한 몹쓸 행동 등 인간 세상의 수없는 인연과(因緣果)가 있을 수밖에 없는 것이 육신의 세상이다. 이것을 증오 전(證悟前)이든 증오 후(證悟後)든 솔직히 인정하는 것이 지눌의 점수(漸修)의 훈습(熏習)이다.

점수(漸修)는 발을 디디고 사는 세간의 현실을 잊지 않은 것이요, 돈수(頓修)는 세간에 살면서 마치 본인은 세간의 일과는 상관이 없다는 식(莫行莫食)인데 현실은 그렇지 않다. 지눌은 참으로 솔직하고 한국불교는 현실을 정확히 보고 증오를 논하는 셈이다. 지눌이 생각하는 보살승 즉 엘리트와 대중 모두를 어떻게 해서라도 이끌고 가려는 의지를 과소평가해서는 안 된다. 지눌의 단점은 그가 받아들인 간화선의 증오(證悟: 깨달음)를 누구에게 인가를 받지 않았다는 점과 스스로 불교를 정리한 것인데, 반대로 이야기하자면 그래서 주체성이 돋보이는 것이다. 지눌의 장점이기도 하다. 원효도 그러하다. 본래 진리의 성격상 스승이 없어야 자주적 종합이 가능하다. 때론 인맥이 걸림돌이 되는 것이다. 그것이 식파(識波)의 세계이다. 소위 개산(開山)이라 하여 건물을 짓고 방안에서 수행하는 것은 사실 바위 토굴에서 공부하는 것보다 영력 증가가 1/10도 되지 않는다. 주체 자유정신이 진정한 스승이다. 이름이 바보인 지눌은 진실로 바보가 아닌 셈이다. 그가 제자 담당(湛堂)국사가 중국에서 돌아온 기념으로 같이 꽂은 향나무 지팡이가 송광사(松廣寺) 천자암(天子庵) 곱향나무(800년 수령)이다.

⑩ 고려말 나옹(懶翁, 영덕 출신, 1320~1376)은 20세에 문경 묘적암(妙寂庵)에서 출가하였다. 양주 회암사(檜巖寺: 의정부에서 동두천

가는 길에서 포천 넘어가는 야산 천보산天寶山 밑 서남쪽 야트막한 땅에 있다)에서 깨달음을 얻었다. 원나라 연경(燕京: 지금의 북경 근처) 법원사(法源寺)에서 인도승 지공(指空)의 제자가 되어(1347) 10년간 여러 곳에서 수학하였고 지공의 수제자가 된다. 8세에 지공에게서 무생계(無生戒)[89]를 받은 이후 재회인 셈이다. 또한 자선사(慈禪寺)의 임제종의 제18대 법손 평산처림(平山處林, 1279~1361) 법맥도 계승한다. 평산은 나옹이 지공의 제자임을 아는지라 "지공이 날마다 하는 일을 무엇인고", "지공은 날마다 천검(千劍)을 씁니다", "지공의 천검 말고 그대의 일검(一劍)을 가져오라." 나옹이 좌복으로 평산을 후려쳤다. 평산이 "이 도적놈이 나를 죽인다." 나옹이 붙잡아 일으키며 "내 검은 사람을 죽이기도 하지만 살리기도 합니다." 평산은 2달 후 가사와 불자(拂子: 먼지털이)를 건넸다. 회암사는 지공(指空: 인도 마갈다국 출신 승, 1300~1361)이 고려에 잠시 머물 때(1326년에서 약 3년간) 인도의 불교종합대학인 Nalanda寺(427~1197)의 지세와 천보산 밑 야트막한 지형이 아주 흡사함에 놀라 지은 인도풍 고향 사찰이다. 사라진 불교의 맥이 여기에서 부활할 것이라는 영감이 있었을 것이다. 법원사에서 지공이 나옹에게 중창을 부탁하였다. 귀국 후 공민왕의 후원을 입은 나옹에 의해 1376년 회암사는 262칸의 건물이 완성되었다. 중창 불사 중 공민왕은 내부의 적에 의해 살해되었다(1374년). 회암사의 중창 낙성법회에 지공은 우왕의 명에 의해 회암사를 떠난다. 우왕(禑王)은 꼭두각시 왕이었다. 공민왕의 몽고에 대한 자주 개혁

---

89) 무심(無心)을 통한 본래면목을 증득하여 무생(無生)의 깨달음을 얻는다는 지공의 계이다.

정신이 일단 새로운 집권세력에 의해 재점검되는 중이었다. 나옹은 밀양으로 내려가는 도중에 남한강 신륵사에서 열반에 든다. 신륵사에서 임종게 '칠십팔년귀고향 천지산하진시방 찰찰진진개아조 두두물물본진향(七十八年歸故鄉 天地山河盡十方 刹刹塵塵皆我造 頭頭物物本眞鄕: 56세 고향에 돌아오니 천지산하는 그대로 화려하고 구석구석이 내 놀던 곳 지지골골이 모두 본래 고향이네)'를 남기었다. 고려말의 불교개혁 중심이었다. 지눌의 조계선이 나옹에 의해 재전래된 임제선의 돈오돈수 사교입선(頓悟頓修 捨教入禪)에 의해 투영되는 것이다. 그 중심에 나옹이 있었다. 증오(證悟)와 훈습을 강조한 돈오점수(頓悟漸修)와 선교일원(禪教一元)의 체계를 강조한 바탕 위에 간화결택(看話決擇: 간화선)도 받아들였던 보조선은 돈오돈수(頓悟頓修)에 근본을 둔 간화결택(看話決擇)과 사교입선(捨教入禪)의 임제선에 투영되어 보다 더 마음을 파고드는 것이다. 마음의 근본자리를 다시 한 번 확인한 것이다. 『기신론소』에서 심생멸문의 폭넓은 활동범위 여래장이 보다 더 불성의 진여의 지역으로 선회하는 것과 같은 것이다. 여래장과 진여는 같은 개념이나 노는 지역이 진여가 더 불성(佛性)이 가까운 동네에서 논다는 개념이다. 아무튼 이것은 다시 한 번 마음의 주체를 강조한 것이다.

지공과 평산(平山)의 맥이 나옹을 거쳐 무학(無學)으로 전해졌고 무학은 이성계를 도와 조선을 건국하고 다시 회암사는 역사의 주 무대가 된다. 당시 인도 나란다학파의 인도불교와 중국의 선불교가 나옹에 의해 기존의 한국불교를 바탕으로 한 번 정리가 되는 셈이다.

나옹이 활동한 당시 상황이 몽골의 침입 이후(1231~1257) 전란에 휩싸여 동국의 불교는 신라 이후의 전통과 맥이 거의 끊어지다시피 한 상태였다.

나옹은 이와 같은 전란 이후의 전통이 무너진 상황에서 불교를 다시 일으킨 것이다. 지공의 인도불교의 교와 남인도의 조사선 그리고 임제종의 제18대 법손 평산처림(平山處林, 1279~1361)의 법맥을 통해 간화선의 정신을 지눌의 한국불교와 접목하여 더욱 발전시킨 것이다. 이는 전쟁의 참화 속에서 사라진 법맥이 되살아난 것으로 조상의 가피요 불의 가피다. 회암사에 지공, 나옹, 무학의 부도비가 있다. 소위 증명삼화상(證明三和尙)이다. 지공의 사리는 1370년 원에서 도착하였다. 지공은 원에 있었으나 고려인 제자도 많았고 마음은 고려인이었다. 이름이 게으름뱅이인 나옹 또한 진실로 바쁜 인생이었다. 죽는 날에도 임시 거처 신륵사에서 호송관이 어명에 목메어 서둘러 밀양으로 가시라고 재촉을 하는 중에 지은 바쁜 임종게였다. 가는 길에 죽은 것이다. 그래서 안타까움에 신륵사가 지지골골 찰찰이 고향, 본향, 진향이 된 것이다. 그 시 한 수에 당시의 상황이 묻어있다. 수행인의 자유로움 하나 보호되지 못하는 당시의 시대 상황이 보인다. 나옹의 임종게는 이 땅과 그와의 인연 약속의 다짐인 바 나옹은 입멸 후 묘향산 소나무가 되어 목신 수행 중이다. 부처의 화신(化身)으로 불리었다.

조선에 들어서 ⑪ 무학(無學, 합천 출신, 1327~1405)은 18세(1344년)

송광사에 출가하고 용문산의 혜명에게 불법을 전수받고 1353년 원(元)의 연경으로 건너가 지공선사에게 배웠고 나옹을 만났다. 나옹이 사형(師兄)인 것이다. 1356년 고려로 돌아왔다. 회암사에서 나옹이 수좌승(首座僧)으로 삼았다. 인도불교와 중국의 선을 종합한 제2의 나옹인 셈이다. 나옹의 입적 후 이성계를 만나 조선의 건국을 돕고 한양 천도의 도읍지를 정하였다. 정도전이 개입을 하지 않았다면 궁터의 방향이 주산(主山)이 인왕산(仁王山)이 되고 안산(案山)이 나지막한 낙산(駱山)이 되었을 것이다. 인왕의 지세는 바위와 더불어 보다 더 위엄이 있고 둥근 것이 궁터를 넘보는 도적봉은 없다. 북한산끝 봉우리는 인왕의 위엄 하에 문필봉이 되어 문현(文賢)이 싸움 없이 나라에 공헌했을 것이다. 청운동 바닥의 기상은 산 가까이라 더 위엄이 있다. 그곳을 시작으로 자연스레 지형에 따라 아래로 내려지었으면 지형에 순응하는 송악산 만월대(滿月臺)처럼 장엄하고 한국만의 독특한 궁이 되었을 것이다. 입궐할 때는 북쪽 하늘을 바라보다 다시 호흡을 가다듬고 서쪽 하늘 아래 장엄한 근정전이 보였을 것이다. 업무를 보고 내려오는 길에는 낙산의 동쪽 하늘과 다시 남쪽 하늘을 보며 4방 하늘 파노라마를 마치며 편히 집으로 향했을 것이다. 아래에서 위로 바라보는 궁은 하늘 아래 장엄했을 것이고 내려가는 길에 서울의 풍경이 눈 속에 그득했을 것이다. 까 뭉기고 평지를 만들어 궁이 한눈에 들어오게 만드는 것이 꼭 좋은 것만은 아니다. 들어가다 돌아가고 다시 자연 속에 파묻히듯 보이는 신비감과 장엄함에 탄성이 나오게 하는 배치가 아쉬운 대목이다. 그런 품격과 장엄한 생각은 연기공(緣起空)의 오묘함과 무위자연(無爲自然)의

도(道)가 깊어야 나오는 법이다. 무학이 그렸을 서울(Sravasti: 쉬러왔어, 쉬러벌, 서벌, 서울)을 상상해본다. 사계절의 병풍을 펼치면 계절별로 후뚜띠, 소쩍새, 뜸뿍이, 뻐구기, 딱새, 멧새들의 주둥이 잔치가 장관이었을 것이다. 대선사의 영력이 투영된 작품의 마지막 정점(頂点) 점안(點眼)에서 살짝 빗나간 셈이다. 지공의 업적이 훌륭하다. 두 대선사를 제자로 두었다. 무학 이후 불교는 대접을 받지 못하다가 세종 6년 1424년 5교양종(五教兩宗)은 선교양종(禪教兩宗)으로 통폐합된다. 조계, 천태, 총남종이 선종으로 나머지 교종이 합하여 단일 교종이 되었다. 선종의 본사는 봉은사(奉恩寺) 교종의 본사는 봉선사(奉先寺)로 정해졌다.

⑫ 선화자(禪和子) 일선(一禪, 1488~1568, 울산 출신)은 서산대사의 사숙(師叔: 스승 영관의 사제)이다. 모친이 명주(明珠)를 삼키는 태몽을 꾸었다. 일선의 선풍은 스승 지리산 벽송지엄(碧松智嚴)의 맥이다. 조사관(祖師關)을 참구(參究)하라는 지도를 받았다. 멀리는 고려말 나옹의 맥이다. 임제선의 돈오돈수(頓悟頓修) 사교입선(捨教入禪)의 기반 위에 간화선적(看話禪的) 활구(活句) 참선을 강조했다. 지눌의 선보다 더 번뜩이는 지혜 중심인 나옹의 돈오돈수선 바탕 위에 감로 땅의 기질인 튀는 총기(聰氣)를 더한 활구(活句) 선(禪)으로 안착하는 셈이며 묘향산 보현사 관음전에 깃발(幢)을 걸고 절상회(折床會)를 이루어 문인들을 포함 후학들을 가르쳤다. '활구를 참할 것을 간절히 당부한다. 한 생각으로 회광(回光)하면 보리의 바른 길이다'라고 하였다. 위엄이 대단하여 해동불(海東佛)로 불리셨다. 휴정의 삼노(三老: 존경하는 세 분)의 한 분이다(碧

松智嚴 靈觀 一禪).

⑬ 西山(평북 安州 출신, 1520~1604)은 10세에 고아가 되어 12세에 이를 불쌍히 여긴 군수 이사증(李師曾)이 성균관에 입학시키고 15세에 진사시험에 낙방 지리산에서 불서를 공부하였다. 영관(靈觀)의 제자이다. 1552년 승과에 합격하여 선교양종판사를 겸했다. 1592년 임진왜란이 일어나자 팔도도총섭(八道都摠攝)으로 승려를 결집해 평양성을 회복하고 사명에게 통솔권을 맡기고 다시 묘향산으로 돌아갔다. 묘향산 40년 수도로 대선사이시다. 임진왜란 이후 원적암에서 입적하였다. 서산은 간화선을 중심으로 하되 교와 염불을 모두 중시하는 수행방향을 정하였다. 경절문(經截門), 원돈문(圓頓門), 염불문(念佛門)의 삼문(三門)을 제시하였다. 이것은 선교일치와 선정일치(禪淨一致)의 완성을 의미한다. 신라 이후 고려를 거치며 의천의 교 중심의 선교통합과 지눌의 선중심 선교통합 그리고 돈오점수의 전통, 나옹의 돈오돈수의 간화선 지혜가 모두 스며들어간 것이며, 종합된 선 중심이되 교와 염불의 정토사상까지 포함되는 불교의 재정리요 석가모니의 정신의 재종합인 셈이다. 진정한 불승(佛乘)이니 의천, 지눌, 나옹 각자가 모두 마다하지 않을 종합인 셈이다. 이는 흩어진 중국의 지맥(地脈)이 만주를 거쳐 백두산으로 들어와 동국의 갑을지맥(甲乙之脈)에 모두 저장이 되는 형국, 마치 자루 속에 쓸어 담는 형국과 일치하는 것이다. 인맥도 언어도 사상도 모두 그 지세와 연관되어 있다. 북경시내 도로 신호등 앞에서 기다리는 사람들을 뒤에서 살펴보면 짝발서기로 기다리는 사람들은 대개 조선

족이다. 그만큼 체력이 남다른 것이고 뇌를 담는 머리의 골상도 거기에 비례하여 동국에 가까울수록 왕골(王骨)이니 뭐든지 동국에서는 종합적인 개념정리가 잘되어야 직성이 풀린다.

동국의 불가 인맥에서 대선사가 속출함은 바로 그 수행의 방법에서 3생을 꿰뚫는 주체인 마음의 본질을 잃지 않고, 나아가 엘리트 교육의 지적 만족 덕목인 교학과, 부지런히(漸修) 부처의 경지를 늘 나와 연결해 놓는 가피의 염불다라니(熏習) 또한 같은 비중으로 빠뜨리지 않고 정리해 놓았으니 동국 불교의 종합정리의 우수성이 엿보인다. 주장하는 이, 받아들이는 이 모두 머리가 우수하기 때문이다.

⑭ 사명(四溟: 경남 밀양 출신, 1544~1610)은 서산문하 1,000여 명의 수많은 제자 중 돋보이는 제자이며 비록 시대를 잘못 만나 전쟁의 회오리에 말려들었으되 ⑮ 영규(靈圭: 공주 출신, 미상~1592)와 같이 생사불이(生死不二)의 경지를 평상심으로 보임으로써 수행자의 죽음을 대하는 경지와 국가와 국민에 대한 보은을 충심으로 보이신 상구보리 하화중생을 몸으로 실천하신 보살승 대선사이시다. 대선사요 대장군이시다.

(2) 6선지식(善知識/高僧) – 섭섭해 선발된 6고승

그밖에 영력 도수 180°이상의 선지식(善知識: 高僧)으로 6분을 정한다.

15분의 대선사만 언급하기에는 동국의 수많은 고승에 대한 아쉬운 점이 남아있고, 또한 대선사 밑의 선지식은 불보살 대선사와 함께 수행의 단계에서 구분되어야 하는 필수등급이기에 업적과 영향력이 돋보이는 고승들을 추가 언급하는 것이다. 영력 도수 180°는(백두산신이 180°: 세종이 전생 백두산신이며 한글 창조 업적) 큰 인물로 구분되는 최하 기준점이기 때문이다. 지금은 대선사 밑의 자리이나 모두 훗날 성불의 자리에 멀지 않은 근기와 능력의 분들이다.

신라의 도의(道義), 고려의 혜명(慧明), 탐밀(探密), 지공(指空), 조선의 벽송지엄(碧松智嚴, 1464~1534), 진묵(震黙, 1562~1633)이시다.

그밖에 선지식급의 조선의 거사 송구봉과 사명의 상좌 월저당도안(月渚堂道安: 평양, 1638~1715)을 기록한다. 송구봉은 『해동도승전』에 거사로 구분이 되어 언급되어 있다. 서인의 숨은 지주이자 그의 학문의 신념인 직설(直說)이 선문(禪門)의 마음자리와 일맥상통하는 바가 있어 언급한다. 월저당은 조선의 3대 선사 선화자 – 서산 – 사명을 잇는 적통자로서 영규(靈圭)가 사라진 자리를 그가 떠안음으로써 조선불교의 맥을 그대로 전승했음으로 이름을 남겨놓는 것이다.

신라의 ① 도의(道義, ?~825)는 당시 북한군(北韓郡, 서울)출신으로 784년 당에 들어가 광동성 광부(広府)의 보단사(宝壇寺)에서 비구계를 받고 강서성 홍주 개원사에서 서당지장(西堂智藏,

735~814: 8조 마조의 3철哲제자로 수제자 중 한 명. 9조 법맥인 셈)에게 "내가 그대를 만난 인연은 돌더미에서 옥을 얻어 조개 속에 진주를 주운 것과 같도다"하여 인가를 받고 도의(道義)의 호를 받았다. 다시 강서성(江西省) 봉신현(奉新縣) 백장산(百丈山) 백장회해(百丈懷海, 749~814)에게 가르침을 받았다. 백장은 6조 혜능(638~713) - 7조 남악회양(南岳懷讓, 677~744) - 8조 마조도일(馬祖導一, 709~788)로 이어지는 선맥의 제8조 마조의 3철(哲) 제자 중 한 제자이며 9조 법맥인 셈이고 유명한 "일일부작 일일불식(一日不作 一日不食)"의 선풍귀감의 어록을 남겼다. 강서(江西)의 선맥(마조의 선맥)이 모두 동국의 승려에게 넘어간다고 하였다. 도의는 10조(祖) 세수(世數)인 셈이다. 도의는 821년 37년 만에 귀국 후 신라에 아직 조사선(祖師禪) 선법(禪法)이 진작되지 않았으므로 설악산 본줄기 바로 아래 맥 동서의 산줄기 동쪽 초입 진전사(陣田寺: 자갈밭절)에 터를 잡고 다시 40년을 수도하고 제자 염거(廉居)에게 법을 전하고 염거는 다시 보조체징(普照體澄, 803~880)에게 전하고 체징은 장흥 보림사(寶林寺)에서 가지선문(迦智山門)을 열었으니 도의는 가지산문의 제1조가 되었다. 희양산문(曦陽山門) 문경봉암사(聞慶鳳巖寺) 지증대사도헌(智證大師道憲 824~882) 적조탑비(寂照塔碑) 비문에 최치원은 도의선사에 대해 '메추라기의 날개를 단 무리가 남해를 횡단하는 대붕(大鵬)의 큰 뜻을 꾸짖었다. 경전의 암송에만 마음이 쏠려 다투고 비웃으며 마구니의 말이라 하니 빛을 지붕 아래 숨기고 종적을 심산에 감추었다. 경주로 갈 생각을 그만두고 북산(설악산)에 은거하였다. 꽃이 겨울 산봉우리에서 돋아 선정(禪定)의 향기를 풍기니 개미가 고기 있는 곳을 모여들듯 도

를 사모하여 산을 메웠으며 교화를 받고 마침내 기러기 되어 산을 나섰으니 도는 인력으로 막아설 수 없는 때가 되서야 마땅히 행해지는 것이다'라고 하였다. 한 생을 참으로 무던하게 버티고 수행하였다.

처음이란 어려운 길이다. 남이 알아주지 않고 손가락질하는 일을 참고 산다는 것은 참으로 어려웠을 것이다. 인욕(忍辱)은 수덕지본(修德之本)이라. 초조(初祖)들의 삶은 그 자체로도 영력이 쌓이는 생(生)이다. 동해안 백두대간 설악산 줄기는 경치로선 금강산 아래이나 나름 본래 정신이 안정되는 휴식의 땅이라 본시 그쪽 사람들은 정신병이 적고 정신이 유쾌하다. 40년 수도의 결과 영력 증가가 있었을 것이다.

도의의 법손(法孫) 체징은 '달마는 중국 선종의 제1조요 동국은 도의대사를 선문의 제1조로 삼는다'라고 하였다. 따르는 무리가 많아 훗날 보림사는 신라 선종의 총본산과 같았다. 6조 혜능 이후 남종선의 법맥인 것이다. 양양 진전사에 2층 4각 기단에 1층의 도의선사 부도탑(浮屠塔, Buddha stūpa(봤다 덮어): 봤다, 明, 깨달았다. 혹은 佛과 같이 되라는 의미이다. 덮어 무덤)이 있으니 아마 선사의 부도로는 동국 최초일 것이다. 부도(浮屠)의 형태도 도의선사가 효시(嚆矢)가 되는 것이다. 이후 염거 체징에 이르면서 부도가 세워져 가지선문의 부도들이 부도의 형태변화를 잘 보여준다. 원주 섬강(蟾江)의 홍법사(興法寺)에 있었던 염거의 부도는 기단이 원형이며 1층의 본탑 지붕은 골이 파진 8각의 화려함이 돋보인다. 염거는 도의선사에게 인가를 받은 후 설악산 억성사(億聖寺)에서 수도하였고 여기서 제자 체징에게 법인(法印)을 주었다. 체징은 법인을 받은 후 837년 중국에 갔으나 필요성을 느끼지 못하고 840년 귀국하여 860년 가지산 보림사에서 선원을 열었다. 따르는 여러 무리와 더불어 실질적으로 동국 최초의 선원이 열린 것이다. 보림사 9세기 주조 철조비로자나불상이 유명하며 원래 불상은 본시 인도의 석가모니가 서방금(西方金)이라 철불(鐵佛)의 효험이 제일이며 다음이 석불(石佛) 다음이 목불(木佛), 지불(紙佛)의 순이다. 쇠 기운의 함량 순이다. 증오(證悟)뿐만이 아니라 가피(加被)도 고려한 체징의 마음 씀씀이다. 이 모두 도의선사의 그늘이다. 도의를 해동 1조로 현재의 불교 조계종은 모신다. 도의선사 귀국 후 5년 뒤부터 조사선을 체득하고 귀국한 선승들이 속속 선문을 여니 이것이 9산선문(9山禪門)이다.

② 혜명(慧明: 고려 광종 때의 승려)은 968년 논산 반야산에 큰 돌이 땅에서 솟자 37년 만에 55자 5치 둘레 30척의 삼등분 은진미륵불을 조성하였다. 미륵의 출현 시 시대상과 미륵의 상징 모습을 눈으로 보듯 시현해낸 고승이다. 조성 당시의 고려시대와 조선시대에는 별말이 없었으나 최근 서양의 미술이 들어온 이후에 서구의 영향을 받은 일부 학자들에 의해 비율이 맞지 않네, 두상이 크네, 솜씨가 없네 등 종교의 상징성을 예술의 안목으로만 본 그들의 안목 때문에 본의 아닌 못난 돌부처가 되기도 했다. 고려나 조선의 일반 서민들만큼도 못한 종교의 해독력, 식견이다. 불가(佛家)의 영력을 계산할 때는 종교의 독존(獨尊) 개념인 정신의 주체성이 영력에 비례하여 따라감을 자연히 따져보는 것인데 그런 것을 이해 못하는 사람이 혜명의 종교예술을 평한다

는 것은 어불성설이다.

고려말 나옹이 원(元)에 유학 가서(1347~1356) 스승 지공의 인도 법맥과 임제종 제18대 법손 평산처림(平山處林)의 법맥을 이은 것이, 보우가 1345년 임제종 17세 법손 석옥(石屋)에게 법을 원(元)에서 전수받았다는 것보다 햇수로 몇 년 늦어 선수를 빼앗겼다 하여 영력의 평가에서 뒤지는 것은 아니다. 환암혼수(幻菴混修, 1320~1392)가 보우의 맥을 이었다 하나 동시에 나옹의 제자이기도 하다. 나옹이 관장한 공부선(工夫選)에 합격하여 나옹에게서 가사와 상아불(象牙佛)을 신표로 받았다. 나옹의 법맥이다. 주체성으로 볼 때는 나옹이 평산에게서 인가를 받을 때의 상황이 더 주체스럽다. 선가의 법맥은 영력도 자연 계산된다. 그래서 꼭 조계종이 보우에게서만 전승된 것은 아니라는 것이다. 마찬가지로 선지식 도의선사가 6조 혜능(638~713) – 7조 남악회양(南岳懷讓, 677~744) – 8조 마조도일(馬祖導一, 709~788)로 이어지는 선맥을 이은 서당지장(西堂智藏, 735~814: 마조의 3哲제자 중 한 명. 9조 법맥인 셈)과 강서성(江西省) 봉신현(奉新縣) 백장산(百丈山) 백장회해(百丈懷海, 749~814: 마조의 3哲제자 중 한 명. 9조 법맥인 셈)에게 법요를 받아서 821년 최초로 들여온 기록이 있으니 해동 제1조의 기록은 맞으나, 몇 년 후 신감(神鑑: 제8조 마조의 제자. 9조 법맥인 셈)의 제자로 인가를 받아 830년 귀국한 대선사 진감 혜소 또한 선가에 미친 영향이 도의(道義) 못지않고 진감 영향 하의 선문인 봉암사 희양선문이 북종선과 남종선의 종합 영향으로 유일하게 고려까지 전통을 유지하여 지눌의 사상인 돈오점수의 사상에 영향을 미쳤다고 볼 수 있으니 여기에서는 기록과 그의 영력에 따른 영향력도 함께 보려는 관점이다.

이렇게 볼 때 혜명은 앞선 지혜의 소유자였으며 과감한 종교예술의 실천가였다.

은진미륵불 이전 이후의 파주 미륵불(1090년경 조성) 등 여러 장엄한 미륵상이 조성되었으나 미륵세계의 초정밀과학 시대의 상징성을 대두상(大頭相)으로 이보다 더 두드러진 표현으로 조성된 미륵은 없는 것으로 보아 혜명의 혜안과 과감한 독창성을 알아볼 수 있고 또한 용화시대 상황의 두루마기 도포자락 법의, 눈동자를 표현함에 미리 파놓은 화강암의 사이에 검은 점판암을 끼워 넣어 1000년의 풍상에도 끄떡없이 견디게 조성한 그 정교함의 품격이 혜명의 품격을 대변한다. 불상은 조성한 분의 영력이 스며들어있는 것이니 그간의 난국마다 땀을 흘리는 영험함이라던가 여러 신험(神驗)함을 비추어 볼 때 혜명은 고승이시다.

③ 탐밀(探密: 황해도 黃州 龍興郡 출신)은 25세에 출가하여 뜻을 굳게 하여 고행하였다. 승복 한 벌과 발우 하나로 생활하였으며 매우 추운 날이 아니면 신을 신지 않았고 하루에 한 끼만 먹으면서 계율을 엄격하게 지키고 수행에 힘썼다. 화엄교관(華嚴教觀)을 수학하고 1028년(고려 현종 19년)에 연주산(묘향산)에 들어와 안심사(安心寺)란 암자를 짓고 수행하였는데 그의 명성을 듣고 조카인 굉확(宏廓)이 1038년 찾아와 기운을 합치고 덕을 키워 명예가 높았다. 따르는 무리가 많아 1042년 243간 대규모 사찰을 창

건하여 이름을 묘향산 보현사라 하였다. 향산(香山) 이름은 묘향산에 향나무가 많아 도량에 향내가 배어 묘향산이고 나무의 마지막 나무가 향내나는 향목이며 동시에 사람도 수행의 끝에 몸에서 향내가 나는 최상위(最上位)를 상징하는 최고의 성지를 뜻하는 것이고, 보현이란 도량에 서면 향내 즉 되는 땅 자비의 땅이며, 탐밀과 조카 굉확과 따르는 무리 300여 승려 모두 합심하여 탐밀의 정신을 충실히 계승하여 수행의 실천이 타의 모범이 되었음을 상징하는 것이고, 또한 본래 보현보살이 자리를 정하고 통일신라의 의상도 자리를 보았다고 전하는 말은 특히 수행에 전념하기에 최고의 성지임을 말하는 것이다. 후에 문종이 이러한 수행의 얘기를 전해 듣고 감명을 받아 토지를 하사했으며(1067), 수행의 결심도 그러하거니와 수행이 저절로 되는 기막힌 터 또한 사실로써 서산 묘향산 수행 40년에 대선사요 고려말 대선사 나옹도 수행한 동국 최고의 수행터이다. 탐밀이 스스로 찾았던 혹은 선몽(先夢)으로 보았던 그의 전세의 수행훈습(修行熏習)의 결과로 그동안 가려졌던 묘향산 속의 대버덩 천하제일 수도도량을 골라내었고 덕화가 하늘에 닿으니 그는 대복자요 고승임에 틀림없다. 선지식이시다.

④ 지공(指空: 인도 마갈다국 출신 승, 1300~1361)은 북부인도의 마갈타국 왕자출신이다. 8세에 부왕의 치유를 위해 출가하였다. 나란다사원에서 Vinaya bhadra(비우나: 제거, 律. 봐어: 현명한. 律賢)에게서 경율론(經律論) 공부를 하였다. 지공의 시대보다 한 세대 전쯤 티베트의 인도순례승 Dharmasvamin 그가 머문

1224~1246년의 인도의 사정이 '나란다 본사원은 이미 이슬람에 의해 파괴되었고 겨우겨우 남아있는 70여 승려가 승원장 밑에서 공부하더라'고 전한 것을 보면 지공은 명맥만 유지하던 초라한 나란다에서 인도불교 유지(維持)의 뜻이 있던 스승에게 공부한 셈이다. 스승 율현이 지공을 남인도로 보냈다. 스리랑카에서 보명(普明)이 지공에게 물었다. "나란다에서 여기까지 몇 걸음에 왔는가?" 지공이 6개월 수행 후 "두 다리 사이가 한 발자국입니다" 답하고 인가(印可)를 받았다. 동남아시아 티베트를 거쳐 원에 들어오고 다시 26세에 고려에 왔을 때(1326년) 활불(活佛)로 칭송되었다. 원제(元帝: 진종)의 어향사(御香使) 신분으로 2년 7개월간 고려에 다녀오면서 고려의 산천과 고려 승의 진면목을 알아본 것이다. 원(元) 태정제(泰定帝)를 대신해 법기보살(法起菩薩) 상주처 금강산 명찰(名刹)에 향 공양을 올리는 어향사 자격이었다. 천하명당 통도사는 들렸고 금강산 어향사였으니 당연히 금강산 건봉사도 다녀갔을 것이다. 이미 중국에서는 금강산 건봉사를 모르면 불자가 아니라 하였다. 1348년 연경 법원사에서 나옹을 다시 만났다. 나옹의 법그릇(法器)를 알아보고 제자로 삼았다. 인도의 불교맥을 나옹에게 전수하였다. 생전에 양주 회암사를 나란다국제대학으로 부활시킬 꿈을 가졌다. 나옹에게 회암사를 중창할 것을 부탁하였다. 1370년 지공의 영골(靈骨)이 고려에 이운되어 나옹은 회암사 중창에 착수하였다. 그는 인도불교의 맥을 고스란히 지니고 제 발로 걸어와 고려에 전하고 제자를 키우고 스스로 동국에 뼈를 묻은 14세기 고려불교의 보물이었다.

⑤ 벽송지엄(碧松智嚴, 1464~1534, 부안 출신)은 어머니가 인도의 스님이 예를 올리는 태몽을 꾼 후에 태어난 전생의 인도승이다. 전생 인도의 아리안의 육신이 남아 골격이 크고 기상이 웅혼하여 어려서부터 공부를 겸해 칼 쓰기를 좋아하여 병서(兵書)에 능했다. 1491년 여진족이 쳐들어왔을 때 공을 세웠으나 인생의 허무함을 느끼어 계룡산 상초암(上草庵) 조징(祖澄) 밑으로 출가하였다. 다시 황악산의 벽계 정심(正心)에게서 선을 배웠다. 다시 금강산 묘길상암에서 임제종(臨濟宗)의 전통을 이은 돈오 바탕의 선사 대혜종고(大慧宗杲, 남송, 1088~1163)의 『대혜어록(大慧語錄)』을 보고 '개에도 불성이 있는가'를 참구하였고, 남송 고봉(高峯), 원묘의 『선요(禪要)』에서 알음알이(解)를 내려놓았다. 1520년 56세에 함양 지리산(智異山) 벽송사(碧松寺)를 중창하였다. 지리산은 대지문수사리보살(大智文殊師利菩薩)에서 유래된 문수보살 상주(常住)처이다. Mañjuśrī(만주으리) 지혜의 지(智)와 주으리의 음차인 리(利)의 대체 이(異)가 결합하여 지리산(智異山)이다. 지세로는 일명 청학산(青鶴山)이다. 입구인 함양 땅이 청학포란형(青鶴抱卵形)이니 넉넉한 지세와 더불어 타향에서 들어온 사람들이 오히려 더 잘되는 푸근한 땅이다. 좋은 곳에 자리한 벽송사는 오늘날까지 선가의 도량으로 자리한다. 지엄은 1534년 지리산 수국암에서 입멸하였다. 입멸 시 얼굴빛이 변함이 없고 팔다리가 산 사람처럼 부드러웠다. 이는 수행 훈습의 결과로 피가 맑음을 의미하는 것이니 다음 생은 원만히 원하는 곳을 자유롭게 갈 수 있음을 뜻한다. 지엄은 당(唐) 승려 종밀(宗密, 780~841)의 『선원제전집도서(禪源諸詮集都序)』와 지눌의 『절요(節要)』[90]를 통해 불교 공부의 개

념을 잡고 『대혜어록(大慧語錄)』과 남송 고봉(高峯)선사(1238~1295)의 『선요(禪要)』[91]를 통해 선의 핵심을 배웠다. 즉 지엄은 지눌의 선교통합인 정혜쌍수(定慧雙修)를 따랐다. 이것이 17~18세기에 사미과(沙彌科: 『서장書狀』·『도서都序』·『절요節要』·『선요禪要』), 사교(『능엄경』·『기신론』·『금강경』·『원각경』), 대교과(『화엄경』)로 강원교과(講院教科)로 완성되었다. 또한 지눌의 선교겸수와 간화선풍을 이었으며 교선정(教禪淨) 3문을 지향하여 후에 서산이 이어 완성하게 된다. 학교 교과의 완성이요 수행공부법의 완성이요 종교의 종국 극락의 완성인 셈이다. 결국 지엄의 종합적인 생각과 전세의 복으로 지엄 문하의 이어지는 수승(殊勝) 제자(선화자 · 영관 · 서산 · 사명)의 영향으로 오늘날 한국불교의 틀을 다진 셈인데 교학의 체계에 밝은 전생 인도승이 인연이 되어 한국불교의 틀을 다진 셈이다. 모두 Bhāmuni로 시작되는 동국과 석가모니 인도와의 끈끈하게 이어지는 인연의 맥이다.

⑥ 조선의 진묵(震默, 1562~1633: 김제 만경 불거촌 출신)은 인조 때

90) 『법집별행록절요병입사기(法集別行錄節要幷入私記)』 줄여 『절요(節要)』라 한다. 저자는 보조국사 지눌이다. 수행지침서이다.

91) 초급반 교재이다. 『서장(書狀)』과 『선요(禪要)』는 순수한 선사상이요, 『도서(都序)』와 『절요(節要)』는 선교(禪教)의 양사상을 동시에 저술한 것이다.
『서장(書狀)』은 임제종(臨濟宗)의 전통을 이은 돈오 바탕의 대혜종고(大慧宗杲)선사(남송, 1088~1163)가 묵조선(默照禪)보다는 간화선(看話禪)의 활구(活句)를 통한 빠른 깨달음을 일깨우기 위해 42인의 선객과 60여 회의 문답편지를 시자혜연(侍者慧然)이 기록하고 정지거사(淨智居士)가 중편(重編)한 것이다. 고려의 보조국사 지눌이 간화선을 받아들이면서 즐겨보았다.
『도서(都序)』는 당(唐) 승려 종밀(宗密, 780~841)이 저술한 『선원제전집도서(禪源諸詮集都序)』를 말한다.
『선요(禪要)』는 남송 고봉(高峯)선사(1238~1295)의 저술이다.

의 고승이다. 만경면 화포리(火浦理)는 불덩어리갯마을 즉 부처가 사는 마을(佛居村)이란 뜻이다. 진묵이 태어나기 전 3년간 불거촌 초목이 시들었다한다. 7세에 전주 봉서사(鳳棲寺)에서 출가하여 절 입구의 신장단(神將壇)에 향불을 올리는 소임을 맡았을 때 얼마 후 주지의 꿈에 신장들이 나타나 '우리는 부처를 지키는 신장들인데 우리가 부처의 봉향을 받으니 송구하기 그지없다'고 하였다 그 이후 진묵은 작은 부처로 불렸다. 봉서사에서 5리(里) 떨어진 곳에 김봉곡(金鳳谷, 1573~1661)이 『성리대전(性理大全)』을 빌려주었는데 진묵이 책을 짊어지고 걸으며 하나씩 버려서 이유를 묻고 내용을 물으니 한자도 틀리지 않았다. 31살에 임진왜란이 터졌으나 서산, 사명과 같이 전란에 참여하지는 않고 민중들의 마음을 달래는 일에 열중하였다. 그의 오도송(悟道頌)이다. 천금지석산위침 월촉운병해작준 대취거연잉기무 각혐장수괘곤륜(天衾地席山爲枕 月燭雲屛海作樽 大醉居然仍起舞 却嫌長袖掛崑崙: 하늘을 이불로 땅을 베개 삼고, 달을 촛불로 구름은 병풍으로, 바다는 술통으로 삼아 크게 취해 춤을 추니 긴소매가 곤륜산에 걸릴까 걱정이로세). 선가의 오도송이나 그 밖의 선시들은 대체로 영력을 우주만물과 더불어 인간을 한 뿌리로 생각하여 인간의 가치를 고양시키고 호연지기(浩然之氣)를 일깨우는 생각의 바탕이 깔려있는데 이는 종교의 근본을 올바르게 바라본 것이다. 그 무리 속에 합류하면 나의 타고난 영력에 보태어 플러스되는 영력이 있어 남는 장사가 된다는 것이니 태어난 보람이 있게 된다. 대승불교의 장점이 바로 이것으로 적극적으로 행동하여 나를 플러스시키라는 것이다. 진묵의 오도송은 바로 그런 전통에 부합된 것이다. 수행의 경지 끝이 무엇을 지향하는지를 정확히 안다. 종교가 그것을 따르는 인간을 데려다 결과를 좋게 만들어야지 허구한 날 '무엇은 하지 말아라. 그런 짓 하면 죄 받는다' 심장에 압박이나 되는 문구나 사용해 협박하는 것이면, 그 심장이 쪼그라들어 다음 생에 쭉정이의 생을 받게 되니 이런 종교는 종교의 근본을 망각한 것이다.

자고로 영(靈)의 주체는 확실한 것이나 신(神)의 주체는 없는 것이다. 영(靈)이 부르는 것이 신(神)이니 영의 묘(妙)를 이용하는 것이다. 진묵의 일화 중 아들을 낳기 위해 백일기도를 시작한 신도에게 곡차를 가져오면 아들을 낳게 해주겠다 하고는 기도가 다 끝나도록 법당에 들어와 염불을 해주지 않은 일이 있었다. 신도가 불만이 쌓여 투덜대자 진묵은 나한전에 마지못해 들어가 "보살이 애기 낳기 원하는데 소원 한 번 들어주지"하며 일일이 나한의 뺨을 때렸다. 그날 밤 보살의 꿈에 나한이 나타나 뺨을 맞아 몹시 아프니 제발 진묵에게 그런 부탁을 하지 말아 달라고 하였다. 그 후 보살은 아들을 낳았다. 이것은 지상의 도인이 하늘의 혼줄의 왕래법을 꿰뚫고 혼줄 하나를 끌어당겨 아이를 낳게 만든 것이다. 동국 선승의 영력의 힘이 이러하니 티베트불교의 라마승 계승제도가 우습다는 것이다. 필요할 때 남의 자식이고 내 상좌고 끌어다 놓고 때가 되면 오게 만든다는 것은 귀신법에 능통하고 힘이 있어야 가능한 것이다. 소위 남의 생사를 나의 힘으로 끌어당기니 아무나 가능한 것은 아니다.

그런 그도 전세의 악연이 있었으니 앞서 말한 유학자 김봉곡이 진묵의 도력을 늘 시기하고 질투하였다. 71세 되던 해 봉서사에서 상좌에게 이르되 8일간은 법당의 문을 절대 열지 말도록 단단히 당부하고 양미간(兩眉間)의 혼(魂)구멍으로 나와 선경(仙境)을 관람하였다. 김봉곡이 멀리서 보니 봉서사가 유난히 환한 기운이 가득하였다. 상좌에게 와서 물으니 우물쭈물하는 것이 의심스러워 강제로 법당 문을 열게 하니 진묵의 육신이 널부러져 있는 것을 보고 상좌의 죄를 묻겠다고 협박하여 호통을 쳐 혼이 나간 8일째 되던 날 화장을 시켜버렸다. 어디서나 이런 못된 놈들이 있다. 육신을 잃어버린 진묵이 돌아오지 못한 것이다. 진묵이 보살의 경지였다면 산신을 시켜서라도 그 밑의 사람이 사건을 만들어서라도 화장되기 전 육신을 일으켜 세웠을 것이다. 또한 김봉곡같은 전세의 악연이 없었더라도 정신없이 선경을 관람하다보면 시간을 잊어 30일이 넘게 되는 수도 있는데 이때도 영력 도수 300°보살이라면 우주자연이 어떤 사건을 일으켜서라도 혼이 육신으로 돌아오게 만든다. 육신은 물 없이 창자가 썩지 않고 버티는 한계가 위대한 도력자라도 최대치가 한 달이다. 그런저런 이유로 인해 진묵은 선지식으로 분류된 것이다. 그의 사상적 기반은 서산(西山)에 있다하여 서산의 유가귀감, 도가귀감, 선가귀감의 3교종합의 정신을 따랐다. 시대의 환경과 무관하게 자유로이 산 인간의 모습이다.

그 밖의 참고가 될 선지식급의 인물로 송구봉을 언급해야 하는 것은 『해동도승전』에 거사(居士)로 구분이 되어 언급되어 있는 것을 계기로 한다고 하였으나 굳이 그런 억지 이유가 아니더라도 영력을 다루는 데에 있어서 양심상 송구봉(宋龜峰, 1534~1599)

을 빼고 얘기할 수는 없기 때문이다. 구봉산(龜峰山)은 현재 일산 북쪽 파주 교하(交河)에 있는 산으로 현재의 심학산(尋鶴山, 해발 194m)이다. 구봉산은 동쪽의 도봉산의 맥이 서해안 가에 맺힌 봉으로 거북이가 물을 만난 형국의 명산이다. 이것을 영조 때 궁중의 학이 날아가 여기에서 찾았다 하여 심학산으로 고쳤다 하는데 질이 떨어진다. 거북이로 돌려놓아야 맞다. 원래 서해안은 높은 산은 아니되 작은 명산이 여럿 존재하는 곳이라 물산(物產)이 풍부하고 사람이 살기는 조건이 좋아 예부터 인구밀도가 높은 지역이다. 특히 교하(交河)는 한강과 북쪽의 임진강이 합하는 지역이라 더할 나위 없이 핵심지역이다. 송구봉은 한성에서 태어나 현재 교하 산남동 구봉산 기슭에서 자랐다. 그의 아버지인 송사련(宋祀連)은 본래 평민 출신이었으며 그가 그를 보살펴주던 안 씨 집안을 역모죄로 밀고한 이후 벼슬길에 오른 이후에 송구봉의 어린 시절은 유복하였으나 24세에 초시에 합격 후 아버지의 무고행위와 출생 신분 문제에 의해 자격을 박탈당하였다. 34세 때는 안 씨 집안의 역모죄는 모두 무혐의가 되었다. 53세 때는 송 씨 집안은 천민으로 돌려졌다. 평생 그의 친구인 율곡 이이(1536~1584)가 집안문제로 어려울 때마다 그의 방패막이가 되고 그의 뒤를 보살폈다. 성혼(成渾, 1535~1598) 정철 홍가신(洪可臣) 등이 친한 벗이었다. 서인(西人)의 숨은 지주(支柱)이자 좌장(座長)이다. 전생 동해용인 율곡 이이는 송구봉의 학문을 존경하였다. 그는 스승 없이 성리학(性理學)을 깨우쳤으며 구봉산 밑에 서당을 짓고(현 일산 송포동) 제자들을 가르쳤을 때는 모르는 것을 묻게 하였지 일일이 가르치는 일은 없었다. 스스로 책을 보고 의

문점이 드는 것을 물으면 가르치는 것이지 회초리로 가르치는 주입식 교육은 송구봉과는 다른 세상이다. 이것은 아주 상근기(上根機)들만이 택하는 교육법이다. 스스로 터득한 것을 그런 방식으로 가르친다. 이런 교육이라야 평생 잊지 않는다. 그의 제자에 김장생(金長生)이 있다. 그도 초기에는 적응이 안 되어 고생하였다. 고지에 오르기 위한 고행이었던 것이다. 훗날 예학(禮學)의 종장(宗長)으로 불렸다.

하루는 판서 홍가신(洪可臣)이 송구봉을 만나려고 동생 홍경신(洪慶臣)을 시켜 편지 좀 전해라 했는데, 동생이 "아니 내가 왜 종놈을 만납니까?" "그래 편지 전하기만 해라." 그래서 하인을 데리고 송구봉 집에 가서 부르니 안 나오더라, 경신이 종놈의 새끼가 이럴 수 있느냐 고함을 지르는데 "익필이 있느냐?" 악을 쓰니 송구봉이 듣고 이상해서 마루에 나가 "그 뉘시오?"했는데, 홍경신이 소리에 놀라 정신이 아득하여 엎드려서 절을 하고 도망질 했는데 … 그 말이 전해진다. '무릎이 시어서 엎드린 거지. 내가 종놈한테 절할 일이 있느냐(非我拜비아배 膝而自屈也슬이자굴야)' 홍참판이 멀리서 봤길래 망정이지, 마주 보고 앉았으면 기절이라도 하지 않았겠는가. 후에 홍경신도 송구봉을 따르고 존경하게 되었다. 율곡이 송구봉을 추천해 선조가 송구봉을 만나니 눈을 감고 있다. "눈을 떠라." 중동(重瞳: 쌍알)의 눈을 뜨니 선조는 기절초풍하여 "그냥 그대로 얘기해라." 어디 그게 사람의 눈이더냐. 그렇다. 그는 전생의 백두산 왕자(王字) 이마 대호였다. 세상의 호랑이 중에 산신(山神)의 호위를 받는 대호는 백두산 왕자 대호

뿐이다. 쌍알의 눈과 압인지기(壓人之氣)는 대호의 기상이다. 그리고 한 생은 사람으로 선승(禪僧)을 거쳤다. 그의 학문의 신념인 『논어』의 극기복례(克己復禮)와 직심(直心) · 직언(直言) · 직행(直行)의 직설(直說)이 대호의 무심(無心)의 평상심과 거침없는 순간 집중력 그리고 선문(禪門)의 마음자리와 일맥상통한다. 겉은 사람이되 내용은 호랑이요 겉은 유가(儒家)의 학문이되 내용은 선가(禪家)인 셈이다. 이이의 성(誠)과 이황의 경(敬)사상과 대비되는 대목이다.

12세기 주자(朱子)의 성리학의 이기설(理氣說)은 사실 그 뿌리는 불교의 연기공(緣起空)에 있는 것으로 이(理)가 공(空)에 대비된다면 기(氣)는 연기(緣起)에 근거하는 것이다. 연기(緣起)는 만물의 생성원리 법칙이니 과거 이래 시간 포함 현실의 이론이요 공(空)은 그 연기의 근원존재 이론이니 하늘의 법이다. 이이의 이기설(理氣說)은 이기불이(理氣不二)의 바탕 위에 설명되는 이원론(二元論)으로 '기발이승일도설(氣發理乘一途說)'은 기(氣) 위주 즉 연기법 위주로 공을 섭렵하려는 이론 다시 말해 현실 위주에서 하늘을 설명하므로 성품은 성(誠)이요 또한 율곡은 전생 용의 화생(化生)이라 극선자(極善者)의 성품인 변함없는 성(誠)이요, 퇴계는 이(理) 중심의 철학으로 이기호발(理氣互發: 仁義禮智 四端은 理發, 喜怒哀懼愛惡欲 七情은 氣發)이라하나 어디까지 이(理)가 중심이므로 기(氣)는 이(理)를 따르기 위해 끊임없이 닦아야 하는 것이므로 당연히 하늘 위주의 이론인 경(敬)사상이다.

선조(재위 기간 1567~1608)가 그를 임란(1592~1598) 전에 동래부사라도 시켰다면 왜군의 수군은 육지에 발을 디디는 일은 없었을 것이다. 동인을 척결한 정여립난과 기축옥사(己丑獄事, 1589)의 기민한 동인(東人)척결 과정을 볼 때 송구봉의 지혜는 검증이 된 셈이다. 선조의 안목이 어떠함인지 보이는 대목이다. 구봉은 임진왜란 전 임진강나루 화석정(花石亭)에 율곡, 성혼 등 친구들과 앉아, "잠자리를 그리고 이건 아직 안 된다. 시간이 너무 이르다. 다시 지네를 그리고 이것도 아직은 안 된다. 다시 거북이를 그리고 이건 된다. 이순신을 시키면 된다. 이순신의 성격으로 보아 이건 완성시킬 수 있다"고 한 일화가 있다. 비행기 탱크는 아직 안 되고 거북선인 특수 목적선은 가능하다고 본 것이다.

전세의 호랑이가 사람 세상에 나와 자잘한 업력의 충돌로 인해(특히 그의 아버지와 관련된 복잡한 일로 인해) 대접을 받지는 못하고 그의 지혜를 쓸 기회를 얻지 못하고 그나마 그가 할 수 있는 일을 찾아 이런저런 일을 시도한 사실이 참으로 고마운 일이다. 고려의 영웅 강감찬과 비교해 그 지혜가 몇 배는 뛰어났을 송구봉이 역사에서 그렇게 제자리 하나 차지하지 못하고 스러져간 일은 참으로 애석한 일이다. 난세에 때맞추어 구국의 팔자로 태어났음에도 불구하고 그를 알아보지 못한 선조는 무능한 군주다. 송구봉의 제자인 조헌이 금산싸움에서 영규와 융통성을 발휘하지 못하고 고집으로 전멸한 일은 스승의 얼굴에 오점을 남긴 것이다.

임진왜란 시기 친구 성혼의 문하 비운의 의병장 김덕령(金德齡, 1567~1596) 장군은 무등산신(無等山神)의 환도인생으로 그 또한 송구봉에게 지도를 받았다. 무등산신은 영력 도수 100°이상이라 그는 비상한 재주를 타고났다. 무등산은 평지에 우뚝 솟아 바위와 더불어 기개가 있는 산세로 김덕령의 됨됨이가 그러하였다. 비록 친형의 만류로 전쟁 초기부터 참여할 순 없었고 강화(講和)협상 시기에 나타나 전공이 뚜렷하지는 못했지만 일본군은 그의 용맹함을 알고 전투를 회피하였으며 그의 활약으로 경상의 진주 전라 땅을 온전히 보전할 수 있었다. 그는 1593년 전주 과거시험장의 영웅이었다. 선조의 세자 광해군의 눈에 들어 익호장(翼虎將) 칭호와 군기를 수여받았다. 말도 안되는 역모의 억울한 누명으로 30세에 죽임을 당하였으나 훗날 모두 명예를 회복하였다. 동인(東人)의 유성룡이 그를 살리려는 의지가 적극적이지 않았다. 전쟁 시기에 유능한 장수는 나라의 보물인데 다시 결정권자인 선조의 무능함이 드러나는 대목이다. 아무튼 송구봉은 이 땅에 선지식으로 태어나 국가의 누란(累卵)의 위기에 늘 뒤에서 걱정하고 그가 할 수 있는 조치를 취한 숨은 애국자 호랑이였다.

(3) 신라의 대선사

1) 애초인 아도(阿道)와 건봉사

초조(初祖) 아도(阿道)는 어머니 고도령(高道寧)이 해와 달이 품에 들어오는 선몽을 꾸게되는 예를 갖추고 세상에 나왔다. 아도는 한자어로 아도(阿道), 아도(我道), 아두(阿頭) 등으로 불리는데 모두 hetu의 음차이다. hetu는 싹 아(芽)를 뜻하는 인과법의 因(cause)이며 동시에 motive인 어떤 행동의 시초이기도 하다. hetu를 발음할 때 단음절이면 아, 애이며 두 음절이면 애뚜, 애초가 되는 것이다. 시조를 뜻하는 말이다. 아버지 아굴마가 있는 북위(北魏, 386~534, 선비족: 선비족은 Hun – 선비 – 위글 – 돌궐 – 거란 – 몽고로 이어지는 고조선계통의 후예이다)나라에 16세에 가서 현창(玄彰)화상(416~484)에게 대승불교와 삼론(三論)[92]을 배우고 19세에 다시 고구려로 돌아온다. 어린 시절부터 대동강가에서 물고기 밥만 10년을 준 공덕이 있다. 다시 어머니께서 신라의 Sravasti(쉬러왔어, 서라벌)에는 전생부처의 수도처 7가람터[93]가 있으니 그곳이 너의 뜻

92) 『중론』·『십이문론』·『백론』이다. 대승불교의 공사상에 관한 연구 중관학파의 논서들이다.

93) ① 금교(金橋) 동쪽 천경림(天鏡林) 지금의 흥륜사(興輪寺), ② 삼천기(三川岐) 지금의 영흥사(永興寺), ③ 용궁(龍宮)의 남쪽 지금의 황룡사(皇龍寺), ④ 용궁(龍宮)의 북쪽 지금의 분황사(芬皇寺), ⑤ 사천(沙川)의 끝 지금의 영묘사(靈妙寺), ⑥ 신유림(神遊林) 지금의 천왕사(天王寺), ⑦ 서청전(婿請田) 지금의 담엄사(曇嚴寺)이다. 이 7가람터에서 과거칠불 Vipassi(理봤어, 勝觀, 淨觀), Sikhi(織 結髮, 飾 왕관, 識 최고의 지식: 결발에 관모를 쓴 부처) Vessabha(一切봐, 일체존재, 一切有), Kakusandha(갖고쥔다, 成就美妙, 頂結),

을 펼칠 곳이라고 하였다. 어머니의 말씀을 듣고 신라로 건너와 소지마립간 재위 479~500년 시절에 일선군(一善郡) 털네(毛禮)의 집(현재 구미 道開面)에서 굴에 머물며 수도하였다. 고구려와 달리 신라는 불도(佛道)를 환대하지 않아 민가에서 시작한 것이다. 모례집 우물도 남아있다. 일하며 수도하기를 수년, 천지가 환하고 향냄새가 진동하며 대사가 계신 하늘에 빛이 올랐다. 한겨울에 칡넝쿨이 있는 땅을 찾아 산으로 오르니 아도가 참선을 하고 있었다. 털네가 시주하여 암자를 지어 부처님을 모시니 금당암(金堂庵)이요 지금의 선산 도리사(桃李寺)이다. 한겨울에 5색 복숭아 꽃과 배꽃이 만발하였다. 신라 최초의 절이 된다. 도리사를 품은 산은 냉산(冷山, 태조산, 692m)이요 멀리 저녁노을 빛을 받아 하늘로 나는 까마귀 형상의 산을 금오(金烏, 977m)라 하였다. 까마귀는 하늘에 닿는 새요. 황금빛을 받은 까마귀는 태양의 아들이요, 태양은 불덩어리 불이요, 부처불(佛)인 하늘신의 상징이다. 마치 세상의 지붕 천산(天山)산맥에서 바라보이는 동쪽 저녁노을에 찬란히 빛나는 황금빛 산 알타이(알太, 알태양, 태양의 알, 불덩이神 황금빛 산) 산맥의 붉음과 같은 신라의 성스러운 산이 바라보이는 땅 최초의 불덩어리(佛) 개산(開山)이다. 아도가 가져온 것으로 보이는 크고 영롱한 석가세존 사리 1과가 전해진다. 아도의 좌선대가 있다. 아도는 낙동강 줄기가 보이는 냉산에 올라 손가락으로 서쪽의 황악산(黃嶽山)을 짚어 저곳이 훌륭한 터가 있는데 저곳에 절을 지

Kanakamuni Konagamana(큰아가뭐니, 乾아가뭐니, 태양아가뭐니, 황금빛尊者, 金仙人), Kassapa(可視, 빛 퍼, 飮光佛) 석가모니불의 7불이 인연이 있는 것이다. 이중 황룡사의 불전 후면의 연좌석(宴坐石)이 가섭불의 수도터이다. 동국 불국토사상은 아도에서 시작된 셈이다.

으면 나라에 도움이 될 것이라고 한 곳이 지금의 직지사(直指寺)다. 당시 공주가 아파 기도를 통해 고쳐주었다. 왕이 고마움에 소원을 묻자 "천경림에 절을 짓고 불법을 전하고자 합니다"하여 지은 사찰이 흥륜사(興輪寺)이다. 이때 모례의 집에서 나오게 된다. 그리고 수록(手錄)의 누이동생이 아도에게 배워 절을 지으니 영흥사(永興寺)이다. 전생부처 가람터의 재건이다. 『삼국유사』에 이때의 왕이 미추왕(재위 261~284)이라는 기록은 시기가 맞지 않는다. 왕이 죽자 다시 민심이 냉냉해져 흥륜사가 폐사되고 다시 그는 모례의 집으로 돌아오니 냉산에 그가 입멸한 금수굴(金水窟)이 있다. 털례의 어진 신심이 장하다.

아도의 인생은 건봉사(乾鳳寺) 창건(520년)에서 화룡점정(畵龍點睛)이 된다. 금강산 천지의 유일한 천하명당이요 동양 최고의 부찰 터이다. 그의 원력에 감응한 하늘이 내려주신 가피이다. 그러므로 3대명찰 창건 대선사는 대복자를 겸한다. 원각사의 이름으로 창건되었으나 훗날 산 서쪽에 비상하는 석봉(石鳳)이 있는 것을 상징하여 서봉사(西鳳寺)로 불리다가 고려의 대선사 나옹이 중창 후 건봉사로 개칭하였다. 전반적으로 산의 향(向)은 동향이나 개울 뒤 대웅전좌(大雄殿坐)에서는 다시 남향 구조의 막힘없이 트인 터이다.

건봉사는 그 지형의 가피뿐 아니라 땅을 감싼 주변의 기후조건 또한 수행에 적합하니 그 지역(관북지역)은 통고설 양강풍의 중심지역이다. 통천 고성의 눈, 양양 강릉의 바람이다. 금강산 일대의 통천, 고성의 눈(雪)이 세계적인 것은 이미 널리 알려져 있다. 겨울이면 수북한 사람 한길 정도의 적설은 늘 기본으로 안고 산다. 월정사 승(僧)이 어느 봄날 소에 걸터앉아 대관령을 넘다가 강풍을 맞아 소는 경포대 앞바다에 스님은 동해바다로 날라 갔다는 일화는 틀린 말도 아니다. 1980년대 후반까지도 간성에서 건봉사 들어가는 길목인 해상리 산밑 기슭의 22사단 예하 소부대들의 슬레이트지붕 위엔 모두 폐타이어들을 묶어 얹어놓았으니 자다가 봄바람에 내무반 지붕이 날아가는 일이 흔했다. 그러기에 사람 살기에 나쁜 조건 아니냐고 할 수도 있겠으나 역으로 생각해보면 겨우살이 수행에 좋고 거센 바람은 인간의 정신을 강인하게 단련시킨다.

일례로 큰절 위 암자승이 어느 해 겨울 기도 중에 쌀이 떨어져 한겨울 나려면 어찌하나 근심이 들던 차에 그날 저녁 서울에서 한 기도객이 쌀을 한 열 가마와 몇 가지 살림살이를 싣고 와 한겨울 기도 좀 하겠다 청한다. 그러시라고 방을 내어준 뒤 한 사흘 지난 아침에 그 사람 주지에게 와 고래고래 소리를 지른다. 자초지종을 물으니 인심 더러운 절이라며 이런 곳에서 어떻게 기도되겠냐고 한다. 말인즉슨 그가 온 날 저녁에 방 앞에 세숫대야가 없어졌다. 다음날은 기둥에 매단 칫솔이 없어졌다. 오늘 아침엔 치약이 없어졌단다. 승이 3일간의 바람길을 기억해보니 저 처사 오던 날 동풍이 심했다. 그다음 날은 서쪽 골바람이 갑자기 불었고 어젯밤은 돌기바람이 불었다. 처사께 "서쪽 산밑이나 개울 쪽 50미터 이상 올라가 대야 찾아보세요. 날아갔을 겁니다. 칫솔은 동쪽 아래 2~3미터 눈 속에 찾아보시오. 그리고 치약은 무거우니 툇마루 기둥 근처에 있을 겁니다"하였다. 그 처사 조금 후에 오더니 미안해서 어쩌냐고 하면서 가져온 쌀은 두고 간다고 하면서 후다닥 도망치듯 사라진다. 이건 강풍이 수행승을 지혜롭게 키운 것이며 천봉산 수행승의 밥통에 거미줄은 안 친다는 창건주이며 대선사이신 아도의 약속이다.

아도화상의 안목이 찬연하다. 아도화상으로 인해 동국은 가섭불인 Bhāmuni 점지(點指) 이후 만년향화지(萬年香火之)터의 성지(聖地)가 되었다. 그의 왕림으로 신라는 애국토 사상이 정립되었으며 그로 인한 남산도리하(南山桃李下) 결의 삼 형제인 원효, 의상, 윤필같은 애국도인이 속출하는 7대선사 배출 성지가 되었다.

2) 남산(南山) 도리하(桃李下) 결의 3형제

신라의 남산(南山) 도리하(桃李下) 결의 3형제인 원효(元曉, 617~686), 의상(義湘, 625~702), 윤필(尹弼, 대략 620~685)은 중국의 도원결의 3형제에 앞서는 우정과 가치가 있는 분들이다.

원효(元曉)의 시봉(侍奉)이 야운(野雲)이요 야운의 시봉이 의상(義湘)이다. 원효와 의상에 윤필이 보태어져 결의 3형제가 원효, 의상, 윤필(尹弼)이다. 이들은 모두 전세 바무니시절 달메재 결의 3형제인데 이제 신라 경주 땅에 동시대에 남산(南山)결의 3형제로 다시 모인 것이다. 인간 세상이란 한 사람이 뜻을 세워 나서면 두 사람이 막아서는 법이라 일찍이 일을 쉬이 도모하려는 자들은 결의형제라도 맺어 힘을 합치자고 결심하는 것이니 이것이 전생에 이미 맺어진 것이라면 무엇보다 든든한 하늘이 받쳐주는 뒷심이요 이것은 이미 그들이 전세에 닦아놓은 선업(善業)이다.

동국은 이러한 전세의 성취동기 목적으로 모인 아름다운 형제들이 역사에 여럿 보이니 그중 하나인 가야(구야, 크야, 가라, 겨레)의 김수로왕의 일곱 아들인 7불도 한(韓)·인(印)합작에 뿌리를 둔 아름다운 수행의 형제들이다. 쌍계사 칠불암의 광(光)·당(幢)·상(相)·행(行)·향(香)·성(性)·공(空)의 7형제들이다. 성각(成覺) 후 혜진(慧眞)·각초(覺初)·지감(智鑒)·등연(等演)·두무(杜武)·정홍(淨洪)·계장(戒莊)이라 하였다. 쌍계사에서 10킬로 떨어진 칠불암은 지리산 반야봉의 맥이 토끼봉을 거쳐 이어지는 자리(해발 800m)에 위치하며 옆의 다른 하나의 지맥이 그들이 공부하던 암자 북쪽 산봉우리 허북대(許北臺)이다. 외삼촌 장유보옥(長遊寶玉)선사를 따라 남해 낙가산(금산 보리암터)을 거쳐 가야산 수도 3년, 의령 수도산 사천 와룡산을 거쳐 101년 운상원(雲上院, 칠불암)에 들어와 103년 출가 6년 만에 성불하였다. 칠불암의 영험함은 신라로 이어져 구들도사인 담공(曇空)선사의 아자방(亞字房) 선방(한번 불을 지피면 한겨울 난다는 100일 구들방)의 영전표(靈傳標)로 이어졌다. 7불이 널리 받들어지는 날이 오면 종교는 효(孝)로 통일되니 눈꺼풀이라도 달고 다니는 원천이 제 어미이고 인간이 puruṣa(불의 子, 태양의 분신)라면 어미는 똑같이 brahma(붉음 창조자)가 되는 원리를 알게 되기에 범아일여는 가정에서 시작되고 완성됨을 깨닫기 때문이다. 이것을 한 배의 7형제가 모범을 보인 것이다.

이 같은 동국에 전세의 가섭불 Bhāmuni의 제자들인 3형제가 경주 땅에 다시 한 번 모이니 신라의 도리하(桃李下) 결의 삼 형제 원효(元曉), 의상(義湘), 윤필(尹弼)거사이다. 수행결의 형제들의 특징은 모두 전세의 사람이라는 특징이 있다. 사람만이 모여 상의도 하고 좋은 일에 원력을 세우는 합심(合心)이 되기 때문이다. 전세의 수행이 바탕에 깔린 만큼 시간의 머뭇거림이 없이 바로 지혜의 공부에 들어갈 수 있게 된다.

그들의 함께한 발자취는 관악산 서쪽 땅을 안양정토(安養淨土)의 염원으로 각자의 수도터를 정하여 삼성산(三聖山)의 수도터를 남겼다. 윤필(尹弼)이 일막사(一幕寺), 의상(義湘)이 이막사(二幕寺), 원효(元曉)가 삼막사(三幕寺, 677년, 문무왕 17년)를 지었는데 일막사와 이막사는 없어지고 삼막사(三幕寺)만 남았다고도 하고 현재의 삼막사가 세 분이 같이 창건하고 공부한 자리라고도 하고 삼막사 바로 위 100m 지점의 반월암(半月庵)이 일막사 터라고도 불리는데 아마 모두 그들 삼 형제가 공부한 자리일 것이다. 같이 모여 수행한 뜻이 있는 자리이다. 삼성산(三聖山)은 관악산과 이어지는 서쪽 삼성산 밑을 안양정토 극락보전으로 보아 아미타불의 주불(主佛)과 관세음, 대세지의 좌우 보처를 의미하기도 하고, 원효, 의상, 윤필의 수도 기념을 말하기도 하고, 고려의 지공, 나옹, 무학의 3화상의 수도터라 하여 그것을 기념하는 의미라고도 말해지는데 모두 대선사요 지공도 대선사급 선지식이니 이러거나 저러거나 모두 위대한 분들이 머물던 자리였다. 3형제든 스승과 제자 사이건 아니면 인도와 중국을 거친 동국의 결실이건 모두 화합의 의미가 각별한 땅이다.

삼성산에서 함께한 이후에는 각자의 개성에 따라 수행을 했으니 윤필이 문경 사불산(四佛山)의 대승사(大乘寺)의 부속암자인 윤필암(潤筆庵)의 원 창건주로 알려진 것과, 변산반도 개암사(開庵寺) 뒤 울금바위 중턱 원효방 옆의 사복의 굴이 있다(어릴 때의 이름으로 남아있다). 그리고 변산 내소사(來蘇寺)에 원효, 사복, 진표의 영정을 봉안한 것 등이 전한다. 윤필암은 고려 나옹의 사리를 봉안하기 위해 고려 때 창건된 암자이나(1380) 이곳은 본래 나옹이 출가했던 곳이라 한다. 이곳의 삼층석탑은 2기로 고려 초기의 탑과 위의 바위 위에 있는 삼층석탑은 신라 때의 것으로 이곳이 본래 신라 때부터 암자가 있었던 곳으로 추정이 되는데 본래 신라의 윤필이 자리를 정해놓았다고 알려진 곳이다.

윤필은 주로 거지들의 우두머리 사복으로 알려지고 사복은 어릴 때의 이름 사복(蛇福) · 사파(蛇巴) · 사복(蛇伏) · 사동(蛇童) 등으로 불렸다. 모두 뱀아이, 뱀아 정도의 뜻이다. 진평왕 시절 서라벌 만선북리(万善北里)에 사는 어느 과부의 아들로 태어났으며 남편도 없이 태어난 아이이며 태어나서도 열두 달이 다 되도록 말을 못하고 일어나지도 못해서 뱀이냐라고 붙여진 이름이다. 사복의 어머니가 돌아가시자 당시 고선사(高仙寺)의 원효를 시다림으로 청한 일이 있으며 "과거(가섭불 당시) 우리 함께 공부할 적에 경전 싣고 다니던 암소가 내 어머니일세. 같이 장사지냄이 어떠한가"하여 『삼국유사』하 4권 「사복불언(蛇福不言)편」에 전세의 바무니 제자들임을 스스로 밝힌 일이 있으며 원효 또한 그 말에 "좋다"하였다. 돌아가신 어머니를 활리산(活里山: 지금의 명활성明活城, 경주 보문호普門湖 서쪽 남북으로 뻗은 259m 산. 사로斯盧 6촌 중 고야촌高耶村의 마을터)으로 가서 원효가 포살계(布薩戒)[94]를 주고 법문을 하고 산에 장사지내려 하자 사복이 "옛 석가모니가 사라(śāla, 살아: 오두막집)나무에서 열반에 드셨으니 오늘도 그 같은 이가 있어 연화장세계(蓮華藏世界)에 들고자 하네"하고 띠풀 한줌을 땅에서 뽑으니 땅이 갈라지고 그 속 칠보난간의 장엄한 누각으로 어머니를 지고 들어가니 땅이 다시 메워지고 상여만 남았다. 이것을 보고 원효는 돌아왔다. 사람들이 추모하여 서라벌 소금강산(경주 소금강) 동남쪽에 도량사(道場寺)라는 절을 세우고 매년 점찰법회(占察法會)를 열었다.

원효가 고선사에 머물 때가 신문왕 재위 때(681~692)라 했으니 나이가 64세쯤부터 70세 사이에 머물렀다고 추정할 때 친구로 대화를 나눈 것을 보면 윤필의 생존 기간은 대략 620~685년 정도로 생각된다.

활리산의 보문(普門)이란 나복의 모친에겐 지장(地藏)보살(Ksitigarbha, 地가려, 地胎: 중생을 대지가 품듯이 보호하고 구제한다)이요 관세음(觀世音)보살 avalokitesvara[a(~와), va(봐: 觀), loka(누깔: 世間), tes(때), svara(소리)]의 관세음과 [a(~와), va(觀), loka(世間), gita(음, 노래, 진다), isvara(아이쉬워라)] 자재, 자유자재 관자재의 두 가지 의미가

94) uposadha: 엎어져 齋다. 한곳에 머물러 삼가고 정진하는 것.

있다.

윤필은 거사(居士)의 이름으로 걸림 없이 살다 갔다. 전세의 달메재 3형제 밥퉁이 퉁이의 성격이 비슷하게 이어진 셈이다. 소음인(少陰人: B형)이다.

윤필의 결의형제 원효(元曉, 617~686, 경북 경산 생) 또한 스스로 머리를 깎은 승이요 때로는 분소의(糞掃衣: 승복이 본래는 똥 묻은 옷이다)를 벗어버리고 자식이 있는 소성거사(小性居士), 복성거사(卜性居士)로서 스스로 형식에 걸림이 없었으니 그 또한 그로 인해 현재의 승가집단의 제도 안에서 바라볼 때 그는 은사가 없으니 승이 아니다, 공주를 취한 파계승이다 등 여러 가지 말들을 난무하게 만들어 본래의 자기를 감춘 특이한 경력의 소유자이다.

그러나 사실 그는 당시에 신라에 들어온 모든 경전을 섭렵하고 해석을 해본 아난(Ānanda: 안다, 다문多聞 제일. 훗날 경전편집 제일 공로자이다)이요 수보리(Subhūti: 쉽지, 쉽다, 공사상空思想 제일의 해득자이시다)이다. 『송고승전(宋高僧傳)』「원효전」에 '정밀한 의해(義解)가 신의 경지에 들었다'고 하였다. 그가 신라의 곳곳을 부지런히 다니며 수행한 암자만도 청량산의 원효굴, 개암사 울금바위 원효방, 봉화 자소봉 만월대 아래 원효굴, 팔공산 원효굴(吾道庵) 뒤 청운대 부근에 있다. 서당굴(誓幢窟)이라고도 불린다.(650년 의상과 유학 시도 포기 후 6년 뒤부터 6년간 수도처) 소요산 자재암 원효폭포 원효굴, 가야산 원효암 등과 수많은 암자에서 경전을 등짐지고 다니며 공부하고 저술한 경론의 주석서만도 100여 종 240권에 이른다. 이중 『금강삼매경론(金剛三昧經論)』·『대승기신론소(大乘起

信論疏』·『기신론별기(起信論別記)』 등이 전한다. 북한산 원효봉과 의상봉, 금정산 원효봉과 의상봉, 내소사 원효방 의상방, 예산의 가야산 원효봉, 거창 가조면 전생에 와본 곳임을 알아봤다는 우두산 견암(見庵, 혹은 古見寺 의상과 더불어 창건) 등 그가 얼마나 의상과 더불어 이 땅을 디디고 다니고 아끼고 인연이 지중하고 인생을 치열하게 마주했는지 증명이 되는 셈이다.

650년 진덕여왕 4년, 의상과 더불어 유학의 왕명을 받을 시에 이미 그의 마음속은 그럴 필요까지 있겠는가를 생각했으니 그것이 당항성(唐項城: 경기도 화성華城) 해골바가지 설화[95]이다. 『송고승전』「의상전」에 '삼계유심 만법유식 심외무법 호용별구(三界唯心 萬法唯識 心外無法 胡用別求: 삼계가 마음속에 있고 만법이 마음에 있어 내 마음 밖에 법이 따로 있지 않은데 굳이 따로 구할 필요 있겠는가)'이것이 의상과 같이 진리를 구하되 그만의 개성이 드러나는 대목이다.

---

95) 650년(진덕여왕 4년, 당 고종 초년), 두 사람이 1차 육로로 실패하고 다시 같은 해 당항포로 2차 해로로 배타기 전날 일어난 사건으로 보인다. 이때의 배는 본국으로 돌아가는 당나라 사신의 배로 신라 사절단이 동승하였다. 왕명을 받았기에 배를 얻어 탈 수 있었을 것이다. 원효는 마음에 없었기에 해골바가지 사건을 일으킨 것이다. 『삼국유사』「義相傳敎편」(1차, 2차 모두 650년)과 다르게 2차 시도가 11년 후 661년(신유년)으로 기록된 「前後所將舍利편」은 착오로 생각된다. 650년이라야 의상의 나이 26세이고 등주 땅 선묘의 아버지가, 용모에 반한 것이지, 11년 후 37살의 나이의 의상을, 어린 딸을 둔, 아버지 입장에서 볼 때 선뜻 자기 집에 머물게 하지는 않았을 것이다. 또한 661년이라면 2차 시도 때의 원효 나이가 45세인데 당시 사회 여건상으로 볼 때 10년 이상 걸릴지 모를 유학 일정상 가기 힘들었을 것이다. 그러므로 650년이라야 34살 원효와 26살 의상이 유학이 적당하다고 판단하여 왕명을 내릴 수 있었을 것이다.

주체성과 용맹정진과 *Lankavatara*(랑카받들어, 랑카왔어: Laṅka는 śrilaṅka이며 햇살의 浪땅 거룩한 바다의 땅이니 여래의 땅이다. ālaya식과 여래장의 개념 사이에서 신神·불佛의 세상을 다시 맞이할 준비를 해놓은 것. 『入楞伽經』)의 여래장훈습인 정신혁명의 주체적 대승정신이 그의 사상의 핵심이다. 인간의 심층의식인 제8식 ālaya식을 밝게하고 이것을 더 쉽게 다루는 것이 그의 연구의 핵심이었다. 마음을 직접 맞닥뜨려 해결하고자 하는 것이었다.

그의 성격이 잘 드러나는 일이 있었는데 낙산사 홍련암 관음친견의 예이다. 동해안을 따라 내려가다 보면 왼쪽에 크지도 작지도 않은 돌기가 하나로 뭉친 혈자리가 있는데 그곳에 낙산사가 자리한다. 그곳은 백두대간 줄기의 중간쯤 되는 자리로 동해의 용왕 또한 오고가기 좋은 동해의 중간쯤 되는 자리다. 그러기에 간성, 양양, 속초 이쪽은 영험함 또한 늘 유지되는 자리라 여러 가지 이야기가 전해지는데, 신라의 조신(調信)이란 승이 경주에서 낙산사 근처 전답을 관리하는 일로 발령을 받아왔다가 근처 김흔공(金昕公)의 딸을 보자 그만 마음을 빼겨버려 밥도 먹지 못하고 빼빼말라가며 고민을 하게 된 일이 있었다. 가느다란 몸, 또렷한 얼굴, 맑은 눈, 계란 같은 턱선이 머리에 박혀 아무것도 하지 못하게 되었다. 그는 낙산사 관세음 앞에 엎드려 제발 같이 있게 해달라고 빌고 또 빌었다. 그런데 어찌하랴. 그녀는 남의 아내가 되어 고운 옷 입고 꽃으로 꾸민 가마를 타고 고이 멀리 가버리고 말았다. 가슴에 한이 된 조신은 마음에 병을 얻고 관세음을 원망하였다. 그러던 어느 날, 그 고운 처자가 여윈

빰에 흘리던 눈물자국이 남아있는 얼굴을 하며 버선발로 막 그에게 뛰어와 안기는 것이었다. 부모 때문에 그리되었다고 하면서 자신도 조신을 사모했었다고 했다. 조신은 그걸로 다 되었다. 이내 처자는 조신을 눈가리개하고 술래잡기를 하였다. 그날부로 그들은 부부가 되었다. 아들 셋, 딸 둘을 낳고 행복하게 살았다. 40년이 지난 후 조신이 짓는 농사며 여러가지 일들이 뜻대로 잘 되지 않아 그들은 마지막에 빌어먹는 신세가 되었다. 설상가상 15살 된 아들이 병으로 죽게 되었다. 또 하루는 동냥갔던 딸아이가 다리에 살점이 다 떨어져 피투성이가 되어 돌아왔다. 김부자집 삽살이한테 물려 그리되었다고 한다. 조신과 아내는 한없이 울었다. 어느 날 아내는 눈에 어떠한 결심이 선 듯 이제 살 만큼 살아보았고 행복이 무엇인지도 알았으나 결과가 좋지 않으니 살아있을 때 헤어지자고 했다. 그래서 그들은 자식 둘을 나누어 헤어지게 되었다. 한없이 울다가 무슨 일인지 퍼뜩 꿈같이 깨게 되었는데 관음전 예불종 앞에 머리카락이 허옇게 변하여 엎드려져 있었다. 조신이 관음께 감사하고 인생의 무상함을 깨달았다. 인생은 누구나 그러하다. 생자필멸(生者必滅) 애별리고(愛別離苦)다. 그리고 아들을 묻은 자리를 파보니 돌미륵상이 있었다. 지금도 바라는 바가 간절하면 예불종 소리가 들린다고 한다.

아무튼 원효 또한 의상이 낙산사에서 100일 기도 중 관음을 친견했다는 소식을 접한 후에 관음을 친견하러 가던 중 다리 밑에서 옷을 빨고 있는 여인을 만나게 되는데 먹을 물을 청하자 여인이 핏빛 물을 떠서 주었고 원효가 먹을 수 없어 다시 냇물을 떠서 마시자 마침 나무 위에 앉아있던 파랑새가 '제호(醍醐)[96]를 싫어하는 화상'이라고 놀리고는 잠시 뒤에 여인과 새는 홀연히 사라지고 짚신 한 짝만 남기었다. 낙산사에 도착해보니 관음상 밑에서 짚신 한 짝을 발견하고는 오는 길에 만났던 여인이 관음의 화신이었음을 알았다. 수월관음이었던 것이다. 원효가 관음굴(홍련암)에 들어가 관세음을 친견하려했으나 풍랑이 일어 뜻을 이루지 못하였다. 원효는 다시 남해로 가 보타낙가산 금산(錦山)의 관음봉에서 관음을 친견하니 남해 보리암(683년 창건)이다. 보리암은 의상암으로 불리우기도 하는데 그렇다면 의상도 원효 이후 이곳에 와 수월관음을 친견했다는 것이니 원효와 의상 형제의 진리를 향한 라이벌경쟁이 보통이 아니다.

원효, 의상의 관음기도 이후 동국은 서해 강화도 낙가산 보문사와 더불어 동서남해에 각각 낙가산 관음기도처를 완성하게 된다. 강화 보문사는 본래 635년 삼산면의 고씨(高氏) 성을 가진 한 어부가 바다 속에서 그물을 올리니 인형같은 돌덩이 22개가 함께 올라온 것을 버리고 다시 그물을 쳤는데 다시 올라온 것을 또다시 버린 것이다. 그날 밤 어부의 꿈에 노승이 나타나 나한님과 부처님을 버린 것이라고 책망해 다음 날 다시 그 자리

---

96) 제호(醍醐): 우유에 칡 전분을 타서 미음같이 쑨 죽. 관음이 주는 감로죽을 7세기의 원효는 놓친 격인데 그 소문 때문인지 일본 교토에 9세기에 지은 제호사가 있다. 약사여래를 모신 진언종의 사찰인데 진언은 Mantra(맘따라) 혹은 Dharani(잘아니)로써 부처님의 속마음이다. 즉 힘이 있는 말이니 제호인 셈이다. 약사여래 부처님이 약병에서 주는 감로죽을 부처님의 마음과 더불어 먹는 셈이니 제호이다.

에 가서 건져 올려 현재의 석굴 부근에 모신 것이다. 금강산 보덕굴(普德窟)에서 관음을 친견한 회정(懷正)이 이곳에 와보니 삼세불인 정광불(定光佛: 과거불, 燃燈佛, 普光佛이라고도 한다) 석가모니불, 미륵불과 18나한과 송자관음(送子觀音)이 계셨다. 송자관음은 삼신(三神) 할머니같은 관음이시다. 회정이 송자관음은 관음전에 나머지 삼세불과 나한은 석굴에 모시었다. 지금도 결혼을 앞두고 상대를 만나려는 이나 만나는 이들 중에 제짝을 찾거나 제짝이 맞는지가 궁금한 이들이 기도하면 바로 답이 나오는 영험처이다. 강화 보문사의 눈썹바위의 널찍한 화강암바위는 그 딱딱하게 굳은 강도가 인도와 중국에 비해 남달라 뽀얀색이니 바다와 더불어 이루어진 potalaka[pota(뽀얗다) laka laṅka(浪땅, 바다땅): 백화白花가 있는 바닷가 땅 낙가산洛迦山]인 셈이다.

남해 동해의 바위 또한 마찬가지이다. 바다와 산이 있으며 달이 떠오른 저녁 흰 바위 위에 앉아 남순(南巡)동자(善財동자)에게 가르침을 주는 수월관음 곁에 공작의 꼬리 모양의 파랑새와 정병에 버드나무 가지와 함께하는 모습은 동국의 삼대 관음처가 제격인 셈이고 이 도량의 완성에 원효, 의상의 공로가 크다. 그런데 이런 동해 낙산사에서의 관음친견 경쟁에서 과연 원효가 패배한 것인가.

이것도 꼭 그렇다고 볼 수도 없는 것이 영혈사의 지세 때문이다. 수월관음의 상징 파랑새를 보지 못한 원효는 아예 홍련암의 뿌리인 영혈사(靈穴寺: 대청봉 동쪽 홍련암 서쪽 20리에 자리한다. 백두대간 속 영혈사 굴에서 물을 부으면 그 물이 홍련암 앞바다로 통한다)를 찾아가 홍련암을 좌지우지해 버리니 동해 기운과 백두 기운이 모두 합쳐진 숨은 비처(秘處), 이곳에서 원효는 동해 용왕과 내통해버리니 자존심을 모두 회복하고 홍련암 굴에서의 관음친견 승부의 패배를 원효는 근본적으로 담박 해결해 버렸다. 소양인(少陽人: O형) 원효의 성격이 드러나는 대목이다. 그는 뭐든지 지면 이것을 근본적으로 한 번에 해결하려 든다. 천하명당 금정산 범어사 터를 의상에게 놓치고 그가 얻은 것은 금정산 봉우리 중 의상봉보다 높은 원효봉이다. 의상이 예의상 "형님봉우리가 이것입니다"하여도 군이 마다하지 않는다. 이 양반들 노는 꼴이 훗날 대동강물 팔아먹은 봉이 김선달의 원조요 스승으로 섬길만한 경지인데 그런데 이것도 또한 할 말이 없는 것이 뺏긴 당사자 금정산 산신이 감읍한다는데 있다. 고등사기꾼 개념장사 원효, 의상인 것이다.

아우 의상이 누구인가. 그는 바무니의 제자시절 전세에서부터 발싸개의 싸개로서 무던함과 예의의 극치인 성격 태음인(太陰人: A형)으로 가는 곳마다 특유의 덕(德)으로 모두 그의 것으로 만들어버리는 덕(德)의 화신(化身)이요 덕장(德將)임을 원효는 잘 알고 있다. 그는 2차 유학 시도 때 해상편으로 중국에 들어가(650년. 26세) 종남산(終南山) 지상사(至相寺) 중국 화엄종 2대조인 지엄(智儼)으로부터 화엄종의 법통을 이어받았다. 의상이 신라에서 오기 전 지엄선사는 꿈에 해동에서부터 큰 나무가 가지를 뻗어 종남산까지 미치고 그 가지 위에 봉황의 집이 있고 그 안에 마니주(摩尼珠)가 빛나는 것을 보고 심상치 않다 여기고 그가 오자 반기었다. 의상은 신중(神衆)이 늘 보호해 하늘의 천사(天使)가 공양을 드리러 내려오다 그만 의상 곁에 가까이 못하는 경우도 있었다.[97] 모두 전세의 덕이다. 의상이 중국에 상선을 타고 등주(登州) 땅에 도착했을 때 한 청신사(淸信士)가 그의 용모에 반해 그의 집에 잠시 머물게 하였는데 그 집 딸이 선묘(善妙)이다. 얼굴이 비할 수 없이 곱고 마음씨도 고운 아가씨였다. 그녀는 의상을 보고 그만 사모하게 되었다. 그러나 의상의 마음은 화석(化石)과 같았다. 왕명을 받들고 중국에 공부하러 온 처지이다. 선묘는 마지막 청을 고하게 되는데 평생 그의 공부에 뒷바라지 되는 단월(檀越, Dānapat, 다놔, 押: 施主)이 되겠다 하였다. 의상이 종남산 일을 마무리하고 당시 당에 인질로 갇혀있던 신라 승상(新羅丞相) 김인문(金仁問, 629~694: 무열왕의 둘째 아들이자 문무왕의 친동생)의 부탁으로 급히 신라로 돌아오게 되었을 때(670년 46세 때) 등주의 선묘의 집에 들러 그간의 고마움에 대한 감사를 표하였다. 급작스런 일에 선묘는 울먹이면서도 의상을 위하여 시장에 나가 여러 가지 물품을 구하여 집에 와보니 의상은 이미 떠나고 말았다. 급히 부둣가에 나와보니 배는 이미 저만치 떠나고 있었다. 선묘가 물품을 던지니 허공을 날아 배 갑판에 떨어지고 몸을 날려 바다에 뛰어드니 서해의 용으로 변하여 뱃머리를 이끌었다. 신라에 도착한(670년) 의상은 당의 사정을 알린 후 명랑(明郞)법사로 하여금 신인비술(神人秘術)로써 당의 침입을 막게 되었다. 그 중심지가 호국사찰 사천왕사(四天王寺)이다.

97) 『삼국유사』 3권 「전후소장사리편」

귀국 보고 이후 의상은 물러나 화엄학을 펼칠 도량을 물색하던 중 태백산 줄기의 소백산맥 깊숙한 곳 봉황산(鳳凰山)에 부석사를 짓고 화엄학을 전파하였다. 사찰 창건 시에도 여러 가지로 방해로 어려운 일이 있을 때 하늘에서 선묘용이 날아와 사방일리(四方一里)나 되는 방석(方石)을 공중에 빙빙 도는 신력(神力)으로 방해꾼들을 물리치고 무사히 자리잡은 도량이 화엄종찰 부석사(浮石寺: 676년 창건. 52세 때)이다. 그 증좌로 선묘각이며 도량 동서에 용정(龍井)이요 무량수전 땅 밑의 12미터 길이의 석룡(石龍)이다. 그렇다면 의상은 서해의 용과 낙산사 관음 친견 시 동해의 용 등을 모두 어우르는 신통을 발휘한 셈인데 대부분 많이 알려진 서해의 용에 비해 동해지역의 용들의 위력도 결코 만만하지 않다.

고려말 이성계가 젊은 시절 함경도에 있을 때 하루는 초저녁 꿈에 조상이 나타나셔서 "너는 동해 청룡의 자손이다. 지금 내가 아무 곳에서 백룡과 싸우고 있으니 어서 말을 달려 검은 대가리를 쏴 죽여라"하여 이성계가 말을 타고 달려 연못에 당도하여 백룡 대가리를 맞추어 그 용을 떨어뜨린 곳이 함경도 북동쪽 두만강 하구 경흥군(慶興郡) 경흥읍 남쪽 10리 적지(赤池)못이다. 용의 피로 물들어 적지(赤池)이며 손에 쥐면 맑은 물이요 던지면 용의 피다. 깊이가 열길 둘레가 5킬로이다. 본래 이성계의 할아버지 도조(道祖)[98]가 살던 곳이다. 이날 여진족의 장수였다가 귀

98) 『동국여지승람』 도조의 설화에는 도조가 백룡을 도와 흑룡을 떨어뜨렸다고 한다.

화한 이지란은 새벽에 잠이 들었는데 조상이 나타나 야단을 치면서 "늦었으니 서둘러 말을 달려 적지못에 도달하여 청룡을 쏴 죽이라"고 하였다. 이지란이 뒤늦게 도달해보니 이미 백룡이 떨어져 버린 이후였다. 대운을 감지한 이지란이 이성계의 아우가 된 것이다. 그렇다면 동해지역 용은 왕의 산실의 위엄인 셈이다.

그런 동해의 용을 원효도 영혈사를 통해 기선제압하고 남해의 용도 보리암을 통해 친견하니 의상과 원효는 동, 서, 남해의 용을 특유의 덕과 기상으로 다스리고 이끌어 종국에는 관음과 인연의 끈이 늘 이어지고 있었던 것이다. 사실은 그들과 동시대에 신라를 다스리던 김춘추 무열왕과 김유신의 둘째 여동생과의 사이에서 태어난 문무왕(626~681) 자신이 동해 용의 후신이었으니 그들은 살아있는 용과도 접하며 관음과의 끈끈한 연결선이 이어졌던 셈이다.

문무왕은 전세의 자신의 뿌리를 감지하고 늘 관세음과 연결이 되도록 본능적으로 애를 썼으니 살아생전에 발원하고 문무왕 사후 1년 681년에 완성된 감은사(感恩寺)가 바로 그런 증거이다. 금당(金堂)터 밑에 동해물과 연결되는 수로가 이어져 동해의 용왕이 늘 왕래가 가능하도록 하여 법당의 관세음에게 늘 연결되도록 장치를 마련해 놓은 것이다. 신라 위주의 통일과 당의 20만 대군을 무찌른 공로가 있다. 전생 용의 위신력이다.

관음의 제자 중 우보처가 동해 용왕이므로 사실 동, 서, 남해의 용의 수장은 동해 용왕으로 보면 된다. 동국의 동해, 남해, 서해는 산동반도에서 바라보면 모두 동해의 연결에 불과하니 남, 서, 동해 용은 동해 용왕이 주재한다고 하여도 무리가 없다. 동해는 용의 고향이니 관음의 potalaka[pota(뽀얗다), laka laṅka(浪땅, 바다 땅): 흰 산 바다 땅] 백화산의 거주처요, 낙산사 보리암 보문사의 자리 터의 고향이다. 동국은 늘 관음의 가피가 함께하는 상주처가 된다.

고선사(高仙寺) 서당화상비(誓幢和尙碑)에는 원효가 강의 중에 당나라 성선사(聖善寺)에 불이 났다 하며 물병을 부어 불을 끈 일이 있는데 그곳이 대사가 머물던 방 앞 작은 연못이라고 한다. 또 부산 동래 척판암(擲板庵: 원효 창건) 구전설화에는 문무왕 13년(673년) 대사가 당나라 담운사(曇雲寺)가 무너질 것을 알고 판자때기를 던지니 절이 무너지다 절 상공을 나부끼는 널판지 때문에 무너지지 않아 1,000명 대중을 구했다고 하는 일화가 있다(『송고승전』「원효전」, '擲盤而救衆').

한국 화엄종의 시조인 의상은 『화엄경』의 액기스인 화엄일승법계도(華嚴一乘法界圖)를 남겼다. 스승인 지엄의 부탁으로 지은 『화엄경』의 요약으로 스승과 함께 요약문을 불에 그슬려 남은 글만 모은 신의 작품이다.

화엄학은 연기론 중 법계연기론(法界緣起論)으로 기신론의 진여훈습 연기론에서 한층 더 나아가 구체적으로 현상(現像)이 곧 본체(本體)요 본체가 곧 현상으로 돌아가는 연기론 중 최상위(最上位) 이론이다. 무진연기(無盡緣起)의 설명을 위해 우주의 원리를 체상용(體相用: 본질, 모습, 작용)으로 나누고 체에는 총별(總別) 상으로 동이(同異) 용으로 성괴(成壞)로 나누어 설명한다.

대선사 의상은 AD 702년 입적 후 1319년간 동양 최대의 용문사 은행목으로 수행 중이시다. 고향 같은 선묘낭자의 사모함이 서려있는 부석사(浮石寺)를 떠나 본인의 발걸음으로 갈 수 있는 만큼 오른 외로운 골짝에 겨울나무가 되어 홀로 수행함은 진리의 모습(相)이 떨어져 있으나(異) 그 자리 임을(同)을 선묘랑에게 보이심이다.

바무니 2000년 곱향나무 전생 목신 이야기를 달메재에서 들은 이후 본인도 꼭 언젠가는 해 볼 것을 결심한 연유다. 바무니의 한마디 말씀의 무게다. 영력 도수 200°대선사의 수행 후 대목신 1300년 이상 수행이라면 은행목 고사(枯死) 이후에는 보살이상의 분이 동국에 다시 태어나시는 경사임과 동시에 살아생전에 대각을 이루는 대성(大聖)을 동시대에 친견하는 가피를 입는 것이다. 지금도 살아있는 남산 도리 하 3형제의 전설이다.

(4) 고려의 대선사

1) 선교통합과 삼승일승(三乘一乘)의 인격체(높다, 본다, 난다 - 독수리)를 지향한 의천(義天) – 5교 1선종(5교 9산)이 5교 양종으로 –

대각국사 의천(義天, 1055~1101)은 고려 문종의 아들로서 스스로 불가에 입문하여 송나라에 유학을 다녀왔다. 신라의 불교는 다양한 루트로 들어오는 경전과 선종을 정리하기 시작하여 중기 이후 5교 9산으로 정리 통합되는데 5교는 계율종 · 법상종 · 열반종 · 원융종 · 법성종이고 선종의 9산은 도량이 자리한 산 이름을 중심으로 가지산문 · 실상산문 · 동리산문 · 봉림산문 · 사굴산문 · 사자산문 · 성주산문 · 수미산문 · 희양산문으로 나뉘게 된다. 9산선문은 의천에 의해 선교통합이 시도될 때는 남종선(南宗禪, 南頓禪)계통인 조계종(曹溪宗)의 이름으로 불리고 있었고, 교종 또한 자장의 계율종(戒律宗)은 남산종(南山宗)으로 열반종(涅槃宗)은 시흥종(始興宗)으로 의상의 원융종(圓融宗)은 화엄종(華嚴宗)으로 원효에 의해 분황사(芬皇寺)에서 개창된 여래장 중심 법성종(法性宗)은 중도종(中道宗)으로 유가유식의 법상종(法相宗)은 자은종(慈恩宗)으로 다시 정리되어 있었다.

9산 중 가지산문은 도의와 염거를 거쳐 체징(體澄, 804~880)이 장흥 가지산(迦智山) 보림사(寶林寺)에서 859년 개산하였다. 실상산문(實相山門)은 홍척(洪陟)이 당의 지장(智藏, 735~814)에게서 법을 이어 지리산 실상사에서 823년 개산하였다. 희양산문(曦陽山門)은 9산선문 중 북종선(北宗禪, 北漸禪) 신수(神秀), 지공(指空) 맥을 신라의 신행(神行, 704~779)이 이어 준범(遵範) – 혜은(慧隱) – 지증대사 도헌(道憲, 824~882) – 양부로 다시 정진(靜眞)대사 긍양(兢讓)으로 이은 유일한 북종선의 맥이나 다만 중간에 남종선의 맥인 신라 진감(眞鑑) 혜소(慧昭, 774~850: 당의 남종선인 제8조 마조의 제자인 신감神鑑의 제자)가 도헌의 스승이라는 기록(정진대사 탑비)이 있고, 긍양 자신이 신라의 스승의 선맥 위에 다시 당에 입당해 6조 혜능제자 중 청원행사(淸原行思, ?~740)의 문손(門孫)인 곡산도연(谷山道緣)의 맥을 이어서 남종선과 북종선의 두 맥이 모두 연결되는 유일한 산문이다(935년 개산). 봉림산문(鳳林山門, 창원)은 현욱(玄昱, 787-868)이 당의 장경회휘(章敬懷暉, 754~815)에서 법을 전수받아 심희(審希, 855~923)가 봉림사에서 개산하였다(990). 동리산문(桐裡山門)은 혜철(惠哲, 785~861)이 당의 지장(智藏, 735~814)에게서 법을 전수받아 곡성의 태안사(泰安寺)에서 개산하였다(847년). 성주산문(聖住山門)은 무염(無染, 800~888)이 당(唐)의 제8조 마조도일(馬祖道一, 709~788) 문하 마곡보철(麻谷寶徹)에서 법을 전수받아 보령 성주사(聖住寺)에서 개산하였다(847). 사자산문(獅子山門)은 도윤(道允, 798~868)이 마조도일 문하 남천보원(南泉普願, 748~834: 平常心是道 일갈)에서 법을 전수받아 제자인 절중(折中)이 영월 흥녕사(興寧寺: 현재의 법흥사法興寺)에서 개산하였다(882). 사굴산문은 범일(梵日, 810~889)이 당의 마조문하 염관제안(鹽官齊安)에서 법을 전수받아 강릉의 굴산사(掘山寺)에서 개산하였다(851년). 수미산문(須彌山門)은 이엄(利嚴, 869~936)이 당의 운거도응(雲居道膺, ?~902)에서 법을 전수받아 해주의 광조사(廣照寺)에서 개산하였다(932). 이러한 전국의 독립적이던 9산선문은 조계종으로 통합되었다.

그렇다면 신라 이후 기존 5교종과 통합 1선종의 대립을 교종, 선종 융통의 입장에서 통합하여 경전공부의 입장에서 선종을 교관겸수(教觀兼修)로 통합하려 한 것인데 즉 교(教)의 입장에서 선(禪)을 포용하려 한 것이며 선교 통합 시도였다.

의천은『법화경』의 통합정신을 받들었다.『법화경』의 기본사상체계가 성문, 연각, 보살승이 불승의 1승으로 통합되는 3승1승 사상이므로 5교의 교종은 성문승(聲聞乘)으로 분류하고 선문의 조계종을 연각승(緣覺乘)으로 분류하고 나머지 대승의 보살행의 보살승(菩薩乘) 도합 3승이 대도(大道)인 불승(佛乘)1승으로 통합이 될 수 있다는 사상체계이다. 석가모니의 40년 설법이 집약된 대도무문(大道無門) 정신이다. 어느 방면에서 오르더라도 대도의 불승(佛乘)으로 합쳐질 수 있다는 정신인데 그러므로 의천은 경전의 사상에 기반하여 5교9산의 통합을 시도할 수 있었다. 즉『법화경』 체계에 입각한다면 모든 교와 종이 하나로 통합 가능한 것이다. 즉『법화경』의 가르침 하에서는 경전공부와 참선 대승보살행이 나누어진 것이 아니라 모두 행할 수 있는 것이다.

의천의 정신은 바로 이러한 기존불교의 통합이었던 것인데 이것은 전국 각지의 독립된 선원체계의 종합이요 교를 포함하는 실제적인 통합작업이었다.『법화경』을 공부한 의천의 넓은 안목이었기에 가능한 시도였다. 마치『법화경』의 설법지 영축산의 독수리 상징과 같이 높은 곳에서의 넓은 안목(교공부에 의한 안목의 폭이 확장됨)과 고요한 가운데 하나를 꿰뚫는 독수리의 눈(선종의 삼매 성성적적惺惺寂寂) 그리고 하늘에 머물기 위한 날갯짓인 보살 정진행의 실행이었던 것이다.

그러나 결과적으로는 기존의 교와 선이 해체 통합되지 못하고 5교 1선종(5교9산)이 5교양종(教兩宗: 고려 원종 1206~조선 태종 1418)이 되고 말았다. 『법화경』은 순수 교학 이외의 선을 포함한다 하여 선종(禪宗)에 넣어버렸다. 조계종과 천태종이 합쳐져 양종(兩宗)이 되었다. 기존의 불교가 모두 그의 정신을 따랐으면 통합의 하나가 되었겠으나 현실이 그렇지는 못했다. 아무튼 천태종의 소의경전 『법화경』(*Saddharmapuṇḍarīka sūtra*)은 성문(聲聞), 연각(緣覺), 보살(菩薩)의 3승(乘)이 진실의 1승(乘) 즉 불승(佛乘)으로 귀일(歸一)한다는 통합이론이다. 이때 성문은 교학이요 연각이 선종으로 분류될 수 있다. 대도가 1승이므로 대도무문(大道無門)인 셈이다. 『법화경』의 교리 자체가 교와 선의 종합이요 통합을 말하는 것이다. 이와 같이 의천의 노력에 의해 교선통합의 시발점이 되었다. 당시 전국에 독창적으로 존재하던 9산과 5교 그리고 밀교의 신인종(神印宗)을 모두 통합을 이루려 했던 의천의 정신이 바탕이 되어 한국불교는 통합의 방향으로 나아가게 된다.

2) 훈습의 가치를 통찰한 知訥(말더듬이) – 선종 위주 재차 통합시도 – 돈오점수 / 남북선의 종합이며 한국불교의 특징

의천이 『법화경』 사상에 기반하여 교선 통합을 이루려했던 것에 비해 보조 지눌(知訥, 1158~1210, 황해도 서흥 출신)은 돈오점수(頓悟漸修) 정혜쌍수(定慧雙修)를 주장하며 교종과 선종의 통합을 이루되(禪教一致) 선(禪) 위주의 입장에서 통합하려 하였다. 정혜쌍수(定慧雙修)란 선정의 정(定)과 지혜 즉 선정을 위주로 하되 경전 공부에 의한 지혜도 소홀히 하지 않겠다는 것이다. 돈오점수(頓悟漸修)란 남종선의 돈오 정신과 북종선의 점수 정신을 합친 것이다. 남종선은 주로 화남(華南) 강서(江西) 등지의 남쪽지방의 선이고 북종선은 장안 낙양지역의 북쪽지역의 선을 말하는데, 남종선은 6조 혜능 이후의 돈오정신의 수증법(修證法)을 주장하는 것이고 북종선은 5조 홍인(弘忍, 601~674) 이후 수제자 신수(神修, 606~706)의 점수(漸修)의 훈습정신을 받들어 수행법이 점수점오(漸修漸悟)의 정신을 이어가는 것이다.

점수(漸修)란 점오(漸悟)와 같은 것이다. 점수의 입장에서 보면 점수의 바탕 위에 돈오도 오는 것이요 증오(깨달음) 이후도 점수의 정신을 유지하는 것이 중요하다고 본다. (점오⊃돈오)

그렇다면 점수는 즉 훈습의 정신과 같은 것이다. 일반적인 증오(깨달음) 전의 점수는 유식의 훈습과 같은 개념이다. 그리고 증오(깨우침) 후의 점수의 정신을 유지하는 것은 여래장 훈습 이론의 자비 훈습과 같은 것이다. 자비구세의 정신을 유지하는 것이다. 그렇다면 여래장 훈습 이론으로 보면 증오 전이라도 진여 훈습이 전제되어 있다고 보는 염법 훈습의 정신을 살려 언젠가는 나는 깨닫는다는 확신을 갖고 시작하는 것이니 한결 마음이 수월할 것이다. 유식의 훈습과는 다르게 마음이 한결 편한 상태에서 출발하는 셈이다.

중국에서 북종선이 2~3대 후 뛰어난 제자가 나오지 않음으로 역사 속으로 사라진 것이 한국의 지눌의 통합정신 속에 북종선이 살아난 것이다. 사실 지눌이 바탕을 점수로 하되 돈오를 이루기 위한 방법론으로 남종선을 계승한 임제종의 돈오 바탕의 대혜종고(大慧宗果)선사(남송, 1088~1163)의 간화선(看話禪=간화결택: 근본은 조사선과 같으나 공부법이 화두를 들고 혼자 깨쳐 증명만 받으면 되니 강의수업 없는 임무형 교육인 셈이다)을 받아들임은 방법론의 고충을 찾은 것이지 그 근본이 되는 점수의 훈습을 잊은 것은 아니다. 지눌은 이 점수(漸修)의 훈습수행법의 토대 위에 훗날 염불수행법도 받아들여지게 된다.

훈습의 바탕이론인 카르마의 법은 석가모니도 평생을 거쳐 당한 것이 적지 않은 터라 이것이 돈오 후에 돈수로 해결될 일은 아니다. 육신을 타고난 인간은 누구도 인연과(因緣果)를 벗어날 수는 없는 법이다. 돈오론자들이 만약 인생의 과정을 돈오의 관점에서만 해석한다면 오만한 것이다. 그 이론에 의해 많은 부작용이 생겨나게 되어 있다. 지눌은 그런 면에서 참으로 솔직한 동국의 수행자이다. 그리고 개인의 수행과 국가 전체와의 관계를 늘 생각한 수행자다. 지눌은 한국인의 지형에 따른 성품을 꿰뚫고 맞춤형 윤리를 제시한 것이다. 돈오에 이르는 마음 수행은 선배를 착실히 인정하고 그 이후는 독자적 윤리상을 제시하였다. 그가 있음으로 한국불교는 마음 위주의 선교종합의 통합과 점수의 훈습을 바탕한 돈오 간화선 방법(남북선의 종합)과 염불훈습의 채택 등 동국 특유의 종합불교가 탄생하게 되었다.

말더듬이 지눌이 가장 이상적인 불교의 종합을 이루었다. 한국불교의 천재가 탄생한 것이다. 후편에 기술하겠지만 인간의 살아생전 모든 작용 활동은 모두 제8식 심층의식 속에 담기고 혼이라는 USB에 담겨 다음 생 설계자 목수 영(靈)이 혼(魂)에 명령하면 신(神)을 부려 백(魄)이 신경조직을 완성하는 것이 피와 살이다. 그 핏속에 전세의 모든 것이 담기는 것이니 이것이 몸과 마음이 기억하는 훈습이다. 지눌이 『수심결(修心訣)』에 '깨달아도 익혀온 버릇(濕氣)를 갑자기 버리기는 어렵다'는 바로 이것이다. 타고난 핏속에 빈부귀천과 자비와 무사비와 공부의 씨인 청탁추(淸濁醜)의 혈을 지니고 나오니 피를 인정하는 것이 훈습이요 점수(漸修)다. 피를 맑아지게 노력하는 것도 점수(漸修)다. 그 와중에 깨달음은 돈오(頓悟)다. 지눌은 어찌 다음 생으로 넘어가는 피와 살의 원리를 알았을까. 그가 대선사일 수밖에 없는 이유다.

석존의 얼굴은 바무니의 얼굴이 마야부인과 정반왕의 얼굴을 섞은 것이다. 이것이 점수의 훈습이다.

이후 한국불교는 내내 이 전통을 유지하게 된다. 가끔 돈오돈수를 주장하면서 뒷방에는 신도들이 사온 온갖 약으로 병든 몸뚱이를 도배하는 선사(禪師)가 있다. 그는 말더듬이 지눌을 생각해야 한다.

3) 몽골 침략의 잿더미 위에 다시 일으킨 불교
– 나옹(懶翁)(게으름뱅이)

나옹은 어머니가 황금빛 송골매가 날아와 쪼다가 떨어뜨린 알이 품안에 드는 태몽으로 태어났고 아버지는 왕실의 음식을 관장하는 관리였다. 8세에 회암사에서 지공에게 보살계첩(菩薩戒牒)을 받았다. 20세에 문경 공덕산(功德山) 묘적암(妙寂庵)의 요연선사(了然禪師) 밑에서 출가하였다. 29세에 법원사에서 보살계첩과 신표를 가지고 지공을 다시 만났다(1348년). 지공이 "자네는 어디에서 왔는가?" "고려에서 왔습니다." "배로 왔는가? 땅으로 왔는가? 신통으로 왔는가?" "신통으로 왔습니다." "신통을 나타내 보라." 나옹이 지공 앞으로 가 합장하고 섰다. 지공이 허락하였다. 지공이 신통했을 것이다. 본인은 과거 스리랑카에서 보명(普明)이 물었을 시(時) "나란다에서 여기까지 몇 걸음에 왔는가?" 지공이 6개월 수행 후 "두 다리 사이가 한 발자국입니다"하여 인가를 받았다. 3년을 법원사에서 머문 후 평강부(平江府) 몽산덕이(蒙山德異)가 주석하던 휴휴암에서 하안거를 나고 다시 정자선사(淨慈禪寺)에서 평산처림(平山處林, 1279~1361: 임제종의 제18대)에게서 법의(法衣)와 불자(拂子)를 받았다.

다시 법원사에 돌아온 나옹은 당시 원의 순제(順帝)의 명으로 광제선사(廣濟禪寺)의 주지를 1년 하게 된다. 이후 1358년 지공께 하직인사를 올린 후 고려에 돌아오게 된다(1360년).

1370년 공부선(功夫選: 승려의 과거시험인 승과시험)을 나옹의 주관 하에 실시하여 공부십절목(工夫十節目)과 삼구(三句)와 삼관(三關)을 물어 환암혼수(幻庵混修, 1320~1392)가 통과하여 나옹의 제자가 되었다. 십절목이란 견성(見性)과 해탈의 단계를 물은 것이고, 삼구(三句)는 생각과 감정과 망령됨이 없는 무억(無憶), 무념(無念), 막망(莫忘)의 화두 참구요, 삼관(三關)은 본질과 현상인 연기법의 관계라 볼 수 있으니 나옹은 우주와 인간의 관계, 수행자세를 물은 것이다. 무학과 환암이 그의 법체계를 이었다. 나옹은 스승의 명에 의한 양주 회암사(檜巖寺: 포천 넘어가는 야산 천보산天寶山 밑의 절. 조선시대 최대 사찰)의 중창불사를 마무리하고 우왕의 명에 의해 밀양으로 가는 길에 신륵사에서 입적하게 된다.

지공(指空: 인도 마갈다국 출신 승려, 1300~1361)과 나옹(懶翁, 寧海府 영덕 출신, 1320~1376)이 활동하던 시기는 고려가 몽골에게 침략당한 이후 원의 제후국으로 살아가던 시절이었다. 몽골의 침략(1231~1257)으로 고려의 불교계는 고려대장경 초조판을 잃었고 황룡사 9층탑도 이때 파괴되었다. 전국의 모든 사찰이 불타고 승려가 사라짐으로 지눌이 다져놓은 전통이 사라져간 시기였다. 1270년 이후는 고려가 몽골의 제후국으로 살면서 공민왕이 자주권을 어느 정도 회복하던 시기까지 근 80여 년간은 고려로서는 원의 눈치를 보아가며 연명하던 시기였다. 몽골이 일본원정을 고려에게 준비시키는 등 이 시기는 경제적으로도 고려는 아주 어려운 상황이었다. 이 시기에 나옹이 활동한 것이다. 고려말년에 공민왕은 원의 세력이 쇠퇴하자 이를 이용하여 자주를 내세우며 정동행성과 쌍성총관부를 철폐하면서(1352) 실질적 독립을 회복하려 하였다. 이 와중에 몽골에 반대하는 한족(漢族)세력인 홍건적과 왜구의 침입에 시달렸다(1358~1361). 1368년 명이 건국된 이후에는 명과 협력하여 요동의 원의 잔존세력을 공략하였다. 몽골의 고려에 대한 혈연적 관계는 이해했다고 보고 때로는 몰상식한 대우만 피했더라면 한족(漢族)인 명과의 협력은 없었을 터인데 무식한 정책이 스스로 화를 부른 것이다. 이러한 와중에 공민왕은 내부의 적에 살해되고 만다(1373). 3년 후 원이 멸망한다(1376년). 공민왕 피살 이후 등극한 우왕(禑王)은 꼭두각시 왕으로서 그의 혈육에 관한 의문 등 여러 사정에 의해 결국은 이성계에 의해 조선이 건국된다(1392). 그러니까 지공과 나옹은 몽골 침략 이후 고려가 원의 제후국으로 살게 되면서부터 고려말에 공민왕이 자주정신을 내세우며 독립을 하려는 시기까지 보면서 살다간 불운한 시기의 고려말 승려였던 것이다. 지공은 망해버린 나란다대학의 잔존 승려의 제자이며 나옹은 자주권이 없는 나라의 승려가 유학을 와 당시의 세계제패국 원에서 서로가 만난 것이니 각자의 처지를 생각해서 애틋한 마음들이 교류했을 것이다.

원에서 지공의 인도의 조사선과 인도불교의 학맥을 습득하고 또한 중국의 간화선을 자선사(慈禪寺)의 임제종의 제18대 법손 평산처림(平山處林, 1279~1361)의 법맥도 계승한 나옹은 12년 만인 1360년 고려에 돌아와서 지눌이 생각했던 돈오점수(頓悟漸修) 정혜쌍수(定慧雙修) 즉 선종과 교종의 통합을 이루되(禪敎一致) 선(禪) 위주의 입장에서 통합하려 한 생각의 바탕 위에 증오를 위한 방법으로 간화선을 최신의 임제종의 맥을 받아들인 것이고, 「서왕가(西往歌)」 등의 노래에서 보이는 정토사상을 받아들임은 지눌의 훈습의 점수를 충실히 받아들인 것으로 동국불교의 전통인 돈오점수의 바탕 위에 본인의 법력이 보태어져 불교가 쇠퇴한 고려말의 여러 가지 어려운 상황을 극복하려 애를 쓴 흔적이 역력히 보인다. 고려말의 불교 중흥의 중심이었다. 지눌의 조계선이 나옹에 의해 재전래된 임제선의 돈오돈수(頓悟頓修) 사교입선(捨敎入禪)에 의해 투영되는 것이다. 그 중심에 나옹이 있었다. 증오(證悟)와 훈습을 강조한 돈오점수(頓悟漸修)와 선교일원(禪敎一元)의 체계를 강조한 바탕 위에 간화결택(看話決擇, 간화선)도 받아들였던 보조선은 돈오돈수(頓悟頓修)에 근본을 둔 간화결택(看話決擇)과 사교입선(捨敎入禪)의 임제선에 투영되어 보다 더 마음을 파고드는 것이다. 마음의 근본자리를 다시 한 번 확인한 것이다. 당시 인도 나란다학파의 인도불교와 인도의 조사선, 중국의 간화선이 나옹에 의해 기존의 한국불교를 바탕으로 한 번 정리가 되는 셈이다. 선배가 정리해 놓은 길이 틀리지 않았음을 확인한 후배 나옹은 더 이상 그것에 대해 지나치게 왈가왈부하지 않으며 그 실행에만 주력했던 것도 후세에 혼란을 주지 않는 그의 인품이며 덕이다. 시대적 사명을 정확히 아는 것이다. 그런 면에서 나옹은 훌륭하다.

나옹은 이와 같은 전란의 상황에서 불교를 다시 일으킨 것이고 지눌의 돈오점수를 계승 발전시킨 것이다. 증명(證明) 3화상(和尙)으로 지공(指空), 나옹(懶翁), 무학(無學)이 받들어지고 있다. 이들은 법일가(法一家)를 이룬 회암사를 중심한 고려시대의 글로벌 산스크리트 나란다학파인 셈이다. 안양의 삼성산(三聖山)이 신라의 도리 하(桃李下) 삼 형제와 더불어 이들 나란다학파의 3증명 화상의 상징으로 불리기도 한다.

(5) 조선의 대선사

1) 서릿발 기상 해동불(海東佛)(서산의 뿌리 선화자禪和子)

선화자(禪和子) 일선(一禪, 1488~1568, 울산 출신)은 서산대사의 사숙(師叔: 삼촌. 서산의 스승 영관의 사제)이다. 휴옹(休翁) 경성(敬聖)으로 불리기도 한다. 어머니가 명주(明珠)를 삼키는 태몽을 꾸고 태어났다. 어려서부터 고기를 먹지 않았다고 하고 어려서 부모를 잃어 무상함을 체득하니 전세의 식성이 10% 따르는 법을 적용할 때 그는 전세의 한 생 산골 암자의 용맹수행자임이 틀림없고 또한 전세의 임종 시 독신 수행의 원력을 세워 일찌감치 수행의 길에 들어선 것이다. 태어남부터 원력의 일생이요 준비된 수행자였다. 13세에 경주 단석산(斷石山)의 해산(海山) 밑으로 입산하여 24세경에는 향산 문수암(文殊庵)에서 수도와 지리산 벽송지엄(碧松智嚴, 1464~1534, 부안 출신)을 찾아가 조사관(祖師關)을 참구하라는 지침을 받고 활구(活句)에 참구하였다. 그후 금강산에서 오도(悟道), 표훈사 상원암 등을 거치며 수행하였다. 다시 서산(향산)에 9년 수행하다가 보현사 관음전에서 후학을 지도하니 당(幢: 깃발)을 세워 경성(敬聖)이라 하였다. 지리산의 지엄(智嚴)의 가르침을 받았다 함은 지엄이 지눌(知訥)의 선교겸수(禪敎兼修)와 간화선풍(看話禪風)을 이었으며 교선정(敎禪淨) 3문을 지향하였으니 선화자의 사상적 바탕은 지눌의 돈오점수의 기틀 하에 증오(證悟: 깨달음)에 있어 간화선의 활구에 집중하였음을 알 수 있다. 즉 증오의 방법으로는 임제선의 돈오돈수(頓悟頓修) 사교입선(捨敎入禪)의 간화선적(看話禪的) 활구(活句) 참선에 집중한 것이다.

이것은 증오에 있어서 지눌의 선사상 기본 하에 보다 더 번뜩이는 임제선인 나옹의 돈오돈수선을 보태고 다시 동국의 기질인 총기(聰氣)를 더한 활구(活句)의 발전으로 안착하는 모양새였다.

57세 즈음, 묘향산에서 절상회(折床會)를 이루어 문인들 포함 후학들을 가르쳤으니 그들이 그의 주석처에 깃발(幢)을 세운 것이다. 위엄이 대단하였을 것이다. 선화자는 50세 시절 신천(新川)의 제방을 쌓는 옆을 지나친 적이 있는데 관청의 대관(大官)이 위엄에 반해 반 달간 숙소에 모시고 법을 청하였다. 그때 그의 위엄에 사람들이 몰려와 문전성시를 이루었다. 어느 유생이 사헌부에 혹세무민하는 승이 있다고 신고하여 의금부에 갇히게 되었는데 그의 의연한 태도에 관리들이 조용히 방면한 일이 있다.

그의 눈빛의 도력과 위엄이 대단했던 것이다. 문인들이 그의 주석처에 당을 세워 경성(敬聖: 가히 존경할 성인)이라 한 것이 그것의 증명이다.

그의 임종게는 '80년의 삶이 허공의 꽃이요 지난 일들은 여전히 눈앞의 꽃이로다. 다리 끝이 문을 넘기 전에 본국에 돌아왔으니 옛 동산의 복숭아꽃은 이미 활짝 피었도다'하여 그의 눈앞의 안화(眼花)의 경지가 환하여(明) 천지가 환함을(天地明) 보여준다. 시중의 임종게와 차별이 되고 사후에 풍장(風葬)으로 자신을 거침없이 자연으로 되돌리니 그의 도력과 대범함이 대선사임을 증명한다. 해동불로 불리고 서산이 사숙(師叔: 스승의 사제. 삼촌)인 그를 삼노(三老: 받드는 세 어른)의 한 분으로(碧松智嚴 靈觀 一禪) 모시어 그의 정신적 뿌리로 삼은 것은 다 이유가 있는 것이다. 천하수도 제일 향산이 그를 키웠고 그가 있음에 향산이 또한 낯이 섰다.

2) 호국의 별 임진왜란 3화상(Upādhyāya)[99] 서산(西山), 사명(泗溟), 영규(靈圭) — 향산의 별, 건봉의 별, 계룡의 별 —

신라의 도리 하(桃李下) 결의 3형제인 원효, 의상, 윤필이 당시의 신라 위주의 통일전쟁을 조력자의 입장에서 도운 것이라면 조선의 호국 3대 법연일가(法緣一家) 서산, 사명, 영규는 침략을 당한 전쟁에서 전투병과 승군(僧軍)으로 나선 것이니 비할 바가

99) Upādhyāya: upā(옆에), dhyāya(자여), 옆에서 모시고 자며 배운다. 스승, 敎師, 和尙.

못된다.

승려의 입장에서 본 조선시대의 절의 지위와 승려의 생활상이란 유교국가 체제 하에서 공식적으로는 사회적 지위가 정확히 어떠하다고 나타나지 않은 가운데 태조 이성계의 개인적 신심에 의해 아주 천대받지는 않은 가운데 시작되어 주로 왕실이나 개인의 신심에 의해 후원을 받아 유지되는 침잠의 세월이었다. 신라나 고려의 선배들이 왕실에 초청되어 경전을 해독시켜주거나 혹은 고려처럼 국사나 왕사제도가 존재하지 않은 시대라 각자의 인연으로 복합적 특수계층을 이루어 그 상류계층과 관련되는 승려 중심으로 사찰 유지와 각종 불서 간행 행사 등을 이어가던 어려운 시절이었다. 도첩승(度牒僧) 등은 면역층이었고 나머지 신분 증명이 없는 승려 등은 부역승(赴役僧)으로 막노동 공역(工役)에 종사해야 했던 예가 그런 것이고 또 왕에 따라 시대상황에 따라 부역을 면제받기도 하고 동원되기도 하였다. 이러한 시대상황에서 승려들은 주로 산속에 처박혀 승려본연의 수도에 매진해 5명의 대선사를 배출하였으니 받은 대접에 비해 참으로 수행에 애쓴 시기였다. 그래도 산악국가라 국토 면적의 70%는 산이라 세간의 땅보다 넓고 사람만 없을 뿐 산을 노닐면 호연지기와 대장부의 기상이 자연 배는 것이요. 천하대복 부처님이라 화엄사 각황전같이 궁궐보다 크게 대웅전을 지어도 죽은 이의 집이라 시비 거는 이가 없으니 문 닫고 수도하고 살기에는 조건이 갖추어진 셈이었다. 다시 말해 조선시대에는 선배들이 이미 천하명당 터를 모두 개산(開山)해 놓은 이후라 그 터의 복과 이 땅의 불연(佛緣)과 수행체계는 이루어져 있었으니 수행자로서는 최소한의 조건은 갖추어진 것으로 보아도 된다.

西山(평북, 安州 출신, 1520~1604)도 사숙 선화자의 행을 받들어 간화선을 중심으로 하되 교와 염불을 모두 중시하는 수행방향을 정하였다. 경절문(經截門), 원돈문(圓頓門), 염불문(念佛門)의 삼문(三門)을 제시하였다. 이것은 선교일치와 선정일치(禪淨一致)의 완성을 의미한다. 돈오(頓悟)와 훈습(熏習) 점수(漸修)가 깊이 반영된 지눌의 생각이 완숙된 수행체계의 완성인 것이다. 진정한 불승(佛乘)이니 고려의 불교통합 선지자 의천과 지눌 그리고 몽고 침략 이후 폐허 위의 불교중흥 증명화상 나옹 모두의 생각이 반영된 종합인 셈이다. 서산 자신 또한 1552년 승과에 합격하여 선교양종판사를 겸하기도 했다. 신라의 5교9산이 고려중기에 5교양종으로 분류되고 이것이 고려말까지 유지되다가 조선에 들어와 태종 때 선교통합 7종(조계 · 천태 · 화엄 · 자은 · 중신 · 총남 · 시흥)으로 이름만 바꾸어 불리다가 세종 때에 선교양종으로 통합정비가 되었다. 결국 동국의 전통은 선교통합에 증오(證悟)는 돈오와 훈습점수법인 것이다. 1592년 임진왜란이 일어나자 당시 72세인 서산은 팔도도총섭(八道都摠攝)으로 전국의 5,000여 명 승려를 결집하여 사명(泗溟)으로 하여금 의승도대장(義僧都大將)을 삼아 1592년 도착한 명군과 함께 1593년 평양성을 회복하게 하였다. 승려의 결집은 승려로서의 쉽지 않은 결단이었고 사명을 대장으로 삼음은 전적으로 그의 안목이었다. 호국 승군이 그의 머릿속에서 결정된 것이다. 다시 묘향산으로 돌아왔다. 해동 제일 수도터 묘향산 40년 수도로 대선사이시다.

향산 원적암에서 입적하시며 임종게(臨終偈)를 남기었다. '팔십년전거시아 팔십년후아시거(八十年前渠是我 八十年後我是渠: 거울 속에 나를 보며 하신 말씀 '팔십 년 전엔 그가 나였는데 팔십 년 후 내가 그이다.')' 전세의 수도자로서 원력에 의해 어린 나이 10세에 고아가 되어 15세에 불서를 읽게 되었다. 서산의 임종게는 3세(世) 달관(達觀)의 시이다. 전세의 수도자 80년 전 저 모습으로 와서 80년 수행 후 대선사 이 모습 되어 내 속의 puruṣa(불의 子, 작은 태양, 人我, 靈, 진여의 체)는 samsāra(삶살아, 生死라, 輪回) 속에 변함없으니 자유자재로 생사의 모습을 결정하리라는 암시이다. 변화된 얼굴 연기의 세계 속에 변치 않는 나의 puruṣa(불의 子: 진여의 체이며 작은 태양 작은 대일여래)이니 나의 푸루샤는 이제 rūpa(엿봐: 예뻐, 相, 色의 세계)세상의 변화 속에 물드는 경지는 지났느니라 하는 것이다. 나는 내 마음 하나로 살아왔다는 것, 상(相), 색(色)의 세계에 연연되는 고해[苦海: 육신은 dhukha(죽어) 죽는 것이니 생명체의 근원적 괴로움이대의 생각이 없음은 그것이 법해(法海: 진리의 바다)에서 노는 것이다.

서산의 임종게를 특히 생사의 윤회의 입장에서 바라보고 그 속에서 변함없는 훈습과 맑아진 청정식(清淨識)이 언급되며 후배에게 그것을 화두로 삼게 함은 그가 살아온 인생이 일반적인 승려의 생과는 너무도 다른 전쟁의 사령관으로서의 일면이 있기 때문이다. 삼재팔난이야 산속 바위틈의 이름 모를 풀씨조차도 피할 수 없는 것이다. 비가와도 쓰러지고 바람이 불어도 쓰러지고 노루 돼지에게 밟히고 꺾이고 어찌할 수 없는 일이다. 그러나 그렇다고 하더라도 혼자 사는 승으로서는 세간의 자식을 키우는 처사들보다는 삼재팔난에 비교적 홀가분할 터인데 서산은 개인의 업은 홀가분함에도 불구하고 공업(公業)의 업(業)으로 말미암아 인생에 피치 못할 많은 변화가 생겼으니 그것을 에둘러 그럼에도 불구하고 '나는 나로서 생존하니' 후배들은 의연한 자세로 개인과 공업(公業)을 극복하라는 암시이다. 참으로 대선사다운 큰 언덕이 아닐 수 없다. 거추장스러운 연(緣)의 업장(業障)이 본래의 그를 넘볼 수 없는 그만의 인품이다.

서산의 고고한 인품의 시, '답설야중거 불수호란행 금일아행적 수작후인정(踏雪夜中去 不須胡亂行 今日我行跡 遂作後人程: 눈 오는 밤길을 갈 때는 모름지기 어지러이 가지마라. 오늘 나의 발걸음이 남아 뒤에 따르는 이의 이정표가 될지니(야설夜雪)'에서 조선의 대선사들의 매사에 본받을 만한 인품의 전통이 보인다. 마땅히 존경을 받을만한 대선사이시다.

다시 서산의 서정시 한가락이다.

과저사문금 백설란직수 곡종정말종 추강개경색 화출수청봉(過邸舍聞琴 白雪亂織手 曲終情未終 秋江開鏡色 畵出數靑峯: 거문고소리 들리는 객사를 지나며 '백설같은 가는 손가락 어지러이 움직이어 곡은 마쳤으되 정이 가슴에 흐르네. 가을 강은 비색秘色과 더불어 어울리는 몇몇 산봉우리를 물결 위에 비추고'), 그가 동국의 산천과 사람을 대하는 마음속이다.

사명(四溟, 경남 밀양 출신, 1544~1610)은 서산의 뜻을 충실히 받든 제자이다. 전세의 원력으로 일찌감치 13세에 직지사(直指寺)에 입산하여 18세에 문정황후에 의해 잠시 부활된 선과에 급제하고 향산에서 서산의 제자가 되었다. 수도에만 전념하던 사명은 49세에 임진왜란이 발발하자 서산문하에 들어가 의승도대장(義僧都大將)이 되어 승군을 통솔하여 2,000명의 적을 사살하고 1593년 1월 평양성을 회복하였다. 이후 의령에서 전공을 세웠다. 팔공산(八公山)·금오산(金烏山)·용기산(龍起山)·부산성(釜山城)·남한산성(南漢山城)을 쌓았고 정유재란에도 울산, 순천에서 활약하였다. 1604년 강화(講和)하고 일본의 포로로 끌려갔던 3,500여 명을 귀국시켰다. 가야산에서 입적(入寂)하여 홍제암에 부도(浮屠)를 모셨다. 그가 머물던 건봉사에 사명대사기적비(紀蹟碑)가 있었다. 전쟁 중 1594년에는 가등청정(加籐淸正)을 만나 1593년 6월 진주성싸움 이후 소강상태로 접어든 이후에 명(明)과 일(日)의 비밀강화 내용을 파악하였고 전후에는 1605년 덕천가강(德川家康)과 회담하여 포로를 귀국시키는 외교사절로 활동하였다.

그는 건봉사가 낳은 인물이다. 임진왜란이 일어나자 서산의 명(命)이 있었고 그는 충실히 건봉사에서 수천 명 승병을 양성하였고 참전하였다. 건봉의 터의 힘으로 그들을 먹여 살리고 훈련시킬 수 있었다. 건봉사였기에 가능했던 승병의 훈련소였던 것이다. 건봉사는 신라시대 이후 왕생 극락정토의 본찰이다. 만일회(萬日會)의 중심 사찰로 도량의 중심을 흐르는 개울 능파교를 넘어 대웅전에 들기 전 극락보전이 건봉사의 사실상 정신적 지주였던 정토교의 종찰이다. 영원한 세상 아미타불이 계신 곳 승군들은 참전하며 만일기도 동참자와 똑같은 마음 sukhāvati(좋게왔지) 극락세계에 들어간다는 극락전 부처님을 믿고 전쟁에 임했을 것이다. 전시나 평시나 똑같은 마음 극락의 세상에 간다는 마음과 그것을 피비린내 나는 전장에서 흔들림 없이 실천한다는 그 마음은 위대한 것이다. 아는 것을 바로 실천하려고 애쓰는 도반들이 있었기에 건봉사는 터와 더불어 정신이 살아있는 위대한 도량이었다. 정유재란 포함 인구의 8% 정도를 잃은 임진왜란에서 사명은 승군의 실질적 대장이었으며 외교전략가였으며 전후의 마무리까지 담당하고 포로로 끌려간 백성들을 데려오는 정신적 관세음보살이었으니 모두 대복 터 건봉사가 뒷받침되기에 가능했던 것이다.

그는 자장이 통도사에 모신 불치아사리를 왜군이 도굴해간 것을 일본에서 다시 찾아와 스승 서산에게 보내고, 서산은 다시 통도사와 건봉사에 나누어 치아사리 12과를 건봉사 적멸보궁 사리탑에 모시었으니(1605년) 그의 석가모니와의 인연과 자장(慈藏)의 정신을 잊지 않은 그의 덕과 실천력에 감사할 뿐이다. 자장이 643년 당 오대산에서 문수보살에게 불두골, 불치아사리 등 사리 100과를 받아와 통도사를 중심으로 황룡사와 오대 보궁에 나누어 보관했다. 자장이 사리를 들여오면서 이 땅을 불국토로 장엄하리라는 정신을 사명이 잊지 않았던 것이 고마운 것이고 특히 건봉사의 사리는 치아사리니, 사리 중에 으뜸을 머리에서 나오는 정골(頂骨)사리와 치아사리로 본다. 치아사리는 기록에서만 보자면 스리랑카의 공개된 불치사(佛齒寺)의 한 과와 나머지 2

과를 포함해 전 세계에 15과만 있다 하니 건봉사 치아사리 12과는 귀한 사리이다.

대선사들이 전쟁통에 사리를 보관하게 되는 일까지 관여하게 된 것을 보게 되었는데 국민이 단합한다면 다시는 이런 난리를 겪지 않을 것이다. 건봉사의 12과 사리는 훗날 1986년 6월 대학발굴단으로 위장한 도굴꾼에 의해 도난당했다가 8과는 다시 찾고 4과는 행방불명되었는데 부처님 도량의 일은 터와 사리와 절의 시주불사 등 모든 일이 이타행(利他行)의 공(公)적인 일에 해당되는 것으로 개인이 절의 것을 탐하여 잘 되는 일은 없는 법이다. 도굴꾼은 그 집안이 업보를 받았을 것이다. 서산과 사명을 배출한 나라의 부끄러운 후손들이다.

영규(靈圭, 공주 출신, 미상~1592)는 어려서 부모를 잃고 갑사 청련암에서 출가하였고 향산에서 서산의 제자가 되었다. 어린 시절 키가 장대 같던 그는 호랑이를 때려 잡았다고 전해진다. 서산은 임란 전 나라의 정세가 심상치 않아 영규를 고향으로 내려보냈다. 계룡산 갑사 청련암에서 수도하는 중 무예를 익혔다. 신력(神力)의 그의 무예를 따를 자 없었다. 1592년 임진왜란이 일어나자 분을 이기지 못하여 3일을 통곡하고 스스로 승병 1,000여 명을 모집하여 조헌과 함께 청주성 전투에 참여하여 지형지물을 활용하는 유격전법으로 임진왜란 첫 승전고를 울리며 탈환하였다(1592년 8월). 임란 중 최초로 승병을 모집해 출전한 승병대장이었던 것이다. 유학자 조헌은 기세를 몰아 금산성 출정(그해 9월)을 고집하였고 영규는 권율의 정규군과 연합작전이 필요하니 하루만 늦추자고 반대하였으며 또한 지세가 불리하다고 하였으나 조헌의 고집을 꺾을 수는 없었다. 결국 일본군 정규군의 매복작전에 말려들어 연곤평(延昆坪)에서 포위되고 몰려오는 왜적을 창으로 무수히 무찌르다 조총에 맞았다. 중상(重傷)을 입은 그를 누군가 이송했으나 정신을 차린 순간 기며, 쓰러지며, 걸으며, 쓰러지며 그는 북쪽 스승 서산(西山)이 계신 붉게 저무는 하늘을 바라보며 흙바닥에 힘겨운 머리를 들어 떨구고 마지막을 고하고 갔다. 환한 그의 머릿속의 승전 기습 작전계획을 깜깜이 조헌의 고집에 밀려, 기왕에 휘말린 전쟁 작은 전투하나 뜻을 펴지 못하고 순직하게 된다.

동국의 빛나는 대선사의 마지막 장면이 정말 어이없는 것은 전장터의 승군(僧軍)이었다는 사실이다. 아니 그의 사형 스승까지 얘기하자면 마지막 대선사 세 분이 모두 승군이시다. 가슴이 아픈 일이다. 그 이전 신라시대로 거슬러 올라가 봐도 원효와 의상도 간접으로나마 전쟁터에 연관이 되어 있으며 고려의 나옹 또한 전쟁의 참화를 다니는 길바닥마다 눈으로 겪으며 산 세월의 대선사이다. 동국의 대선사는 천하명당을 구경한 죄로 아니해도 되는 공업(公業)의 등짐까지 짊어지고 사신 분들이다. 고난을 겪으면서도 본분을 잊지 않았으며 생사의 기로 앞에서도 품위를 지키신 분들이다. 인격으로도 더 윗자리가 없고 수행으로도 불보살 밑의 최고 지위에 오른 분들이다.

II · 후편 – 첨단과학 시대의 생존건강법과 Puruṣa(작은 태양)

Ⅰ. 용화(龍華)시대 건강법

1. 미륵(彌勒)의 특징
– 신세계(神世界), 여성시대, 동국이 주도

미륵(彌勒)보살은 용화수(龍華樹) 아래에서 석가모니가 제도하지 못한 모든 중생을 다시 제도할 부처로 태어남을 수기(授記)받으신 분이다. 석가모니 입멸 후 56억 7천만 년 후에 세상에 나타나실 미륵자존(彌勒慈尊)이시다.

미륵불의 존재근원은 삼세불의 개념에 있다. 석가모니의 우측에 정광불이 계시고 좌측에는 미륵불이 계신다. 정광불은 과거의 부처님이시고 석가모니에게 다음 생 중생구제의 불이 될 것을 수기하신 분이다. 미륵은 석가모니의 미비한 점을 보완하여 완벽한 세상을 만드실 미래의 부처님이다.

다시 그것의 근원개념은 삼신불(三身佛)에 있다. 법신 · 보신 ·

화신의 개념이다.

법신(法身)은 vairocana(해로차나) 태양인 셈인데 존재의 근원으로 태양에서 햇빛과 햇살이 나오는 것이라면 그것이 곧 생명의 근원자리이므로 법신불이라고 하는 것이다. 베다의 Brahma(붉음) 즉 창조신의 자리인 태양인 것이다. 법신불이 태양 즉 대일여래이므로 베다의 Brahma(붉음)인 태양자리 창조신과 같은 개념이다.

보신(報身)은 Vipakakāya(입어가, 갸) 혹은 Vaipāki ka(해받기 갸) 혹은 rocana(~로 차나) 즉 은혜를 입은 것 혹은 태양을 받은 것이니 베다의 Brahman(불맘) 불의 마음이요 태양을 그대로 이어받은 것이다.

화신(化身)인 응신(應身)은 Saṁvṛiti kaya(삼으리 갸) 혹은 avata(아왔다, 불) 구체적으로 무엇으로 나오는 몸이다. 석가모니, 연등불, 미륵불 등 구체적 이름의 불이다. 태양은 근원이기에 근원으로서만 존재하는 것이고 보신이 보답체로서 은혜를 받아 후에 각각 구체적인 부처로 나오는 것을 뜻한다.

이런 개념을 바탕으로 과거의 부처님이신 정광불(定光佛, Dipaṃkara, 짚은 가려: 손은 가리는데 쓰였다. 짚은 손)께서 석가모니 전신인 선혜(善慧, Sumedha: 좋은 맞아 맞다)에게 수기(授記, vykarana, 이거 알아봐)를 주시어 다음 생에 석가모니로 나오실 것을 말씀하신 것이고 그 다음은 미륵불이 중생을 구제할 것임을 예견한 것이다. 그러므로 삼세불에서 석가모니 좌측에 미륵보살이 계시는 것은 아직 부처로 태어나지 않아 보살의 관을 쓴 것이므로 미륵의 시대가 되면 당연히 부처의 모습으로 나오게 된다.

미륵하생경으로 대표되는 『미륵하생성불경』·『미륵하생대성불경』·『미륵상생성불경』 등의 내용은 석가 입멸 후 56억 7천만 년 후에 인간 수명이 8만 4천 세일 때에 오시며 첫 번째 설법에 96억 인, 두 번째 설법에 94억 인, 세 번째 설법에 92억 인이 깨달음을 얻는다. *Upasatha Sutta*(옆에齋, 『포살경』, Aṅguttra Nikāya, 빠리장경 A4.190)에 자비희사의 마음으로 가득 차고 무한공간을 알고 의식도 거기에 따라 무한함을 느끼면 천상세계에 살게 되는 것이며 이것이 고통을 벗어가는 경지라고 설한다. 즉 천상세계는 시공을 초월하는 경지를 말하게 되는데 여기에 따라 시간개념은 공간 세계와 의식 수준에 따라 변하는 것을 말하는데, 지상천(地上天)인 수미산까지의 도리천(忉利天)의 하루는 인간세의 100년[100]이고, 인간들의 400년이 도솔천[101]의 하루요 달과 월

100) 『삼국유사』「前後所將舍利편」, "忉利天一日夜當人間一百歲"
101) 『불교학대사전』, 홍법원, P.308.
윤회의 육도윤회의 공간이 욕계(欲界)이다. 욕계는 지옥·아귀·축생·아수라·인간·천으로 나뉘고 꼭대기 천의 세계가 6으로 구분되어 6욕천이다. 6욕천은 동서남북 사천왕(四王天)과 위로 올라가면서 도리천(忉利天)인 33천, 야마천(夜摩天)·도솔천(兜率天)·화락천(化樂天)·타화자재천(他化自在天)으로 구분된다. 도솔천은 6욕천의 4번째 하늘인 셈이고 타화자재천은 맨 꼭대기 6번째 하늘이다. 미륵보살이 도솔천에 머문 이유는 인간세계에 내려오려고 준비하는 기간이기 때문이며 인간 세상에 친해져야 하기 때문이다. 2번째 하늘인 도리천인 33천까지는 지상천이고 3번째 하늘인 야마천부터 허공천으로 구분한다. 그러므로 도솔천은 수미산 위의 허공천이다. 인간계 400세가 도솔천의 하루이다.

은 인간계와 같이 30일이 1달이고 12달이 1년인 기준법으로 계산한다(*Uposathaṅga-sutta*『포살경』, Aṅguttra Nikāya, 빠리장경 5부, 增支部 A3.70). 인간계 해로 계산하여 도솔천 신들의 수명의 한계는 4000년이다. 그렇다면 도솔천의 수명은 4000년이고 도솔천의 하루는 인간계 지상의 400년이므로 굳이 계산하면 4000×400×360=576,000,000년인데 그렇다면 『미륵하생경』의 56억 7천만 년이란 정확히는 5억 7천만 년일 것이다. 이것은 도솔천의 시공에 대한 계산이고 더 높은 하늘인 욕계 꼭대기 타화자재천의 하루는 인간계의 1600년이다. 도솔천보다 타화자재천의 하루가 더 긴 시간이 되는 것은 높은 하늘일수록 시공을 대하는 의식의 수준이 더 한량없고 높기 때문이다.

불교에서는 인간계 사주(四洲)와 그 위 수미산까지의 하늘은 땅의 하늘(地居天)이고 그 위의 하늘은 허공천(空居天)으로 분리되고, 욕계천은 땅하늘(地居天) 위로 야마(夜摩)·도솔(兜率)·화락(化樂)·타화자재천(他化自在天)까지 4개의 하늘이 더 있고 다시 색계 18천 무색계 4천의 하늘이 있다. 여기서 육도윤회의 세상은 당연히 욕계를 중심으로 한 세상이다. 그러나 나머지 색계천(色

저녁 종을 33번 치는 이유이다. 수미산(須彌山, Sumer: 秀山, 높은 산, 고귀한 산)은 33천인 두 번째 하늘 도리천까지이며 도리천의 왕은 제석천(帝釋天)이다. 제석천은 Indra신이다. 저녁에 수미산을 안정시키는 것이다. 새벽에는 28번 치는데 이는 욕계의 6천과 색계의 18천 무색계의 4천이 합쳐 28천이기 때문이다. 지상과 허공의 28천에 예의를 표하는 것이다. 아침 종은 지상과 허공의 모든 신께 저녁 종은 수미산이 머무는 지상천까지만 안정화를 위해 드리는 예의이다. 그렇다면 제야의 보신각종의 33번 타종도 수미산 이하 이땅의 평화와 온 가정의 안위를 위한 것이다.

界天), 무색계천(無色界天)도 수준이 조금 욕계천보다 나을 뿐 육도윤회를 아주 벗어나는 것은 아니다. 그러므로 천(天)의 세계는 육도윤회를 벗어나지 못한다.

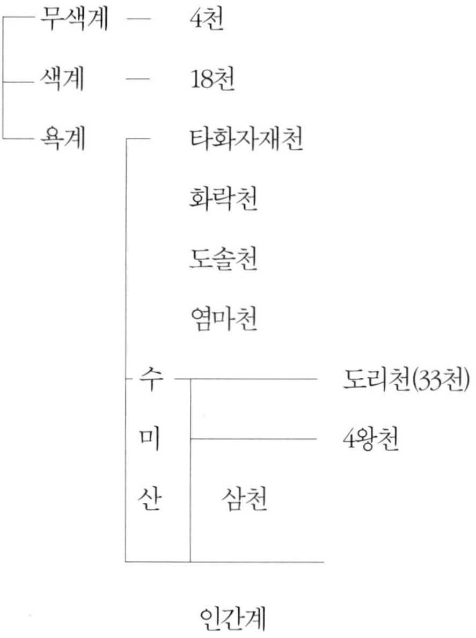

이 하늘세상인 천(天)의 세계가 좀 복잡하다. 불교의 천의 구분이 초기불교인 아비달마불교의 구사론에서부터 이어져 오는 구분을 대체로 이어 설명하는 식이라 난해한 철학적 구분이면서 융통성이 없는 면이 있기에 이것을 3개의 개념으로 간단히 정리할 수 있다.

하늘을 3극론으로 구분하여 도솔천(兜率天) · 도리천(忉利天) · 금강천(金剛天)의 개념이다.

수미산 밑 도솔천과 수미산 위의 허공천인 도리천 그리고 윤회를 벗어난 극락천이다.

금강천

도리천(虛空天)

도솔천(수미산까지 - 地居天)

도솔(兜率)의 개념은 도솔(Tuṣita tuṣta: 돕다, 만족스럽게 하다)의 본래의 뜻이 수미산 하의 인간 세상을 잘 다스린다는 뜻이고 또한 한자로서도 음차이긴 하지만 산왕대신이 다루는 모습이 투구(兜)를 쓰고 다스리는(率) 모습과 어울리기 때문이며 이렇듯 인간 세계와 밀접한 관련이 있기에 미륵도 도솔천에서 머물다가 영축산으로 내려오는 것이다. 그러기에 수미산 밑에는 도솔의 개념이 어울린다. 또한 도리(忉利) 또한 trāyastriṃśa 33천의 뜻으로 화엄신중까지의 수많은 하늘에 적합하며 또한 인도유파의 Brahma(붉음: 창조신이며 태양) 밑의 33천의 주재신 brahman(불의 맘)과도 일치하기 때문이다. brahman(불의 맘)은 창조주의 마음으로 최고의 꼭대기 위치의 개념이기에 33천인 도리(忉利)천이 하늘의 허공천(空居天)로 분류하는 것은 인도에서는 극히 자연스러운 일이다.

정리하면 인간 4주와 눈에 보이는 산의 산신이 지배하는 산왕대신까지의 하늘이 도솔천이다. 당연히 수미산 밑의 하늘이다. 도리천은 그 위의 마왕 포함 화엄신중까지의 천, 그리고 금강천은 대선사 · 보살 · 불이 계시는 윤회에선 벗어난 그분들이 계시는 극락의 하늘이다. 그렇다면 욕계 · 색계 · 무색계천을 도솔, 도리의 2천으로 간단히 정리해버린 셈이다. 이것은 새로운 것이 아니라 기존에 수미산까지를 땅의 하늘(地居天) 그 위의 하늘은 허공천(空居天)으로 부른 공간개념을 정리한 것이다. 수미산 중심으로 나뉜 것이고 다만 여기서 불교이론의 도리 33천만 수미산 위로 자리 이동한 것이다.

이와 같은 하늘은 올라갈수록 시공이 초월되고 개념에 구애받지 않기에 금강천에 이르러서는 시간도 초월해버리게 된다. 그렇다면 이제 하늘천의 개념에는 윤회를 벗어난 하늘 소위 극락인 극락천도 포함이 되었다. 이것은 불교가 너무 철학적 개념에 충실해 무색계 위의 초월된 개념에만 사로잡혀 실제로 부처님이 계실 방(하늘 공간)도 없게 만들어버린 현실에서, 그 초월된 개념의 방안 공간도 다시 금강천의 개념 안으로 끌어들이는 새로운 제3의 개념이니 인도철학의 puruṣa의 개념의 천인 셈이다. puruṣa는 불의 자식, 불의 몸으로 창조신인 Brahma 붉음의 분신이요 세간의 ātman(아맘)의 몸도 되고 33천 brahman(불의 맘)의 몸도 되니 본래 하늘은 중생세계와 극락세계가 하나 안에 있다.

정리하면 불교의 욕계 · 색계 · 무색계천들을 수미산까지는 지거천(地居天)인 도솔천, 그 위의 색계, 무색계까지는 도리천, 그 위의 극락천은 금강천의 개념으로 나뉜 것은, 인간을 중심으로 조상영 · 산천영 · 산왕대신까지의 도솔천, 그 위에 도리천인 위타천존 · 중단신장 · 화엄신중 · 선지식(영력 도수 180° 고승)이 하나의 라인으로 연결이 되고, 그 위에 생사초탈 금강천인 · 대선사(영력 도수 200°) · 보살(영력 도수 300°) · 불(영력 도수 360°)의 경지를 의미하는 것이다.

이렇게 되면 금강천의 공간도 찾아오게 되고 수미산 하의 도솔천, 그 위의 도리천도 모두 여래의 품안에 동질의 개념 속에 훈습의 보람이 눈에 보인다. 욕계 · 색계 · 무색계와 열반적정의 부처의 세계가 모두 하나의 본질의 하늘 속에 자리잡게 되는 셈이다.

puruṣa는 본래 원효가 생각하는 심생멸문의 여래장인데 이것이 깨달아지면 적멸문의 일심을 통해 큰 하늘의 일심과 하나된다. 체(體)없는 상용(相用)으로 출발해 어느덧 체를 얻고 마지막에는 중생심의 일심의 대업을 이루는 원효의 여래장이나, 본래는 Brahma(붉음)의 몸덩이에 출발해 점차 영혼을 얻고 마지막에는 ātman(아맘)이 brahman(불의 맘)과 하나되어 창조신 Brahma(붉음)과 동격이 되는 puruṣa(불덩어리 자식, 불의 자)는 똑같은 것이다.

결국 천(天)의 회통(會通)이 본래의 불교정신이다. 용어로서의 불교이론은 복잡했으나 개념으로의 하늘의 개념을 통해 극락정토도 하나의 라인을 통해 인간의 인식 속에 들어오는 이상적인 공간이 된다.

인간이 기도를 열심히 하면 자기가 온 산의 산신을 통해 상단에 연결이 되고 결국은 최고의 지점 불(佛)로 통하게 된다. 자기가 온 산의 산신은 사람마다 다를 수밖에 없다. 인도인이 다르고 유럽인이 다르고 동국인이 다르다. 즉 동서남북이 다르고 하늘의 높이가 다르다. 천을 포함하는 각각의 공간 속에서 느끼는 시간의 개념 또한 이 영력 도수의 차이만큼 다 다르다. 그중 하나 내게 영력이 맞는 공간이 나의 하늘이다.

시간의 개념이란 애초에 짧은 것은 찰나(刹那, kṣna, 째나, 짬)요 긴 것은 겁(劫, kalpa, 곱, 곱빼기)에서 나온 것이고 이것이 의식수준과 공간의 개념에 따라 즉 상황과 시대에 따라 그때그때 적용을 시키면 그것이 시간 개념이다.

의식수준의 차이에 의해 천(天)을 나누고 각각의 하늘에 따라 시간 개념이 마음대로 늘고 줄고 하는 불교의 천의 시간 개념에 비해 주역의 1겁이란 조금 구체적이어서 지구의 1겁(劫)은 1원(元)=12회(會)인데 진술축미(辰戌丑未) 사고장(四庫藏)으로 각각의 90°의 동서남북을 한 바퀴 돌아가면 1겁(劫)이다. 한 바퀴란 4장성(子午卯酉)·4고장(辰戌丑未)·4장생(寅申巳亥)의 세 그룹이 동서남북으로 돌면 12지(支)로써 이것이 34성환(成環) 한 고리이다. 한 달 30일이 360°를 돌아가는 것이 10,800년=1회이고 12지(支)를 곱하면 129,600년이 지구의 1겁이고 129,600리가 지구의 둘레이다. 지금은 미회초(未會初)에 해당되는 시기이다(1984년 갑자년 이후).

아무튼 인간세상에 보다 가까운 도솔천에 미륵보살이 머물다 내려오심은 5억 7천이란 수는 인간세상에 오칠일묘연(五七一妙衍)에 해당되는 것으로 이것은 양수 1과 우수 2의 결합으로 창조의 숫자 3이 신수(神數)가 되고 이것이 무한발전하여(3극론) 오칠일묘연(五七一妙衍)이 되어· 꽃을 피우니 육판의 반 사이클을 의미한다. 이것이 다시 중앙의 토(土)와 결합 변신하여 마지막 완성의 수가 9인 구구(九九) 81의 결실이 맺어지니 이것은 숨은 절반이다. 81×한세대(40년)=3200 약 3000년을 말함이니 육판의 1사이클이다. 석가모니 탄생이 BC 1087년 갑인년[102]이었으니 약 3000년 후 서기 1900년에서 약 900년 태극기 계룡산 계룡시대가 즉 용화시대인 셈이다.

계룡이란 금계포란(金鷄抱卵)의 서대권과 비룡농주(飛龍弄珠)의 동대권이 합친 개념으로 전반기 500년은 서대권 무성(武城) 신도

---

102) BC 1087년 음 4월 8일(갑술일) 巳時생. 사상(四象)체질 중 태양인(太陽人). 영력 도수 360°이시다.

正財		正財	比肩	
己	甲	己	甲	釋 乾
				迦 命
巳	戌	巳	寅	
傷官	偏財	傷官	比肩	
亡身	華蓋	文昌星 亡身	祿	

자세한 설명은 전편에 있다. 이것은 아리안의 BC 15세기 인도 침입 이후 인도 Veda사상(BC 1200~BC 1100)의 완성인 우파니샤드(BC 8세기에서 시작~BC 5세기 혹은 BC 3세기에 완성)의 초기부터 이미 석가모니의 영향력이 지대했음을 설명하는 과정에서 공개된 것이다.

안을 말하는 것이고 자연히 태극기 제정으로 시작되고 이미 육해공 3군 본부가 자리 잡은 지도 수십 년이 흘러 이미 시작은 되었다. 관청가(官廳街)야 다시 대전 둔산(屯山)지역의 들판으로 나와 그 주변에서 자리를 잡고 시작되어 주변으로 퍼져나가고 이것도 이제는 제3청사, 박사들이 모인 첨단과학 연구단지인 대덕단지, 세종시 등으로 틀을 갖추게 되었다. 후반기 동대궐은 유성(儒城) 400년이니 유성 일대와 주변이다.

이들 왕성(王城)의 뿌리에는 계룡산이 있다.

계룡산은 백두대간인 태백산 줄기가 덕유산(德裕山)으로 이어지고 덕유의 맥이 정통으로는 함양의 황석산 · 천황산 · 삼봉산으로 이어지며 지리산으로 맺어져 종결되어 동국이 히말라야의 정기를 모아 저장하는 것이지만 다시 하나의 줄기는 덕유에서 역룡(逆龍) 회룡고조(回龍顧祖) 계룡산으로 맺어지니 이것이 산태극, 수태극의 수도자리를 의미하는 것이고 왕성(王城)이란 적당한 평야를 중심으로 사람이 모여 살 수 있는 곳에 조성된 곳으로 낮은 계룡산은 지구의 태극도(太極圖)이다. 삼신산(금강 · 지리 · 한라)에 들지는 않으나 계룡산은 미륵세계의 중심이요, 백두대간의 갑맥은 아니나 태극기를 이룬 산이 명당(明堂) 계룡산이다.

본래 복희씨가 동해 용궁에서 나온 용마의 등에서 본 하도(河圖) 8괘가 태극도(太極圖)라면 동국에도 태극충 태극나비 등이 존재하는 것이며 지형의 산으로는 계룡산이다.

지구의 태극도가 계룡산이다.

계룡시대의 특징은 용화(龍華)세계로 특징 지워지는 것이고 용이란 하늘에 비행기가 나는 세상으로 과학이 첨단으로 발달하는 세상이고 그러기에 문명이 고도로 발전되어 땅바닥에는 인간 정서 순화를 위해 꽃을 키우니 하늘에서 보면 온 바닥이 꽃으로 뒤덮힌 세상 용화다.

즉 용화시대의 통신자는 용이니 용은 전극체(電極體)로서 양전기를 축적했다가 공간의 구름장에서 임의로 강우량을 뽑아내리니 첨단과학의 시대요 일명 신세계(神世界)이다.

가정이고 공원이고 모두 꽃밭 세상이다. 인간의 뇌의 안정을 위해 정서가 중요한 시대다. 이런 용화시대에는 동국의 사람들이 가장 걸맞는 것으로 지구 땅 정기의 저장으로 가장 두뇌가 우수하고 역사와 문화가 완성되어 있으니 시대에 맞게 미륵이 동방에 탄생하는 것이다.

미륵은 그동안의 미진한 엉성한 그물코를 모두 메꾸는 사명이 있으니 영력 도수 300°보살이 이제는 360°부처로 오는 것이고 동방의 불 약사여래불과 중생구제를 겸하는 관음보살의 정신과 같이하니 미륵은 관음불이요 약사여래를 겸하게 되어 종교를 완성하니 시대적 사명이다.

그러기에 미륵불의 평생괘는 甲戌日에 수화기제(水火旣濟: 水4)이다.

甲戌日　水火旣濟

水4　↪風火家人

孫 卯 ←(泄氣)	兄	子	ソ(應)	武玄
	官	戌	\	白虎
	文	申	ソ	螣蛇
	兄	亥	\(世)	句陳
	官	丑	ソ	朱雀
	孫	卯	\	靑龍

시대와 상관없이 모든 부처님의 탄생일은 갑술일생(甲戌日生) 일좌공망(日座空亡)이고 생시에 사시(巳時) 혹은 해시(亥時)는 공통이시다. 사상(四象)체질로는 태양인이시니 이는 성인(聖人)의 공통점이시다.

불(火) 위의 물(水)이니 물은 내려감이요 불은 올라감의 성질인 가운데 서서히 더워지는 물이니 위험하지 않고 자연스러움이니 이미 다 되었다고 보는 것이다.

우주 생성의 원리로 말하자면 물속 불이라 한다. 얼었다 더운 기운이 들어올 때 우주 만물이 화생(化生)한다. 산소가 있는 세계를 말하니 수화기제이다. 이미 다 이루어진 것이다. 이것은 『반야심경』의 색즉시공(色卽是空)의 애매모호한 개념에서 색즉시공(色卽始空)의 순서를 정한다는 것으로 색이 공에서 비롯되었고 공 이외의 다른 곳에서 온 것은 없다는 산소세계를 말한 것이다.

엉성한 그물코가 하나하나 메꾸어지는 지혜의 완성됨을 말함이니 수화기제(水火既濟)는 미륵불의 특징을 상징한다.

계룡의 용화시대부터 서서히 인간의 문화와 문명이 고도화를 이루어 5000년 10000년 후에는 점점 과학의 고도화를 이루어 인간의 머릿속으로 이상세계를 점차 이루게 된다. 이렇기에 이제 용화의 시대에는 자기의 전생 공부 됨됨이를 속일 수가 없으니 전생 훈습(熏習)의 축적이 과학을 통해 모두 드러나게 되어있다.

자기의 본체를 속일 수 없다는 것은 이제 돈오(頓悟)를 함부로 내세우며 자기가 깨우쳤다느니 하는 등 막행막식(莫行莫食)이 통하지 않는 세상이 온 것이며 자연히 형식적 교단이 무너지는 세상이고 오로지 성실한 훈습 축적의 결과로 나의 그릇의 크기가 온전히 드러나는 세상이 온 것을 뜻한다.

훈습을 돈오점수에 비유하자면 점수(漸修)에 해당되는 부분으로, 부처님의 수제자 사리불이 지혜 제일의 상징으로 돈오라면 가섭의 두타 제일은 수행 제일로서 수행(고행)이 점수 훈습의 상징으로 구분된다고 볼 때 가섭이 심수전법(心授傳法)의 제1조로서 후세 선종(禪宗)의 1조임은 여러 가지 시사하는 점이 있다고 할 것이다. 두타(頭陀, dhuta: 주다)란 의식주의 집착을 버리고 보니 환한 Kāśyapa(가섭, 可視, 빛 환함, √pa: 퍼먹다, 飮; 飮光)의 지혜가 떠오른다는 것으로 진정한 훈습이 돈오와 다름이 아님을 알 수 있다. 그러기에 가섭은 사리불 죽은 후에 석가모니의 의발(衣鉢: 가사와 바리때, 밥그릇)을 물려받은 수제자이며 그 의발을 다음

시대 미륵불에게 전달해야 하는 사명으로 미륵불의 하강을 대비하여 머리에 부처님의 가사를 이고 계시다가 미륵불이 도솔천에서 내려와 장육존(丈六尊: 16척)이 되시어 기사굴산[耆闍崛山, Gijjha-kūṭa(끼억- 角, 독수리 峰): 영축산]의 낭적산(狼跡山) 마루에 올라 기사굴산을 손으로 쪼개면 가섭이 그때서야 멸진정(滅盡定)에서 깨어나는 점수수행의 상징으로 미륵시대에도 여전히 빛을 발한다.

이처럼 용화세계란 점수의 수행력이 그대로 드러나는 세상이며 색심불이(色心不二)의 명실상부한 삼계일가(三界一家)의 의식세계가 도래한 세상이다. 이러한 의미를 상징으로 볼 수 있는 것이 논산 반야산 은진미륵 부처님이다. 고려의 선지식 고승 혜명(慧明)대사의 정밀한 미래 예시이시다. 두상이 비례에 맞지 않게 크신 것은 용화세계의 특징을 표현한 것이다. 통신자가 용이기에 신세계(神世界)의 표현으로 초정밀 극미(極微)세상을 다루는 세상을 다루는 주체인 머리가 커야한다. 또한 과학시대에는 정신건강이 중요한 테마이기에 정법안장(正法眼藏)인 눈을 아주 정교하게 또렷하게 표현하였다. 검은 점판암을 벌려놓은 돌 사이에 정확하게 끼워 넣어 색채를 현명하게 드러냄으로써 정신건강의 중요성과 정견(正見)의 중요성을 다시 한 번 강조하였다. 정신건강에 문제가 생기면 눈의 초점이 흐려지는 것을 경계한 것이다. 머리 위의 갓은 보살관이 아니라 세속인의 탕건과 갓이요 사각모이며 또한 법체의 가림이 법의가사(法衣袈裟)가 아니라 두루마기이니 이는 세간인의 모습을 말하는 것으로 종교의 개방성의 표현이다. 소위 미륵시대에는 형식의 삼배(三拜)도 부끄럽고 진정으로 실력으로 드러난 수행자만이 존경을 받는다. 과연 내가 존경을 받을만하고 그것이 감당이 되는가는 하늘이 알고 내가 알고 대중이 안다.

미륵인 Maitreya는 ① 엄마들, ② maitri 믿어의 의미로 엄마의 마음인 자애(慈愛)를 바탕으로 자비희사(慈悲喜捨)의 진정한 엄마부처님인 자씨(慈氏)부처님이 내 속에 있는가를 살펴보고 또한 prajñāna (더불어 아냐인 연기공의 진리)를 위해 얼마만큼 정진을 해왔냐를 나에게 물어보라는 것이고 또한 미륵보살이 결과부좌를 안하고 늘 책상에 앉아있거나 생각을 하는 것은 바로 중생의 고통을 세세하게 살피고 바로 보살도를 실천할 준비가 되어있음을 뜻한다.

더 구체적으로 말하면 미륵의 ① 엄마들, ② maitri의 의미는 미륵이 오는 세상은 미회초(未會初)에 해당되는 여성의 시대를 말한다[1겁=12會 129,600년이고 1회會는 10,800년. 12지의 자축인묘진사오미신유술해의 12회會가 있다. 1984년 갑자년甲子年 이후 미회초(새로운 10,800년 시작)]. 용화란 신(神) 세계요 정서가 중요시되는 꽃을 키우는 세상이요 섬세함을 요하는 과학시대이기에 거기에 걸맞는 여성의 시대 엄마의 세상이다. 고려, 조선시대의 비구니가 조성한 불상의 효험과 오늘날 비구니가 조성한 불상의 효험이 다르다. 지구 곳곳의 생활상도 서서히 여성의 시대로 변화하는 중이다. 미륵의 이름을 통해 시대의 흐름을 읽고 생활을 맞추어가야 인생을 헛된 업으로 허비하지 않고 지름길로 가는 길이다.

2. 의명(醫明) 기초

(1) 사상(四象)의 철학적 개요

인도의 우파니샤드 철학 중 중기 『문다카 우파니샤드』에서 보이는 세계의 창조와 그에 따른 지식의 가치분류법에 따르면, 최고의 가치는 아맘(我, 마음)인 ātman을 통해 창조자와 하나가 되는 베다의 공부법이고 그다음 차상이 세상의 공부법인 음성 · 음악 · 언어학 · 문법 · 제례학 · 천문학 · 수학 등으로 구분되는 것을 볼 수 있다.

세계의 창조자인 brahma(붉음)이 그의 맘인 brahman(불맘)[103]을 맏아들 아타르바[104]에게 주었고(『문다카 우파니샤드』 1.1.1) 그의 분류에 의해 세상의 지식은 낮은 것과 고귀한 것[105]으로 구

103) brahman(불맘), brahma(붉음) 창조신의 마음 절대진리인 범천(梵天)이다. 범아일여의 범은 brahman(불맘)이다. brahma(붉음)이 힘을 쓸 때는 Iśvara(아이쉬워라) 즉 자유자재신(自由自在神)이 된다. Brahma(붉음)는 창조의 신, Siva는 지워 파괴의 신, Visnu(있잖아) 현상유지의 신이다.

104) atharvāya jyeșțha putrāya(아따라와 첫째 붙어): 붙어는 아들이다.

105) laukika jñāna(낮은, 낮기, 앎, 낮은 수준의 앎), paralaukika jñāna(바라보이는 넘어선 즉 고귀한 앎)
laukika jñāna에는 śikṣā(시꺼, 시끄러워: 음성학), kalpo(깔布: 제례학), vyākaranaṃ(봐깔아놈: 문법), niruktam(아니+이루었다, 이루기 전 즉 어원학), chando(間奏: 음률학), jyotiṣam(歷셈: 천문학)과 *Rig veda* · *Yajur ve-*

분되었다(『문다카 우파니샤드』 1.1.4). 즉 『문다카 우파니샤드』에서는 각종 베다문헌도 낮은 계급의 앎으로 분류되고 오직 최고의 ātman을 체득하는 것만이 높은 계급의 앎이라고 보았다. 그렇다면 만물의 일체는 내가 신과 하나가 되기 위한 것이 목적이고 나머지는 그 과정에서 필요한 기준으로 삼아 제사 · 음성 · 노래 · 언어 · 문법 · 천문 · 수학 등으로 분류한 것이라고 보아야 한다. 같은 베다라도 범아일여로 들어갈 때의 베다수행 때는 고귀한 것이고 단순히 문헌으로 나뉠 때는 낮은 차원의 것으로 분류된다. 수행과 학문을 분리하여 철저히 이성적으로 나눈 것이고 수행이 동반되지 않는 학문은 등급이 낮고 존재 목적이 희석되는 것을 뜻한다.

이런 두 가지 지식의 분류기준을 바탕으로 신과 하나가 되는 수행법으로 찬도갸는 Oṃ(auṃ)지송법을 설명한다. 초기 우파니샤드인 『찬도갸』는 신에게 바치는 찬송가를 방편으로(삼아) 신에게 다가서는 *Sama veda*의 완성편인데 신에게 다가서는 세 가지 모습을 통해 신과 하나가 될 수 있다. 세 가지란 호흡 · 말 · 음식 또는 태양 · 바람 · 아그니불, 하늘(天) · 대공(氣) · 땅(地)으로 구분하여 사마베다는 ud 즉 하늘, 야주르베다가 대공(기), 리그베다가 땅(주문은 지상에서 극락이 이루어지는 결과)으로 상징되며 이때 결과인 땅의 음식인 우유는 그 안에 옴을 담고 있는 것으로 본다(『찬도갸』 1.3.7). 이 말은 하늘과 땅이 둘이 아니란 의미이다.

---

da · *Sama veda* · *Atharva veda*가 있고, paralaukika jñāna에는 수행을 통해 최고의 ātman을 아는 것이다.(『문다카』 1.1.5)

ud(위)	호흡	하늘(天)	태양	Sama veda(찬송가 찬도갸 완성)
gi(氣)	말	대공(氣)	바람	Yajur ved(의식)
thā(땅)	음식우유	땅(地)	아그니(불)	Rig veda(주문)

즉 하늘을 찬송하며 의식을 통해 바쳐진 음식은 이것이 곧 하늘을 상징하는 주문 옴이며 옴은 곧 하늘이 지상에 머무는 것이다. a는 하늘, u는 땅, ṃ은 떨리는 것이니 땅과 하늘을 연결하는 것이다. 떨리니까 파동으로 하늘과 땅을 현재로 연결한다. 이 ṃ의 파동을 의식의 주문을 외는 것 즉 말이라고 표현한 것이다. 떨리는 진동 ṃ을 통해 대지의 나와 하늘의 신이 하나가 될 수 있다. 이것을 소우주인 인간에 대비하여 비유하면 하늘의 호흡인 생명의 영(靈)과 대지의 육체와 그것의 건강한 결합인 진동의 혼의 숨 · 호흡이 oṃ으로 일체되어 진리에 다가서면 그것이 불멸이요 두려움이 없는 것이요 신과 하나가 되는 것[106]이라고 하였다(『찬도갸』 1.4.4).

이것이 무엇인가. 인간은 육체를 가지고 건강한 정신과 정진

106) *The Principal Upaniṣads* by Radhakrishnan, London George Allen & Unwin LTD, 1968 우파니샤드 원본. 후편의 우파니샤드 산스크리트 원본은 모두 이 책에서 참조.
yad etad akṣaram etad amṛtam abhayaṁ tat praviśya devā amṛtā abhayā abhavan /
etad(이따: 이처럼), akṣara(아니壞, 不壞), amṛta(아니沒, 不死), abhaya(아니봐여, 아니공포, 두려움 없는), praviśya(부러, √vis: 어서오세요, 들어가다), devā(데어, 帝, 神), abhavan(아니生, 不生)
그것은 파괴되지 않는 것이고 죽지 않고 두려움이 없는 것이니 신은 그 속에 들어가 불생불멸 두려움이 없는 존재가 된다.

력으로 신에게 헌신하면 그것이 바로 『문다카』의 고귀한 지식 베다이고 이것을 다시 보좌하는 6개의 학문과 *Rig veda* · *Yajur veda* · *Sama veda* · *Atharva veda*는 낮은 계급의 지식이다.

하늘과 내 몸과 파동으로 원활히 하나로 잘 되면 건강한 것이요 연결이 안 되어 막히면 불통이요 염증이요 냉적(冷積)이다.

불교에서는 이것을 수행의 5명(五明, panca-vidya, 5뵈다)으로 설명하고 있다. 성명(聲明, 음운학) · 인명(因明, 논리학, 인식학) · 내명(內明: 경전 바라문으로 치면 4베다) · 공교명(工巧明: 음악 · 예술 · 기술 공예 · 역산학 · 수학) · 의명(醫明)이다. 『문다카』의 낮은 지식(laukika jñāna)의 śikṣā(시꺼, 시끄러워: 음성학)과 chando(間奏: 음률학)과 kalpo(깔布: 제례학)은 성명(聲明)으로, vyākaranaṃ(봐깔아놈: 문법)과 niruktam(아니+이뤘다, 이루기 전 즉 어원학)은 인명(因明)으로, *Rig veda* · *Yajur veda* · *Sama veda* · *Atharva veda*는 내명(內明)으로, jyotiṣam(歷셈: 천문학)은 공교명(工巧明)으로 분류하고 나머지 의명(醫明)이 보태어져 5명(明)이다.

의명(醫明)의 근원을 인도철학의 유파에서 살펴보면, 본래 우파니샤드에서는 높은 단계의 지식(paralaukika jñāna)으로 분류되어 수행을 통해 최고의 ātman을 아는 과정(『문다카』 1.1.5)이 인생의 목적이고 이 과정의 고행 자체가 puruṣa(불의 子)이고 그 수행이 곧 불멸의 붉음(brahma)이기도 하여 이 개념을 아는 것이 고통에서 벗어나는 것(『문다카』 2.1.10)[107]이라 했으니 의명은 인도의 최고의 단계 수행법 속에서 정신과 육신의 불이(不二) 관계를 후에 불교에서 높낮이의 구별은 없애고 철학은 내명(內明)으로 그 밖의 것은 외명(外明)으로 분리 종합하여 의명(醫明)으로 정리한 것이다.

불교가 5명 구분법에서 내외로 나눈 것을 우파니샤드의 높은 단계와 낮은 단계로 나눈 것과 비슷하다고 생각할지 모르겠으나 우파니샤드에서 베다문헌 자체는 낮은 단계로 나누고 수행만이 높은 단계로 둔 것은 단순 문헌을 분류하는 법과는 다른 것이고, 또 불교가 5명을 내외로 구분한 것은 혹여 마음속에 철학을 높이고 다른 것과 구별하여 내외로 설정했다 할지라도 그것은 그저 문헌 구분법에서의 내외일 뿐이다. 내외명 문헌은 낮은 단계이고 그 이외의 다른 수행은 높은 단계로 수행과 문헌을 높낮이로 비교한 것은 없으니, 불교와 우파니샤드에서는 문헌 구분에 있어서 서로 약간의 차이점은 보인다.

이런 차이는 애초에 아리안의 침입으로 인한 절대신의 상정에서 비롯되었는데 그것만이 최고의 절대명제인 것이기에 나머지 문서류는 낮은 단계로 분리되었던 것이고, 불교의 5명(明)은

---

107) puruṣa evedaṃ viśvaṃ karma tapo brahma parāmṛtam, etad yo veda nihitaṃ guhāyāṃ so' vidyā-granthiṃ vikiratīha, saumya(이 세상 모든 행위와 고행은 뿌루샤 그 자체이며 불멸의 붉음(brahma)이다 뿌루샤는 비밀스러운 곳에 존재하며 이 원리를 안다면 무지의 구속에서 벗어날 것이다.)
puruṣa(불의 子, 불의 몸), evedaṃ(이와 같은), viśvaṃ(이 전부의), karma(그리함, 행위), tapo(타봐, 고행), brahma(붉음, 창조자), parāmṛtam(para+a+沒, 영원히 죽지 않는), etad(에또, 이런, 是 此), veda(뵈다, 알다), nihitaṃ(ni+hita, ~에 있다), guhāyāṃ(住野, 비밀장소, 동굴 속), vidyā-granthiṃ(보다, 쥐다, 대강), vikiratīha(비키다, 벗어나다), saumya(싸움, ~ 에 속하는, ~에 관계되는)

석가모니의 애초 생각이 무아에 근거한 연기에서 비롯되었기에 높낮이의 구별은 상정되지 않았다.

어찌 되었든 puruṣa(불의 子)가 영혼 또는 창조신 brahma(붊음)이며 고행 자체인 몸뚱이로 해석되며[108] 이것이 결국 몸과 정신과 창조신이 둘이 아닌(不二) 진아(眞我)·자아(自我)·영(靈)과 창조신(神) 자체의 동시개념으로까지 정의됨으로써,[109] 우파니샤드의 제3의 원리인 puruṣa의 개념에서 의명의 뿌리를 찾는 것은 철학적으로 바람직스러운 일이다. 인간이 puruṣa(불의 子)인 것은 곧 불교의 영향으로 범아일여인 인간의 존귀함이 하나요 그러므로 내가 곧 소우주인 것이 둘이다. 또한 그 우주가 내 몸안에 불덩어리로 존재하고 이것을 밝히고 정화하는 것이 의명이니 의명은 곧 나를 밝히는 것이다. 결국 정신(精神)이 맑다 함은, 정(精)은 콩팥의 청명(淸明)이요 신(神)은 마음의 광명(光明)이니 수화(水

108) puruṣa의 명칭만 보자면 리그베다에서부터 유래되는 이름이다. 붊음(brahma)과 동격이고 그의 몸이기도 하다.

109) 『문다카 우파니샤드』(2.1.10), "세상사 모든 인간의 행위와 고행은 puruṣa(불의 몸) 자체인데 이것은 불멸의 붊음(brahma)과 동체이며, 이것은 내 속에 있는데 이 뿌루샤를 인식하는 것은 곧 자유를 얻는 것이다.
puruṣa evedaṃ viśvaṃ karma tapo brahma parāmṛtam, etad yo veda nihitaṃ guhāyāṃ so' vidyā-granthiṃ vikiratīha, saumya(뿌루샤는 이 모든 행위와 고행 그 자체이며 불멸의 붊음(brahma)이다. 뿌루샤는 은밀한 곳에 존재하며 이 원리를 안다면 무지의 구속에서 벗어날 것이다.)"
puruṣa(불의 몸, 불의 子), evedaṃ(이와 같은), viśvaṃ(이 전부의), karma(그리함 행위), tapo(타봐: 고행, 수행), brahma(붊음, 창조자), parāmṛtam(para+a+沒, 영원히 죽지 않는), etad(에또: 이런, 是 此), veda(뵈다: 알다), nihitaṃ(ni+hita, ~에 있다), guhāyāṃ(住野, 비밀장소, 동굴 속), vidyā-granthiṃ(보다, 쥐다, 大綱), vikiratīha(비키다, 벗어나다), saumya(싸움, ~에 속하는, ~에 관계되는)

火)의 아름다운 조화 의명(醫明)은 나의 본체를 밝히는 것이다.

전편에서 6불을 설명할 때에 석가모니 화신(化身)을 뺀 중앙과 동서남북의 5불이 각 지역의 특징별로 보답을 받아(노사나불: 보신) 나타나신 분으로 이것을 오행으로 설명을 하자면 동방약사여래는 간(艮) 인(寅)이요, 남방 보승장불은 손(巽) 사(巳)요, 서방 아미타불은 곤(坤) 신(申)이요, 북방 부동존여래불은 건(乾) 해(亥)가 된다고 하였다.

坎(자)

곤위지☷ ☷부동존불 (亥)乾　　艮(寅) 약사불 지천태☷ ☰

(유)兌　　震(묘)

천지비☰ ☷ 아미타불(申)坤　　巽(巳)보승존불 건위천☰ ☰

離(오)

동서남북을 의미하는 인묘 · 사오 · 신유 · 해자 중에서 자오묘유(子午卯酉)가 아닌 인신사해(寅申巳亥)가 되는 이유는 각각의 내용인 봄 · 여름 · 가을 · 겨울의 괘가 인신사해에 뚜렷이 나타나는 생장점 사장생(四長生)이기 때문이다. 그러므로 사장생을 뚜렷한 4계절의 특징으로 삼는다.

춘하추동의 꼭지점인 묘오유자(卯午酉子)의 사장성(四將星), 왕지(旺地)는 뇌천대장(ソソ＼＼＼＼: 춘분), 천풍구(＼＼＼＼＼ソ: 하지), 풍지관(＼＼ソソソソ: 추분), 지뢰복(ソソソソソ＼: 동지)다.

봄의 특징인 지천태☷ ☰(우수)에 양이 하나 더 첨가되어 여름이 더 가까운 것이요(춘분이며 뇌천대장), 여름의 특징인 건위천☰ ☰(소만)에 음이 하나 스며들어 온 것이요(하지며 천풍구), 가을의 특징인 천지비☰ ☷(처서)에 겨울의 음이 하나 더 스며들었고(추분이며 풍지관), 한겨울인 곤위지☷ ☷(소설)에 이미 봄의 양이 하나 스며들어온 것이기 때문이다(동지며 지뢰복).

이것은 자연의 법칙으로 생장점에 각각의 특징의 DNA가 있기에 성장이 되는 것이고 다 자란 꼭지점에서는 이미 내용으로는 쇠퇴의 기운이 스미는 것을 의미한다. 그러므로 동방목은 인묘(寅卯) 중 인(寅)이 특징이요, 남방화는 사오(巳午) 중 사(巳)가 특징이요, 서방금의 신유(申酉)는 신(申)으로 북방 겨울 해자(亥子) 수는 해(亥)를 특징점의 유전자로 삼는 것이다. 즉 사장생 인신사해가 각각의 특징점이요, 사장성(四將星) 자오묘유는 방향은 맞되 이미 쇠퇴의 기운이 스며들었기에 봄 · 여름 · 가을 · 겨울의 특징점의 DNA로 잡는 것은 아니다.

마치 동양에서 간(艮)방향인 동국(東國)이 생기방이라 동방의 청색소(青色素)의 고향이요 동방의 약사여래(藥師如來)의 고향이라고 정의함은 인신사해 사장생(四長生)으로 보기 때문이다. 진(震)방향인 일본이 동국보다 생기방의 DNA가 부족하다고 보는 이유가 묘오유자(卯午酉子) 사장성(四將星)인 뇌천대장(ソソ＼＼＼＼: 춘분)이기에 이미 여름 양(陽)이 하나 스며들어 생기방의 특징을 잃었고 또한 현실로도 동해의 깊이가 1000미터 이상이라 히말라야의 지맥의 연결이 끊어지기에 그렇다.

이와 똑같은 개념으로 인간의 신체의 특징을 사상(四象)으로 구분할 때도 사장생(四長生)이 당연히 채택되는 것인데 이는 이미 동서남북의 4불이 존재하는 자리에서 이 진리가 내포되어 있음을 보았다. 우리가 생시의 인신사해가 재주꾼이라 하는 것은 이런 봄·여름·가을·겨울의 특징점을 뚜렷이 타고나는 것을 말하는 것이요 성인(聖人)의 탄생시가 사시 해시인 이유는 하늘과 땅의 상징이기 때문이다.

이것을 다시 정리하면 사상체질은 인신사해(寅申巳亥) 사장생(四長生)의 특징으로 분류하고 토의 진술축미(辰戌丑未)는 사고장(四庫藏)으로 사상(四象)의 뚜렷한 특징에 일단은 끼어들 수 없다. 토는 5불에서는 중앙의 비로자나불인 햇살 법신(法身)으로 각각의 동서남북 부처의 근본이면서 동시에 유기적 관계가 있듯이, 오행의 중앙인 토인 비위장(脾胃臟) 속에도 사방 사상(四象: 수목화금)의 1/3 성분이 진술축미 속에 스며들어온 것이라 비위를 통한 식성, 약성을 파악하는 것이 드러난 사방꼭지 사상(四象)의 특질을 밝히는데 중요한 열쇠가 된다. 즉 중앙 토는 사상으로 드러나는 것은 아니되 그것의 특성을 밝히는 데 쓰인다.

도표로 정리하면 다음과 같다.

坎水子

乾(亥)坤爲地☷ ☷ ⇒ 水大火小 艮(寅)地天泰☷ ☰

소음인/智優 ⇓

兌金酉 태양인 태음인 震木卯

金大木小/義優 木大金小/仁優

⇑ 소양인

坤(申)天地否☰ ☷ 火大水小/禮優 ⇐ 巽(巳)乾爲天☰ ☰

離火午

애초에 미륵의 평생괘를 설명할 때에 수화기제의 물속 불 세상에서 우주만물이 화생하는 산소의 세상에서 색즉시공(色卽始空)의 원리를 이야기했는데 이것은 만물이 다 이루어질 마음의 준비가 완성된 것이다. 태극으로 준비 완료의 1이다. 즉 작은 수(水)가 태양(太陽)으로 나타나는 과정이 사상(四象)이라면 그 처음으로 시작의 준비가 마음으로 완성된 것이 오행의 수(水)며 소음인(少陰人)이다. 콩팥 수(水)가 먼저 이루어진 이후에 수생목(水生木) 간이요, 그다음이 목생화(木生火)의 심장이요, 화생토(火生土)의 진통을 겪은 후 즉 다시 음양을 조화를 받아서 다시 토생금(土生金) 폐를 이루어 내는 것이 엄마의 뱃속에서 인간생성의 순서요 사상에서 인신사해의 과정이다. 똑같이 소음인에서 태음인, 소양인 그리고 태양인의 과정을 거치는 것이다. 이것을 한 그루의 식물로 말하자면 수는 씨앗이요 목은 줄기, 화는 꽃이요 이 꽃의 암술과 수술이 수정되어 즉 음양조화 토를 거쳐 성숙한 열매를 맺는 금이 된다.

수생목 목생화 이후에 화(소양인)가 금(태양인)이 되는 과정은 특별히 토의 수련과정을 다시 한 번 거쳐 금을 이루니 꽃이 열매를 맺는 과정이 그만큼 험난한 과정임을 말한다. 복사꽃이 피고 살짝 꽃샘추위가 오면 복사꽃은 하루아침에 쭉정이가 되고 그해에 복숭아는 열리지 않게 되는 것과 같이 꽃인 소양인도 똑같은 예민함이 보인다. 조심조심 열매를 맺어야 하는 일차(一次)의 결집인 꽃이요 화수미제(火水未濟)의 허공으로 돌아갈 일차 마음의 과정이기에 그런 것이다. 그러기에 그 체질 또한 무방비 상태이고 무엇이든 그려질 화선지 같고 예민하고 꺾이기 쉽다. 페니실린중독 (감기)약중독 알레르기 등 뭐든지 다른 체질보다 예민하다. 그것은 자연의 현상인 셈이다.

이후 금(金)은 다음의 생명을 위해 땅에 씨앗을 뿌린다. 이렇게 꽃이 씨가 될 때 예민한 토(土)가 화생토(火生土) 토생금(土生金)의 과정을 거치며 특별히 바탕토(土)를 이용을 할 수밖에 없고 다시 씨가 다음 생을 기다릴 때도 땅속에 묻혀 기다리는 것이라 토(土)를 이용하는 것인데 이처럼 토(土)는 인신사해 사상이 이용하는 바탕이라 이것을 용사체(用事體)라 한다. 동서남북 자오묘유 4귀퉁이를 각각의 90°각 4각이라면 인신사해의 특성 DNA의 각은 60°이고 이것이 각각 보이지 않는 30°의 토인 용사체의 도움을 받아 90도를 이루어 4계절을 완성하니 인신사해의 사상(四象)에는 보이지는 않는 각각의 30°의 토의 성분을 갖추고 있는 것이고 튀어나온 미비점을 토가 중화시키는 것이라 토(土)를 용(用)이라 한다. 나타나지만 않는 것이지 공통요소 30도가 있어 사상

(四象)이 유지된다. 이 토의 체(體)를 영(靈)이라면 용(用)은 믿음(信)으로써 서로가 믿어주고 받아 주어야 왕래가 가능하다. 인간 원리의 근본에 믿음과 영(靈)이 깔려있는 것이다. 본시 성령(性靈)은 겉으론 같은 체(體)이나 나누어 살피자면 성(性)은 체(體)요 영(靈)은 용(用)이다. 여기서는 사상(四象)의 완성을 위해 보이지 않는 토(土)의 작용을 설명하는 것이므로 움직임(用)인 영(靈)을 다시 주어(주체)로 볼 때 신(信)이 용(用: 동사)이 된다.

수화기제가 씨앗과 줄기라면 화수미제는 꽃이며 열매이다. 수화기제의 결과이지만 동시에 다시 허공으로 돌아가는 시기이기도 하다. 창조주 붉음(brahma)의 자식인 puruṣa(불의 子) 인간도 자연과 같이 수(水)에서 화(火)로 가는 과정이며 마지막 완성이 금(金)인 셈이다. 건곤양개(乾坤兩介)의 용사지물(用事之物) 인간의 생성과정이기도 하다. 씨에서 줄기되어 번성하다가 꽃을 맺은 소양(少陽)이 마지막 30도의 토(土)를 모아 토의 조력으로 태양을 이루는 것이 수행인 셈이다. 그렇다면 수화기제가 생장과 번성의 시기라면 화수미제는 완성의 시기이다.

즉 개괄적 우주론에서는 불이 물을 내포함이요(화수미제), 구체적 각론으로 들어가 지구나 사람의 창조론에 들어가면 물속에 불이 응집되어 있는 것이다(수화기제). 이렇게 순서를 정함이 편하다. 그렇다면 수화기제는 각론의 지구 생물의 창조론인 것이다. 그렇게 볼 때 수화기제의 세계에서는 수목화토금의 순서가 맞아떨어지는 것이고 다만 인간의 완성은 왜 태양인으로 보는

가. 개괄적 우주론(큰 우주)에 수가 화에 속하기 때문이다(화수미제). 이렇게 해야 『반야심경』의 색즉시공(色卽是空)의 구체적 서술인 색즉시공(色卽始空)의 이론이 딱 들어맞는다.

그러기에 근본적으로 인간은 Puruṣa(불덩어리의 子)가 맞고 인간은 우주바탕 불에서 온 것이 맞고 그 이유는 불이 먼저이기 때문이다. 석가모니도 우파니샤드이론 중심관점에서 볼 때 후기 우파니샤드의 아(我)중심 범아일여사상 정립에 결정적 영향을 끼친 주인공이긴 하나 애초에 우주의 시작점이요 생각의 시작점인 불덩어리 Brahma(붉음)를 인도교에 빼앗겼기 때문에(無我를 들고 나왔기에 어쩔 수 없다) 범(梵 / Brahman, 불맘)의 개념도 인도교의 것이라, 아무리 색심불이(色心不二)의 이론으로 마음과 육신(혹은 물질)이 둘이 아니라고 해봐야 범아일여만큼의 강렬한 개념에는 미치지 못한다. 창조주와 내가 하나인 개념 앞에서는 그 어느 것도 그 힘에 미치지는 못하기 때문이다. 그러기에 불교는 인간의 가치를 주창해 아(我)중심 범아일여의 내용으로 범아일여사상을 내적으로 충실하게는 했으되 우주와 내가 하나되는 강렬한 합일 개념에서는 범아일여를 어쩔 수 없이 따르는 경향이 있게 된다.

창조의 세상 각론 수화기제를 식물의 종으로 분류해보자면 수는 버드나무종이요 애초에 지구에 처음으로 생긴 종이며 동시에 생명력이 가장 강하며 수극화(水克火)의 원리로 각종 독을 해독한다. 옻의 독, 독감열 등을 해독한다. 동시에 아직 수행이 덜

된 종이다. 다음은 수생목(水生木)하여 목(木)은 활엽수인 참나무 종으로 볼 수 있다. 느릅나무 · 참나무과 상수리 · 갈참 · 졸참 · 신갈(짚신의 깔창) · 굴참 · 떡갈 등이다. 참나무 열매가 도토리이고 유기물이 풍부하고 강이 살찌고 풍어를 이루고 단풍 낙엽이 좋고 인(仁)의 성품이다. 번성하는 시기이다. 다음은 목생화(木生火)하여 화(火)는 소나무종 화장부이다. 송근도 약간의 열이 난다. 일단 작은 맺힘이나 자라는 조건이 갖추어져야 살 수 있다. 약간의 향내가 나나 향나무만큼은 아니다. 이 시기를 잘 버티고 조건이 좋으면 화생토가 토생금(土生金)되어 향(香)나무종이 된다. 지구의 마지막 나무종이다. 수화기제는 버드나무 참나무요 화수미제는 소나무 향나무인 셈이다. 그러므로 향산의 중심 보현사는 수십 년 머물기만 해도 대선사가 되는 명당 수도터이다. 이같이 토를 용사체(用事體)로 보고 4가지 드러나는 특징인 인신사해의 DNA의 4과정을 4상(象)으로 구분하는 것이다. 이는 애초에 『주역』「계사(繫辭)편」의 태극이 음양(兩儀)으로 음양은 사상(四象)으로 분류되는 법과 맥을 같이한다.

음양은 3극론으로 무한 번식되며 이것이 인신사해(4장생), 자오묘유(4장성), 진술축미(4고장)의 3그룹으로 4국(동서남북 사방)을 이루어 삼사성환(三四成環)을 이룬다. 즉 토를 감춘 화수목금의 5행이 동서남북인 4모퉁이로 12지(支)를 이루어 우주의 고리를 이룬다. 다시 말해 4상(象)이란 세상의 12분자(分子)의 자축인묘진사오미신유술해를 3그룹 4국(동서남북)으로 헤쳐모인 것이고 이중 인신사해를 취한 것이다. 그러므로 사상(四象)은 동서남북의 특질인 DNA를 모은 얼굴이요 모습이다.

다시 천지생성지수(天地生成之數)의 수(數)로 살펴보자.

태양(太陽, 老陽)지수 9에서 천지인(天地人) 3재(才)를 빼면 태음(太陰, 老陰)지수[110] 6이요, 9-1=8이니 우수음(偶數陰) 소음(少陰)지수 8이요, 6(노음지수)+1=소양(少陽)지수 7이니 이것이 4상(象)이다. 태양과 태음이 양과 음의 대표격이라 이 기준에서 변효(變爻)가 되어 9-1=8이요 6+1=7로 하나를 빼고 하나를 더한 것이다. 천지생성수(天地生成數) 중 1수 2화 3목 4금 5토는 생수(生數), 6수 7화 8목 9금 10토는 성수(成數)이고, 생수(生數)는 애기라 쓰지 않고 어른인 성수(成數)의 6 7 8 9 수화목금을 사용하니 이것이 사상(四象)이다. 즉 태양지수 9에서 각각의 특질로 분화된 것이다. 기준이 태양이다. 태양에서 갈리고 다시 태양으로 모이는 것이 사상(四象)이다. 수화기제의 근원은 화수미제이고 하나에서 다(多)로 다(多)에서 하나로, 무(無)에서 유(有)로 유(有)에서 무(無)로 시작과 끝이다. 발우공양의 하나에서 넷으로 다시 공양 후 넷에서 하나로 귀결됨과 같은 이치이다.

---

110) 천지생수(天地生數) 중 천(天)인 1, 3, 5를 합하면 9이고, 또는 건위천(乾爲天, ☰) 삼양수(三陽數) 3×3=9 이것이 노양(老陽)지수(□) 9. 천지생수 중 지(地)인 2, 4를 합하면 6 또는 곤위지(坤爲地, ☷) 삼음(三陰) 2×3=6 노음(老陰)지수(×) 6, 여기서는 태양 9에서 천지인 3재를 빼 6이 된다. 소양(少陽)지수(\) 7은 감수(坎水, ソ\ソ)니 (2×2)+(3×1)=7이고, 노음(老陰)지수 6+1=7이다. 소음(少陰)지수(ソ) 8은 이화(離火, \ソ\)이니 (3×2)+(2×1)=8이고, 노양(老陽)지수 9-1=8이다. 노양(老陽)은 태양(太陽)이다. 시간 개념은 노양(老陽)이고 공간 개념은 태양(太陽)이다. 자라 어른이 되었다는 뜻이다.

* 천지생성지수로 보는 복희팔괘(伏羲八卦)의 四象: 乾南坤北 離東坎西

坤爲地(☷) 9-3=6

6(老陰지수)水

坎水(ソ}ソ) 6+1=7	離火(\ソ\) 9-1=8
7(少陽지수)火	8(少陰지수)木

乾爲天(☰) 9

9(老陽지수)金

이것이 현재의 우주 방위인 후천팔괘(後天八卦)[111]로 오면서 현재의 방향(離南坎北 辰東兌西)으로 자리잡게 되고 천지생성지수는 오행수화목금에 맞추어 사용되고 있다. 진동(辰東)에서 시작돼 간(艮: 동북)에서 끝나니 간(艮)이 시작이자 끝이므로 이것을 바탕으로 인신사해(寅申巳亥)의 사장생(四長生)을 사상(四象)의 특징점으로 잡는다.

---

111) 선천팔괘는 우주만물이 자리잡기 이전의 방향이고 후천팔괘는 현재의 우주만물배치괘이다. 주역의 설괘전 5장에 설명이 있다. 진동에서 시작돼 동북간에서 끝난다. 불이 가까이 땅에 있고 물은 위이다.

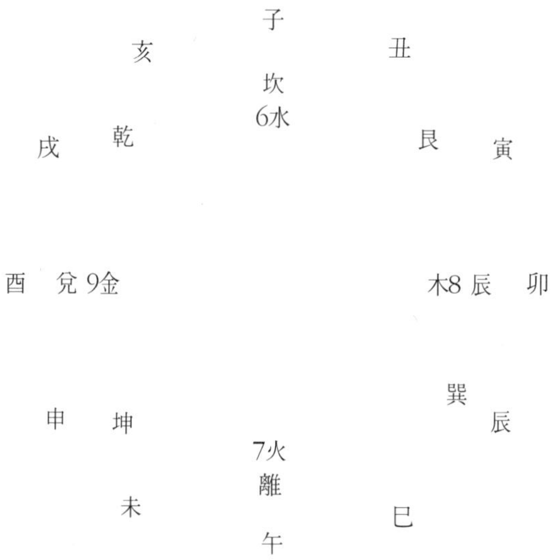

오불(五佛)에서 토(土)의 신심(信心)이 4방향 부처가 되지 못하는 이유가 바로 각각의 60도 동서남북에 토는 30도의 숨은 조력자로서 믿음으로 감추어져 있기 때문이다. 그러므로 각각의 사상(四象)이 유지가 되는 것도 공통분모 토(5와 10)의 성분이 있기에 가능한 것이고 또 그렇기에 각 사상(四象)에서 그 공통점을 빼야 나머지 60도의 각 사상(四象)의 약성(藥性), 식성(食性)이 드러날 수 있다.

동무(東武) 이제마(李濟馬, 1838~1900) 선생이 주역의 우주의 전개과정의 사상(四象)을 보고 인간의 몸도 그럴 것이다고 생각하여 『동의수세보원(東醫壽世保元)』에서 인간의 4가지 체질론을 주장한 것은, 철학적으로는 인도사상에서 창조주 붉음(brahma)이 전개되는 과정에서 그의 분신인 puruṣa(불의 子)의 하나인 인간도 창조주의 축소판으로 본 것과 같은 맥락이고 또 그 사상적 배경에는 석가모니의 인간 가치 위주의 아맘(ātman)이 중심이 되어

brahman(창조주 brahma의 마음인 불맘)과 하나가 되는 범아일여 사상의 원리와도 일치하는 것으로 본다. puruṣa(불의 子)의 개념에는 창조주와 같은 몸뚱이라는 분신의 개념이 하나가 있고 또 하나는 정신이 창조신과 둘이 아닌(不二) 진아(眞我)·자아(自我)·영(靈)과 창조신(神) 자체의 개념까지 동시 정의됨으로써 인간의 사상(四象)도 우주의 동서남북 모습과 그 속(핏속)에 스며든 자아의 특징을 살피게 되는 두 면이 있을 수 있게 된다.

즉 신체의 특질과 마음의 특질을 살펴볼 수 있다. 함흥 출신이며 무관(武官) 경험 등 다양한 인생 경력에 바탕한 인간 관찰에 대한 동무(東武) 선생의 통찰력이며 이는 동방의 약사여래의 땅이 낳은 가피라 아니 할 수 없다. 애초의 그 독창성이 위대한 것이고 각론으로 들어가서는 태음인(肝大肺小)[112]과 태양인(肺大肝小)[113]은 손볼 것이 없고 소양인(少陽人)의 비장대신소(脾腸大腎小)[114]와 소음인(少陰人)의 신대비장소(腎大脾腸小)[115]로 보신 것을 토(土)의 비(脾)를 빼고 화(火)의 심(心)으로 대체하여 화대신소(火大腎小)와 신대심소(腎大心小)로 수정하면 완벽히 보완될 것이다.

동무(東武) 선생이 수목화금의 4방(方)을 모를 리 없고 다만 화

---

112) 『동의수세보원(東醫壽世保元)』 제1권(Ⅲ. 擴充論 4) 폐소 간대-태음인
113) 『동의수세보원(東醫壽世保元)』 제4권(XI. 四象人辨證論 5) 肝小; 제1권(Ⅲ. 擴充論 4) 폐대간소-태양
114) 『동의수세보원(東醫壽世保元)』 제4권(XI. 四象人辨證論 2) 腎小; XI.5. 脾胃大; 제1권(Ⅲ. 擴充論 3) 신소-소양인.
115) 『동의수세보원(東醫壽世保元)』 제4권(XI. 四象人辨證論 2) 腎大; 1권(Ⅲ. 擴充論 3) 脾胃小-소음인.

(火)의 심장(心臟)을 대소로 나누려 함에 심장을 대소로 나눌 수 있는가 하는 그 의문점과 고민을 충분히 이해가 되고도 남는다. 그리고 그 대신으로 차출된 토(土)의 비장(脾腸)을 대소(大小)로 나눔에 화장부 소양인을 비(脾)의 소(小)가 아닌 대(大)로 표현한 것도 고민이 많았을 것이다. 소양인이 각종 음식에 까다로움을 모를리 없지만 신소(腎小)에 비소(脾小)로 겹치기에는 4방의 표현방식에 대소균형이 안 맞았을 것이다. 여러 고민 끝에 나온 차선책의 대안이 심장(火)을 중앙의 태극자리로 한 콩팥(水)·폐(金)·간(木)·비위(土)의 사단(四端: 仁義禮智)의 사상(四象)[116]이다. 당연히 철학의 화(火)의 예(禮)가 빠진 결격의 사상(四象)이었으나 동무(東武) 선생만의 독창적 고민의 결과이다.

이것을 그분의 고심의 결과라고 충분히 인정하는 이유는, 가령 소양인의 비위대(脾胃大: 土大)의 토(土)는 우리가 소양인을 나무의 꽃으로 본다고 앞에서 기술했는데 그 꽃이 열매(金)의 마지막 자리 태양인이 되기 위해서는 다른 체질과 다르게 험난한 과정을 겪어야 하는 것이 바로 화생토(火生土) 토생금(土生金)의 복수(複數)의 과정이다. 다른 체질에서는 겪지 않는 특유의 수련과정인 셈이다. 가령 백두산은 금강산과 다르게 돌이 없는 토산이다. 그러면 거기에는 금이 있고 금이 나온다. 흙의 중화작용이 꼭 있어야 불은 금(金)이 된다. 그러기에 화장부만 특이하게 토

116) 『동의수세보원(東醫壽世保元)』 제1권(Ⅱ.四端論 3) 중앙의 화가 태극 각각의 수금목토의 4유(維)에 4단(端).
제1권(Ⅱ.四端論 1) 폐대간소-태양인, 폐소간대-태음인, 비위대신소-소양인, 신대비위소-소음인.

를 포함하는 것이다. 토(土)만이 화(火)를 견딜 수 있다. 화를 다룰 때는 흙(土) 위에서만 가능하다. 거기에서 적당히 화의 단련에 의해 금이 완성된다. 즉 화토를 묶어서 하나로 생각할 수밖에 없다. 그 과정이 있어야 열매가 된다. 뿌리에서 줄기(水生木) 줄기에서 꽃(木生火)은 쉬우나 열매(金) 맺기는 험난한 과정(火生土 土生金)이 뒤따르는 것이다. 그러기에 동무 선생은 화를 내세우기 머뭇거려지기에 묶음의 하나인 토를 내세운 것이다. 그 이유가 첫 번째일 것이다. 그리고 신체의 임상 과정에서도 심장병이 생기면 밥을 맘껏 먹어도 포만감이 없다. 먹었는지 안 먹었는지 잘 느낌이 오지 않는다. 그렇다면 둘의 관계에서 비위가 건강한 사람은 심장이 아무 문제가 없다고 본 것이다. 그것이 화 대신에 토가 등장한 이유일 것이다(火生土의 과정을 하나로 본 것). 그렇다면 동무 선생은 화대(火大)를 토대(비위대)로 대체한 것인데, 이것은 순수 소양인(火)의 식성, 약성에 대한 예민함으로 인한 비위의 약한 면은 놓친 셈이다. 즉 화토를 하나로 보면서 화의 예민한 특성은 놓친 것이다. 화토가 결국 금이라는 완성 태양인이 되기에 한 덩어리로 볼 수 있지 않느냐 할 수도 있겠으나 사상(四象)은 각각의 수목화금(亥寅巳申)의 특성을 설명하는 입장이기에 토의 작용은 별도로 설명을 하는 것이 맞다.

아무튼 동무 선생은 철학의 4단엔 어긋남이 있으나 사람에 적용하기엔 나름의 합당한 이유가 있다고 보았던 것이다.

이것이 남이 안 가는 길을 가는 이의 고충이요 두려움이다. 그 개척 위에 다시 식파(識波)의 후배가 보충하면 된다고 본다.

사상을 각 특질로 다시 살펴보면 수화기제의 번식세계의 수장부와 목장부가 색소세상에서 각자의 특징으로 번지는 것이 세상 만물이고 화수미제의 화장부와 금장부는 완성과 마무리단계로 보는 것이기에, 수화기제의 수장부와 목장부의 특질이 사상의 기반이 된다. 그 기반 위에 수장부와 목장부의 각각의 60도의 특질과 30도의 용사체(用事體) 토(土)가 있어 이것들이 속에서 어떤 작용을 하는 가를 자세히 살피는 것이 사상(四象) 파악의 핵심이다. 즉 겉으로 드러난 수장부, 목장부 속에 토의 작용 30%의 해석이 중요하다. 다시 말하면 수장부의 기반 위에 목장부가 생한 것이라 목장부의 특징 안에는 수장부의 성질이 잠재해 있는 것이고, 화장부는 수장부와 목장부의 기반 위에 생겨난 것이라 화장부의 겉모습 안에 수장부와 목장부의 특질이 잠재적으로 스며있으니 이것을 살피는 것이 중요하다. 그리고 마지막 완성 태양인 금장부는 다시 열매를 맺은 것이라 수화기제의 DNA를 품어야 하므로 드러나는 수장부와 목장부의 두 가지 특질을 모두 포함하는 종합인 셈이다. 그렇다면 수화기제의 세상은 수장부와 목장부 두 특질이 주장(主將)이 되어 번성하고 다시 화수기제의 세상은 꽃으로 드러나는 연약한 화장부에서는 수와 목이 잠재적으로 존재하고, 열매인 금장부는 꽃 속에서 다시 암술과 수술이 성숙되어 드러나는 열매를 맺은 것이니 수와 목성분이 드러내놓고 합치가 된다.

결국 4상의 특질 중에는 수장부와 목장부의 특질이 주(主)가 되고, 나머지 화장부, 금장부는 이것들의 조심스런 조화와 종합이라고 보면 된다. 그리고 기반이 되는 수장부와 목장부도 다시 세분하면 가장 바탕이 되는 수장부위에 목장부는 자기만의 특질을 골라 나온 것이다. 즉 수장부 토대 위에 목장부, 그 위에 결실의 수순인 꽃으로서의 화장부 그 위에 결실 금장부로 이어진다. 결국 자연의 만물생성의 재료는 수(水)와 목(木)인 셈이다. 수와 목이 잠시 겉의 맑은 증류수로 가려진 것이 화(火)요 다시 토의 힘을 받아 수목이 완전 합치를 이룬 것이 금(金)이다.

(2) 사상(四象) 구분법

– 핏속에 있다(전생前生의 훈습熏習/전생이 머물러있다)

위에서 사상의 개괄적인 의미와 특질을 설명했으나 그렇다면 이것을 구체적으로 사람의 몸에서 어떻게 적용되고 어디에서 찾아야 하는가의 숙제가 남는다. 이 방법을 과학의 용화시대에는 시대에 맞추어 겉모습 구분법이 아닌 내면에 있는 DNA의 저장소 혈액을 주시하여 그 속에서 방법을 찾아보려 하는 것이다. 동무(東武) 이제마 선생이 연구하시던 그 구분법이 철학적으로 또는 훈습의 법으로 보아서 전세의 결과가 50% 이상 따라오는 골상을 연구하는 법이 틀린 것은 아니나 보기에 따라 애매하고 정확하지 않다는 점을 보완하려는 것이다. 유능한 의사는 환자를 척 보면 그 사람의 골상, 얼굴색, 잠깐의 대화, 호흡의 숨결, 숨에서 나오는 숨의 색깔 구분을 통해 5행의 성분을 파악하여 그의 체질과 병의 진단과 처방전이 나올 수 있으나 모두가 그렇게 알기가 쉽지 않다는 데 있다. 그러기에 과학을 끌어들여 전생 훈습의 결과이며 본래 인간이 이생에 올 때 본인 우주의 영(靈)을 혼(魂)으로 끌어드릴 때 얼마짜리 집을 지은 결과인가인 피를 들여다봄으로써 차선의 결과나마 얻을 수 있다.

『주역』(「계사繫辭」, 상上)에 유혼위변(遊魂爲變) 정기위물(精氣爲物)의 표현이 그것이다. 나의 혼이 부모의 피를 재료로 전생의 업의 결과를 바탕으로 얼마짜리 집을 내가 만들어 낸 것의 결과가 이생의 피인 것이다. 혼이 사람으로 올 때 피를 만들고 이것이 다시 살을 이룬 것이 육신인데, 생후에는 피에 의해 생겨난 살이 근육 속에 자리한 피를 제어하게 되니, 먼저 ① 피를 살펴 사상(四象)을 구별해 보고 다음에는 ② 식성, 약성까지 살피어 사상(四象)에서 다시 갈라지는 팔상(8象)을 따져 정밀하게 살피게 된다.

사람이 죽을 때 얼굴이 검어지는 것은 피가 상한 것이고 살면서 변화한 것이니 생혈(生血)이 수명이 다 되면 죽게 된다. 살면서 자꾸 사혈(死血)을 만들면 살이 검어지고 망령이 오게 되는 원리다. 이것이 혈액형이 파악된 시대의 사상(四象)인 셈이고 기존의 사상(四象)의 보완이다.

1) 인간 생성의 원리 / 장부 생성 순서
— 성령정기신혼백(性靈精氣神魂魄)

핏속에 전세의 훈습이 저장되니 핏속에 성령 · 정 · 기 · 신 · 혼 · 백(性靈精氣神魂魄)의 오행이 모두 녹아있다. 성령(性靈)은 겉으론 같은 체(體)이나 나누어 살피자면 성(性)은 체(體)요 영(靈)은 용(用)이다. 혼백은 의식의 원천이고 구체적으로는 (영)혼과 (혼)백이다. 영(靈)이 주가 되는 혼(魂)이요, 혼(魂)이 주가 되는 백(魄)이다. 혼은 영을 따르고 백은 혼을 따른다. 미치거나 망령이 나 영력이 부족해지면 혼이 나가버린다. 의식의 근원은 혼이요 구체적인 바탕은 살 속 신경의 백(魄)이다. 그러므로 사람이 생길 때 우주의 영(靈)에서 개인의 혼(魂)으로 떨어져 나오는 것이다(遊魂). 다시 말하면 영(靈: 用)은 성(性: 體)에 자리잡고, 백(魄)은 정(精: 用)인데 기(氣: 體)에 자리 잡는 것이다. 이것이 정기신 속에서 혼이 자리 잡는 원리이다. 즉 혼이 영에서 떨어져 나올 때 목수(木手)인 영이 영선판도(靈線版圖: 心)인 핏속에 얼마짜리 집을 지을 것을 혼에게 명령하고 혼은 그 명에 의거 신(神)이 살의 의식 속에 스며들어 뼈와 살을 조직하는데 이것을 백(魄)의 작용이라 한다. 결국 혼이 신(神)과 백(魄)과 함께하여 정기신(精氣神)으로 사람을 만든다.

이 원리의 바탕인 천지의 근원을 밝히면 음기(陰氣)에 성(性) · 정(精) · 혼(魂) · 백(魄)이요, 양기(陽氣)에 영(靈) · 신(神) · 기(氣)이다.

오행으로 따지면 성(性)의 용(用)인 영(靈)이 비장토(脾腸土)요 여기에서 유혼(遊魂)인 간목(肝木)이 나오고 그 혼이 폐(肺)인 금백(金魄)을 낳고 그 폐가 기(氣: 체)이면서 정(精: 용)을 차지하는 것이다. 이때 신장은 정(精: 水)을 차지하는데 이때부터 인간의 장부가 차츰 순서대로 생기기 시작하는 것이니 이것을 『주역』「계사繫

辭」, 상上)에 유혼위변(遊魂爲變) 정기위물(精氣爲物)의 의미다. 정(精)을 차지하는 신장부터 차례로 수생목 간장, 목생화 심장, 화생토 비장, 토생금 폐의 순으로 인간의 장부가 완성되어 간다. 신장부터 차례로 완성되는 시기를 수화기제(따뜻해지는 물) 창조의 세상 산소의 세상이요 신장의 근원은 금생수라 근본자리가 폐인 백(魄)이니 여기는 수화기제의 근원인 숨어있는 화수미제의 세상이다. 백(魄)의 근원인 성령혼백이 들어와 정기위물로 형성되는 과정이 인간생성의 순서이다.

수정(水精)은 명(明), 화신(火神)은 광(光), 금기(金氣)는 성(聲), 영토(靈土)는 미(味: 香), 목성(木性: 魂)은 색(色)으로써 성령정기신(性靈精氣神)이 화(化)해서 혼(魂)으로 하여금 주체가 되게 하면 혼이 혼백(魂魄)으로 마음을 이루는 것이 인간의 탄생이다. 혼은 백을 주워 담아 혼백을 이루니 혼은 감각을 모르고 백(魄)은 넋으로 폐를 근간으로 감각 신경세포를 이룬다. 이것이 피를 살피는 원리이다. 이 수화금토목의 정 · 신 · 기 · 영 · 성(精神氣靈性)이 다시 안 · 이 · 비 · 설 · 신(眼耳鼻舌身)의 근간이 된다. 그러므로 우리가 수심견성(修心見性)한다는 것은 오신(五神)이 회복되어 본성(本性)이 드러남을 말함이다. 모두 끊으면 본성이 보이는 것으로, 기(氣)가 부족하면 성(聲)이 보이고 맛이 부족하면 맛을 따라가고 색(色)이 부족하면 색(色)이 보이며 따라가 모두가 회복되는 것이다.

여기 오행에 맞추어 사상(四象)도 장부의 시작은 수장부 B형부터 시작이요 다시 수생목의 목생부요 목생화 화장부요 화생토 비위요 토생금의 금장부의 순이다. 이 과정에서 사상(四象)은 드러나는 수목화금의 북동남서를 채택한다.

영 → 혼으로 이것이 근원이 되어 혼이 세포의 왕래를 하는 주인공이 되어 백(魄)을 이루니 백의 의식세계는 살 속(의식)을 위주로 본다. 혼은 의식구조의 주인공이 되는 셈이고 영의 핏속(마음: 영선판도)의 명령을 신(神: 火)과 백(魄)의 도움으로 살과 뼈의 신경조직 세포조직을 통해 → 오장육부를 이루는 것이 개인 인간의 창조과정인 셈이다. 혼이 들어오면 백은 있는 둥 마는 둥 없어진 상태이나, 혼이 나가면 애초의 의식구조의 주인공이 나가버렸다는 뜻이다. 근원이 흔들렸다는 것은 많이 놀란 것을 의미한다. 그러나 이때 몸은 남아있으니(精에 붙어있는 살 속 魄은 남아있으니) 그 백(넋)을 중심으로 다시 의식이 돌아오면서 혼을 다시 불러 살아나게 된다.

영의 명령으로 혼이 피를 조직하고 다시 백(魄)과 신(神)의 도움으로 살의 조직을 이루니 이렇게 나누는 이유는 복잡하게도 보이겠으나 사실은 이렇게 피와 살이 나뉨으로써 인간은 각(覺)을 이루는 것이다. 용은 능력자이나 피와 살이 덩어리져 각(覺)이 안 되고 오래 걸리는 이유이다. 사상(四象)을 피로 따지는 중요한 이유 중 하나이다.

이런 과정들을 종합해볼 때 결국 성(性)이란 개체가 화생(化生)하는 원리요 개체의 본성이요 이치와 같은 것으로 근본자리인데, 『중용(中庸)』에 천명지위성(天命之謂性: 하늘의 명으로 性을 정한다는 말)은 맞는 듯 보이나 잘못이다. 본래 정해진 이치가 없는 것으로 하늘이 명하는 것은 아니다. 성(性)의 용체인 영(靈) 자체에 아들, 딸(음양) 구분이 없고, 살을 이루는 과정의 정(精: 用)의 바탕인 기(氣: 體)에도 아들, 딸(음양)이 본래 있는 것은 아니고 뼈가 우선이고 살이 따르면 아들이고 살이 먼저이고 뼈이면 딸로 결정이 되는 것이라 본래 이치가 정해진 것은 아니다. 아들, 딸이 구분되는 원리도 이러 할진데 사람이 다음 생에 태어나는 원리도 자기의 영력과 조상의 복력이 모두 합쳐지는 복잡한 인(因)과 연기법(緣起法)으로 태어나게 되는 것이므로 핏속에는 전생의 훈습이 스며있다고 하는 것이다.

결국 나의 피를 살피는 것은 수심견성(修心見性)과 같은 맥락이다. 수심견성의 초보단계인 초심견성(初心見性)이 직전전생을 보는 것이라면 나의 핏속에는 초심견성이 많은 비중으로 녹아있으며 그 밖의 조상의 복력의 영향과 여러 전생이 녹아 들어있는 것이니 수심견성과 같은 것이다.

인간은 호기심의 덩어리라 이것을 불교의 의식으로 비교해 보자면 일단 혼백(魂魄)은 의식의 원천이며 그중 혼(魂)은 의식의 근원이며 백(魄)이 그 다음이다. 다시 나누어보면 백(魄)의 살과 뼈의 정기(精氣)에 기반한 의식세계를 유식의 6식까지로 보고, 좀 더 넓게 봐주어 7식의 기반 정도까지로만 보고[117] 유혼위변

117) 사실 이것은 좀 복잡하긴 하지만 우선 생후에는 혼백이 하나로 분리되어 있지 않고 또 생후에는 그 피가 살 속에 묻혀 제어되고 있기에 떼어 생각하기에 난해한 면이 있고, 그리고 자아라는 개념의 근간에는 생존본능이 자아를 형성하는 것이므로 살 속의 의식 속에는 기본적인 자아

(遊魂爲變)의 과정 즉 이 몸에서 다른 몸으로 이동되는 혼을 제8식으로 비교하면 될 것이다. 이 혼을 다시 맑게 하는 수행의 과정은 근원인 영(靈)의 범위를 넘나들고 그 체(體)인 성(性)의 범위를 드나들면서 우주의 근원과 나의 존재를 언급하는 일심(一心)과 여래(如來)의 씨의 관계를 밝히려는 작업일 것이다. 다시 인도

의 기초 개념은 있을 수 있다고 생각할 수 있다. 즉 안·이·비·설·신·의 속에 제6식인 의식의 범위의 문제이다. 일반적인 자아(自我)는 제6식이 아닌 것이 맞다. 자아는 제7식 manas(맘) 자아의식 또는 의意이다. 다만 현실은 rūpa(엿봐, 色, 형태)를 바탕으로 한 vikal(빛깔, 분별)인 vijñāpti(알았지, 了別) 상태의 vijñāna(이아냐맘, 思量, 意識)이다. 소위 제6식의 의식(意識)인 망집(妄執) 성품을 바탕으로 한 변계소집성이 유상(有相)세계이다. 이때 vijñāna의 용어에 주의해야 하는데 일반적으로는 제6식 vijñāna(이나냐맘: 요별사량, 意識)의 의미이고 또 다른 vijñāna(이아냐: 식識)는 전5식·제6식·제7식(표층의식 작용이면서 잠재의식)·제8식(심층의식) 뒤에 붙는 일반적 식(識)의 용어이다. 이때는 뒤에 붙는 단순 식(識)의 의미이다. 종합해보면 여섯 의식과 그중 제6식은 백(魄)의 신경범주에 넣을 수 있고, 다음 생으로 가는 혼은 제8식 ālaya(장식藏識, 심층의식)의 범주를 상정해 볼 때 이때 다음 생으로 넘어갈 때의 USB로서의 제8식은 그동안 공부 여하에 따라서 제7식, 제6식의 수준까지 포함하고 있는 업력의 혼이 대부분이다. 이때는 제8식 안에 내용으로는 제6식, 제7식이 들어있는 것이다. 복잡한 것이 정신세계이다. 그리고 이때 그 중간에 끼인 제7식은, 변계소집성에 의해 맑아지지 않은 혼이라고 해도 그 혼이 제7식 자체는 아니다. 자아에 기초한 맑지 않은 아뢰야일 뿐이다. 그러므로 업이 얽힌 아뢰야식이 맞는 것이다. 그렇기에 불교의 제7식은 혼백으로 합쳐 보면 모두 그 안에 있으나 혼이냐 백이냐를 굳이 분리한다면 제7식 manas(맘: 의意, 자아의식)는 그저 백(魄) 즉 살의 신경조직인 의식 속에서 표층의식의 잠재의식으로 보아야 하는데 그럴 때는 백에 가까운 편에 있다 하겠으나 제8 ālaya식(장식藏識, 심층의식)이 전생령으로 나갈 때는 그 기본이 전생의 자아를 바탕한 업력이 있는 것이므로 혼과 뗄 수도 없는 입장이어서 이것을 혼백을 따로 분류해 생각하기에 애매한 면이 많다고 볼 수 있다. 되게 놀라 혼이 나갔다 할 때 감각은 모르나(감각을 모르는 것이 혼魂) 물은 조금씩 먹는 것으로 보아 백(魄)은 남아 있다고 보아 6식은 백(魄)의 범주에 넣을 수 있겠으나 제7식은 또 다른 문제이기 때문이다.

사상의 핵심이론으로 확대 비교하면 성(性)은 개인의 Brahma(밝음 창조신)이요 영(靈)은 Brahman(불의 마음)이요 혼백이 정기신(精氣神)을 모은 것은 puruṣa(불의 子)덩어리요 이중 개인의 혼은 ātman(아맘)이다. 그러므로 범아일여사상은 영혼의 합일이요 일심과 여래장이 하나되는 근원으로 돌아감이요, 거기에서 개체의 의미를 재음미하는 제3의 체(體) 원리인 puruṣa(불의 子, 혼백이 정기신을 모은 것 결국 이것은 우주의 성령과 같다)는 불교의 제9식 불성의 체와 같은 개념이고 결국 이것들이 Brahma와 대일여래와 합일되는 원리도 당연히 같다.

2) 인간 생성의 주인장 – 혼(魂)은 사통팔달 주인

아무튼 인간은 혼(魂)이 생기므로 조직이 완성되는 것이며 혼이 우주에 있는 것이 아니라 영(靈)에 있는 것이다. 영이 혼을 앞세워 인간으로 오는 것이다. 그러므로 소위 마음은 혼백을 따르는 것이고 혼백 왕래로 이루어지는 것이다. 예를 들면 영(靈)이 → 만석군의 혼(魂)을 만들고 → 백(魄) → 의식을 이루어 만석꾼이 된다. 이때 우주의 훈습의 법칙이 오묘해서 전생의 걸쟁이 영이라고 해서 금생에도 꼭 그런 법으로 산다는 법은 없다. 전세에 복을 쌓으면 → 금생에 큰 담력의 소유자로 태어나게 된다. 그러기에 만석꾼이 된다. 구체적으로 왜 그렇게 되는가를 본다면 그 괴력은 근본에 영(靈)이 있다. 영이 목수인데 이것이 전생의 복과 조상복을 합하여 → 거기에 따라 가격에 맞는 다음 생 집을 짓는다. 이때 그 근본영이 작용하는 것이 혼이다.

혼이 백을 부리고 혼은 신(神)도 부리므로 백(魄)은 신(神)이 아닌 살 속의 의식구조이다. 결국 혼(魂)은 성(性) · 영(靈) · 신(神) · 정(精)의 모든 것이 되니 묘한 물체이다. 혼 자체는 마음이 없는데 사람의 마음을 만들 힘은 있으니 이것이 불가사의(不可思議)이다. 영의 명령으로 혼이 영선조직인 마음의 판도를 만들 수 있으며 자손을 발복시키고 제사를 받으러 다니는 것 이것이 모두 혼의 장난이다. 사람이 죽으면 80%의 힘은 '전생영'이 되어 다음 생으로 가버리고 15%의 힘은 '조상영'으로 가며 나머지 5%가 육신에 남아 '산천영'으로 남는데 이때의 '조상영'이 제사받는 혼이다.

살아생전의 몸은 수기(水氣) 100°화기(火氣) 36°이나 죽으면 영(靈)의 세계로 화기100°수기 36°로 변하고 이때 음식 냄새를 안 맡으면 정(精: 수기 36°)이 공기 중으로 흩어져 화기(화기 100°)만 남아 허공의 전류 속으로 흩어지게 되는데 이것이 조상영이 소멸되는 것이다. 죄를 짓는 일이다. 조상을 굶기면 조상신이 아귀지옥에서 지내다가 몇 해가 지나면 풍도지옥으로 흩어져 아주 재생(再生)이 안 되고 끝나버린다. 그렇다면 반대로 영물이 죽을 때는 심장 온도 36°와 전신의 퍼진 온도를 다 모아서 화기 100°로 만들고 수기 36°만 가지고 나간다. 질(質)이 다른 육신이며 소위 영(靈)의 세계이다. 이때 육도윤회나 환도인생 불생불멸(不生不滅) 중 인연있는 곳에 찾아가게 된다. 그것이 영의 세상에서 혼이 주체가 되어 사람으로 오는 원리이다.

그러므로 개인의 인간 존재 중 제일 중요한 테마가 성령정기신혼백 중 혼이다. 이것이 개인의 전생과 조상의 훈습을 따져 정기신(精氣神)으로 다음 생 개인의 피를 만드는 것이다. 이것이 피가 조성되는 철학적 원리이며 과정이며 의미이다. 그러므로 탄생 시 핏속에는 당사자의 전생의 과보가 주(主)가 되지만 거기에 조상의 복력이 보태지는 복합적 훈습의 결과인 셈이다. 물론 이때의 훈습은 karma의 결과와 수행의 결과가 합쳐지는 것이다. 그래서 핏속에 전생 훈습의 복합적 결과가 들어있다고 보는 것이다.

피는 puruṣa(불의 子)의 인간 속 실체이다. 태양의 햇볕이 불이면 불은 뜨거운 것이니 그 불을 닮은 것이 피이다. 적색 화생토(火生土)하니 피는 화(火)를 본뜬 적색(赤色)이다. 피가 누렇거나 허연 것은 죽은피이고 피가 식으면 물이 되어 얼어붙는다. 지구도 불이 꺼지면 없어져 버린다. 핏속에 석회질, 철분이 존재하는데 이것이 뼛속에 계속 영양분을 공급해주어 건강이 유지되는 것이다. 늙으면 이 역할이 부진하여 영양공급이 안 되어 죽게 된다. 그래서 불사(不死)를 위해서는 피를 따뜻하게 하고 맑게 하는 것이 미륵세상의 건강법 특징이다. 살가죽의 검버섯은 피에 염증이 오는 증거이다. 운동이 면역력을 키워 몸의 염증을 없애는 데 좋다고 하나 지나침은 모자람만 못하니 운동은 땀이 나는 정도선에서 조절하는 것이 청혈에는 맞다고 본다.

불덩어리가 지구라면 핏덩어리가 사람이요 짐승이다. 똑같은 원리로 지구와 인간에 대입하면 불과 피는 하나이다. 그 속에 진리가 있다. 내가 생명으로 올 적에 우주의 영은 혼이 되어 핏속의 심(心)이 주(主)가 되고 다음에 신(神)이 살 속 의식(意識)에 스며들어 뼈와 살을 조직한다. 이것이 백(魄)이다. 조직이 이루어진 후에는 뼈와 살 속에 피가 존재하고 매이게 된다. 그러니 구속 없는 근본에 마음을 두라는 것이 응무소주 이생기심(應無所住而生其心)[118] 즉 무소연주 이생기심(無所緣住而生其心) 우주지심(宇宙之心: 우주의 마음 자비심)이다. 피의 고향이다. 즉 사상(四象) 구별의 목적도 본래는 puruṣa(불의 子)의 정신으로 돌아가 나를 통해 우주의 근원을 밝히는 데 있다. 이것은 내가 곧 우주의 축소판이라는 의미이다.

정리를 해보면 혈액형별 체질 구분은 ① 그 근본에 인간의 신체도 우주의 오행을 따르므로 사상(四象)으로 특징이 툭 튀어 나온다. ② 유혼위변(遊魂爲變) 정기위물(精氣爲物)이 혈액으로서 피를 살피어 본다. ③ 생후에는 살이 피를 제어하기에 먹는 식성, 약성을 살피어 사상을 보완한다.

---

118) cittam utpādayitavyam na kvacit pratishṭhitam
無所緣住而生其心(연緣이 되어 머무는 곳이 없는 곳에서 나오는 마음)
cittam(짓다, 心), utpādayitavyam(~에서 뻗다: 而生其心), pāda는 발을 뻗는 것, 기(起)도 되고 이생(而生)도 된다, na(부정, 무無), kvacit(~바, 所), pratishṭhitam(緣住), prati(더불어서), shṭhitam(서지, 섰지, 住). 이것을 구마라집은 윤리적 가르침 응무소주 이생기심으로 마땅히(應)와 집착의 주(住)를 강조하다보니 중요한 테마 연(緣)을 주(住)의 개념 안에 넣어 함께 묶어버렸다. prati(더불어서)는 영계(靈界)의 연과 rūpa(엿봐: 보이는 세상)의 연으로 나뉘고 주로 식(識, 靈界, 시공초월)을 위주로 한 상(相: 현상)의 해석이 되어야 할 것이다. 이 얽힌 연줄의 집착을 내려놓는 것이 우주지심이다.

그러므로 ①은 철학적 이해인 셈이고, ②는 혈액형으로 사상을 살피는 과정이고, ③은 식성, 약성으로 사상(四象)을 보완하는 것이며, 훗날 과학이 더 발달하면 식성, 약성의 보완관찰이 필요 없는 순수 혈액의 관찰을 통한 8상(象) 16상(象)으로 나뉠 미래의 여지를 남기는 것이다. 이것은 앞서 설명한 30도 용사지물(用事之物)인 토의 작용 때문이다. 토가 수목과 화의 특질 속에 스며들어 보이지 않는 복잡한 작용을 만들어 내기에 과학이 더 발달해야 이것을 구별해 낼 수 있게 된다. 예를 들어 목성의 청색소 기운을 듬뿍 받은 느릅나무는 그 근본 뿌리에 황토 기운을 흡수하되 독특한 황색(약간 홍색에 가까운 황토규 – 누를黃변에 흑토가 둘인 圭를 합한 황토색규)이 되는데 이를 특별한 황색으로 따로 구분한다. 이 뿌리의 가루는 목성이 가미된 황색으로 토의 굳은 신심+치료제 성분이기에 뇌 속에 신심 즉 노이로제 치료제요 불면증 치료제도 된다. 콩팥 염증의 주장약인 치습(治濕)과 소염제이면서 동시에 뇌의 굳은 신심약 즉 정신이 강해지는 것이다. 복잡다단한 토의 작용의 예이다.

무슨 말인가 하면 소양인 안에서도 유사(類似)와 진성(眞性)으로 나뉘고 태음인 안에서도 소음인의 성질이 발견되며, 겉으로 보이는 태양인 속에서도 99.9%의 인간은 그저 태음인과 소음인의 성질로 구분되어야 하기 때문이다. 시중엔 순수 태양인이 없다는 이야기다. 혈액을 통한 사상(四象)으로 살펴보는 석가모니의 순수태양인 체질이 세간에 태어날 확률은 그만큼 귀한 것이고 철학에서 무수한 인연과 무수한 훈습과정 2000년 향나무 수행 영태(靈胎) 등을 언급하는 것이 헛된 말이 아님을 과학으로도 증명이 되고도 남는다.

순수 태양인을 완성에 가까운 것으로 보는 것은 인간의 근원점인 태양이 본래는 수(水)를 포함하는 화(火)이나 이것이 지구에 햇볕을 공급함으로써 창조세계인 화(火)가 내포된 수(水)의 세상으로 변신하기에 철학적으론 푸루샤의 체(體) 중 태양과 동일한 인간의 체가 있다고 말하는 것이고, 우주의 전개과정 중에서도 작은 완성인, 꽃인 소양(少陽: 火)에 수(水: 곤위지☷ ☷)와 목(木: 지천태☷ ☰)의 특질이 스며들고 이것이 토(土)와 작용하여 금(金)이 완성되면 수목화토의 종합으로 태양(금)에 다가간 완성인으로 보는 것이다.

그렇다면 puruṣa(불의 子)인 인간의 체로 돌아와 puruṣa(불의 子)의 축약인 혈액으로 살피는 법을 살펴보자.

이것은 인간이 생길 때 부모의 피를 모아 본인의 혼이 만들었다 하나 근본적 힘은 전생의 훈습의 결과인 셈이다. 각각의 훈습의 결과가 다르기에 자기에게 좋은 취향으로 혈액형과 청혈(淸血: 부귀, 고귀), 탁혈(濁血: 빈천), 추혈(醜血: 극악무도 살모사의 노린내)의 혈액 내용을 조성하는 것이다. 그러기에 자기의 전생의 결과인 자기 피를 바탕으로 내용을 살피어 최종 목표인 태양으로 돌아가려고 정진하는 것이 혈액형 사상(四象)의 존재 목적이다. 존재 목적이 확실해야 사상(四象)을 통한 인간의 지향점이 확실하고 인간 그룹의 문화의 지향점도 거기를 향하기 때문이다. 한

점의 나의 피를 통해 우주에서의 나의 위치를 알고 내가 어떻게 하면 지름길로 나아갈 수 있는가를 안다는 것은 행복한 것이다.

그러므로 수시로 나의 위치를 철학적으로 해석해 보는 일도 의미가 있는 일이다. 한 방울의 피를 통해 나를 아는 것은 마치 의미 있는 유불선(儒佛仙) 정신의 종합인 셈이다. 자비심(佛)이라야 청혈이 생기는 법이요, 자연과 더불어 하나가 되는 것은(仙) 본래의 나온 자리를 잊지 않음이요, 나의 특성과 위치를 아는 것은 주역으로 인생을 낭비하지 않고 지름길로 가는 길(儒)이다. 즉 남을 헤치려는 마음이 없고 자연의 정신으로 나의 건강을 챙기며 부지런히 내가 좋아하는 일에 정진하는 일이 인생의 목적이며 사상(四象)의 지향점이다. 서로 행복의 세상으로 가는 길이다.

3) 번갯길과 골목길 – 4상(象) 피의 모습과 신경줄 숫자

수화기제 산소세계 창조세계의 수(水)와 목(木)의 세상은 자비(慈悲)의 세계이며, 화수미제 본래로 돌아가는 세상 화(火)와 금(金)의 세상은 희사(喜捨)의 세계이다. 이는 불교의 사무량심과의 비교법이다.

희(喜)는 Mudita(멋있다) 꽃인 환희의 세계인 소양인(少陽人)이며 꽃은 그 식물의 새로운 축소판이라 하늘의 빛이 내게만 다시 온 것 같은 착각에 빠질 것 같은 직관의 아름다운 세상이라 신경줄도 하나이다. 척 보면 이미 결론이 나는 체질이다. 아가씨를 보는 총각이 척하는 순간에 결혼을 결정해 버리는 것이 소양인이며 아가씨도 마찬가지이다. 보여주면 끝난다.

강릉의 문인 허난설헌이 머리에 화개관(花蓋冠)을 쓰고 하늘의 별 정기를 '나는 바로 받는다'는 그녀의 정열은 바로 소양인의 기질이랄 수 있다. 예민한 꽃잎의 세상이니 시인이 제격이며 소설이라면 그 묘사법이 시같은 소설일 것이다. 소양인이 연극인이라면 기막히고 화려한 표현기법이 등장한다. 중국의 경극(京劇) 창안자는 소양인이었을 것이다. 하루에도 수십 번 손을 씻어 청결을 유지하는 깔끔쟁이가 있으며 소양인을 참모나 비서로 둔 지휘관이나 사장은 지시를 내리는 순간 이미 그 참모는 회의 중에 작전과 사업의 청사진을 머릿속에 그리고 있으니 특급참모를 거느린 셈이다. 그러나 일급비밀은 맡기면 안 된다. 자랑하고 싶어 안달이 나니 특히 참는 수행에 매진해야 한다. 어디 동굴 속에라도 가서 떠들어야 그 속이 풀리어 비밀이 유지될 것이다. 주위에 그런 지껄일 수 있는 바위덩이라도 있으면 된다. 한마디로 연약한 꽃이며 그 속에 완전한 열매가 내포되어 있다. 주위 여건이 좋으면 열매를 맺을 수 있다.

미세하게 관찰하면 적혈구 속에 대문 항원(抗元: 탄수화물 구조)인 당사슬(sugar chain)이 없는 대문 없는 집이 O형 혈액형이라 환경에 매우 연약하다. 그러므로 일단 anti-A, anti-B의 항체의 격으로 겨우 군복만 입고 있는 격이니 대문 없이 스스로 군복만으로 침입자를 대해야 하니 예민하다. 이를 신경줄이 하나라고 표현했다. 교실에서 "답답한데 창문 좀 열까요?"하고 묻고 스스로 살짝 여는 사람은 소양인이다. 누구보다 먼저 나쁜 공기를 느끼기에 살고 싶어 그런 것이다. 건강의 리트머스 시험지 파수꾼인 셈이다.

반면에 적혈구 속에 항원 당사슬 galactose가 존재하는 B형은 대문을 갖추고 있으니 개인으로는 anti-A의 항체인 운동복 정도만 입고 있어도 어지간한 외부침입자는 막아낼 수 있다. 수화세계의 바탕이 되는 수장부라 생존력이 강하고 꽃인 소양인의 하나의 직관을 제외하고는 기본이 되는 신경줄이라 이를 신경줄 둘로 표현하고 소음인이 된다. 운동복이란 활동하기 아주 편한 옷이라 소음인은 가리는 음식이 없다는 의미이고 그 가리지 않고 먹는 음식을 통해 각종 병균을 이겨내니 자기를 방어하는 장점이 된다.

또한 적혈구 속에 항원 당사슬 N-acetylgalactosamine이 붙어있으면 A형 태음인으로 B형의 항원과 비슷하나 조금 다른 사슬인 가시철망 대문을 갖추고 있으니 anti-B의 항체인 운동복으로 도둑은 막아낼 수 있다. 수장부 이후에 생겨난 목장부라 어느 정도 생명현상에서 그림이 갖추어진 장부라 본능적인 직관이 정리된 이성의 특징인 신경줄이라 신경줄이 셋이라 표현하는 것이다. 아주 신중한 사람들이다. 거침없이 먹어대는 돼지 소음인의 체질에서 수생목으로 정리되어 최고의 보약인 인삼도 순수 태음인은 이미 정리되어 먹어도 그다지 몸에 좋은 것도 없고 그렇다고 나쁜 것도 없는 정리된 상태이다. 그러기에 환경이 어느 정도 안정적 번성이 보장되기에 마음이 이성적이다.

소양인 0형이 화대신소(火大腎小)라 심장이 커 용기백배라 일단 화가 났을 때 걸리면 뼈도 못 추리나 그 장면을 모면하고 후에 잘못을 싹싹 빌면서 감정에 호소하면 정이 많아 어느덧 화가 다 수그러들어 용서되는 반면, 태음인은 이성적이라 초지일관 결정하면 그대로 가는 경향이 짙다. 일명 독일병정이다. 겉으로 화는 덜 내나(소양인보다 덜 한듯하나) 봐주는 법도 없다. 간대심소(肝大肺小)라 담대하다. 끈질긴 성격이라 조선시대의 대하소설을 쓴 주인공은 태음인이었을 확률이 높다. 석가모니부처님 당시에도 석가모니가 감쪽같이 속아 넘어가는 제자는 태음인들이다. 속은 태평양 바다와 같이 깊다. 태음인 부부의 대화는 밋밋한 이성의 대화요 소양인 O형 부부의 대화는 요란법석일 것이다. 상대가 말이 끝나기도 전에 내 말이 나오고 혹여 O형 부부의 자녀들은 부모보다 더 진성 O형일테니 자식까지 끼어드는 대화는 집안이 들썩들썩하다. 말로 하는 허풍이 각자 극락을 열댓 번은 갔다 온 성자들일 수 있다. 그러다가 어쩌다 곁에 있던 태음인의 말 한마디에 덕을 생각하며 수그러들 수 있다. 말로는 없는 극락도 그럴싸하게 만들어 내는 재주가 있으니 과연 갈 수 있는가의 결과는 논란의 여지와 구박이 있을 수 있고 스스로도 호탕하나 덕이 부족하다고 느낄 수 있다.

B형인 소음인은 무슨 음식에도 걸림이 없으니 일명 돼지다. 수장부 수대화소(水大火小: 신대심소腎大心小)라 무얼 먹어도 부작용

이 없으니 불순물을 제거하는 콩팥의 기능이 갑(甲)이라 그런 것이다. 더불어 성격도 무난하고 원만하다. 콩팥은 좌우 두 개라 좌측은 화기(火氣) 담당 오른쪽은 수기(水氣) 담당이라 심장에 화기가 들어 화병이 오면 왼쪽 콩팥이 화기를 빼기에 바쁘다. 지나친 심장의 화기라면 좌측 신장에 무리가 와 왼쪽 신장이 뻐근해져 오기 시작한다. 서양의학에서 신장은 하나라도 사는 데 문제가 없다고 자식들의 신장을 떼어 부모에게 주곤 하는데 이는 좌우 신장의 화기(火氣) 수기(水氣) 담당의 보이지 않는 귀신의 법을 모르기 때문이다. 두 개 아닌 하나로 살 수는 있되 미묘한 범아일여의 신비의 묘미는 잃게 된다. 몸 안에 수승화강(水昇火降)이 원만하지 못하면 puruṣa(불의 子)와 창조주 붉음(brahma)의 합일이 몸 안에서 이루어지지 못하는 것이니 머릿속 아맘(ātman)과 brahman(창조주 brahma의 마음인 불맘)이 하나가 되는 범아일여의 희열도 맘껏 만끽할 순 없다. 꽃을 보되 향기를 못 느끼는 것이요 또한 멀쩡한 자식의 신장을 떼는 일이 효도로 기사화되는 것이 속이 썩 편하지는 않다. 제 것을 고치되 자연에서 가져온 약으로 고치려는 철학이 바탕이 되었으면 한다.

신장이란 원래 폐와 더불어 하늘과 직통되는 장부이기에 염증에 암이 와 죽기 직전까지도 그렇게 고통을 느끼는 장부가 아니라 신장이 조금 뻐근함을 느끼면 이미 몸이 많이 무리했다는 증거이다. 이 원리는 수(콩팥)에서 시작된 장부가 금(폐)에서 완성되기에 오행이 하늘에서 내려오는 대형 물주머니라면 양 끝에 하늘에 이어지는 끈이 달린 자리가 수와 금이라 그만큼의 하늘의 혜택이다. 반면에 토장부 비위와 목장부 간 화장부 심장은 증세에 따라 즉각적인 압박감과 많은 통증을 느끼게 되니 아무래도 신장이나 폐보다는 일찌감치 고치려 들것이다.

수장부의 특징은 이렇듯 무엇이든지 부작용을 걸러내는 특징으로 몸과 마음이 원만하며 만약 소음인이 예민하다고 느낀다면 그것은 원인이 소양인의 예민 깔끔과 달리 심소(心小)이기에 겁이 많아 조심이 원인이 된다. 두려운 다툼이 닥치면 이미 심장이 펄떡펄떡 뛰는데 이를 내색 안 하고 살아가자니 미리미리 준비하고 예민한 듯 보이는 것이다. 일명 소심한 돼지 혹은 원만보살이다. 소음인은 속으로 떨지언정 누구나 원만하다. 반면 반대인 소양인은 심대신소(心大腎小)라 걸러내는 작용이 약하니 매사에 먹을 것에 조심해야 한다. 겉으로 큰소리 쳐봤자 조그마한 음식에도 부작용이 오기 때문이다.

태양인인 AB형은 적혈구 속에 항원 당사슬 galactose와 N-acetylgalactosamine이 붙어있으니 대문과 가시철망 대문 2중 대문이 있는 셈이다. 그러므로 따로 항체인 전투복이나 운동복도 다 필요 없고 맨몸으로 다 이겨낸다. 현재의 과학으로 드러나는 4상의 AB형의 모습이고 다만 식성, 약성으로 다시 세분하면 거의 대부분 99%의 AB형은 A형 아니면 B형으로 분류되는 것이라 소음인과 태음인의 성질을 가진다. 그러나 순수 AB형의 성질은 A의 형질과 B의 형질을 종합한 열매요 완벽한 가을의 결실이며 완성체라 병이 없고 보약이 따로 필요 없으며 한

겨울 묘향산 암자의 추위에서도 난방 없이 견딜만한 그런 체질이다. 영하 20~30도의 추위는 그저 시원한 정도 그 정도가 태양인 체질이다. 추위를 견디는 정도가 박달나무에 비유된다. 독사가 물면 시원하고 오히려 독사가 축 늘어져 죽으며 연탄가스에 구수한 느낌이 드는 체질이 순수 태양인이다.

적혈구의 당사슬 구조로 살펴볼 때 이것이 없는 O형에 A형이나 B형의 당사슬로 바꿔치기 하면 혈액형 바꾸기가 가능하기도 하고, 또 α-N-Acetyl galatosamine 다아제(dase) 효소를 가지고 A형 당사슬을 끊으면 O형이 되기도 하는데 이 효소는 장내 소화기관 속에서 발견이 되고 있다. 그렇다면 음식물을 통해 장내 변화를 이끌 수 있다는 의미이고 그렇기에 밀가루같은 A형과 B형의 특질을 가르는 음식을 통해 먹기도 하고 안 먹기도 하면서 수십 년간 변화를 이끈다면 혈액형이 바뀔 수도 있다는 이야기가 되는 것이므로 식성, 약성으로 인한 체질변화를 후천훈습(後天熏習)의 범주로 설명하는 이유이다.

종합해 보자면 이 같은 3장부의 관계 속에서 인간 장부의 시작점인 수장부는 기본이 되는 것이기에 신경줄이 중간인 둘이다. 목장부는 수생목의 과정에서 보다 수장부의 안정적 바탕에 자기만의 특질을 하나 더 드러낸 것이므로 이성(理性)의 특질인 안정과 신중함의 표시로 셋(골목길)이요, 목생화의 화장부는 다시 근원의 세상으로 돌아가는 전환점의 축약 꽃 직관의 세상이기에 하나(번갯길)인 1인 셈이다. 땅이라 2요, 3극론의 번창이라 3이요,

근원으로 돌아갈 준비 하늘이라 1인 셈이다. 각각의 생성의 특질로 인해 특성과 성품도 그대로 드러나는 셈이다.

4) 뜸장 수(數)로 따져보는 사상(四象)

뜸자리의 배경에는 오행 중 중앙 토의 작용에 대한 이해가 필요하다. 앞에서 사상(四象)이 사각의 특징점인 인신사해(寅申巳亥)인 동서남북으로 특질을 나타낸다고 했는데 그것이 각각의 2/3의 성질이라면 나머지 1/3의 성질인 토의 진술축미(辰戌丑未)의 토가 존재하기에 사상(四象)은 세부적으로 들어가면 각각의 사상 속에 혼재해 존재하는 각 토의 성분인 식성, 약성을 잘 살펴야 한다고 설명했다.

이것을 토의 입장에서 보면 중앙에 있으면서 각각의 수목화금 속에 지점을 파견하고 있으며 이것을 중앙의 본부가 각각의 꼭짓점과 늘 유기적 관계를 잘 유지하고 있는 셈이다. 중앙 토의 입장에서 보면 모든 사상(四象)의 특성과 모두 연결이 되어있는 것이다.

마치 지구의 화구체의 독소가 먼 하늘층 독소계와 연결이 되고 이것이 사람 몸과 연결되어 병을 일으키는 원인이라면 또한 얇은 하늘층의 영소계(靈素界) 밑에 색소계(色素界)가 존재하여 땅에서 인간 몸과 유기적으로 연결되어 약의 성분을 찾을 수 있는 것처럼, 예를 들어 사람 몸 안에서 콩팥이 병이 난 것이라면 이것이 멀리는 뇌 속 세포에까지 염증균이 연결되어 있는 것이므로 이를 고치기 위해서는 핏속에 염증을 없애야 하므로 중앙 토 비위장의 중완(中脘)이나 단전(丹田) 등 콩팥과 뇌의 치료에 적합한 지점을 설정하여 뜸을 뜸으로써 재발없는 근본 치료를 하게 되는 원리와 같은 이치이다. 이런 유기적인 관계 속에 늘 중앙 토의 작용이 있다. 그러므로 사람 몸의 비위장(脾胃臟)은 드러나지 않은 사상(四象)의 교차로이다.

비장(脾臟)은 노란 지라, 췌장(膵臟)은 붉은 회색 이자(胰子)로 불리나 20세기 이전에는 췌장이란 용어가 없었고 비장(脾臟)이 이자다. 그러므로 비장에는 이자와 지라를 포함해 생각한다. 소화효소의 전반과 신경계도 담당한다고 보기에 비위장(脾胃臟)이란 소화기관 식도 · 위장 · 소장 · 대장 등과 관계되는 신경계도 모두 어우르는 말이다. 그 위에 단전이 있다. 단전은 몸의 수기와 화기가 합을 이루는 곳이다. 즉 토의 중앙에 수기, 화기가 모두 모인다는 의미다. 그러므로 뜸은 이 자리를 이용하는 것이다. 눈이 멀어도 귀가 안 들려도 모두 이 자리를 이용해 치료가 가능하다.

철원 농부 아주머니가 가을 무 농사를 지어 차떼기로 실어주던 어느 해 날이 저물어 감에 무리해 마지막 무를 잔뜩 힘에 겨워 드는데 아랫배가 쑥 빠지는 느낌이 들어 주저앉았단다. 그 후로 그분은 맥이 없고 힘을 쓰지 못하고 소화도 잘 시키지 못한다. 근육 무력증이 온 것인데 이는 하루에 수십 킬로씩 뛰는 마라톤선수들에게도 올 수 있다. 무리하게 뛰는 중 창자가 내려앉으며 힘이 쭉 빠지는 느낌이 올 수 있다. 이것이 여러 번이면 자기도 모르게 머리 팔다리가 자연 돌아가고 그런 현상이 오랜 시간 지속되면 깊은 병이 온 것이다. 코치의 생각을 바꿔야 한다. 스포츠 어느 종목이고 젊은 시절 운동이 훗날 긴 인생을 살아가는데 건강의 든든한 밑천이 되기에 하는 것이다. 거기에 초점을 맞춰져야 한다. 귀가 쓸리고 발가락이 기형이 되고 뇌진탕이 되고 그런 것은 운동이 아니라 혹사다. 귀가 쓸리면 규칙을 바꾸고 아이가 발가락이 기형이 되면 토슈즈를 바꾸고 머리를 때리는 규칙은 없애면 된다.

발가락이 모아지지 않고 기형이 되면 신경을 통해 뇌에 영향이 온다. 정서 및 정신건강에도 영향이 온다. 하루 수십 킬로 기록 단축을 위한 뜀박질은 몸의 진액을 다 빼버리니 평상시엔 하루에 수 킬로씩만 뛰면서 몸을 조절하면서 힘을 비축해 두었다가 피치 못할 경기 날 최고의 컨디션으로 마라톤을 뛰게 하는 지혜를 발휘하면 된다. 상단인 뇌를 툭툭 치는 행위는 말할 것도 없이 훗날 치매와 뇌신경병, 파킨슨병이 온다. 특히 조심해야 한다. 선수 스스로도 본인의 먼 훗날을 위해서 자기의 몸을 귀하게 여겨야 한다. 개인의 건강은 국가의 국력과 연관이 되어 있다. 개인의 건강은 인의(人醫)요 나라의 건강은 지의(地醫)의 개념이다. 그러므로 스포츠의 감독도 국가의 건강에 관련되는 정책을 다루는 공무원도 모두 의사이다. 이것이 의명(醫明)이다.

그러므로 비위 소화기관이 사람에겐 따뜻하고 힘이 들어가야지 차고 뱃속에 힘이 가지 않으면 모든 병의 원인이 된다. 비위는 건강 유지의 근원이 되는 보물덩어리이자 최후의 보루다.

아랫배가 힘이 가고 든든하면 만사형통이다. 비위는 정신집중과 지구력의 근원이다. 수목화금 모든 병의 마지막은 밥숟가락을 놓는 것이다. 이것이 또한 한방에서 수목화금의 병 처방에 비위장의 소화제가 공통으로 들어가는 이유이기도 하다. 오죽하면 원인을 알 수 없는 알레르기나 아토피도 유산균만 먹어도 상태가 조금씩 나아지겠는가. 극도로 긴장이 되어 덜덜 떨리는 상태에서는 왜 장이 조절이 안 되어 화장실을 들락거리겠는가. 비위 토는 이처럼 수목화금의 교차로이자 스스로도 소화와 신경계의 중요한 부분을 차지하는 중앙 토이다. 부모가 주신 장부를 수술하지 않고 제대로 보존만 잘하고 있어도 스스로 병을 고치는 용화세상에서는 건강의 반은 지킨 셈이 된다. 이런 원리가 이해되어야 뜸 얘기를 할 수 있다.

4상(象)의 특질을 또 다른 면으로 살펴보는 것인데 예를 들어 단전에 5분짜리 쑥뜸[119] 기준 구법(灸法) 수행 시에 1년에 50

119) 동국의 서해안 약쑥이 좋다. 그 중 강화쑥을 제일로 친다. 이는 별 정기의 탓이다. 같은 한 장의 효과라도 떡국떡으로 실험을 해보면 깊이가 2배 이상 들어가고 또 화독이 덜하다. 사자발쑥이 크고 우수하다 말하나 뜸은 작은 싸주아리를 전통적으로 쓴다. 묵혀 오래 둘수록 좋다. 개똥쑥은 뜸용으론 쓰지 않는다(害 받는다). 봄가을에 뜨며(우수, 경칩에서 입하 사이, 처서에서 입동 사이), 역방향으로 뜨지 않는다. 즉 위에서 아래로(중완 후에 단전, 단전 후에 족삼리 식으로) 뜬다. 아래에서 위로 뜨면 심장에 화기 들어 옴. 가령 외국의 동국과 비슷한 위도지역이라면 이 기준에 맞추어 뜰 수 있다. 그러나 겨울이 지나면 지난가을 족삼리 이후에 다시 단전에

장~100장 사이면 충분히 시원한 상태가 오는 체질이 O형 소양인이라면, A형 태음인은 100장 이상, B형 소음인은 100장 이상 200장도 가능하고 AB형도 100장~200장도 가능하니, 오형은 해마다 뜬다고 가정할 때 1년에 소모되는 양기(陽氣)가 뜸장 50장으로 충분히 다시 보충되는 화장부라는 의미이고, A형 태음인은 100장, B형 소음인은 100장 이상 200장도 뜰 수 있다는 말이 된다. 단전 뜸 이후에 족삼리로 혹여 심장으로 들어온 화기를 빼는 것이 안전한데 이때도 O형은 그저 2분~3분짜리 뜸으로 10장 이내로 화기는 내려간다. 다른 혈액형들은 3분 이상짜리 10장 정도는 뜰 수 있다. 그 밖의 방법으론 5시간 이상 충분히 달인 생강감초탕을 조금 마시면서 갈비뼈에 5분 정도 힘을 집중(수골명골壽骨命骨에 집중)해 심장의 화기와 장의 가스를 빼면 호흡이 편안해진다. 생강과 감초는 약간의 지나친 화기를 빼고 중화하는 것이지 뜸효가 소멸하지는 않는다.

이것을 볼 때 O형 소양인은 다른 형과 비교해 여전히 화장부

뜰 수 있다. 뜸은 자기 전 보통 10장 이내 홀수로 뜬다. 30초 1분짜리로 연습 뜸이 한 3일 지난 후 5분짜리로 들어간다. 5분짜리란 불을 붙여 재가 될 때까지의 시간이다. 바람이 없는 방이라야 한다. 연기가 올라가며 흔들리면 효(效)가 준다. 뜸을 다 뜬 후에는 고약을 발근고 없이 사용해 1일 1회 이상 고름을 빨아낸다. 전통적으로 조고약을 쓴다. 살에 달라붙지 않고 고름이 다른 것에 비해 2배 이상 나온다. 뜸 후 2주 정도는 찬물도 먹지 않는다. 갓난아이 배로 생각하면 된다. 찬 과일도 피한다. 뜸을 뜨는 동안과 고름을 빼는 기간에는 보약을 먹을 때처럼 주색계저면(酒色鷄猪麵: 술, 내외관계, 닭고기, 돼지고기, 밀가루), 오이, 오리, 명태, 메밀은 삼간다. 뜸을 1주일 떴다면 음식 조심이 1달이다. 기도 기간으로 보면 된다.

의 특질을 가지고 있는 것을 확인할 수 있다. 조금만 떠도 충분히 효과를 본다는 것이고 조금 지나치면 심장에 화독을 받을 수 있다는 말이다. 한두 장의 차이에도 느낌이 오니 늘 조심해야 한다. 이것은 각각의 체질이 좋고 나쁨의 2분법으로 구분될 일은 아니고 각각의 특성을 감안해 수행에 도움이 되면 그만이다. 각각의 전세에 결과로 태어난 결과를 좋고 나쁨으로 논하는 것이 아니라 태어난 결과인 피를 가지고 대각의 결과를 얻기 위해 노력하는 것이 의명(醫明)의 목적이다.

결국 뜸이란 전세의 자기가 살아온 결과로 받아 나온 피를 내 몸에 지니고 있으니 현실 대긍정(大肯定)이며, 이를 바탕으로 나의 전세를 정화하는 것이니 전세의 업장을 소멸하는 것이며 또한 맑은 피로 다음 생 길도 환하게 보장받은 것이니 전세 · 현세 · 미래를 관통해 닦는 최고의 tapa(타뽜: 수행)가 되는 셈이다. 훈습수행의 최고의 정점(頂点)인 셈이다. 더 쉽게 설명하면 내 의지 하나로 피가 맑아져 각종 괴질의 공포에서 자유로워짐에 이 생 밥그릇 숫자가 늘어났으니(수명 연장) 전세 업장 소멸이요 현재와 미래의 삶에 나의 의지가 반영되니 자유자재[isvara(아이 쉬워라): 觀自在] 인생이 되는 것이다. 깜깜한 암흑 속에서 헤매다가 서럽게 억울해 몸부림치다 가는 인생과 편안한 마음으로 마무리하고 웃으며 가는 인생이 얼마나 다른가.

아무튼 이러한 각각의 4상(四象) 특질이 각각의 식성, 약성[120)]

120) 약쑥 뜸장이 일단은 약성으로 분류된 것이다. 그러나 약성은 일반적으

(여기서는 뜸장이 약쑥이므로 약성으로 분류한 것임)으로 특성으로 분류되어 세분화된 사상(四象)이 되는 셈이며 현재의 과학으로 분류되는 4상이 사실상은 8상이 되는 것이다.

훗날 더 과학이 진보하면 태어난 피를 보고 현재의 4상 속에 8상을 구별해내는 날이 오겠지만 그 이전에는 일단 식성, 약성 구법상의 특질 등으로 세분화할 수 있고 또 그것을 통해 사상(四象)이 변화도 가능하니 일단은 이러한 인간의 노력으로도 가능한 것을 가치를 높이 인정하여 후천훈습(後天熏習)으로 분류한 것이다.

5) 혈액형으로 보는 사상(四象)과 세분법

혈액형 AB형은 사실상 A형과 B형으로 나뉘고 순수 AB형(태양인)은 1% 미만이다. 1% 미만이라고 했지만 사실상은 거의 없다고 보면 된다.

또 혈액형 A형 속에는 다시 약 60~70% 정도의 태음인(A)과 나머지 소음인의 A(B) 특성이 있으며, 소양인 O형 속에도 유사(類似) O형과 진성 O형으로 나뉘는데 유사 O형은 다른 피가 많

로는 먹어서 나타나는 효과를 의미하는 것이기에 뜸자리에 약쑥을 이용하는 것과는 개념이 다르다. 노인이 약으로 빠져버린 기운을 보충하는 것은 약도 일종의 음식이기에 한계가 있다. 거기에 비해 뜸은 혈을 통해 본인이 타고난 피를 직접 다루는 것이기에 차원이 다른 관점이다. 타고난 그릇을 바꾸는 작업이다. 그것을 전생업장 소멸이라고 표현한 것이다. 그러므로 굳이 구분하자면 높은 의미의 약성이다.

이 섞인 경우고 진성 O형은 O형 피가 진한 경우를 말한다. O형으로 드러난 구조 속에 부모의 A형 피나 B형의 피가 섞여들어 오게 되는데, A형 피 35%에 O형 피 40% 정도의 유사 O형은 녹용이 맞기도 하고 B형 피 35%에 O형 피 40% 정도의 유사 O형은 인삼을 먹기도 한다. O형인 두 부모 밑의 자식의 O형 피가 80% 정도로 찐하다면 이는 진성 O형이라고 한다. 그러나 2000년 이후 만연한 암환자의 속출로 이제 O형 피 80%의 진성 O형은 사라졌다. 암의 가장 많은 피해자가 O형의 화장부였으며 그중 진성 O형은 이제 거의 존재하지 않는다. 2000년쯤 O형 피 80%의 진성 O형이 전체 O형 피 숫자의 3% 정도였다면 2020년대 현재는 O형 피 70% 정도의 진성 O형 화장부를 5% 보기도 힘들다고 보아야 한다. 현재도 계속 변화 중이다.

현재 O형 피의 거의 대부분은 O형 피 50% 이하의 유사 O형으로 보고있다. 다만 이때의 부모의 A혹은 B형 피는 성분으로만 섞여들어 온 것이라 겉으로 드러나지는 않는다. 그래서 이것을 철학용어로 토(土)의 30도 작용이라고 하였다. 그래서 소양인은 A 혹은 B형 피가 겉으로 드러나지 않은 비밀을 감안해 세심히 관찰해야 한다. 유사 O형이 오히려 후천적으로 건강을 해칠 확률이 많다. 인삼을 약간 먹을 수 있다고 마구 먹다가 어느 때 임계점에 다다르면 머리가 무겁고 눈에 핏발이 가시지 않으며 알레르기는 달고 살고 그러다가 혈압, 당뇨가 오기 시작한다. 본인은 그것이 본인에 맞지 않는 식성, 약성으로 인한 것인지 전혀 모르고 있다. 안약을 쓴들 두통약을 먹은들 치유가 되지 않는다. 이것이 현재 한국의 현실이다. 원인을 모르니 몸의 상태가 최선을 유지하지 못한 채 늘 무언가에 실망하며 살아가고 있다.

그리고 수장부 소음인 B형 피도 100%의 소음인만 있는 것은 아니다. 현실적으로 100%의 B형 피만 있지는 않기 때문이다. 그러나 거의 대부분의 B형 피는 소음인으로 보아도 무난하다(90% 이상). 설사 나머지 약간의 경우 소음인이 아니더라도 B형 피의 특성으로 인해 약성, 식성에 부작용이 거의 없으니 소음인으로 구분되어도 별문제는 없다. 이것은 최초의 수장부 시작점의 버드나무과라 수장부의 특질인 생존력과 지배력이 강하기 때문이다. 생명력이 강하고 더 이상 분해가 되지 않는다. 수화기제의 시작점인 기본재료라 단순함이 바탕이 되어 그럴 것이다. 이것의 약성은 다음 장에서 다룬다.

이와 같은 혈액형에 따르는 사상분류법은 과학을 이용하는 용화시대의 법이고 앞으로도 다시 팔상(八象)으로 분류되는 날이 올 것이라고 밝히는 것인데, 이것은 아직 오지 않은 과학과 그것을 과거의 표현법인 brahma(붉음: 창조주)와 그의 자식인 puruṣa(불의 子) 그리고 창조주의 마음인 brahman(불맘)과 나의 마음(ātman, 아맘) 등으로 창조와 나의 몸이 하나이며 창조주와 나의 마음도 하나임을 표현해낸 과거 선배의 예시력을 참조한 것이고 brahman(창조주)과 같은 puruṣa(불의 子: 인간의 핏속)의 몸임을 밝힌 것이니, 과학은 철학의 예지력으로 연구의 outline을 예상하고 철학 또한 과학의 힘으로 상상이 구체화됨을 눈으로 보게 되는 상호보완의 관계이다.

여기서 혈액형에 따른 사상(四象)구분법은 나로서는 인산 김일훈 스승의 분류법이 옳다고 생각해 현실에서 경험을 축적하며 따르고 보강하는 것이고 다시 거기에서 식성(食性)과 약성(藥性)으로 다시 세분화하여 드러나지 않은 토의 30도 성분을 밝혀내는 것이 옳다고 본다. 그 이유는 환경과 대상자인 우리의 몸 또한 변화하고 있기 때문이다. 여기에서는 인산 분류법에 따른 줄기에 혹여 빠진 자료의 보충과 나의 주석을 보탠 것이다. 식파(識波) 세계에서 앞으로 계속 보강이 되어 8상이 전세 훈습의 결과로 태어나는 순간 나의 혈액 한 방울로 내 존재가 담박 밝혀지는 날이 올 것이다.

지구의 화구체 내에는 불이 이글거리는 그 속에 독소가 존재하는데 이것이 터져 올라가 지구 바깥 허공으로는 독소계(毒素界)의 하늘층과 연관되어 있다. 땅바닥 가까이의 색소계(色素界)와 그 위 영소계(靈素界), 다시 그 위의 하늘층에 독소계가 존재한다.

지구)) 색소계)) 영소계)) 독소계(毒素界)

반면 산천과 연관된 얕은 하늘인 색소계에는 치유약이 인간의 생존공간과 같은 하늘 층에 존재하기에 색소계는 치료하늘로 보고 상층 독소계는 모든 병의 원천으로 본다. 같은 원리로 인간의 병도 간에 병이 생겼다면 뇌 속의 간과 연관되는 지점에도 염증도 자리 잡고 있어 그것마저 사라지게 해야 완치되었다고 보는 것이다. 단순히 수술로 간의 염증 덩어리만 제거했다고 믿고 방심한다면 어느 날 스물스물 몸 안의 간과 연관되어 잠재했던 염증이 다시 간을 침범한다. 어느 장부의 독소 염증은 뇌 속에 근원이 남아있기에 다시 활동조건이 되면 온몸을 돌아다닐 수 있기 때문이다. 그래서 신경계와 연관되어 온몸을 돌아다니는 피를 얕은 하늘 색소계의 개념으로 보아 치유 원천이 될 수 있다고 보고 건강법의 일원으로 생각하는 것이 사상(四象)이다. 앞에서 철학적으로는 혼(魂)이 정기신(精氣神)을 주관해 마지막 백(魄)의 신경계를 이루어 육신을 완성하고 그 속의 핏속에 근원으로 존재한다고 했듯이 사실은 육신의 신경계의 병도 결국은 보이지 않는 비밀 피의 치료까지 되어야 완전한 치료라고 보는 것이다.

(3) 식성, 약성
(생후生後의 훈습熏習 – 살이 내생 피를 만든다)

앞에서 용화시대의 사상(四象)구분법은 과학을 접미함으로써 혈액형으로 구분하는 법을 따른다고 하였다. 다만 그것이 미비한 점이 보임으로 그것의 보완으로는 식성, 약성을 참고하여 다시 사상(四象)의 숨겨진 성질을 알아내어 보다 향상된 자기 건강법을 유지하는 수밖에 없음을 말했다. 여기까지가 현재의 과학 수준이다.

1) 연기(緣起)와 공(空) 세상 — 12분자(分子) 10대 포자법(胞子法)

사상(四象)의 근간은 수장부의 B형 피이고 이것은 일명 소심돼지라 나무로는 수장부 버드나무가 되는데 아무 곳에서나 물한 방울만 있으면 자라는 것이고 가지나 줄기를 잘라 꽂아 놓아도 다시 번지는 무서운 생존력이 버드나무이고 인간으로는 B형 피라고 하였다. 생존력이 갑(甲)이라고 해서 자연의 원리가 모두 수장부로만 존재할 수는 없기에 다시 목장부 · 화장부 · 금장부의 4방을 이루어 삼사성환(三四成環)을 이룬다고 하였다. 삼사성환이란 단군1기 81세대 재림[121]인 최치원 선생께서 묘향산의 점 같은 흔적의 석벽본을 다시 한자로 환원시킨『천부경(天符經)』에

---

121) (편의상 1사이클을 한 세대 40년×81=3240년, 약 3200년으로 삼아 설명한다)
오칠일묘연(五七一妙衍)은 번식의 35요, 9×9=81은 완성이다.

1기 35대 재림: 동이족 활동무대 확장, 해양 일본 땅 개척, 신무천왕(일본의 신화시대)
1기 81대 재림: BC 2333년 단군 하강 후, 3200년 후(1세대 약 40년) 고운 최치원(AD 857~908 이후), 천부인 윷판 1사이클(1400년 후+다시 1800년 후=합 3200년, AD 900년까지)

2기 35대 재림: AD 2300년 계룡시대 단군 재림(계룡시대 900년 도읍 2800년까지)
2기 가야산시대(거창-마지막은 함양) 600년 도읍(AD 3400년까지)
2기 81대 재림: AD 4100년 영광(靈光) 칠산(七山) 앞바다 육지 1,500리 확장 700년도읍
윷판 2기 사이클(AD 4100까지)

3기 황해도 해주 앞바다 2,000리 확장 700년 도읍(AD 4800년까지)
3기 35대 단군 재림: AD 5500년 피양(평양) 1000년 도읍(AD 5800년까지)
3기 활빈 1000년 이상 도읍(AD 6800년까지)
3기 81대 단군 재림: 다시 한반도로 경주 1000년

기반한 것이다.

『주역』의 「계사전(繫辭傳)」에 태극이 양의(兩儀)로 양의가 사상(四象)으로 이것이 팔괘(八卦)로(易有太極 是生兩儀 兩儀生四象 四象生八卦) 이것이 다시 8×8=64로 전개되어 가니 8×8은 음수요, 『천부경』의 9×9=81은 태극지수 1의 창조 준비 바탕에 음수 2와 양수 1의 합이 3으로 이것이 3의 3극론으로 들어가 무한 발전되니(이때 창조 준비 태극지수 1은 더하기에서 제외한다) 양수 하늘의 세상이다. 각각의 조화를 이룬다.

자오묘유(四將星), 인신사해(四長生), 진술축미(四庫藏) 3그룹이 동서남북의 4방향으로 모인 것이 34성환(成環)이고, 그중 사장생(四長生)으로 특징 잡아 나온 것이 사상(四象)이라면 이 각각의 4방향(4局) 화 · 수 · 목 · 금의 성질 안에 토가 30도씩 끼어있으니 용사체의 토가 있어 원만하게 사방을 이루는 것이고 사상의 체질 속에는 그 토의 성질을 잘 파악하는 것이 아주 중요하다. 그것이 다시 팔괘(八卦)인 팔상(八象)을 이루어 사실상의 각각 인간의 체질을 이루기 때문이다. 실제로 이 팔괘 중 인신사해인 사장생(四長生)을 사상(四象)의 특질로 삼는 것이다. 이것은 동서남북의 DNA의 특질을 잘 간직한 것이다. 그러므로 실제 우리의 체질은 팔상(八象)인 셈이다. 그렇다면 3합국과 4방향은 토의 용사체를 매개로 오행을 다양하고 융통성있게 해석해야만 하는 숙제인 셈이다.

12세기 성리학의 주희(朱熹)는 무극(無極, 0)이 태극(太極, 1)의 근본(태극본, 무극)으로 보아 둘의 음수요, 『천부경』의 석삼극론(釋三極論)은 양수(陽數) 해석으로 인산(仁山)의 설명으로 3소(素)에 태공(太空) · 태허(太虛) · 태극(太極)이고 3요(要)에 태시(太始) · 태초(太初) · 태일(太一)이다. 진공(眞空) 0이 태공태시, 변공(變空) 1/2이 태허태초, 변화(變化) 1이 태극태일이다. 음양 이전에 이미 1로서 존재하는 것이다. 창조 분열 준비로서의 1이다. 상수(常數)1이라 한다.

ソ 陰2 + \ 陽1 = 도합 3(이것이 陽數 3의 의미다)

여기서 2 + 1 = ソ \ 이것이 3(3極 無盡論)

(\ 이미 존재. 태극지수 1: 이것은 음양이 만날 때 바탕이라 계산 안 한다)

그렇다면 태극지수 1은 제(除)해진 것이다(더하기 하지 않는다. 1이되 1이 아니다). 태극지수 1은 항상 우주에 존재(常數, 1)하고 언젠가는 나올 준비가 되어있다는 바탕 존재 1의 의미이므로 더하기에서는 제한다. 분열과정에서 태극지수 1은 항상 이미 존재하는 것이다. 언젠가 나오게 되어 있기에 창조 이전 변화1의 수이다.

3극론은 천지인 3재(才)에 근본을 둔 것으로 하늘에도 3종 도솔천 · 도리천 · 금강천의 삼천대천세계요, 인간에도 3종 황인 · 백인 · 흑인이다. 황인은 인의(仁義) 도덕이요, 백인은 의리보다 용맹이 앞서고 흑인은 힘을 자랑으로 여기니 욕심이 많다, 강욕자왈(强欲者曰) 흑인이다. 초목의 3종에 버드나무 · 소나무 · 향나무이다. 이것이 다시 3으로 세분하면 버들 – 수양버들 – 백양이요, 소나무 – 잣나무 – 전나무요, 향나무 – 묘향나무 – 모가지향나무이다. 무엇이든지 3극론으로 가면 무한번식인 무진변(無盡變)이다. 이것은 5행 이전이기도 하고 오행이면서도 나타나는 대표 3극론이다. 수생목으로 인도(印度)의 청색인과 목생화로 동남아시아의 뻘건 얼굴이 있을 수 있으나 적은 수라 대표는 아니다. 나무도 목장부 활엽수가 있으나 수장부 버드나무에서 조금 더 발전된 종으로 분류하면 되고 침엽수와 향내로 특징 지워지는 소나무와 향나무종에는 특질에서 밀리기 때문이다.

이같은 3극론의 창조를 바탕으로 3그룹 사장생(四長生)과 사장성(四將星)과 사고장(四庫藏)이 동서남북의 성질로 모여 우주와 지구의 고리 띠를 이루는 것이 34성환(成環)이다.

동서남북(4국)에 포진한 4장성(子午卯酉) · 4고장(辰戌丑未) · 4장생(寅申巳亥) 중에 춘하추동의 고유특질 DNA인 인신사해(寅申巳亥)로 드러나는 것이 사상(四象)이다. 이것이 모두 전개되면 12지로써 자 · 축 · 인 · 묘 · 진 · 사 · 오 · 미 · 신 · 유 · 술 · 해의 12분자(分子)의 띠를 이룬다. 이것이 12운성(運星)이다(장생長生 · 목욕沐浴 · 관대冠帶 · 건록建祿 · 제왕帝王 · 쇠衰 · 병病 · 사死 · 묘墓 · 포胞(絶) · 태胎 · 양襄). 왕중약(旺 · 中 · 弱, 3)×생왕사절(生旺死絶, 4)=12운성(運星)이다.

자 · 축 · 인 · 묘 · 진 · 사 · 오 · 미 · 신 · 유 · 술 · 해의 12분자(分子)는 예를 들어 자(子)는 바닷물이 근본으로(壬子) 용법(用法)으로 양이 음되고 음이 양되는 가운데 쥐 종류 다람쥐, 족제비 등으로 나누며, 축(丑)은 육지의 보통 물이 근본이고 음토, 축토(丑土)는 축토(畜土)로 육지의 나뭇잎 썩은 것이 축토요 소 종류 동물이며, 인(寅)은 갑인(甲寅)으로 고양이 살가지(삵), 사자 등으로 갈려 번성한다. 이런 식으로 무한 번성해 나가고 분류되는 것이 12분자다.

이는 불교의 만물 분류법으로 보면 연기법에 해당되는 것으로 시간, 공간이 포함되기에 그렇다.

여기에서 이 12분자의 속을 들여다보자면 이것은 불교의 무아법(無我法)이고 서양철학의 존재론(存在論) 형이상학(形而上學)에 해당되는 것으로 10대 포자법(胞子法) 즉 『천부경』의 일적십거(一積十鉅: 하나가 모아져서 10을 이루어 완성되는 것으로 하나의 존재의 완성이다) 10진법인 셈이다. 주역의 10신(10神, 10聖)이다(비견 · 겁재, 식신 · 상관, 편재 · 정재, 편관 · 정관, 편인 · 정인). 나의 존재를 오행과 음양의 관계 속에서 분석하는 것이다.

10대 포자법(胞子法)은 무아법 고찰인 셈인데, 뿌리 – 줄기 – 잎사귀 – 꽃 – 열매(씨) – 겉껍질 – 겉살 – 겉껍데기 – 속껍데기 – 음양핵(陰陽核)으로, 우주와 연결시키면 복판 씨의 10인 것이며 우주의 근본은 포자이며 음양의 둘쪽포가 우주원리인 셈이다. 다시 변화(變化)인 태극의 1의 세계로 돌아오는 것이다.

태극지수 1 상수를 바탕으로 다시 음양이 싹이 터 3극론으로 들어가고 34성환(成環)을 이루는 것이고 이것은 4장성(子午卯

酉) · 4고장(辰戌丑未) · 4장생(寅申巳亥)인 세 그룹이 동서남북 4가지 요소의 별이 모여 띠를 이루는 화엄세상인 12분자이다. 이 중에 동서남북의 고유특질 인신사해(寅申巳亥)로 드러나는 것이 사상(四象)이다. 다시 화 · 수 · 목 · 금 · 토 오행성과 7성의 별들[122]이 추성(樞星: 북극성)을 기준으로 무한번식을 하는 것이 소위 오칠일묘연(五七一妙衍) 창조의 현상이다. 공(空)에서 색(色)세상이 나와 번창하는 것이다.

조금 더 세분하자면 12분자 10대 포자법(胞子法)은 연기와 공의 세계이다. 연기공은 현상계의 연기법과 존재론의 무아법인 공을 말함이니 하늘과 땅의 세상이요 내용으론 3합국(合局)이다.

3합국은 인오술(寅午戌: 간병신火) 신자진(申子辰: 곤임을水) 해묘미(亥卯未: 건갑정木) 사유축(巳酉丑: 손경계金)으로 하늘 10천간과 땅 12지의 성질별 모임이다.

무한 화엄세상인 4장성(子午卯酉) · 4고장(辰戌丑未) · 4장생(寅申巳亥)의 세 그룹이 동서남북 4성질 별의 모임이 34성환(成環) 12지의 모습이라면, 그중에 춘하추동의 고유특질 DNA인 인신사해(寅申巳亥)로 드러나는 것이 사상(四象)이다.

---

122) 화성 – 형혹성(熒惑星), 수성 – 진성(辰星), 목성 – 세성 수성(歲星 壽星), 금성 – 태백성(太白星), 토성 – 진성(鎭星)이다. 이것이 5행성이다. 오행의 중심은 지구이다. 지구를 중심으로 5행이 있어 5행성이다. 목성 · 화성 · 금성 · 토성 · 수성은 각각의 성질만 지닌다. 지구만 오행의 주재자이다. 천지만물은 지구와 관련되고 지구는 주위의 별과 연관되어 있다.
7성(북두)은 탐랑성(貪狼星) · 거문성(巨文星) · 녹존성(祿存星) · 문곡성(文曲星) · 염정성(廉貞星) · 무곡성(武曲星) · 파군성(破軍星)이다.

여기에 다시 보이지 않는 하늘의 고유성질 갑(甲)·을(乙)·병(丙)·정(丁)·무(戊)·기(己)·경(庚)·신(申)·임(壬)·계(癸)의 10천간(天干)이 성질별로 모인 것이 삼합국의 곤임을(坤壬乙: 水)·건갑정(乾甲丁: 木)·손경계(巽庚癸: 金)·간병신(艮丙辛: 火)로 이것은 하늘 세상(空間)의 존재 간 어떤 관계 법칙이므로 10신(10神, 10聖: 비견·겁재, 식신·상관, 편재·정재, 편관·정관, 편인·정인)이다. 그러므로 땅의 12지의 분류와 각각의 인오술이 화, 신자진이 수, 해묘미가 목, 사유축이 금의 성질로 변화는 근본에는 천간의 간병신(화)·곤임을(수)·건갑정(목)·손경계(금)와 관련이 있으니 하늘과 땅의 관계가 합한 꼴이다. 그러기에 연기와 공을 한꺼번에 설명하기에 보다 더 적합하다고 한 것이다. 그러나 본질적으로 연기(緣起)와 공(空)의 세상이 나누어지는 것은 아니기에 다만 머릿속 개념정리를 위해서 3합국 속에 천간과 12지가 모두 내포된 의미만 기억하면 된다.

어찌되었든 34성환(成環)의 설명에는 4장성(子午卯酉)·4고장(辰戌丑未)·4장생(寅申巳亥) 세 그룹과 4국(동서남북)의 개념이 좀 더 편하고, 3합국은 천간(天干)의 10천간이 들어있으므로 12분자 10대 포자법(胞子法)인 연기공을 묶어서 설명하기에는 적합할 수 있을 것이다.

34성환으로 연기의 세상인 화엄(華嚴)세계를 표현함에 자연히 사상(四象)의 특징 DNA를 가장 잘 간직한 인신사해의 4귀퉁이로 불거져 나오니 이것이 사상체질이요 또한 이것은 전세의 훈습의 결과이고, 태어날 때의 생시(生時)도 인신사해(寅申巳亥)시에 태어난 인물이 각각의 4귀퉁이를 대표하는 시(時)이기에 인간 중 재주꾼이요 성인(聖人)도 모두 사해(巳亥)시 태생이다. 수화기제의 창조 시작이 해시(亥時)요 화수미제의 완성의 시작이 사시(巳時)이다. 공자는 해시(亥時)요 부처님과 단군은 사시(巳時)이다. 이렇듯 사상(四象)으로 창조자는 우주의 비밀을 rūpa(엿봐: 色, 형태)세상에 살짝살짝 내비침에도 무딘 우리가 시공(時空)의 비밀과 연기공의 세상을 눈치채지 못하고 그저 사는 데만 급급한 까막눈일 뿐이다.

2) 해독음식과 체질 분리 가름자 식성(밀가루, 닭고기)

수장부 B형은 무엇이든지 잘 먹는 체질이다. 가리는 것이 거의 없다고 보아야 한다. 밀가루를 특히 좋아해 삼시 세끼를 먹어도 좋다. 닭고기도 마찬가지다. 뜸을 뜨거나 보약을 먹을 때 사실은 조심하거나 피해야 할 것들이 있는데 주색계저면(酒色鷄猪麵:술, 내외관계, 닭고기, 돼지고기, 밀가루), 오이, 오리, 명태, 메밀이다. 화기를 빼기도 하거니와 약 기운을 근원적으로 없애버리기 때문이다. 5분짜리 단전 뜸을 한 4일쯤 떠서 합이 30장쯤 뜨는 중에 그만 섣부른 양기발동으로 밤에 몽정이 되어버렸다면 그만큼은 다 손해 본 것으로 치고 다시 뜸장 수를 계산한다. 평상시 100장에 단전이 시원했다면 그 가을이나 봄에는 130장이 되어서야 몸에 시원한 상태가 오게 된다. 그렇다면 30장의 효과는 몸에 완전히 날아가 버린 것인가 그렇다고 봐야 한다. 다만 수행의 정진력인 훈습은 남는다. 고통을 참았던 그 정신력 즉 고행(苦行 / tapa 타바 불속에 육신을 지나가 보는 것이다. 담가보는 것이다. 살면서 슬쩍 죽음의 맛을 한번 볼 필요가 있다는 것)은 내 속과 우주에 흔적으로 남게 되어 정신도수 배양에는 손해가 없다. 이 말은 죽어 육신을 버리고 갈 때도 고행의 흔적은 남아 양미간의 정신력을 모을 때 도움이 된다는 의미다. 그렇기에 이 원리를 선가(禪家)의 공부법에 적용해 볼 때 아무래도 훈습을 인정하는 점수법(漸修法)이 바탕이 되는 돈오(頓悟)라야 원리에 맞는 것이다. 머릿속의 희론(戲論) 다툼이 중요한 것이 아니라 몸과 마음이 기억하는 영력도수 배양이 기반이 되어야 한다.

당뇨에 걸려 다이아벡스니 하는 그런 전통적 약 등을 오랫동안 복용한 수행자의 콩팥은 다 망가져 버린 것인데 심하게 말하면 그런 환자가 황천길 가기 전 콩팥 기증하겠다고 장기기증센타에 전화를 해본들 상담자가 전화를 바로 끊을 정도로 다 상해버린 콩팥으로 다음 생 자유자재를 논하기에는 좀 어폐가 있다. 그래서 죽을 때도 최대한 자기의 피를 맑게 보존해서 맑은 얼굴과 제정신으로 갈 준비가 되어야 마지막 양미간(兩眉間)에 힘을 모을 때 다음 생도 자유롭게 선택을 할 수 있게 된다. 죽는 것도 준비가 되어야 한다는 말이다. 미리 조심하는 것 그것이 사상(四象)의 원리를 이야기하는 목적이기도 하다.

앞의 주색계저면(酒色鷄猪麵), 오이, 오리, 명태, 메밀 이야기 중 돼지고기, 오이, 오리, 명태, 메밀 이런 것들은 바로 뜸장의 효나 보약의 효과를 제거하는 것들이고 술도 마찬가지이고 술도 제아무리 선지식(善知識) 정도의 천재로 태어난 사람의 뇌라도 막걸리를 한 십 년 밥 대신 먹고 다니다 보면 뇌가 다 녹아서 눈앞에 환히 보이던 우주의 비밀이 어두워지게 되는 법이다.

그리고 다음은 메밀 이야기다. 이것은 키우는 농민들 생각하면 안타깝기도 한 면이 있긴 한데 가령, 임산부가 메밀냉면을 7번 먹었다면 배 속의 애는 떨어진다. 냉기(冷氣) 때문이다. 박정희 전 대통령 모친이 가난한 살림 중에 애가 들어서 간장을 먹고 굴러 유산시키려 했다는 얘기를 접한 적이 있었는데 아마 어지간히 간장을 먹어서는 오히려 아이에게 더 좋았을 것이다. 조선간장이 뼈를 단단하게 했을 것이니 머리뼈가 야물어 난산이 있을지언정 아이는 오히려 장부가 건강히 나왔을 것이다. 훗날 1949년 박정희 소령은 남로당 군책으로 몰려 사형 구형에 무기징역을 선고받은 날 감옥소 간수가 보니 10여 년 구형받은 모대령은 밤새 뒤척이는데 박정희는 쿨쿨 잠만 잘 자더란다. 간덩어리였던 것이다.

메밀 얘기로 돌아와서, 수장부 B형은 뱃속이 찬 사람들이라 이 체질의 사람이 한여름 평양냉면 내내 즐겨 먹고 설사가 멈추질 않아 병원에 다니는데 마이신, 진정제, 소염제, 지사제, 유산균까지 넣어 처방전 받아 약 먹어봐야 그때뿐 냉(冷)해진 배를 따뜻하게 하는 법은 없다. 하는 수 없이 한의원에 가는데 여기서도 어느 정도 차야 고치지, 한여름 내내 메밀냉면이라면 30그릇 이상일 텐데 일곱 번 냉면에 낙태가 되는 지경인데 그것의 4배 이상이면 그게 쉽게 낫겠는가. 고치느라고 애를 먹는다. 혹 화장부 O형 소양인은 열 덩어리라 아내의 따뜻한 밥도 식혀서 먹는 걸 좋아하는 그 체질들은 가끔 평양냉면이야 감칠맛 나는 육수와 더불어 사는 재미겠지만, 그렇더라도 한 일주일 계속 먹으면 설사를 하게 된다. 쉬엄쉬엄 먹어야 한다. 그런 정도로 메밀의 성분은 조심해야 한다. 이걸 식품영양 분석가들은 가끔 몸이 더워지는 성분이 메밀에 있느니 하는 이야기를 하는데 그렇지 않음을 꼭 기억해야 한다. 조상님들도 그것을 알기에 육수로 메밀냉면의 차가운 성분을 보강하려 한 것인데 아무리 육수가 좋은들 메밀의 찬(冷) 성분을 이길 수는 없다. 성분이 냉(冷)하다는 뜻은 뜨겁게 데워 먹어도 배가 차진다(冷)는 의미다. 물성(物性)이 찬 것이다.

약 기운을 소멸시키는 주색계저면(酒色鷄猪麵), 오이, 오리, 명태, 메밀 중 화기(보약기운)를 가장 독하게 빼는 순위를 정하라면 색(色: 내외관계)과 메밀이 될 것이다. 양기(陽氣)가 다 빠진 노인의 비아그라의 덕을 본 하루 저녁의 색락(色樂)은 그 후유증이 심하다. 다음날부터 설사에 시달린다. 배가 차지면(冷積) 각종 염증을 불러들이는 것이고 저승사자를 부러 초청하는 셈이다. 메밀이 찬 이유는 'rutin과 여러 색소와의 특유의 조합'이 원인이라고 본다. 조상들이 베갯속으로 메밀껍질을 이용한 이유다. 머리가 시원하니 잠이 잘 오지 않았겠는가.

그런 면에서 보면 함흥분들이 만드는 감자, 고구마 전분(澱粉)

가루에 삶아내는 냉면은 부작용이 없으니 일상생활에 즐길 수 있는 지혜가 곁들인 음식이다. 일부 음식 평론가들이 냉면이야 육수와 함께 먹는 평양냉면이 으뜸이라 평하고 함흥냉면을 보고는 그게 무슨 냉면이냐며 전분 가루 국수라고 폄하하기도 하는데 메밀의 성분을 모르고 하는 소리다. 아무리 육수로 보강해도 육신을 냉하게 하는 성분이 변화하지 않는 그런 내면을 모르기에 하는 소리다. 메밀이 적을수록 몸에는 좋은 것이다. 건강을 생각한다면 그저 여름의 별미로 한두 번으로 족해야 한다. 그런 면에선 부산의 밀면도 배를 차게 하지 않으니 다행이다. 수행에 참고로 해야 한다.

또 오리나 닭도 옻과 같이 독성분이 들어가 있는 약재를 중화시키기 위해서 함께 넣어 약재를 만드는데 이것도 그 독성분을 빼기 위한 어쩔 수 없는 방편이다. 이때의 해독제는 엄밀히 말하면 중화제인 셈이다. 옻의 화독을 빼지만 약 성분은 유지하게 하는 것이라 중화제에 가깝다. 위에 나열한 해독제라는 음식들도 때로는 해독에 중화제 때로는 각각의 성분에 따라 소염제도 되기에 여러 가지 방면에서 살펴야 다양한 용도로 쓰일 수 있다. 오리는 화기 해독제요 중화제요 뼈에 좋은 칼슘제요 소염제요 오래된 설사증세도 멈추게 한다. 항암제 복용 부작용치료에도 사용한다. 닭도 뜸효와 약효를 내림과 동시에 옻에는 중화제요 수장부와 목장부를 분별해내는 가름제이다.

비슷한 원리로 밀가루[123]도 보약의 기운도 빼고 뜸의 기운을 빼는 동시에 목장부의 성분인 A형의 피에서 그 바탕인 수장부 B형 피의 성분을 가려낼 수 있는 성분이 있다. B형이 A형으로 변해버린 상태에서 밀가루를 통해 다시 그 근원인 B형을 분리해 낼 수 있다는 원리이다. 즉 밀가루 잘 먹으면 B형의 성질이 그 핏속에 아직 있는 것이고 밀가루 안 좋아하면 완전 A형으로 변화된 것이다. 똑같은 원리로 밀가루를 이용해 AB형에서 밀가루를 잘 먹으면 B형 소음인이요 밀가루를 싫어하면 A형 태음인이 되는 것이다. 이것은 30도의 용사체 토의 영향이라고 앞에서 말하였다. 60도의 목장부 속에 30도의 토의 작용이 존재하는 것을 밀가루와 닭고기의 식성으로 분리해 보는 것이다. 보약이나 뜸의 효과가 몸에서 완전히 나려면 어느 정도의 시간이 필요한 것인데 그 이전에 밀가루, 닭고기를 먹게 되면 다시 본래의 상태로 환원시켜버리는 해독제가 되는 셈이다. 주색, 계, 저, 면, 오이, 오리, 명태, 메밀 중 A형 속에 다시 A와 B를 분리해낼 때 밀가루와 닭고기를 이용하는 것이다. 9가지 해독제 중 밀가루, 닭고기가 목장부 속에 감추어진 토의 작용을 알아내는 대표적인 2가지로 식성파악법으로 드러나기 때문이다.

적혈구 속 항원(抗元: 탄수화물 구조)인 당사슬(sugar chain)을 변화시키는 α-N-Acetyl galactosamine dase (다아제) 효소가 혈액

---

123) 밀전분 Amylum Tritici는 생약학에서 흡착제와 다당질을 함유한 생약으로 분류한다. 그러므로 밀의 다당질과 혈액형의 당사슬과의 효소에 의한 복합적 연관 관계를 살펴보는 것이다.

형을 변화시키는 주인공이고 장내 소화기관 속 효소임이 밝혀졌기에 현재로서는 식성, 약성 파악법이 가장 효율적인 방법이 된다. 앞으로 현재 밝혀지지 않은 장내 여러 효소들이 더 다양하게 혈액형 변화에 작용하는 것이 밝혀질 것이다. 그 이전까지 당분간은 식성, 약성 파악이 중요한 이유이다.

최근 원자가 모여 핵생성(nucleation)과정을 이루는 현상이 조금씩 밝혀지는데 결정핵으로 알려진 원자의 구성이 처음부터 그렇게 고정화된 것이 아니라 애초에는 도무지 알 수 없는 모습이 흩어지고 또다시 모이는 과정을 반복하면서 점차 고유의 핵결정체가 이루어지는 것이 확인되었다. 처음부터 어떤 결정체가 바로 드러나는 것이 아니라 각각의 체는 환경과 그에 따른 그때의 시간, 공간의 상호작용에 의해 드러나는 것이고 현재의 환경에서는 그 체의 형성과정은 비슷하게 이룩될 것이다. 철학적으로 이것은 연기(緣起)와 공(空)의 법이 이루어낸 그 당시의 우주이다. 밀가루와 닭고기도 이것이 꼭 목장부에서 수장부의 성질을 알아내는 유일한 고정 법칙이 아니라 이 시대 환경에서는 유용한 식성과 약성의 대표일 뿐이다. 시간이 좀 더 흐르면 근본원리가 밝혀져 이러한 식성, 약성의 수고로움도 필요 없는 시대가 온다.

앞에서 인간이 생기는 원리와 과정에서 우주의 바탕인 성(性)이 있고 그것의 작용인 영(靈)이 있으며 그것이 목수가 되어 혼(魂)으로 하여금 피속의 영선판도(靈線版圖)를 먼저 이루게 하고 그다음에 신(神)을 시켜 살 속 의식에 파고들게 하여(이것이 魄

이다) 살과 뼈의 신경조직을 이루는 것이 인간의 조직완성이라고 하였다. 그러므로 혼이 '직접 마음'은 아니나 마음을 만들 수는 있고, 이번 생에서 다음 생으로 전생 마음 자체가 그대로 옮기지는 않으나 혼을 통해 전세의 업력(業力) 결과에 따라 마음이 담대해지기도 하고 쪼그라지기도 하는 원리를 말했다.

습성(習性)이 30%, 식성(食性)이 10% 따라오는 등 모든 훈습의 결과가 핏속으로 현세에 따라오므로 태어날 때의 핏속에 사상(四象)이 오는 원리를 말했다. 이것은 마음이 변해 얼마짜리 집을 짓는 원리만이 아니라 습성, 식성 이런 것이 따라오는 것이므로, 바로 이것이 현미경으로 보는 피의 4가지 구분이 밝히지 못하는 사상(四象) 속에 다시 둘로 나뉘는 팔상(八象)이 되는 원리를 말한 것이다. 이렇게라도 하여 팔상의 특질을 밝혀낼 수 있게 된다. 엄밀히 말하면 팔상이 아니라 사상(四象) 속에서 그 속을 살피되 유사, 진성 등으로 갈라진 세부특질을 밝히는 것이다. 사상(四象)의 세부특질인 셈이다.

이렇게 주색, 계, 저, 면, 오이, 오리, 명태, 메밀의 해독음식 중 해독과 사상특질을 가려내는 식성의 특질을 살펴보았는데 이런 방식으로 일단 사상(四象)을 세분화할 수는 있다고 본다.

3) 익모초 · 백출 · 원감초 · 약쑥 4가지 약성으로 바라보는 4상(象)의 특질

그렇다면 A형으로 드러나는 목(木)장부 태음인(肝大肺小)의 특징은 밀가루와 닭고기를 좋아하지 않는 특성이 있다. 인삼은 먹어도 해(害가) 없으나 득(得)도 되지 않는다. 약쑥이 특히 보약이 된다. 손발이 따뜻해지고 감기도 잘 걸리지 않는다. 길바닥의 개똥쑥만 조금 달여 먹어도 감기가 빨리 낫는다. 약쑥에도 들어있는 개똥쑥의 artemisinin성분을 중국의 투유유(屠呦呦)가 이용한 것이 말라리아 치료제였다. A형에게 좀 더 유용했을 것이다. 약성 중 우선 4가지 보약이 되는 기본 약재로 4상을 구분해보는 방법이 있으니 이것을 통해 사상(四象)의 특질이 잘 드러난다. 이 중 공통약재인 백출과 원감초를 빼면 사실은 익모초(화장부 보약)와 약쑥(목장부 보약)을 기준으로 사상(四象)의 특질과 상호관계를 간단히 알게 되는 법이다. 이때 수장부와 화장부의 대표 보약이 아니라 왜 목장부와 화장부의 보약을 기준으로 하나 하는 의문점이 든다면 그것은 수장부 B형은 무엇이든지 잘 먹기에 거기에서 파생된 목장부의 대표 보약에서 중화시키는 길을 택했기 때문이라고 생각한다면 이해가 쉬울 것 같다.

약쑥 1근, 백출 1근(쌀뜨물에 하루 저녁 담갔다 그늘에 말리기를 3번 한다. 3회 법제. 그래야 설사를 안 한다), 원감초 1근이 목장부 보약이다. 이 중 약쑥이 대표인 셈이다.

A형 중 밀가루와 닭고기 어느 하나 중 먹기를 즐겨하고 좋아하면 B형인 수장부 소음인(腎大心小)의 체질의 식성, 약성을 따른다. B형 처방이라야 무난하다. 즉 약쑥, 익모초, 백출, 원감초 각 1근이 무난하다. 이것은 B형 처방인데 이는 수생목으로 이루어

진 목장부 안에 수장부의 성질이 남아있다는 의미이다. 그래서 그렇게 남아있는 A형 중 B형 특질인 A(B)는 B형 처방이 무난한 것이다. 이렇게 해야 부작용이 없다. 무엇이든지 다 먹는 B형 수장부는 약쑥만큼은 눈이 어두워지는 부작용이 있는데 이렇게 익모초 가미 처방이 되어야 부작용 없이 보약이 된다. 물론 B형인 수장부는 인삼이 들어간 대보탕과 익모초가 조금 들어가는 보약 처방과 익모초, 약쑥, 부자 등이 들어가는 다른 처방이 따로 있긴 하나, 약쑥, 익모초, 백출, 원감초 이 4가지 약성으로만 4상을 상호 비교할 때는 4가지 약성이 모두 들어간 처방이 A형 중 밀가루 잘 먹는 A(B)체질에게는 무난하고 좋다는 뜻이다. 순수 A형 처방인 약쑥, 백출, 원감초와 달라야 부작용이 없게 된다. A형인 목장부 안에 B형이 스며있는 케이스라 그렇다.

O형인 소양인(心大腎小)은 약쑥은 먹지 못하는데 먹으면 머리가 무겁고 속이 불편해진다. 그래서 O형은 쑥떡도 먹지 않는 것이 건강 비결이다. 과거에 어느 농대에서 쑥을 연구하던 교수가 쑥 만능론자가 되어 쑥술, 쑥떡, 쑥차, 쑥부침이, 쑥수제비 등을 홍보하고 제자들에게도 적극 권유하였다. 하기사 쑥은 피우기만 하여도 귀신이 접근을 못하니 다용도이긴 하다. 그분의 착오는 쑥 성분이 아니라 그것을 인간에 어떻게 적용하는 법을 몰랐던 데에 있다. 아마 집에 초청해 쑥술과 쑥차를 얻어먹은 제자 중에 순수 A형은 너무 좋았다고 했을 것이지만 나머지 절반 이상은 과히 좋지 않거나 특히 O형은 부작용이 며칠은 갔을 것이다. 그거 해독하는 법을 모르는 제자들은 한동안 고생했을 것이

다. 생강감초탕이라도 끓여 먹어 해독 중화시킬 제자가 몇 명이나 되었을까. 그러니 쑥의 성분만 알지, 적용법을 모르는 것이니 사상(四象)이 그만큼 인간 생활에 중요한 비중을 차지한다.

이것은 최근에도 마찬가지다. 수년 전부터 전문약으로 나오는 약 중에 쑥성분(艾葉이소프로판올연조엑스20→1,60mg/1정당)이 들어간 위장계통 약(위염)이 나오는데 오티렌, 스티렌 등이다. 가만히 살펴보면 O형 피를 가진 환자는 약 먹고 시원하단 소릴 안 한다. 쑥의 효험이 체질마다 다르기에 그런 것이다. 이것이 감기약에도 무릎관절약에도 곁들여 처방이 나오니 특히 O형 피의 소양인들은 더부룩하고 가슴이 답답하고 머리가 좀 무겁고 무언가 몸 상태가 안 좋을 것이다. 그러함에도 환자들은 약 처방에 부작용이 있을 거라고는 상상조차 하지 않으니 원인을 찾기는 불가능에 가깝다. 임상실험을 해본들 겉으로 두드러지게 드러나지 않는 그런 증상은 잡아낼 수 없고 이것이 누적되면 어떤 체질만 더 나쁘다는 것을 실험하는 건 아니기 때문이다. 즉 임상실험에는 체질 구분은 애초에 제외되기 때문이다. 사상(四象)을 모르면 이런 부작용을 알게 모르게 부득이 겪게 되는 것이다.

그렇기에 O형의 보약에는 아예 약쑥을 제외하고 익모초, 백출, 원감초 이 세 가지만 들어가게 된다. 익모초(Leonuri Herba: 익모초 꽃이 피었을 때의 줄기 및 잎)는 성분이 rutine, leonurine으로 생약학에서는 비뇨기계에 감응하는 성분을 함유한 생약으로 분류하고 통경이뇨제(通經利尿劑)로 응용하는 약제이다. 그러나 사실 익모초는 O형에게는 조혈제이다. O형의 대표 보약이다. O형이 과일 중 배를 먹으면 피가 생기는 원리와 비슷하다. O형에 맞는 과일인 셈이다. 방향성(芳香性) 건위제(健胃劑)로 분류되는 백출(白朮, Atratylodis Rhizoma alba: 삽주 뿌리줄기)은 치습(治濕)제이며 모든 체질에 부작용 없이 비위를 튼튼하게 한다. 원감초(元甘草, Glycyrrhizae Radix)는 당(唐)감초인데 생약학에서는 건위제(健胃劑)의 일종으로 위장기능 조정 및 관련 생약으로 분류한다. 성분 중 ① saponin, ② liquiritine, ③ iso-flavonoid의 응용으로 진해거담, 항궤양, 항염효과 등으로도 쓰이며 중화(中和)와 순화에 제일이다. 1호 원감초는 엄지손가락 굵기는 되는 것인데 이것은 보약이 70%에 해독이 30%이다. 보통 쓰는 2호 원감초는 50대 50으로 보약과 해독이 반반이라 약들의 중화제로는 최고이다. 구멍이 숭숭 뚫리고 퍼석퍼석한 것이 단맛이 최고라 목구멍이 쓰릴 정도이다. 최고의 감초다. 야문 한국산 감초는 중화작용이 약하다. 지구의 모든 약재는 동국이 최고이나 오직 감초만은 중국의 저쪽하늘 운남성 위 청해 신강에 이르는 지역 하늘에 감초분자가 존재해 원감초를 제일로 친다. 새끼손가락 굵기의 3호 원감초는 70% 해독에 30% 보약이다.

생강 400g, 원감초 100g, 쥐눈이콩 한 줌, 대추 몇 점과 함께 약한 불에 5~6시간 끓인 생강감초탕은 독감, 열병과 약중독 등에 쓰인다. 생강(Zingiberis Rhizoma: 생강의 뿌리줄기)은 일단 생약학에선 신미성(新味性) 건위제로 분류되며 정유(精油)성분의 zingiberine과 신미(辛味)성분의 6-zingerol이 있으며 위장약 건위식

용으로 쓰인다. 그러나 생강은 상한 복어알도 생강을 얇게 썰어 9회 찌면(법제) 먹을 수 있을 정도로 독을 제거하고 회생시키는 힘이 있으니 독감이나 약중독에는 이를 이용하는 것이다. 쥐눈이콩(서목태) 또한 훌륭한 해독제이다. 대추(Zizyphi Frutus: 대추나무 열매)는 정신 신경계 질환에 쓰이는 생합성 약물로 분류된다. 강장, 보혈, 완화, 진정, 진통에 응용된다.

생강감초대추탕을 5~6시간 달이는 이유는 대추의 씨 성분이 추출되기에 이것을 이용하는 것인데 이것은 산조인(酸棗仁, Zizyphi Spinosi Semen)이라 하여 cyclopeptide alkaloid인 sanjoinine A성분인 진정, 수면연장 성분을 이용하는 것이다. 진정효과가 탁월하다. 대추의 과육(果肉)에는 없는 성분이다. 약중독 호르몬 이상으로 인한 불면증도 준 마약인 졸피뎀성분을 처방받아 복용하기보다 대추를 오래 달여 sanjoinine A성분을 이용한다면 꿈도 없이 깊은 잠을 잘 수 있다. 마음이 안정되고 중독성이 없으니 좋다.

위의 약 중독이란 보약을 먹고 약간 머리가 무겁거나 눈에 핏발이 보이거나 가슴이 답답하거나 코가 마르거나 코딱지가 자꾸 생기거나 입술이 부르트거나 아침에 일어날 때 엉치쪽 아래허리가 무겁거나 하면 지나친 것이니 이것은 심장에 약간의 화(火)가 올라온 것으로 화기 오른 피가 돌아다니니 폐에도 열이 차 숨쉬기도 좀 불편해지는 그런 현상들이 나타난 것인데 생강감초탕을 달여 복용하면 점차 풀리게 된다. 독감백신 등 각종 백신 부작용에도 적용될 수 있다. O형이 감기약이나 진통제 등을 복용하면서 위의 증세가 나올 때도 이같이 중화 해독하면 다시 정상상태로 돌아온다. O형이 체질에 맞지 않는 인삼 먹고 눈에 핏발서고 알레르기 달고 사는 그런 증세에도 이 처방이 맞는다. 독감과 열병엔 3호 원감초가 좋을 것이다. 덜 자라 가는 것이나 해독에는 최고이다. 보통은 1~2호쯤 쓴다.

이렇듯 원감초는 약성의 중화와 알레르기에 쓰면서 먹으면 소화도 잘되게 돕는 이로운 약재이다. 그러하기에 사상(四象)의 보약재에 원감초는 빠지지 않고 약쑥과 익모초의 중화제에 고루 쓰인다. O형은 꽃이라 예민하여 그저 싸고 기본이 되는 식재료만 먹으면 건강에 문제가 없다. 된장찌개, 김치찌개, 식은밥, 미역국 얼마든지 먹을 것이 쌓였구만 공연히 인삼 꿀 쑥 이런 비싼 거 먹고 혈압 오르고 어지러워 또 우황청심원 사러 오질 않나 혈압이 높아져 병원쇼핑을 하지 않나 거기 간다고 심장에 화기 올라 올라간 혈압이 내리지 않는다. 쉽게 말해 멀쩡한 인간이 괜히 몸에 맞지 않는 보약 먹고 화(禍)를 입은 것이다. 심장에 화기를 그냥 방치하면 이것이 위(胃)로 내려오면서 가슴이 답답하고 체기가 생기고 그러다가 속이 쓰리고 궤양이 생기게 되는데 화기로 오는 궤양은 병원 약으로 치료가 되지 않는다. 잘못하면 큰 병인 줄 알고 수술까지 하게 되는 수가 있다. 그저 생강감초탕이나 해독제 먹고 심장에 오른 화기(火氣)를 빼면 되는 일을 원리를 모르니 집에서 간단히 고칠 병도 수술실에 오르게 될 수 있다.

화장부는 체질상 열이 많아 아내가 잘해준다고 더운밥 해주는 것도 식혀 먹는 사람들인데 인삼에 꿀까지 챙겨 먹고 드러누우니 괜히 멀쩡한 인간 생채기 내는 꼴이 너무 많다.

체질이 화장부란 의미는 배탈 나 설사를 하는 와중에도 더운 밥보다는 식은 밥을 더 좋아한다는 의미이고 뜨거운 물보다는 찬물이 좋다는 의미이니(冷物선호) 우리나라의 국 문화는 소양인보다는 태음인에 의해 비롯된 것이다.

70년대 가난하던 시절 엄마가 돈이 없어 온 식구가 다 외식을 할 형편이 없던 때에 한 달에 한 번 A형과 O형의 어린 오누이만 중국집에 보내어 외식의 호사를 시켜줄 때면 주문에 한참 고민을 하다가 결국은 A형 여동생 입에서는 우동~, O형 오빠는 짜장~이 나온다. 상대의 것에 약간의 아쉬움은 있지만 결국 자기 것만 먹는다. 매번 결정은 그렇다. 태음인은 고민해봤자 뜨듯한 국물이 좋다는 의미다. 만약 이 오누이가 소음인이었다면 한 달에 한 번 외식 할 때마다 번갈아 가며 메뉴가 바뀌던가 아니면 서로 남은 건더기라도 바꾸어 먹자고 하였겠지만 태음인은 다르다. 한배에서 나온 형제도 이렇듯 체질이 다른 채로 살아가는 것이 사상(四象)이다. 그러니 소양인은 밥상에 뜨듯한 국물도 밀어버리고 식혀 먹고 따끈한 밥도 별로니 그저 겉보기로는 대접을 받는 것에 익숙치 못한 체질이다. 먹는 문화가 양반이 못된다. 그러기에 생긴 대로 살아야 건강에 좋다. 간단히 촌사람 식단이나 시골 암자 강된장과 남은 찬밥 풀떼기 음식으로도 건강이 유지되는 것이 화장부의 건강비결임을 명심하자. 밀가루도 하루 세끼 먹으면 반드시 식체(食滯)가 오는 체질이다. 그저 시골 밥상이 제격이다. O형의 보약엔 약쑥이 빠지는 원리를 말했다.

어디 가서 동네 할머니가 주는 진한 향기 쑥떡도 얻어먹으면 골이 아프다. 진하게 타주는 꿀차도 그렇고, 대접한다고 주는 인삼차도 얻어먹고 와서는 저녁에 자리에 누워야 하는 체질이다. 꿀은 O형이 먹으면 협심증이 온다. 70대 혈압 당뇨 있던 노인이 가끔 보이다 안 보이기에 그 부인께 물으니 갑자기 돌아가셨다고 한다. 꿀차 한 잔 진하게 타드리고 어디 외출했다 오니 심장마비로 가셨단다. 혈액형이 O형이란다. "쓸데없는 짓 한 거네요"했더니 아들도 O형이라고 당장 치워야겠다고 하고는 가신다. 혈전증세도 있다던 그 양반이 진한 꿀차 한 잔은 결정타였을 것이다. 아마 전국적으로 O형이 진한 꿀차로 심장마비 사망통계가 못해도 1년에 수백은 되지 않을까 짐작만 할 뿐이다. 그저 말하기 좋기로 적당한 때 잘 가셨다고 할 수 있을지 모르겠으나 내게는 아쉬움이 많다.

어릴 때 조부께서 일사후퇴 때 이북에서 내려오신 이유를 말씀하시던 중에 김일성 치하에서 농사를 지어보니 공산당 놈들이 추수 때면 작황을 살펴보는데 논 가운데 제일 잘된 쪽으로 줄 긋고 낱알을 세어 전체면적을 따져 세금을 매기더라 그러니 농민이 먹고살 게 없지 하시던 말씀 중에 줄 긋고 낱알 세는 방법이 늘 궁금하였다. 그러다가 철원 노인분이 말씀하시는데 그놈들이 콤파스로 원을 그려 낱알 센다는 말씀을 듣고 평생의 의문점이 해결되었다. 철원 동송 땅 중 동송쌀은 흙이 텁텁질(진흙인데 마르다) 도맹개요, 철원 대마리 위 땅은 골타리땅(못이 안 마른다) 청갈매라 찰지다. 같은 무게에 쌀통에 넣으면 모자란다. 갈말은 마사땅, 김화는 자갈밭, 콩은 김화다. 두부가 많이 나온다. 늦여름 황사 태풍은 벼가 쓰러지지 않을 정도면 수확이 좋다. 철원 현무암은 단단하기가 제주 현무암에 10배라 담벼락이고 맷돌이고 최고다. 성질 칼칼한 노인네 입에서 줄줄이 나오는 말이 모두 수백 년 수천 년 지혜 덩어리다. 한 분이 말없이 가면 수백 년 경험이 그냥 사라지는 것이다.

다시 O형 인삼 약성 얘기로 돌아오면, 그러니 객지에서 고생한다고 엄마가 꿀에 인삼 재어주시는 엄마보약은 말해 무엇하랴. 자꾸 눈이 나빠 오다가 난시까지 오게 마련이다. 머리 아픈 것은 24시간 내내 그런 것이고. 멀쩡한 아들이 자꾸 누우니 엄마는 약해졌다고 끌탕을 하며 더 좋은 꿀에 삼을 재어 수시로 걱정의 눈빛으로 본다. 자식 다 잡는다. 그저 마루 뒤뜰에 수북이 올라오는 익모초나 달여 먹으면 되는 것을. 그러기에 엄마도 아들도 집안에 복이 깃들려면 사상(四象)을 알아야 유리하다.

어느 떡집에서는 특별히 전라도 어느 섬 쑥을 주문받아 쑥떡을 해서 판다. 또 어느 한식집에 가보니 주인장이 간장에 옻을 넣어 옻간장을 내놓는다. 그거 찍어 먹고 나오고 거기에 간 맞춘 국을 먹고 나간 손님 중에 O형은 반드시 있게 마련인데 자식들이 칠순이라고 오라고 해서 먹고 나온 O형 피 부모는 어찌 되나. 주인장에게 조심스레 얘기하면 자기 집 간장은 해독해서 괜찮단다. 해독하는 법을 얼마나 아는지 모르겠으나 옻이란 약 성분만큼 독성분이 존재해서 그것을 먹을 때 닭으로 중화를 시켜도 몇 시간 끓이는 작업을 통해서 다 중화되지 않는다. 그것을 하려면 닭에게 옻 껍질을 먹여, 몇 달을 먹여, 자연 법제가 되어야 한다. 세상에 그렇게 하는 식당은 없다고 본다. 그저 조상이 남겨주신 조선간장이면 무난한 일을 공연히 부지런해 일을 자꾸 저지른다. 그러기에 사상(四象)을 말하고 있다. 각자 조심들 하시라고.

자연스런 지형에 맞춘 시골 부락을 지나다 보면 남향집에 사는 사람을 보곤 서로 저 집은 삼대적선(三代積善)이라고 한다. 음식도 다니다가 주는 대로 받아먹다 내 체질에 맞는 것만 먹기를 기도할 것인가 나만 문제없으면 조상덕으로 돌릴 것인가. 그러느니 세 살배기 어린애라도 나에게 안 맞는 것을 엄마에게 배우고 안 먹으면 그것이 가피력(加被力)이다.

재수생 모아놓고 합숙 공부시키는 기숙학원에서 가을 마지막 피치를 올릴 때면 학생들 기력이 쇠했다고 인삼을 먹이질 않나 그것이 또 자랑이라고 홍보를 하지 않나 이거 일 년 농사 마무리할 때 또 한 30%쯤 되는 애들 잡는 일이다. 수능 보기 하루 전날 고3 수험생이 시험장 확인하는 날 토하고 오기도 한다. 긴장해 컨디션이 안 좋다고 하니 엄마가 인삼 먹였단다. 이런 것이 우리 현실이다.

O형 보약인 익모초, 백출, 원감초는 모두 심장에 화기를 돋우지 않으면서 결과적으로는 손과 발이 따뜻해지고 아랫배가 따뜻해지는 것이 비결이다. 어지간한 혈압도 정상이 된다. 이것은 쌍화탕도 마찬가지인데 화장부 보약인 쌍화탕도 심장에 화기가 오르지 않는다. 단 요즘 시중에 나도는 꿀을 가미한 쌍화탕은 전통 쌍화탕이 아니요 더 이상 화장부 보약도 아니다.

AB형 금장부는 현미경으로는 그렇게 분류하나 식성인 닭고기, 밀가루를 물어보아 좋아하고 싫어하는 것으로 구분하여 좋아하면 B형 소음인이요 싫어하면 A형 태음인이다. 거기에 맞는 보약을 처방하면 되고 이것저것 모르겠으면 B형 처방인 4가지 모두 넣으면 부작용이 없다. AB형 중 태양체질은 지구상 석가모니, 공자 등 극히 성인(聖人) 일부만 왔다 간 것이니 그저 대부분 AB형은 언급한 처방을 따르면 무리가 없을 것이다.

정리하면 다음과 같다. 약재를 들통에 넣고 물을 부어 약한 불에 대여섯 시간 달이면 서민들이 큰 부담 없이 먹을 수 있는 사상체질별 보약인 셈이다.

O형: 익모초, 백출, 원감초 각 1근
A형 태음인: 약쑥, 백출, 원감초 각 1근
A(B)형 소음인과 B형: 약쑥, 익모초, 백출, 원감초 각 1근
A(B)형은 A형이나 B형 처방에 따른다.
※ A(B)는 밀가루나 혹은 닭고기를 좋아하는 A형이다.

그냥 A형은 밀가루, 닭고기를 안 좋아한다(태음인). 백출은 꼭 3회 법제가 필요하다. 쌀뜨물에 하루 저녁 담갔다 그늘에 말리기를 3번 한다. 그래야 설사를 안 한다.

4) 사상(四象) 특질별 약성, 식성

앞에서 O형이 인삼[124]을 먹고 심장에 열이 오르는 화독이 올라 혈압이 오르락내리락하고 현기증이 나 일하러 나가지도 못하고 누워있으면서 우황청심원이나 아내를 시켜 사러 보내는 부작용을 말했다. 이건 순전히 인삼 공화국인 한국만의 특이한 현상일 것이다. 좋은 약재를 생산하는 유일한 국가가 그것을 적용시키는 체질에 대한 연구가 소홀해 일어나는 특이한 한국만의 현상이다. 세계인은 이것에 대한 필요성을 그다지 느끼지 못하고 있으니 한국에서 지나쳐 버리면 이것은 곧 관심 밖의 일이 되어버린다. 진정한 선진국이 되기 위해 온 나라가 과학기술에 총력을 벌이고 있는 상황에서 한국만의 특이한 현실이 눈에 띌 리 없다.

그러나 이 문제를 동국에서 해결해야 앞으로 인삼 종주국의

---

124) 인삼(Ginseng Radex): 오갈피나무과. 백삼은 잔뿌리와 주피를 제거하고 말린 것이고, 홍삼은 뿌리를 쪄서 말린 것이다. 성분에 saponin계열의 ① oleanane계 ginsenoside Ro와 ② dammarane계 protopanaxadiol glycoside(중추신경 억제로 작용)와 protopanaxatriol glycoside(중추신경 흥분으로 작용)성분과 glycan계열 그리고 기타 polyacetylene성분이 있다. 대사(代謝, metabolism)기능 및 강장 효능에 영향을 주는 생약으로 구분하며 응용으로 강장(强壯) 강정제(强精劑)이다. 한방의 보양제이며 부종을 다스린다. 심장에 열이 오기에 화장부인 혈액형 O형에 안 맞는다.

위상과 또한 점차 늘어날 인삼 수출에 대비해 지구촌 인류의 건강에 도움이 되고 부작용 없는 당당한 입장이 된다.

사는 일이 바쁠수록 건강법에 관심을 가지고 유의해야 이런 난세에 자기의 건강은 자기가 챙길 수 있다. 선진국이 된 세상에서 국민 한 사람의 하는 일이 얼마나 중요한 전문직인가를 깨닫는다면 내가 머릿속으로 생각하는 것이 곧 전 세계 최고 수준이라는 중요성을 늘 깨닫고 내가 건강히 오랫동안 내 생각이 오래 유지되도록 하는 것이 이 시대의 사명이다. 아내에게 아무리 자상하게 잘한들 일찍 죽어 아내 혼자 경제적으로 정신적으로 힘겹게 살게 둔다면 결국은 불충한 남편이 되듯이 건강의 중요성을 모르는 사람은 집안이나 친구 사이나 회사나 국가에 결국 불충한 사람이 되고 만다. 그러기에 여기에서 평상시의 훈습의 중요성이 핏속에까지 남아 다음 생 하는 일에 영향을 끼치는 이야기를 거듭 말하는 것이다. 작은 틈 속에 마(魔)가 끼고 사고가 나고 인생의 스케줄이 꼬이기 때문이다.

내가 머무는 작은 한두 평의 방안 공간의 공기도 이것을 압축하여 한순간 어느 장소에서 팽창을 시키면 지구가 멸망하는 힘이 나온다. 모두가 시작은 아주 평범한 작은 공간 작은 일이다. 그것을 보고 어떠한 결과를 가져오게 됨을 미리 짐작하고 대비하는 사람은 지혜로운 사람이다. 초(楚)나라의 명재상 손숙오(孫叔敖, 약 BC 630~593)가 어릴 때 골목에서 친구들과 놀다가 앞에서 쌍두사(雙頭蛇)를 보았다. 소문에 쌍두사를 보면 죽는다고 들었다. 숙오는 그 대가리를 돌로 짓이기고는 집에 와 엄마를 보고 울었다. "저는 죽어요 엄마~ 친구들은 안 죽을 거예요." 엄마가 자초지종을 듣고 아들의 그릇을 알아보고 그날부로 서당으로 데려가 스승을 정했다. 발밑의 매화꽃 잎을 보고 봄을 알고 천하의 기운을 본 것이다. 우리가 내 몸을 살피는 이유요 가치다.

사상(四象)을 언급하는 목적은 전생의 훈습의 결과인 나의 피를 통해 나의 특질을 알아낸 다음 후천적으로 나에게 맞는 음식과 약성을 통해, 무리하지 않는 다스림을 통해 늘 한결같이 나의 머릿속과 눈이 청명함을 유지함으로써 제정신으로 평생을 살아보려는데 있다. 세상에 태어나 근본적으로 나의 몸에 식성, 약성이 무엇이 맞는지 안 맞는지도 모르고 살다가 죽음을 맞이하는 이가 너무도 많은 것이 현실이다. 그렇다면 그저 주위의 환경이 나의 인생을 좌지우지 한다는 것이니, 나는 쓸려 다니는 낙엽만도 못한 것이 아닌가. 적어도 내가 살아가는 동안에 나의 몸과 나의 인생에 외부환경에 의한 큰 변화 없이 내 인생을 어느 정도 스케줄대로 살아갈 수 있다는 것을 보여주고 싶은 바람이 있다면 그런 사고방식의 사람이 책임있는 인간형이다. 이렇게 소중하게 자기의 몸을 잘 다스린다면 설사 이번 생에 바라는 바가 다 이루어지지 않았다고 하더라도 다음 생을 기대하면 된다.

소양인 중 유사 O형인 체질이 우선은 인삼을 먹어도 부작용이 오는 줄 모르겠다면서 막 먹어 재끼다가 자기 피가 받아들이는 임계점에 도달하는 순간 부작용으로 터져 나오니 어떤 이는 허벅지에 주먹만한 종양이 생겨 쓸쓸히 전역하는 군 간부를 본 적도 있다. 건강은 너무 과신하면 안 된다. 아무리 부모의 피 중 A형이나 B형의 피가 30~40% 섞여 들어왔다 하더라고 일단은 O형의 피로 대표되는 혈액형인데 식성을 무시하고 산다는 자체가 철이 없는 것이다.

몰랐을 때는 그렇다고 쳐도 알고부터도 그렇게 막산다면 자기 스스로를 똥강아지 취급하는 것이다. 자기 몸은 자기가 잘 파악하여 나이 먹어서도 자신있게 사는 것이 행복이다. 남이 안 보는 곳, 글 몇 구절을 통해서도 진리를 깨닫고 나의 인생을 내가 책임지고 다니는 그런 세상이 미륵용화 시대이다.

용화시대에는 전극체 용(龍)이 시공 초월이라, 명당을 찾고 명당터의 가피력을 바라고 거기에 가서 기도해야만 하는 것도 사실 필요 없는 세상이다. 각각이 다 걸어 다니는 몸과 머릿속에 진리를 한가득 담고 다니는데 꼭 어느 장소에만 가야 가피력이 온다는 것은 좀 수준이 떨어지는 과거의 사고방식이다. 애초에 진리에는 처처(處處)에 불성(佛性)이 있는 것이 아닌가. 나와 좀 맞지 않는 취향과 스타일이라고 하더라도 그 자에게도 진리의 빛을 같이 나누어 주는 것이 자비심이요 봄의 따스한 기운이다. 그런 사람도 진리의 그늘에서 마음껏 세상을 즐길 수 있게 하는 것이 자비요 또 그런 혜택으로 스스로 잘 살아 주위를 귀찮게 하지 않는 것만도 나에게 오는 간접 가피(加被)다. 그것이 사상(四象)의 정신이요 수행인의 건강법이다. 누구든지 따스한 공기를 맘껏 취하고 스스로 잘 살아가라는 말이다.

① 간단히 축약하면, 사상체질별 식성, 약성의 특질은 다음과 같다.

혈액형	특징	적응	부적응
B형 少陰	腎大心小	밀가루, 인삼, 녹용, 익모초, 부자, 건칠피, 옻닭 【보약】 1. 대보탕, 부자 1.5, 익모초 2, 향부자 1.5돈 - 30첩 2. 익모초 1근, 공사인 5냥, 약쑥 2냥, 부자 2냥, 마늘 반접, 원감초 반근, 향부자 1근 A형이라도 밀가루 좋아하고 잘 먹으면 소음처방	쑥- 눈이 약간 어두워짐(다른 약재로 보강하면 됨)
A형 太陰	肝大肺小	쑥 - 눈이 밝아짐 녹용, 경포부자 【보약】 A형 - (약쑥, 백출, 원감초 각 1근)+육미지황탕1제 밀가루 잘 먹는 A(B)형 - 약쑥, 익모초, 백출, 원감초 각 1근	밀가루(안좋아함), 인삼(효과 없음)
O형 少陽	心大腎小	녹용, 익모초, 석고(약간) 【보약】 1. 익모초, 백출, 원감초 각1근(+쌍화탕1제) 2. 쌍화탕 1첩, 녹용 1돈, 석고 3돈	인삼, 꿀, 옻, 쑥, 부자, 초오, 노나무 / 밀가루 (소화 안됨)

AB형 太陽	肺大肝小	산다래 (순수 태양인은 지구상에 聖人 뿐임) 밀가루를 좋아하면-B형, 싫어하면-A형으로 구분	

※ 백출은 3회 법제(쌀뜨물에 하루 저녁 담갔다 그늘에 말리기를 3회. 그래야 설사를 막는다.)

* 십전대보탕:숙지황(9증9포), 백작약, 천궁, 당귀, 인삼, 백출, 백복령, 감초, 황기, 육계(肉桂) 각1돈 /1첩

* 육미지황탕: 숙지황 5돈(9증9포), 산약 2돈, 산수유 2돈, 백복령 1돈반, 택사 1돈반, 목단피 1돈반/1첩

* 쌍화탕: 백작약 3돈 5푼, 숙지황, 황기, 당귀, 천궁, 대황 각 1돈, 석고 2돈, 계피 원감초 각 7푼/1첩

* 1제=20첩/ 1돈=3.75g/ 1푼= 0.375g

* 평상시 일반 약중독 혹은 음식중독 알레르기 등 여러가지 부작용이 올 수 있다.

그럴 때 해독과 중화는 생강 400g, 원감초 100g, 쥐눈이콩 한줌, 대추 조금 비율로 약한 불에 5시간 정도 끓여 복용한다.

약중독은 머리가 무겁거나, 가슴이 답답하거나, 콧속이 말라 코딱지가 생기거나, 눈에 핏발이 서거나, 갑자기 눈이 가렵거나, 입술이 부르트거나, 아침에 일어날 때 아래 허리가 무거워 작은 망치 하나가 달려있는 기분이거나 등 여러 현상으로 나타날 수 있다. 모두 지나쳐 심장에 화기가 약간 들어온 것이다. 수승화강(水昇火降)으로 손발과 아랫배만 따뜻해야 하는데 지나친 것이

다. 좀 오래되었으면 피가 탁해진 것이다. 이럴 땐 수행이 잘되지 않는다. 얼른 자기의 몸 상태를 정상으로 만들어야 정신공부도 정상화 된다.

자꾸 설사하게 되면 장이 냉(冷)한 것이다. 장이 차면 약간 찬 물이나 찬 우유만 먹어도 설사를 하게 되며 화장실을 자주 가게 된다. 찔끔찔끔 변이 묽게 나와도 배가 차다는 징조이다. 배가 차면 뱃속의 장균도 제대로 자리 잡지 못하게 되니 언제까지 유산균의 도움을 받을 수는 없고 위의 체질별 보약으로 약간의 도움을 받으며 수행하면 된다. 스스로 자기 몸 상태를 체크하고 체질을 알고 거기에 맞는 약이나 해독을 시키면서 인화(人和)로 편히 하고픈 일 하고 살면 그것이 행복이다.

② 다음엔 오행(五行)의 병에 적용되는 각각의 주장약(主將藥)이다.

이것은 신체에 병이 났을 때 치료에 쓰이는 약이기도 하겠지만 동시에 산업화시대 이후의 부작용인 각종 환경독, 농약독, 약독으로 인한 시대의 산물이기에 과거의 약재의 양과 많이 달라진 특징이 보인다. 변화된 환경에 따른 약재의 변화라 실감이 날 것이다. 참고로 적는다.

뇌: 강활 1근, 천마[125] 5냥

---

125) 천마(Gastrodiae Rhizoma): 천마의 덩이줄기. 성분이 phenol 배당체인 gastrodin, vanillyl alcohol이며 정신신경계 질환에 쓰이는 생합성 약물로 응용으로 항경련제로 분류한다. 한방의 뇌 치료제이다.

위: 당산사, 공사인(볶은것), 익지인[126](볶), 신곡(볶), 맥아(볶), 백두구(볶) 각 0.5~1근

간: 원시호, 인진쑥[127] 각 1근

눈: 목적(木賊) 2근, 결명자[128](볶) 3근

신장: 목통(木通)[129], 유근피 각 1근

목(경도): 길경(산도라지)[130] 0.5근

폐: 은행, 살구씨, 백개자 각 0.5~1근

다리가 붓는다: 강활, 우슬[131], 모과 각 1근

치습(治濕/부종치료): 백출(쌀뜨물에 하루저녁 담갔다 말린다. 3회) 1근, 인삼(B형 1근 / O형은 쓰지 않는다)

염증: 금은화, 포공영 각 1근 / 건칠피, 하고초[132] 각 0.5근
(O형은 포공영 절반만 건칠피는 쓰지 않는다)

---

126) 익지인(Alpiniae Fructus): 익지열매. 건위제 중 구풍제(驅風劑: 가스제거)로 쓰인다. 한방의 건위제이다.

127) 인진쑥: 인진호, 사철쑥으로 부른다. Artemisiae Capillaris Herba 사철쑥의 과수(果穗: 열매와 이삭)를 단 지상부. 이담생약제. 소염 이담(利膽) 해열 이뇨에 쓰인다. 애엽(황해쑥)인 약쑥과 다르다.

128) 결명자(Cassiae Semen): 결명자 볶은 것. 결명자씨. 대장성 하제(변비 치료제)로 분류하고 응용으로 완화제 안과 질환에 쓰인다. 한방에 눈약이다.

129) 목통(Akebiae Caulis): 으름덩굴 줄기를 가로로 자른 것. 성분이 saponin의 akeboside로 비뇨기계에 감응하는 성분을 함유한 생약으로 분류하고 소염성 이뇨제 생약으로 쓰인다. 한방의 신장약이다.

130) 길경(Platycodi Radix): 도라지. 성분에 saponin성분인 platycodin으로 호흡기계 질환에 쓰이는 생합성 약물로 진해거담제이다. 한방에 경도 질환 치료제이다.

131) 우슬(Achyranthis Radix): 쇠무릎 뿌리. 사포닌성분과 곤충변태 호르몬성분이 있어 혈관계 영향을 주는 생약 중 행혈(行血), 구어혈(驅瘀血)약으로 구분하고 구어혈, 통경, 이뇨제로 쓰인다.

132) 하고초(Prunellae Herba): 꿀풀 지상부나 꽃이삭. 신경계에 작용하는 비알칼로이드 생약이며 그중 체온조절에 관련된 생약이다. 소염 이뇨제이다. 한방의 소염제이다.

❖ 공통: 생강 원감초 각 1근 + 대파뿌리

가령 신장염이라면 신장약+염증약+위약+공통이면 좋을 것이다.

앞에서 서술했듯 토의 작용에 따라서 공통과 위약은 가미하는 것이 좋은데 이때 각자의 체질과 상태를 참조해 약의 비율대로 절반이나 1/3로 양을 조절할 수는 있다.

위의 염증이면 위+염증+공통이다.

간의 염증이면 간+염증+위약+공통인 식이다.

또한 여러 가지 치료로 약독의 후유증이 심한 분이라면 일단 해독제인 오리를 여러 마리 먹고 약재를 쓰는 것이 효과가 좋다. 기운이 없으면 밭마늘을 넣어도 좋다.

눈이 좀 침침하면 눈약을 비율대로, 살다가 머리를 조금 부딪치거나 약한 뇌진탕이라면 뇌약을 비율대로 조절해 약간 복용하면 된다. 눈이 아주 나빠지면 눈+염증 절반+위+공통을 적당히 비율을 맞추면 도움이 된다.

요즘 코로나 증세로 인후통과 기침이 심하면 산도라지를 달여 먹고 폐까지 나빠지면 폐+염증약 적당한 비율이면 된다. 각각의 상태와 체질이 모두 다르기에 지혜가 필요하다.

약을 달일 때도 약한 불에 20시간 이상이 좋다. 완전히 우러나기도 하려니와 약한 불에 불순물이 나오지 못하게 하는 목적도 있다. 혹여 자연 약재가 아닌 것에 대한 대비책이라는 말이다. 달이는 것도 적은 양이야 집에서 되겠지만 양이 많아지면 달이는 기계를 이용하는 경우가 많은데 이런 경우 불순물이 내내 찜찜하면 생강감초탕을 조금씩 먹는 수도 있다.

③ 또한 약의 도움을 받기 전에, 우리는 우주의 34성환(成環)을 살핌으로 그 안의 공간 시간에 깃든 사상(四象)을 참조하여 건강과 수행의 생활시간표를 짜는 것도 근본적인 건강법의 하나이다.

坎水子

겨울智 지혜정화

乾(亥)坤爲地 ⇒ 艮(寅)地天泰

☷☷ 해자시(밤 9시 반~1시 반) ⇓ ☷☰

북방수 콩팥

신유시(오후 3시 반~7시 반) 인묘시(새벽 3시 반~7시 반)

兌金酉 서방금폐 가을義 동방청색소 간 震木卯

仁봄 머리가 맑다

⇑ 사오시(9시 반~오후 1시 반)

坤(申)天地否 남방화 심장 ⇐ 巽(巳)乾爲天

☰☷ 여름禮 번성화려 ☰☰

離火午

12지(支) 시간이 30분씩 밀리는 것은 자(子)인 두더지 앞발 발가락이 바깥은 다섯이나 안은 여섯인 이유도 있고 현재의 표준시각이 30분이 동쪽으로 밀린 이유도 있다. 그러므로 자정감로수(子正甘露水)도 12시 반의 물이다. 이때의 물이 약간 더 무겁다. 이때도 진술축미는 오버랩되는 교차시간대로 기운이 30도에 미친다. 해자축(亥子丑)의 시간 중 해자(亥子)의 시(時)가 비중이 높은 이유다. 동방청색소 시간대 인묘 시 예불시간이 장수에 비결인 셈이다. 머리가 맑으니 새벽 기침(起寢) 후 물 한 모금이 좋다. 이때 일어나는 시간을 놓치고 침대에 누워있으면 한없이 잠에 빠져들게 되고 피곤하게 된다. 자는 시간도 밤 9시 반 이전이 좋은데 자시(子時) 11시 반이 넘어가면 자꾸 머리가 맑아져 잠이 잘 오지 않게 된다. 북방수 지혜의 영향 때문이다. 문학인들이 이 시간대를 이용하고 대낮까지 자는 경우가 많은데 자기의 고혈(膏血)을 짜내고 건강을 해치는 것이다. 굳이 그러려면 초저녁에 자고 북방시 이후를 이용하는 것이 좋다. 그러므로 아침형 인간, 밤형 인간을 따지기 전에 인간은 누구나 습관을 들이면 우주의 정해진 시간에 적응하게 되어있다.

우주지심(宇宙之心)을 따르는 것이 건강과 수행에 좋은 것인데 무소연주이생기심(無所緣住而生其心/ 應無所住而生其心)이 바로 우주지심(宇宙之心)이다. 불면증은 우주지심을 따르지 않고 낮에 남방화의 시간에 태양의 햇살을 받지 않으니 melatonin이 모자라고 몸에 vit D의 합성이 되지 않아 뼈가 약해지고 잠이 오지 않는 것이다. 양달의 시간에 응달로 살기 때문에 쓸데없는 스트레스가 생기고 불면이 오는 거다. 주말 낮에 텃밭이라도 가꾸어 눈속에 햇빛을 담으면 그날 밤 잠이 얼마나 쏟아지는지 깨닫게 된다. 그리고 약간의 스트레스는 인생에 있어서 자연스런 현상이며 사자나 호랑이도 살면서 스치는 상처 등이 그것이다. 그렇다고 호랑이가 그것에 연연하는 것은 아니고 잠시 아프다 회복되면 그뿐이니 이것이 Samadhi(싸맸지: 상처를 싸매는 것이고 번뇌를 싸매버리는 것이다) 능멸(能滅)이다. 일부러 수행이 따로 있는 것이 아니니 그저 호랑이가 배가 고파 먹잇감을 잡는 시간을 제외한 모든 시간이 천하제일 평안함이고 그게 근심 걱정 없는 수행의 요체이다. 놀아도 수행이요 구름만 바라봐도 수행이 되는 원리이다. 시간이 나를 중심으로 돌아가는 원리다. 스트레스는 나의 시간을 남에게 뺏겨 생기는 것이다. 토끼의 눈이 귀엽되 그 머릿속은 항상 불안한 것과 같은 원리이다. 수명을 5년을 살고 염라대왕 앞에 가서는 한 달 살다 왔다고 보고하기도 하고 제 나이를 잊어버리기도 하는데 이는 공부하느라 잊은 것이 아니라 근본적으로 자기 생명 보존시간을 잊은 것이다. 태어나서 제 눈으로 본 세상이 없었다는 증거이다.

사오시(巳午時)에 남방 태양 쪽을 향해 갈비에 힘을 주고 힘차게 호흡하면 심장 건강에 좋고, 신유시(申酉時)에 서방의 태양을 향해 갈비에 힘을 주고 상체가 돌덩어리 되어 힘차게 30분 이상 호흡하면 폐결핵이 걸리지 않고 묵은 체증이 다 내려간다. 그렇다면 인묘시(寅卯時)는 동방 태양이 떠오르는 동쪽이며 이때 해(환한 하늘)를 눈에 넣어야 밤에 잠이 잘 온다. 몸이 자야 할 시간을 자동으로 계산한다. 해자시(亥子時)는 태양이 사라진 지구 반대편 넘어가 북쪽이 된다. 결국 12지(支) 시간이란 인간이 태양을 중심으로 따라야 건강하다는 것이다. 이것을 본심본태양(本心本太陽)이라 한다. 우파니샤드의 brahma(붉음: 창조주)의 마음 brahman(불맘: 불성 梵)과 ātman(我맘: 我)의 일여 범아일여(梵我一

如)가 그것이다.

세상의 방향을 의미하는 말이 나온 원리도 Pūrvasyāṃ(불왔어: 東)가 앞의 동이고 이것을 반대 방향에서 받치니(pascima) 뒤 서쪽이요, 이 땅 반대로 넘어가니 위(uttara) 북이요 그 밑을 다지니 (dakṣiṇa) 밑의 남쪽이다. 앞뒤, 위아래 모두 태양을 중심으로 설정된 개념이다. 공간이고 시간이고 또 거기에서 나온 인간의 생이 모두 태양이 중심일 수밖에 없다.

이때 호흡은 자연스레 갈비에 힘을 주면 되지 받아들인 호흡을 몇 분씩 참아 아랫배(단전)로 보내는 일은 하지 않는다. 힘찬 호흡이 알아서 몸 안에 원활히 산소를 공급하면 자동으로 몸이 치유되는 것이며 억지로 몇 분씩 참는 호흡은 공기가 썩어 단전에 적폐 덩어리가 되어 염증으로 딱딱해진다. 단전도태(丹田道胎)가 아니라 염증 덩어리이다. 한번 숨에 피가 한 마디(一寸)가 도는 원리를 안다면 가슴의 힘찬 호흡이 건강이지 참는 숨은 피를 정체시키는 것임을 자연 깨닫게 된다. 그만큼 염증을 부르게 된다.

살다 보면 피치 못하게 심장에 화독(火毒)이 오는 수가 있다. 이럴 때는 위에서 말한 생강감초탕이 해독이 되겠지만 심한 화독은 심장에 열은 아직 남아있는데 배는 냉한 경우도 있다. 화장실을 하루에 몇 번씩 드나드는데도 뒤끝이 개운하지 않고 심장 열로 폐에도 열이 차 코로 숨쉬기도 불편한 것이다. 피부에 알레르기증세도 오고 여러 증세가 겹쳐온다. 어쩌다 약을 잘못 먹어 심장에 화기가 오르면 입술이 모두 부르트고 꼴이 말이 아니다. 기의 순환이 원활하지 못하니 심하면 배가 울렁거리기도 하고 토하기도 한다. 이럴 때는 치유법으로 갈비에 10분이라도 온 힘을 주고 호흡을 하면 척수의 진액 작용으로 가스가 빠지면서 트름도 나오고 방구도 나오고 가슴의 화기가 빠지게 된다. 몇 번을 지속하면 많이 좋아지게 된다. 중간에 막힌 빈 공간이 없어지면 기가 원활하게 돌아, 배가 냉한 건지 아직도 가슴이 화기가 있는 건지 어떤 결과가 나오게 된다. 그러면 거기에 맞는 치유를 하면 된다.

기가 원활하지 않으면 장부가 제각기 노는 격이라 정신이 안정적이지 못하다. 당연히 수행에도 마이너스다. 이러한 심장과 비위장의 온도 차의 갭을 수골명골(壽骨命骨)이 치료하는 것이다. 참선 중 상기(上氣)되어 머리가 터질 정도의 증세도 생강감초탕과 병행하는 갈비 호흡으로 치유하면 된다. 갈비에 온 힘을 주면 자연치유법이요 적당히 힘을 주고 올바른 자세로 앉으면 단전호흡이 되는 것이다. 억지로 숨을 참고 모아 단전에 보내는 것만 안하면 된다. 그런데 신경을 쓰는 시간보다 차라리 다라니나 화두를 생각함이 낫다. 그것이 몸에 염증도 생기는 것을 피하는 방법이고 정신집중을 통해 영력이 증가되기 때문이다. 이처럼 어느 정도는 내가 내 몸을 다루고 치유하는 원리와 방법을 알아둬야 수행자라 할 수 있다. 수행자가 아니더라도 수시로 나 때문에 주위 사람들이 불려 다니면 그것도 민폐가 된다.

영물은 모두 앞가슴에 힘을 모은다. 호랑이의 앞가슴은 앞발이요 오리는 주둥이다. 호랑이는 싸움의 80% 이상은 앞발의 타격이다. 오리 주둥이에 쪼이면 통증이 심하다. 새의 앞가슴도 주둥이다. 만약 60세 이상의 성인이 길을 걸어가는데 앞에서 뛰어오며 스치던 젊은이가 부딪히며 나가자빠진다면 그는 90이상 장수할 것이다. 소도 갈비에 힘을 주고 버틴다. 아는 이들이 이왕이면 갈비살 갈비탕을 먹는 이유다.

식성과 약성으로 체질을 파악한다는 뜻은 전생의 피를 보고 사상(四象)을 알아낸 이후에 더 세분화된 사상(四象)을 알아내는 것이고 이것은 태어난 이후에는 살이 피를 제어하는 바탕에서 이루어지는 것이다.

이것이 다시 죽은 후에는 훈습으로 모두 종합되어 다시 주인공인 혼이 피를 만들어버리니 생후의 식성(食性)세상이 피를 제어할 수 있다는 것은 생후의 훈습이 피를 바꿀 수 있다는 것이다. 실험실에서 핀셋으로 적혈구의 항원 당사슬을 없애어 가령 A형이나 B형 피를 O형으로 바꿀 수도 있고 또 당사슬을 더해 O형을 A형이나 B형으로 바꿀 수도 있지만, 인간의 오랜 식성 훈습으로도 가능한 것이다. 쉽게 말해 밀가루를 오랫동안 즐겨 먹다 보면 A(B)형이 B형으로 변할 수 있다. 밀가루를 오랜 기간 안 먹으면 B형을 받아들이는 성질이 줄어들거나 사라질 수도 있다. 또한 같은 사람이라도 장내의 온도변화에 따라 당사슬을 좌우하는 효소가 빨리 생기기도 하고 늦기도 하고 없어지기도 하고 생기기도 한다. 몸 관리에 따라 조건이 많이 달라질 수 있다. 그러기에 식성, 약성의 세상이란 어느 정도 세간을 살아가는 인간의 의지로 피를 바꿀 수 있다는 얘기니 의지로 팔자를 바꾼다는 말도 아주 틀린 말은 아니다. 또한 수행법 중 하나인 『삼법신주경(三法神呪經)』 소위 구법(灸法)으로도 O형이 밀가루 잘 먹는 B형으로 바뀔 수 있으며 결과적으로는 태양인을 목표로 하고 있으니 사상(四象)을 통해 여러 가지 비밀스런 상호 관계가 드러나게 되는 것이다.

오랫동안 먹다 보면(食性) 혹은 구법(灸法) 수행 동안에 인간의 체질이 생존에 강한 쪽으로 자연히 간다는 것은 거기가 본래 인간의 고향이고 마음의 고향을 의미한다. 그러므로 구마라즙[Kumārajīva, 童壽: kumāra(꼬무리, 어린애), jīva(집): AD 344~413 중앙아시아 천산산맥 밑 오아시스 쿠차왕국 출신의 승려]의 마음의 고향 극락(極樂, Sukhāvati: 좋게 왔지)는 우주의 열매인 태양인이 계시는 곳이고 거기에서 고해(苦海)에 있는 우리를 오라고 부르는 곳이다. 사상(四象)은 그 시작과 끝을 분명히 보여주는 신비한 세상인 Puruṣa(불덩어리의 子, 태양의 자식, 赤色 피의 세상)의 세상이라고 본다.

나는 곧 창조주 붉음(brahma)이요 이것이 작은 덩어리로 떨어져 나온 puruṣa(작은 태양)요 나의 마음인 아맘(ātman) 또한 Brahman(창조주: brahma의 마음인 불맘이요 33천의 주재자)인 것이니 '진리와 하나되어 독재자유(獨裁自由)로 네 마음껏 살아라 너는 가능하다.' 이것이 사상(四象)으로 들여다보는 철학적 교훈이라고 생각한다.

Ⅱ. Puruṣa(불의 子, 불덩어리, 작은 태양)

1. Puruṣa개요
– 진리와 하나된 독재자유(獨裁自由)로 네 마음껏 살아라

그러면 피를 우선으로 관찰하는 사상(四象)법에서 방법을 달리해 정신건강 위주로 우선 바라보는 세상은 어떠할까.

앞에서 태양의 붉음이 지구로 떼어지고 그 속에 사는 우리의 핏속에 태양의 붉음이 그대로 남아있는 것이 puruṣa라고 하였다. 이것을 자세히 들여다보는 것이 사상(四象)이라고 하였고 그 목적 또한 태양의 환한 금(金)의 완성의 세상으로 가는 것이 사상(四象)의 완성이라고 하였다. 그러하기에 puruṣa는 불의 子, 불덩어리, 작은 태양, 햇살, 붉은 피, 나의 몸, 나의 영혼의 의미가 있는 것이다. 태양은 그늘을 싹 제거하기에 우리 마음속의 그늘

노이로제, 우울증 정신의 모든 병을 일시에 제거하는 근원적 힘이 있다. 해 뜨는 하늘을 바라만 보아도 불면증이 없어지는 원리다. puruṣa 작은 태양의 한 단어 속에 우주와 인간의 철학적 의미와 존재가치와 치유의 법이 모두 들어있는 것이다. 그것은 인간의 기원에 창조주 붉음(brahma)이 있고 이것이 우리와 하나이고 이글대는 붉음은 영원불멸 자유자재이기 때문이다.

그렇다면 이번에는 이것을 단련하는 법을 살펴보고자 한다.

잡철이 불(火) 속에서 단련되어 금(金)이 되는 법을 말하는 것인데 오행(五行)으로는 화생토(火生土) 토생금(土生金)으로 토(土)의 단련과정을 거치는 것이다. 마치 인간의 식신생재격(食神生財格)의 사주(四柱) 중 주인공 나(我柱)가 화(火)로써 식신상관(食神傷官)의 토(土)를 거쳐 왕기 띤 재물인 재물 금(金)을 제일로 여기는 원리다. 불로써 단련이 되어야 귀한 금의 값어치가 되는 원리다. 아주(我柱)가 수(水)일 때 화(火)인 재물과는 격이 다른 것이다.

이와 같은 마음속 puruṣa(불덩어리)의 단련에 두 가지의 예를 든다.

하나는 길상다라니의 pra-jvalā불덩어리 - 열나 붉은 화염(光焰)에, tiṣṭhat(디뎌서), sphaṭ(빵 봉우리가 터지다, 吉祥) 즉 붉은 광염에 의지해 길상이 번져 행복하게 사는 것이요,

다른 하나는 『반야경』의 prajñāpāra mitā(불 아냐: 저 언덕 믿다), hṛidaya(알다, 마음, 心), samūptam(삼았다, 참 얻다得) 즉 불덩어리

지혜를 굳은 의지로 내 것으로 만드는 것이다.

이것들은 결국 puruṣa의 내용과 일치한다. 왜냐하면 불은 밝음, 붉음(핏속 세상), 햇볕이요 진리요 건강이기 때문이다.[133)]

133) puruṣa란 본래 우파니샤드의 창조주 붉음(brahma)을 대신한 제3의 원리인데 이것이 인간의 혼과 육체에 대입되다 보니 인간의 진아(眞我)·자아(自我)·영(靈)·창조신 자체의 동시개념 등으로 발전하였다. 인간을 설명하기에는 더없이 좋은 예이기에 사상(四象)의 개념의 바탕인 핏속에도 비유가 되는 것이다. 혼백의 바탕이기도 하기에 더욱 좋은 개념이다. 또한 창조주와의 불이(不二)관계 설정과 깨달음과의 관계설정에도 너무 편리한 개념이다.

『문다카 우파니샤드』(2.1.10), "모든 인간의 행위와 고행은 puruṣa(불의 몸) 자체인데 이것은 창조주 붉음(brahma)과 동체이다. 이것은 내 속에 있는데 이 뿌루샤에 통달한다면 곧 자유자재의 삶이 되는 것이다라고 한 것이다."(범어 원문은 주9에 있으나 읽기에 번거롭지 않게 다시 아래에 적는다)

puruṣa evedaṃ viśvaṃ karma tapo brahma parāmṛtam, etad yo veda nihitaṃ guhāyāṃ so' vidyā-granthiṃ vikiratīha, saumya(뿌루샤는 이 모든 행위와 고행 그 자체이며 불멸의 붉음(brahma)이다. 뿌루샤는 비밀의 장소에 존재하며 이 원리를 안다면 무지의 구속에서 벗어날 것이다.)

puruṣa(불의 몸, 불의 子), evedaṃ(이와 같은), viśvaṃ(이 전부의), karma(그리함, 행위), tapo(타봐: 고행, 수행), brahma(붉음, 창조자), parāmṛtam(para+a+沒: 영원히 죽지 않는), etad(에또: 이런, 是, 此), veda(뵈다: 알다), nihitaṃ(ni+hita: ~에 있다), guhāyāṃ(住野, 비밀장소, 동굴 속), vidyā-granthiṃ(보다, 쥐다, 大綱), vikiratīha(비키다, 벗어나다), saumya(싸움: ~에 속하는, ~에 관계되는)

2. 누구나 되는 영력(靈力) 증가

(1) 다라니 염송(念誦)과 돈오(頓悟)
– 대다라니는 만신전(萬神殿)

우리의 수행의 시작과 끝은 항상 두 가지 전제인 바닥의 나락과 하늘의 극락의 gap을 메꾸는 노력이다.

그것의 바탕은 『금강경』의 약견제상비상즉견여래[若見諸相 非相 卽見如來: 만약 수행자가 눈에 보이는 상(相: 모습) 뒤의 보이지 않는 모습의 실체를 볼 수 있다면 그는 진리와 하나 된 것이다]의 구절이다.

눈에 보이는 세상은 vikal(빛깔) 세상이다. 바다와 같은 중앙아시아의 바이칼호수는 해가 떠오르며 질 때까지의 세상의 온갖 밝고 화려한 색깔의 변화를 잔잔한 캔버스에 머금고 있다. 그래서 바이칼호수는 빛깔이다. 앞서 세상을 산 선배들의 눈을 통해 마음으로 새긴 인상이다. 그 세상을 rūpa(엿봐, 예뻐)라고 하였다. 이것이 색(色)이니 색의 의미 속에는 빛깔 모습 예뻐가 모두 들어있다. 석가모니는 그 빛깔 세상은 분별(分別)이니 그 화려한 색을 보면서 그 이면의 내용을 보라고 한 것인데 태양이 사라진 밤의 세상도 되겠지만 바로 태양이 떠있는 시간 속에서 응달을 보면 밤의 세상이 추측되기도 한다.

그것이 범소유상 개시허망(汎所有相 皆是虛妄: 무릇 모습을 가진 것은 허망하다)이다. 화려한 세상 뒤엔 암흑의 그늘이 있다. 따스함 뒤에 추운 죽음이 있다. 석가모니는 그런 상(相)의 세상을 벗어난 근본(如來)을 보라고 한 것인데 양달과 응달은 중생 눈에 비치는 것의 표현이고 본래의 근원은 어디인가 태양이다. 그것은 불덩어리 불성이다. 『열반경』의 중생의 마음속에 불덩어리가 있다고 한 그것이다(一切衆生悉有佛性).

불성(佛性, Buddha-dhātu: 봤다-닿았다, 基盤)은 여래장(如來藏, Tathāgathagarbha: 닿다(왔다) 갔다 – 가려봐)이며 진여(眞如)이며 원효의 생멸문 속의 체 일심(一心: 하늘로 돌아가는 것이기에 하늘의 수 1)이다. 불덩어리가 체(體)이면 불성은 그것의 마음이다. 이것이 더 나아가 마음의 체가 되면 불성체(佛性體) 제9식(識)이다. 이것이 Amalāvijñāna[청정식: a(아니)+malā(말려야), 더러움, 垢] 다시 말해 vimalā(無垢: 非+말려야 垢)식(識)이다.

이것을 다시 구체적으로 설명하자면 유상무상개시허망(有相無相皆是虛妄: 有相을 좇는 마음 또한 허망하다)과 준동함령개유불성(蠢動含靈皆有佛性)의 두 개념이다.

빛깔만 좇는 유상(有相)같은 마음 또한 허망한 것이니, 중생은 죽어 108년이면 '조상혼(祖上魂)'으로 존재하던 제사받는 혼도 사라져버린다. 살아생전 한 덩어리인 혼백(魂魄)이 죽어 80%는 전생영으로 인연따라 이미 가버리고, 15% 조상영으로 남아있던 혼이 사라지게 된다. 이것을 허망하다 하는 것이다. 하루살이의 혼은 말할 것도 없다. 다음날 태양의 전류 속으로 모두 사라진다.

준동함령개유불성(蠢動含靈皆有佛性)은 꼼지락거리는 미물(微物)도 불성이 있다는 뜻이다. 하루살이 혼이 대부분은 전류 속에 사라진다지만 그중 살아남는 혼이 나방, 잠자리, 메뚜기되고 매미되고 참새되고 꿩되고 사람되고 그러다 성불하는 것이다.

다시 말하면, 하루살이의 혼이 하루를 산 후에 다음날 햇볕의 햇살의 전류 속으로 소멸될 때 어쩌다 생존하는 놈은 그 속에서 나방, 잠자리, 매미 그러다 참새, 두더쥐, 쥐만 되도 사람으로 올 수 있는 힘이 축적된다. 수없는 생명이 지구에서 늘고 주는 것이 가능한 이유가 바로 그것이다. 육도윤회의 인간계 4주 중 남섬부주(南贍部洲)의 인간세계는 다양한 전세의 영령들이 모였다 흩어지는 수도 도량이다. 가령 호랑이의 혼은 강아지가 되지 못한다. 호랑이의 혼이 아무리 개 어미의 핏줄로 신경조직을 해보려 한들 사산(死產)되고 만다. 조직이 호랑이에 맞지 않는다. 그래서 축생의 혼의 크기는 종류별로 엄격하다. 그러나 이것들이 사람에게는 상호교류가 되는 것이다. 혼들의 정류장 같은 곳 광장이다. 그래서 사람은 붓다와 같은 우주영력의 소유자가 있는가 하면 그 밑에 보살 대선사 선지식 큰 산신, 작은 산신, 보통 인간, 저지능아 순에서 큰 쥐보다 못한 인간도 있다. 가능성이 무궁한 세계고 그만큼 차별도 무한한 곳이다.

그것을 영의 크기로 비교 설명해 보자면, 영(靈)이란 공간 식(識)의 파동(波動)의 배선(配線)세계라 가령 붓다의 영력 도수를 한 바퀴 큰 원 360°라면 보살은 300°이상, 대선사 200°이상, 백두산신 180°, 금강산신 150°, 일반인 36°~100°, 저지능아 20°이하로 대체적 윤곽을 그린다. 360°면 불덩어리 지혜로 육신통(六神通)에 환하니 과거 · 현재 · 미래 3생에 능통하고 타인의 마음자리, 과거 어느 때의 식파세계의 힘이 있는 분의 말씀이 머리에 환히 비치며 미래의 일에 맑게 비치며 또한 불덩어리의 힘으로 3재 팔난을 피하는 힘이 있는 것이다. 그 피 또한 투명하여(순수 AB형) 지구의 보물이 되어 훗날 사리(舍利, śarira)와 태양의 햇살(卍)을 의미하는 śri의 근간이 된다. 보살의 영력과 능력은 부처님의 1/4, 대선사가 보살의 1/4로 보고, 4보살 영력의 합산은 1200이로되 부처님을 능가하는 것은 아니고 그만한 정도로 본다. 동시에 4명이 머리를 짜내야 부처님 하나를 당한다는 얘기다. 가령 180°이상은 큰 인물로 보고 백두산신이 세종으로 왔다고 치면 그 영력의 힘은 한글 창제의 업적이다. 선지식(善知識) 이상의 기준점이 영력도수 180°이다. 큰 인물의 최하 기준점이다. 그러면 의상, 원효, 자장, 서산 등 15대선사의 힘은 선지식 위의 200°이상이다. 대선사는 3생관통 견성(見性)이 기준이다. 서울 뒤 북한산(北漢山) 산신도 90°은 된다고 보고 사람으로 오면 수재소리 듣는다. 영의 배선조직의 도수에 대한 개괄적 설명인 셈이다.

연천, 철원 땅 금학산(金鶴山) 옆 보개산(寶蓋山: 금강산 뚜껑산) 석대암(石臺庵)의 인연설화 오비이락(烏飛梨落)은 본능으로 살아가는 놈들 까마귀와 뱀의 원한[134]이 사람 되어 해원(解冤)하고 성불하게 되는 아름다운 인연설화다. 수행이란 불성과 무명(無明)인 미물(微物) 사이에서 영원히 높은 Sumer(秀뫼산)의 세상으로 상승하려는 자연 본연의 진리회귀 정신이다.

이 두 개념 사이에서 내가 존재하는 지점이 어느 위치인가를 알고 거기에서 더 도약하려는 것이 훈습수행이다.

진여와 여래장식과 불성이 제8식과 제9식 사이의 어느 지점[135]이라면, 유상(有相)을 좇는 마음은 아직 마음이 맑아질 준비

---

134) 연천, 철원 땅 가을 어느 날. 까마귀가 깃털 사이로 부는 바람에 저도 모르게 배나무 위에서 날갯짓 하는 날. 까마귀 날갯짓에 익은 배가 떨어지고 때마침 뱀도 땅 밑에서 쉬고 있다가 떨어지는 배에 머리 맞고 죽어가며 까마귀가 그런 것으로 오해하게 되고 나무 위로 기어올라 까마귀를 물어 죽이니 서로 원수가 되었다. 까마귀는 다음 생에 꿩이 되고 어느 날 언덕 밑에 새끼 까고 돌보고 있는데 마침 뱀 죽어 도야지된 것이 지나가다가 괜히 죽이고 싶은 마음이 들어 뒷다리로 돌을 굴려 꿩을 죽이게 된다. 전세의 원수를 갚은 것이다. 마침 지나던 사냥꾼이 꿩을 주워와 아내와 꿩탕을 해 먹었다. 죽은 꿩이 그 집 아들(이순석)로 태어났다. 포수꾼이 아들 자라감에 참새 쏴 맞히는 훈련을 시키는데 아들 日 "돼지 잡겠어요"한다. 자라면서 돼지 전문 사냥꾼이 되어 동네 돼지 휩쓰는데 어느 날 황금색 멧돼지가 눈에 띄어 목덜미를 쏘게 된다. 어두워지도록 추격하다가 절벽처럼 높게 솟은 봉우리(지장봉) 밑 샘에 처박힌 것을 보고 다음 날 새벽에 올라와 보니 샘 옆에 돌지장보살이 목덜미에 상처가 나 앉아 계신다. 아들이 그때서야 왜 그렇게 돼지사냥만 집착하게 되었는지 인연을 깨닫고 그 자리에 암자를 짓고 수도하니 전세의 업장이 사라지게 되었다. 그 자리가 금강산 뚜껑산인 보개산(寶蓋山) 석대암(石臺庵)자리요 그 밑이 심원사(深源寺)이다. 보개산은 지장보살 상주처 성지가 되었다. '까마귀 날자 배 떨어진다'의 설화이다.

135) (제8식) ㅣ· → 여래장식의 특성및 활동범위 → ◦ㅣ(제9식)

(· 는 等價, ◦는 非等價)

가 되어있지 않은 제6식에 바탕한 변계소집성이다. 우리가 사는 현실은 rūpa(엿봐: 色, 형태)를 바탕으로 한 vikal(빛깔: 분별)인 vijñāpti(알았지) 상태의 vijñāna[136](이아냐맘: 思量, 意識)이다. 소위 제6식의 성품을 바탕으로 한 변계소집성이다.

물론 불교의 유식론에서는 제7식(manas: 맘, 意, 자아의식. 표층의식의 잠재의식)[137]과 알라야식(ālaya, 藏識: 제8식 심층의식)[138]의 개념이

---

136) vijñāna(이아냐맘: 이것을 앎, 思量), vijñāna-skandha[이아냐맘 챈다: 알아챈다는 마음이다.(了別) 이때의 식은 제6식 意識이다], 단순히 아는 것은 √jñā(아냐): 앎.
또 다른 vijñāna(이아냐: 識)은 전5식, 제6식, 제7식(표층의식 작용이면서 잠재의식), 제8식(심층의식) 뒤에 붙는 일반적 식(識)의 용어이다. 이때는 뒤에 붙는 단순 식(識)의 의미이다.

137) manas(맘): 의(意), 자아의식이라고 한다. 안 · 이 · 비 · 설 · 신 전5식과 의식(意識)을 바탕으로 자아(자기 정체성) 나름의 기준에 의한 의식이다. 현대정신분석학에서 보는 '무의식', '잠재의식'인데, 불교의 이론과 섞어서 해석한다면 표층의식 안에서의 잠재의식인 것이다. 세친의 삼성설(三性說) 관점에서 보면 주로 변계소집성을 바탕으로 한 의식이 심층의식인 제8식에 영향을 끼치는 것이다.

138) ālaya: 심(心), 제8식이라는 심층의식 세 가지 의미로 쓰인다. ① 현장(AD 602~664)의 석이 주로 쓰인다. a를 부정으로 보지 않고 해석, laya(놔여): 부착, 저장(藏)으로 보고 장식(藏識)으로 해석. laya의 어근은 √li(놔: 붙다, 밀착하다), ② Dignaga, 진제(AD 499~569)는 ā를 부정으로 해석하고 laya의 두 번째 의미인 죽는 것을 보태 무몰식(無沒識: 사라지지 않는다)으로 해석한다. ③ vipāka, 바꿔 즉 태어날 때마다 바뀐다는 異熟識. 결국은 하나의 세 가지 면일 뿐이다. 변하지 않으며, 평생의 생각이 저장되며, 변화되어 다음 생으로 가는 것이다. 이 아라야식은 매우 중요한 개념이다. 제6식과 제7식을 표층의식으로 본다면 제8식은 심층의식이다. 현대의 정신분석학이나 현대심리학은 자아의식(제7식)을 '무의식', '잠재의식'으로 구체화한다. 다만 제8식은 서양에는 없는 개념이다. 각각의 윤회 시 개인이 넘어가는 의식이며, 수행 시 우주의 진리와 상통하는 원성실성을 이룰 수 있는 우주진리의 공통적 의식이기에 매우 중요한 특징을 지닌다.

성립되어 있으나 삼성(三性) 중 변계소집성[139]의 수준은 망집(妄執)에 걸려버린 제6식 요별(了別)의 수준에서 벗어나지 못하는 것이다. 이런 바닥의 세계에서 점차 벗어나 노력하는 것이 인간의 수행이다. 의타기성(依他起性)의 연기(緣起) 중심에서 나와 주위의 관계를 잘 살피어 나의 현실에서 버릴 것은 버리고 상승의 계단으로 올라가는 것이 유식의 전사전득(轉捨轉得)이다. 그리고 마음자세로는 이미 진여(眞如)의 세상이 와있음을 깨닫고 편한 행의 자세로 일관하는 것이 여래장의 세상이요 제9식의 세상인 것도 전편에서 말했다. 이것은 돼지가 주둥이로 굴을 파는 것이 유식이라면 이미 저 산에 돼지 굴이 있다는 말을 듣고 찾아가 편히 살면서 우리를 부르는 경지가 여래장과 제9식인 것이다.

그런 경지인 부처의 '마음자리 말'이 mantra(맘따라, 맘들: 부처의 마음자리 진언眞言)이고 그것을 수행으로 따라 염송하는 것이 dhārani(잘아니: 총지總持, 진언眞言 종합) 다라니 수행이다. 다시 말해 우주의 파동(波動) 중 부처의 360도 영력 도수가 배인 말을 알아채고 그것을 나에게 배도록 엮어 묶는 것이다. 다라니는 부처의 마음자리이며 보답체이다. 진리이며 실천이란 말이다. 다라니는 우주 중심으로 나를 세우는 원리이며 그렇기에 나에게 주어진 시간이 남이 아닌 나의 시간으로 돌아가는 주체성 정립이다. 부처의 힘이 나에게 오도록 한다는 것은 내가 그만큼 만뜨라 지송으로 나의 영력이 증가됨을 말한다.

---

139) parikalpita-svabhāva: 존재에 걸리는 성품, 遍計所執性: 벌려, 걸렸다 - 在봐바, 제봐.

이것은 화두(話頭)를 가지고 수심견성(修心見性)을 하려 할 때 앉아있는 그릇이 토끼냐 호랑이의 근기냐에 따라 각(覺)의 내용이 다르고, 각의 표현이 다를 텐데, 이때 일단 토끼의 영력을 호랑이의 영력으로 키운 것이니 당연히 각(覺)이 빠를 것이다. 몇백만 원짜리 컨테이너와 몇억 짜리 집이 크기와 질이 다른 것과 같은 이치이다. 혼이 주체가 되어 다음 생 새로운 몸을 이루어갈 때 영(靈)의 집이 값이 달라진 것이다. 불성(佛性)은 기본 체(體)요 영(靈)은 그것의 용사체(用事體)니 인간이 현명한 수행법으로 영력이 증가되어 커다란 집을 지을 수 있는 그릇이 된다는 의미다.

그렇다면 이것이 돈오의 지름길이요 다라니지송은 훈습(熏習)의 실천이니 돈오점수(頓悟漸修)의 종합인 셈이다.

사람이 체질에 따라 신경줄이 하나에서 셋이듯 축생과 사람이 다르고, 사람은 훈습에 따라 장내의 효소가 잘사는 조건이 만들어지는 체질이 있고 아닌 경우도 있듯이 각(覺)을 위한 머릿속의 구조도 다르다. 그러기에 일단은 누구라도 가능성이 있는 힘있는 혜두(慧頭)를 가져야 하는데 이것 중 그래도 낫다고 보는 것이 다라니이다. 다라니가 태양의 햇살이라면 어떤 다라니가 효율이 더 좋으냐를 선택하는 것은 우리의 실험이 필요하다. 그 정도의 노력은 해야 한다. 또 그래야 보람도 있다. 그 정진의 힘으로 깨달으면 훈습 바탕의 돈오가 이루어진다.

태양의 햇살의 원천은 하늘이듯이 산천의 명당 세상 너머에 존재하는 것으로 산왕대신의 허공세계를 넘어선 경지가 된다. 이는 수미산까지의 도솔천(불가의 도리천)의 개념은 벗어난 것으로 도리천의 세계와 금강천의 세계에서 노니는 것이다. 세간의 공간세계를 초월하는 효험을 말하는 실증수행법이다.

(2) 소재길상다라니
– 3년 만에 호랑이가 다소곳하다

불덩어리 태양을 언어로 나타낸 것이 mantra(맘따라: 맘들, 부처의 마음자리 진언眞言)이고 그것을 염송하는 것이 dhārani(잘아니: 총지總持, 진언眞言종합)수행이다. 즉 mantra의 긴 모음 염송이 dhārani이다. 다시 말해 우주의 파동(波動) 중 부처의 360도 영력도수 불언(佛言)이요 불 자체니 Puruṣa다.

우주에 나를 따를 기운이 있다. 그중 산왕대신 위에서부터 나를 향해 직통된 것이 다라니이다.

그렇다면 유명한 다라니에는 『천수경』의 대다라니가 있는데 대비주다라니(Maha Karuna Dhārani)는 그 내용이 인도 브라만교 만신전(萬神殿)이다. 대비주의 비(悲)란 산스크리트어로 karuna(그리나), ghrina(그리나), kṛpa(그리워)이고 모두 그립다는 뜻인데 엄마의 자(慈, maitreya: 엄마의 믿어, mitra를 바탕으로 한 엄마들 자씨慈氏)와 떨어져 그리운 것인데 그래서 애처롭게 바라보는 것이 비(悲)이고 이것이 바람직한 비인데, 혹여 떨어져 영영 못보게 되거나 속아(sokā) 느끼는 비는 슬픔과 분노에 덜덜 떨게 되니 이때의 비는 앞의 비와 좀 다른 비(悲)이다. 단순히 멀어져 느끼는 애처로움과 영영 볼 수 없는 현실의 비(悲)와 속아 느끼는 비(悲)의 내용이 좀 다른 것이다.

또 자식과 혹은 주위 친척이 잘못된 길로 가기에 슬픈 비(悲)도 있다. 이것은 인도의 대서사시 MahāBhārata(바라타족 전쟁 얘기)에 나오는 형과 동생 집안의 싸움 중 작은 집의 아들 Arjuna에게 마차꾼 크리슈나가 정의의 싸움을 하게 만드는 노래 Bhagavad Gītā(福아와 짇다: 정의가 내리기를 바라는 성스런 노래)에 나오는 Arjuna 정의의 칼 무(武)의 비(悲), 아버지의 회초리 정신의 비(悲) 등으로 여러 가지 다양한 해석이 되기도 한다.

관세음의 비(悲)는 그리나의 비요, sokā(속아)의 비나 칼만의 비(悲)는 아니다. 관세음의 비는 종교의 비요 Arjuna나 sokā의 비는 현실에서 억울함을 제자리로 돌려놓으려는 비이다. 넓게는 종교의 비(悲)라 할 수 있겠으나 나누어 쪼개어 볼 수도 있다. 후자의 비는 어쩔 수 없는 karma업장에 의해 꼬인 현실 세상의 비(悲)이다. 그래서 karuna(그리나)는 대부분은 엄마의 그리운 마음이 주류를 이루나 불교와 인도의 독특한 현실 세상 해석인 karma(그리하마: 業)를 해결하려는 적극적인 대승의 마음이 깔려있기도 한 것이다.

그런 개념 하에서 본 대비주는 그 시작점 이름은 좋으나 내용이 좀 번잡하여 만신전이 되었다. Siddhayogesvaraya svaha(싣다유예 새바라야 사바하, 싣다 엮어: 요가의 힘을 성취하신 분 =시바신),

Nilakantha svaha(니라간타야 사바하: 푸른 파도가 일어 검다, 푸른빛을 띄신 분=시바신), Varāhamukha(바라하목카, 와라~목아지: 멧돼지 얼굴 하신 분), Simhamukhaya svaha(싱하목카야 사바하, 징혀~목아지: 사자 얼굴 하신 분), Cakrayuddhaya svaha(자가라욕다야 사바하: 차끌어 엮어 법륜을 지닌 분, 요가 성취) 등의 인도교의 시바신이 섞여 들어와 번잡한 것이다. 중생을 구제하려는 뜻의 비(悲)의 정신은 좋으나 방편으로 이름을 부르는 염송 속에 번잡한 인도교의 시바신 들이 난립된 것이다. 불공 시 예(禮)의 격식으로서는 괜찮을지 모르겠으나 효험이 떨어진다. 대다라니 수개월 굴 속에서 눈이 어두워질 정도로 10만 독(讀) 후의 결과는 눈앞에 만신(萬神)이 가득이다.

혹여 효험을 보았다고 하는 이들이 있으나 대중적이지 못하다고 본다.

반면에 소재길상다라니는 3년을 지송하면 호랑이와 마주쳐도 그놈이 피한다. 호랑이는 본래 바람을 안고 서는 영물이라 그 냄새에 동물이면 잡아먹고 사람이면 지나친다. 이것은 혼이 나갈 정도의 놀람에는 갈비에서 나오는 전생 냄새 식은땀이기 때문이다. 그렇다면 잡아먹히지 않을 정도의 전생 냄새의 변화라던가 거기에서 우러나는 눈빛의 광채라도 호랑이를 압도할 정도로 달라졌다는 것이니 모두 영력 증가로 해석할 수 있다. 이것을 종교적 해석으로는 가피력 증가라고 해석한다. 이것이 가능할까. 바쁜 엄마를 돕겠다고 포대기에 동생을 등에 업고 돌보던 대여섯 살 여아가 호랑이 보는 순간 자기 품으로 획 돌리는 정신력이면 호랑이도 순간 벼락을 맞은 듯 정신이 아득하여 스쳐 버리니 인간의 정신력은 무한한 가능성이 있다고 보아야 한다.

선가의 화두 수행법으로 100만 명 혹은 수백만에 1이 대선사에 오르는 확률이라면 소재실상다라니 염송 수행은 자기가 지성(至誠)으로 하기에 따라 영력과 가피력이 증가하는 것이니 점수훈습(漸修熏習)의 증명이며, 결과적으로 증가된 영력으로 각(覺)이 빨라지고 각의 확률이 높아질 것이니 돈오의 확률이 높아짐을 의미한다. 길상다라니는 부처의 내심(內心)인 셈이다.

우리가 몸을 안팎(내외)으로 생각해 볼 때도 바깥 피부가 강인한 반면에 안쪽 피부는 연약하기 짝이 없다. 특히 입안의 구조는 아주 연약하고 예민하다. 일본의 아지발도가 용갑(龍鉀)이라 외부의 피부가 칼이 들어가지 않을 정도의 갑옷으로 태어났음에도 그가 고려말 남원 운봉 황산대첩(荒山大捷) 시 이성계에게 맞아 죽은 원인은 입을 벌렸기 때문이다. 입안이 약한 만큼 예민하게 주요 장부와 신경줄이 직통되어 있기도 한데, 예를 들어 우리 몸의 외부침입 감시자랄까, 소방감시자랄까 하는 예민하고 스트레스 유발성인 칼슘채널을 차단해(CCB) 긴장을 완화시켜 혈압이 떨어지는 원리를 이용하는 칼슘 차단제를 오랫동안 혈압 치료제로 복용하면 잇몸이 나빠지기 쉬운데 이 말은 잇몸의 신경줄이 심장줄과 바로 연결되어 혈관계통 질환을 치료하다가 잇몸에 부작용이 왔다는 의미이다. 그렇다면 역으로 심장질환을 치유할 때 입안(잇몸)의 신경줄을 이용하면 직통 효과가 빠르다는 뜻도 된다. 설하정(舌下錠) Nitroglycerin(협심증 치료제)이 그런 것이다.

비슷한 원리로 피부의 안쪽인 손바닥과 발바닥은 약한 면이 있는 반면에 신경줄이 쉽게 뇌로 통하는 특징이 있다. 그래서 100% 치매 예방법에 간단한 방법이 마당에 나가 망치로 돌을 두드리는 방법이다. 돌멩이를 부딪히는 쇠망치의 강렬한 자극이 나무 손잡이를 통해 약한 손바닥에 강한 자극으로 들어오고 그것이 곧바로 뇌신경에 자극이 오는 것이고 그 골속의 여러 신경계를 자극하며 구석구석 운동을 시킴으로써 근본적으로 치매를 예방하게 되는 것이다. 골속의 성분인 지질(脂質) 단백질 덩어리를 골고루 마사지 자극을 하는데 이것보다 더 좋은 방법은 없다. 손바닥으로 뇌의 염증을 없애는 법이다. 과거에 서정주 시인이 아침마다 전 세계 산(山) 이름을 수백 수천 개 외워 뇌를 깨운다던 소란이나 노인들이 화투를 하며 기억을 되살리는 것보다 100배 1000배는 나은 법이요 치매 예방으로 먹는 약보다 10배는 나은 법이다. 그저 뇌를 사용한다는 불빛 신호 정도로는 치매예방에 어림없단 소리다. 호두알 돌리기 정도의 자극으로도 약한 면이 있다. 그저 돈 안 들이고 망치로 돌 두드리면 되는 거다. 석공(石工)이 돌가루에 진폐가 올지언정 치매는 없다. 같은 원리로, 지게질하던 조상들은 다리가 휠망정 디스크는 없었다. 감당할 만한 최고의 무게를 빳빳하게 허리를 세워 자기의 뼈에 붙은 근육으로 유지해가며 산을 내려오는 길에 자빠지지 않으려고 버티는 정신력과 동시에 온몸의 근육이 움직이는 그 속에 뼈마디

물렁뼈의 염증은 사라진다.

그런 식으로 부처가 우주와 더불어 노는 언어인 내심(內心)의 언어를 통해 수미산 위의 천(天)의 부처의 뇌와 직통시키는 것이 소재길상다라니이다. 수행의 치매 예방법이다.

지게질에 디스크가 없고 바위를 깨는 망치질에 100% 치매가 예방되듯이 소재길상다라니 염송은 100사람의 지송자(持誦者)에게 모두 길상의 붉은 기운이 번진다. 반면 대다라니는 수없는 만신이 왕래하는 덕에 감당할 만한 이는 그저 정신이 산만하다하는 정도에 그칠 것이나 감당이 안 되는 그릇은 만신(萬神)에 휘둘린다.

우리가 주역을 읽고 정상적인 불교경전[140]을 읽고 방언(方言) 같은 소리 터져 나오지 않음은 그 책을 읽는 동안에 지은이들의 영력이 교감되어 독자와 지송자로 하여금 정신이 제대로 작동하게 하기 때문이다. 똑같은 원리로 부처의 내심과 교감되어 영력이 증가되고 빠른 깨달음으로 이어지는 것이다. 뻥 터지는 환한 기운 증가로 자력(自力)으로 산천영의 한계를 벗어나는 것이니 직장을 다니며 수행에 관심있는 사람들에게 더없이 알맞은 수행법이다. 잠자리에 악몽을 꾸어 연두색 한줄기 귀신이 나타나도 소재길상다라니를 귀신 앞에서 차분히 외운다면 꿈에서도 즉시 사라진다. 태양과 부처의 환한 불광(佛光)이기 때문이다. 6불(중앙

140) 불교경전 중 『천지팔양경』은 위경(僞經)이다. 속지않길 바라는 마음에서 한 줄 언급한다.

의 비로자나불과 동서남북 부처, 석가모니불)의 변함없는 내심(內心)인 것이다. 신(神)은 지공무사(至公無私: 지극히 공정해 사사로움이 없다)하나 내 마음을 지심(至心)으로 중얼대는 중생 앞에 고개를 돌리는 법을 하나쯤은 남기고 가신 비밀코드라고 본다.

수행하는 분이라면 참선의 화두를 절반 참구하고 나머지 반은 소재길상다라니 염송도 좋은 방법이 아니겠는가. 그러면 견성(見性)도 밝히고 동시에 불덩어리의 힘도 나와 직통되는 희열이 있다. 소재길상다라니는 터 위의(anuttarāṃ: 높다란 마루 터 위, a(아니) 無+nuttarāṃ: 높다란 마루 터) 공부이다. 그 대강의 뜻을 산스크리트 원본으로 살펴본다.

消災吉祥陀羅尼

나무 사만다 못다남
아바라지 하다사 사나남 다냐타
옴 카카 카예카예 훔훔
아바라 아바라 바라아바라 바라아바라
디따디따 디리디리 빠다빠다 선지가 시리에 사바하

Jvala Mahaugra Dhārani

[Jvala(熱나: 햇살, 卍), maha(마~), ugra(威力), dhārani(잘 아니: 햇살, 大威力, 잘 아니]

佛光햇살 大威力 잘 아니(消災吉祥陀羅尼)

Namaḥ samanta buddhanām

[Namaḥ(남어: 한편 귀의), samanta(싸멘다: 함께), buddhanām(봤다: 붓다, 부처)]

함께 모두 부처에 한편 되어,

나무 사만다 못다남

a parati hata

[a parati hata: 아니 그곳에서 앙갚음, a(아니), parati(그곳에서), hata(해쳐), han(앙갚음, 害하다)]

그곳에서 앙갚음 다 사라지고

아바라지 하다사

śāsanānām Tad yathā

[śāsana: 사사하다, 교훈敎訓, Tad: this, yathā: as]

가르침의 이것은 다음과 같다

사나남 다냐타

oṃkha kha khāhi khāhi huṃhuṃ

[oṃa-u-ṃ: 우주의 시작과 끝과 유지, kha(끝가: 허공, sky), khāhi(가이없는, 無邊), huṃ(감탄사, 움)]

옴 우주는 시작과 끝이 한량이 없도다 움~

옴 카카 카예 카예 훔훔

jvalājvalāpra-jvalāpra-jvalā

[jvalā(熱나: 卍, 광명, 햇살), pra-jvalā(붉은 光焰, 佛 光焰, 붉은 후광)]

불꽃이여 햇살이여 태양의 광염이여 부처의 햇살이여~

아바라 아바라 바라아바라 바라아바라

tiṣṭhat tiṣṭhat ṣṭiri ṣṭiri

[tiṣṭhat(디뎠다: 땅에 섰다), ti=base(땅, 地), ṣṭiri(섰지: 의지하는)]

디디시고 디디시고 의지하고 의지하고

디따(지따) 디따(지따) 지리지리

sphaṭsphaṭ

(빵: 봉우리가 터지다, 吉祥)

빵 빵~

빠다 빠다

Śāntika śrīye

[Śāntika(섬찟: 슬퍼하다), śrīye(스러예: 사라지다, 부수다, 消滅, 消災)]

슬픈 일이 섬찟 사라지네~

선지가 시리예

Svāha

(Svāha: 자 시방 다 이루어졌네, 成就)

자~ 시방

사바하

3. 수정궁(水晶宮)

『반야심경』 산스크리트 원본 해석
– 천하제일 선진국은 머릿속 청사진에서

『반야심경』은 인도에서 1세기경부터 시작된 대승불교 운동이 2세기를 거치며 이후 성립된 대승불교 공(空)사상의 근간이 되는 중요한 경이다. 특히 연기공(緣起空)의 진리 중 무아법(無我法) 입장에서 바라보는 공을 파악하는데 아주 중요한 자리를 차지하는 시발점의 경전이며 결국 공(空)을 안다는 것은 색(色)을 안다는 것이어서 불교경전은 아무리 짧은 경전이라도 이것이 형식이나 내용이 완전한 것임을 알 수 있다. 진리를 알아가는데 또 다른 참고가 되길 바라는 간단한 나의 해석이다. 그리고 이런 과정은 과거 선배들이 사용하던 언어의 뿌리를 들여다보는 타임머신의 재미가 있다. 함께 큰 풍선에 매달려 과거의 선배들이 사는 모습을 기웃기웃하는 일은 과거의 언젠가 우리가 살던 모습인 것도 같고 퍽 흥미로운 일이다.

현재 『반야심경』의 산스크리트 초기 원본은 인도에서는 발견되지 않는다. 일본의 법륭사(法隆寺) 패엽(貝葉)[141]본인 필사본

141) pattras는 받들어 혹은 받쳐라는 뜻이다. 몸통을 받드는 새의 날개나 날

(8세기 중후반경 추측)이 최고(最古)의 범본으로 생각되니 2세기의 원본은 없어진 셈이다. 현장(玄奘, 602~664)이 번역했을 원본이 Amoghavajra(아니, 無, 부셔라, 不無杵)(不空, 705~774)에 의해 윤색(潤色)이 되고 음역되어 현재 남아있는 것이 범어 원본으로 추정될 뿐이다. 다라니 용도로 음역되다가 정리되었다고 추정하는 것이다. 『반야심경』은 산스크리트가 파니니(BC 520~460)라는 문법학자에 의해 문법이 정리된 이후 다듬어진 문장이라 비교적 나름 정교한 문법체계라고 볼 수 있다. 그전의 베다나 우파니샤드는 단어의 뜻을 알면 거기에 발음원리나 맞추어 문장을 해석하는 것이었는데 분위기가 달라진 것이다. '나는 장에 갔어요'라는 문장이 시골 할배는 '내 장에 갔지', '갔었지 장에', '장에 갔지 내가' 무어든지 다 통하는 말이었던 반면 빠니니는 '내 장에 갔었지'로 바뀌고 통일해버린 것이다. 이 정교하게 칼질된 방안에 언어가 찾아 들어가야 표준말이 되기 시작한다. 서술의 순서에 목적어가 동사보다 먼저냐 나중이냐에 의해 언어가 분류되기도 한다. 훗날 어떤 이는 단어가 아무리 같은 것이 많아도 문장구조가 다르면 다른 언어라고 하는 구조예찬론자도 나온다. 아니 문

개털을 말한다. 야자수 잎이 펼친 새의 날개나 부챗살과 비슷하여 '받들어'이다. 조개 패(貝)는 음차이나 겉의 모양은 새의 날개 조각이다. 패엽, 야자수 나뭇잎이나 나뭇잎에 새긴 경이다. 어린잎을 잘라 붙여 그늘에 말리고 쌀뜨물에 찌고 다시 삶아 고르고 매끈하게 하여 글자를 새긴다. 아무리 곰팡이를 제거하고 주의를 해도 400년 정도가 일반적 수명한계라 2세기의 패엽경이 6세기면 사라졌을 것이므로 8세기의 경은 당연히 원본을 다시 베낀 것이다. 경전을 보관하는 법이 그랬기에 거기까지가 한계였다. 거기에 비하면 동국의 닥나무 한지의 수명은 기본이 1000년 이상으로 애초 환경이 다른 것이니 이런 정기의 결합과 적극적인 환경을 참조해 경전의 해석도 다른 환경이라고 한 것이다.

장구조신앙이 대세다. 이 원리에 따르면 '내 샀지 꽃'과 '내 꽃 샀지'의 두 노인은 딴 나라 사람이 된다. 사람의 머릿속이 복잡해지기 시작한다.

석가모니가 활동하신 북인도지역은 히말라야의 남쪽지역이다. 여기에서 더 내려가면 위도상으로 보아 가을에 숙살풍(熟殺風)이 되지 않는 지역이다. 동남아시아와 인도땅 대부분이 이모작이 가능한 가을의 바람이 숙풍(熟風)만이 존재하는 곳이다. 이와 같은 풍토의 영향 때문에 수행인의 건강법의 관점에서 바라볼 때 철학의 기준 잣대가 다를 수밖에 없다. 저쪽은 지수화풍(地水火風)이라면 동북아시아는 오행(五行)으로 바라본다. 사계절 요가(Yoga)가 가능한 그 지역과 숙살풍의 뜸법, 침법, 첩약의 질이 다를 수밖에 없다. 겨울의 죽음을 완연히 지나온 동북아시아의 봄은 새로운 시작의 바람풍(風)이다.

지난가을에 뜸자리를 중완(中脘)에 뜨고 다시 단전(丹田)을 떴다면 다음 해 봄은 부작용 없이 다시 중완이 가능하다(단전은 중완 밑이다. 단전은 배꼽 밑 손가락 3개 반 지점, 중완은 배꼽 위 손가락 4개 반 지점). 그런데 만약 지난해 가을 중간에 단전구법 이후에 중완으로 올려 떴다면 역방향이라 심장에 화기가 올라 고생했을 것이다. 이것의 의미는, 숙살풍의 바람은 몸속의 역방향의 기(氣)의 흐름도 다시 제자리로 돌려버리는 완전한 재창조를 뜻하며 북방겨울 수(水)의 기운이 개개인의 몸속의 역방향 화기(火氣)도 완전히 제자리로 돌려놓음을 뜻한다. 다시 제자리로 돌려놓았다는 뜻은 태극지수 1이 준비 완료 상태로 겨울마다 돌려놓는다는 것이니 동북아사람들의 몸은 실제로 세포가 죽고 사는 교체성이 동남아사람보다 원활하다는 말이다.

그러니 늘 생기발랄하고 무엇을 하고 싶은 창조의 욕구가 남다르다. 동북아 특히 동국(東國)은 양달과 응달의 대비가 선명하게 존재한다는 의미일 것이다. 동남아시아 서남아시아 대부분 지역은 늘 지난가을인 셈이라 변화가 없다. 숙살풍 지역의 겨울이란 이렇게 완전한 죽음임과 동시에 새로운 바람이 부는 반면 숙풍 지역의 봄이란 지난가을의 연장바람에 지나지 않는 것이다. 새로운 바람이 안부니 음의 수 2와 양의 수 1이 만나 창조 3이 되는 무진 3의 창조의 경험이 실감나게 봄마다 느끼지 못한다. 그러니 음과 양이 만나는 기본바탕 1인 태극지수 1이 쓸모가 없게 되고 그저 생겨 나온 데에서 성숙만 하다가 소멸되는 것만 실감하는 지역인 셈이다.

그러기에 동북아 구렁이가 천년 즉 900년이면 아프리카는 600년이 한계이다. 그런 바탕에서 나오는 색즉시공(色卽是空)이다. 당연히 동북아시아의 색즉시공(色卽是空)은 색즉시공(色卽始空)이다. 해마다 겪는 창조의 바람을 실감하니 태극지수 1이 포함되는 해석이 따라온다. 살던 대로 사는 곳은 성숙만 있고 변화가 없고 동북아의 봄은 창조와 죽음으로 변화를 해석한다. 다른 관점이다. 애매모호한 서남아시아 색즉시공(色卽是空) 개념에 군기(軍氣)가 바짝 들고 눈알이 반짝이고 순서와 예절이 들어오는 것이다.

Prajñā pāramitā hṛidaya sūtram

(최고의 햇살지혜 저 넘어 세상을 믿는 마음경전)

prajñā(불덩어리 아냐, 佛 아냐: 최고의 지혜) pra(① 더불어, ② 부러, ③ 불어 불어나, ④ 불(화), 神, 佛, ⑤ 빨리, ⑥ ~에 대하여), jñā(아냐: 앎) / pāramitā(저 광명 언덕, 믿다), pāra(바라보이는), mitā(믿다) / hṛidaya(알다, 마음, 心), sūtra(좋은 틀, 경전), sū(秀, 빼어난, 좋은), tra(틀), m(~은).

samkṣipta māṭri ka

(최고로 집약된 엄마의 경전)

saṃ(참 삶), kṣip(집集), ta(된, 수동분사 되다), māṭri(엄마), ka(가: 자者).

namaḥ sarva jñāya

(참된 일체의 앎에 존경을 표하며)

namaḥ(남어: 남아있다는 것은 한편 펜이라는 뜻), sarva[살아: 모든 예) 살아생전, 온생전], jñāya(아냐: 앎).

ārya avalokita iśvara bodhisattvo

(성聖스런 관자재보살이)

ārya(알이야, 얼이야: 성聖스런), ① avalokita iśvara(관세음 자재), a(~와), va(봐: 관觀), loki(누깔세상: 세世), gita(진다: 노래, 음音),

iśvara(아이쉬워라: 자재自在, 자유자재), ② avalokiteśvara(관세음), a(~와), va(봐: 보다, 관觀), loka(누깔: 세간世間), tes(떼), lokite(누깔땅: 세간世間땅, 世間), śvara(소리, 음, √śru: 소리듣다, 알다).
[소리의 관세음과 자유자재 관자재의 두 가지 의미의 보살이다. 세간의 소리를 들을 때는 용의 능력을 통해 듣고 알고, 구제는 다양한 방법으로 구제하는 보살이다.]
bodhisattvo bodhisattvaḥ가 뒤에 연자음(連子音)이 오면 o가 된다. bodh(보다: 봤다, 깨닫다, 覺), sattvaḥ은 sattva의 sat는 재在, 존재요 그 존재의 근원이 sattva 는 재在다, 쌌다, 사타(구니: 宮)니 有情을 뜻해 합해 깨달은 중생을 뜻한다.

gambhīrayāṃ prajñā pāramitāyāṃ caryāṃ caramāṇo
(깊은 햇살지혜 바라밀을 행하면서)
gambhīrayā(갼: 비어, 그냥 비어, 空비어, 깊은), prajñā pāramitāyāṃ(대지혜, 바라, 믿다), car(가다, 움직이다), caramāṇo(가면, 가다의 현재분사 진행형).

vyavalokayati sma, pañca skandhāḥ tāṃśca
(5가지 섞인 것(蘊)들을 봤음에 그리고는)
vyavalo(봐봐라: 조견照見), kayati(갸: 그치, 3인칭단수), sma(~음메, ~음, 마침어, 조사), pañca(번잡: 다섯) / skandhāḥ[(섞인다), 온蘊(복수 주격 ās → āḥ)] / tāṃ[그것들, tān → tāṃ 뒤에 c가 오면 n → ṃ으로 변하면서 뒤에 ś가 온다. 이것들을 다 saṃdhi(쌈하여 깃들다)법칙 혹은 saṃhitā(쌈해 잇다) 연성음連聲音의 법칙이다. 그저 참고만 하면 된다],

ca(자: 그래서, 우又, 급及).

svabhāva śūnyān paśyati sma ‖

(자성自性이 공空함을 봤음메)

sva(자自), bhāva(봐봐: 존재存在, 성性) / śūnyā(쉬냐: 공空, śūnyān은 복수2격) / paśyati[보자, 보다(√dṛś: 뚫어지게 바라보다와 같은 의미)], sma(~음메, ~음, 어조사).

iha Śāriputra rūpaṃ śūnyatā śūnyataiva rūpam /

[여~ 사리자야 색은 공과 다르지 않고(色不異空) 공은 색과 다르지 않다(空不異色)]

iha(야~, ~여), Śāri(백로), putra(붙어: 아들 子) 엄마집안 이름이 śāri라 백로(白鷺)의 아들임 셈이다. śāri의 음차는 불의 사리(舍利, śarira)와 태양의 햇살(卍)을 의미하는 śri와도 다를 바가 없고 의미 또한 śarira는 태양의 햇살(卍)이며 법신(法身)인 대일여래(大日如來, vairocana: 해로차나) 법골(法骨)을 의미하는 것이니 사리는 태양의 햇살을 기원으로 한다. 태양의 환한 햇살 속으로 날아다니는 백로가 하늘의 사자(使者)라 지혜 제일 수석제자이다. 그러므로 존재론을 다루는 『반야심경』에 사리자를 등장시킨 것이다.

또 다른 해석으로 śari는 바다의 사리(밀물)을 뜻하기도 하는데 조금(죽음의 의미로 나가 줄어드는 것)의 반대로 살아있다는 뜻이니 모두 태양의 햇살에 기원해 살아 밀려들어옴을 뜻한다.

śari(사리 때)를 두고 '아름다운 소리(聲, śrotavyaka)[142]나는 섬(島)'으로 해석을 하기도 하니 소리도 살아있으니 나는 것이고 그것들은 모두 태양 신(śri suriya sūrya sura)의 생명현상인 햇살(śri suri sūri sura śari)과 관련이 있다. 밤바다 백사장의 잠이 오듯 스치는 아름다운 소리도 근원이 태양이라 곧 햇살이다. 그러므로 햇살은 생명이요 진리요 소리이다. 법신(法身)이 햇살되고 소리되어 생명으로 남으니 rūpa[엿봐(色), 모습(相)]가 śūnyatā(쉬냐: 공空)와 다르지 않음이요 삶이 죽음과 다르지 않고 오고 가는 것이다.

rūpaṃ[엿봐(色): 모습(相), 예뻐, rūpa의 중성 주격 단수], śūnyatā(쉬냐이다: 공空) śūnyat(쉬냐)란 말은 태극지수 1이 늘 내포되어 100% 나올 준비가 완료되어 있음을 말한다. 그래서 잠시 쉬는 것이다. śūnyataiva[(śūnyata+eva) 쉬냐야말로], rūpam[엿봐(色)].

rūpānna pṛithak śūnyatā śūnyatāyā na pṛithag rūpam /
[공이 없으면 색이 나올 수 없다(色卽始空). 공이야말로 색과 관련이 없는 것이 아니다(空卽是色). 즉 공에서 색이 나온 것이며 공은 연기의 세계이다. 시(始)가 있으므로 시(是)가 있다]

우주가 생성되는 순서를 설명한 것이며 이 대목이 『반야심경』의 핵심이다. 창조순서를 알고 무아의 기본원칙을 이해하는 것은 내가 현재 서 있는 위치를 정확히 알고 진리도 논하는 것이

---

142) 이때의 소리는 聲(śrotavyaka: 소리 닿아, 소리 닿은 것)은 근원을 살아있는 것(śari)과 햇살(śarira)에 기원하니 철학적 의미의 소리요, 또 다른 소리인 śabda는 싸우다에서 나는 소리니 일반적 생활에서 들리는 소리(聲)이다.

다. 기존의 해석의 색즉시공(色卽是空)을 보완하는 것이다. 기존의 보이는 세상의 앞뒤도 헷갈리는 판에(닭이 먼저냐 알이 먼저냐의 순서는 성체成體가 성체成體로 변하는 원리가 있기에 어미가 먼저임을 전편에서 말했다. 과거에 십 년 키운 암탉이 종일 안 보여 찾다 보면 부엌 한구석 겨울에 쓰던 화로에 담긴 고운 재위에서 슬금슬금 구렁이로 변하여 가는 일이 드물게 있거나, 암캐가 오래 키워 35년이 지난 놈이 있으면 이것도 어느 날 구렁이로 변하여 슬슬 마당을 헤집고 사라지는 일이 있기도 하였다) 보이지 않는 세상과 보이는 세상의 순서까지 뒤집히면 너무 막연한 rethoric의 연기공만 난무하기 때문이다. 색즉시공(色卽是空)의 속마음 즉 색이 공에서 시작됨(色卽始空)을 알아야 부모가 먼저임을 알아 자식이 자연히 부모에게 효도하게 된다. 또한 마음의 원력을 시작(因)으로 인업(人業)을 타고난 대복자의 전생 훈습정진을 인정하고 그의 안목을 배우고 서로 돕는 원리라야 나라가 선진국이 된다. 철학에서 karma법을 말할 때 인간의 노력을 중시하는 원칙은 현재와 미래가 중요함을 내포하는 것인데 그렇다고 해도 과거의 시간이 배제되는 개념은 아니다.

과거 · 현재 · 미래의 종합해석의 예를 하나 들어보자면, 모택동(毛擇東, 1893~1976)이 현재의 중국을 건국한 것은 가난 중에도 후대에라도 대복을 받으려는 그의 직계조상의 원력과 그 결과로 얻어진 조상묘의 발복, 그의 전세의 복이 합쳐진 결과이고 그 이후에 국가의 이념, 체제의 선택이거나 지혜까지 포함되는 것은 아니다. 즉 중국의 미래는 별개의 문제다. 이것은 복의 범위와 한계 그리고 그가 어떤 자세로 국정에 임했어야 하는 일의 정의인 셈이다. 주은래(周恩來, 1898~1976)는 특급참모이지 건국의 재목이 아니다. 각자의 업력과 그릇이 다른 것이다. 주은래가 모택동으로 대체될 수 없고 건국의 대복자가 안 되는 일이 있는 것 이것이 karma의 복잡한 계산법이다. 이런 보이지 않는 성령정기신혼백(性靈精氣神魂魄)의 관계작용의 karma법칙을 우주로 확대하면 공성(空性)과 연기의 복잡한 방정식이다.

동국 번영의 karma 방정식은 중국의 정치인 모택동 중심과는 약간 다른 양상이다. 인업(人業)인 이병철, 정주영, 김우중 등의 대복인(大福人) 경제인 탄생이 중심이다. 경제의 힘으로 대국토를 완성하는 원리인데 모두 전세에 이 땅을 인연으로 한번 잘 살아보겠다는 결심의 힘이다. 마음으로 대복의 청사진을 완성했다. 이것은 또한 이 땅과 인연을 맺고 잘되기를 바라는 수없는 조상님들의 염원이 뒷받침되었기에 가능했던 것이다. 그저 뚝딱 거저 태어남이 아니란 얘기다. 대복의 힘이 대세였기에 정치 경제체제, 국제정세 등 모든 조건이 유리하게 조성되었던 것이고 그들이 남겼던 복력이 세계적 기업이 되어 앞으로도 특별한 장애만 없다면 한국의 일인당 GDP는 세계 최고가 된다. 자손들을 맘 편히 키울 수 있는 복덩어리 땅이란 얘기다. 이런 복의 원리와 순서를 국민이 알고 소중히 여겨야 국가번영에 흔들림이 없다. 인업(人業)을 멸시하고 숙청하면 그날부로 국가의 복주머니도 거지꼴이 되는 karma의 인과원리가 색즉시공(色卽始空)의 개념 속에 잠겨 있다. 조선시대에 모처럼 찾아왔던 인업(人業)도 사농공상(士農工商)의 사회제도에 의한 상인 천대와 양반상놈의 제도에 희생이 되어 천하제일의 부국의 기회를 놓친 경험이 알게 모르게 우리에겐 있다. 조상과 땅기운이 밀어줘도 현실에 사는 후배의 머릿속이 미치지 못한다면 그 복주머니를 차버리게 되는 원리다.

그런 면에서 『반야심경』은 짧지만 무아(無我)의 공(空)으로써 평등의 근본으로 세상을 바라보되 우주만상의 순서와 다름(차별)을 내포하는 것이다. 다양한 연기(緣起)를 바라보는 관점이다. 존재론과 현상론(現象論)의 관계가 이와 같다. 현상론은 주역의 수화기제(水火旣濟)의 세상 산소의 세계 창조의 세상이며, 화수미제(火水未濟), 무아(無我)의 세상은 근원인 창조주 brahma(붉음)의 허공 세상 불덩어리이다. 그러나 태양이 태양으로만 존재하고 있는 것은 아니며 햇살(śri)의 존재가 근원이 되어 인연이 되면 인간도 36도의 온도로 정기신(精氣神)을 이루어 나오니 이때 햇살이 허공의 사선(射線)으로 생명의 근원이 되었으나 각각의 영력도수의 차이는 있는 것이며 또한 이 과정이 보이지 않게 적용이 됐으니 태극지수 1이라 하는 것이다. 생명의 근원 바탕 수(數) 1로서 존재하는 것이다. 이것이 śūnyatā(쉬냐)의 존재(空性)이다.

공성(空性)의 태극지수 1은 우주의 준비 완료 상태로 수정(水精)은 명(明), 화신(火神)은 광(光), 금기(金氣)는 성(聲), 영토(靈土)는 미(味: 香)[143], 목성(木性: 魂)은 색(色)으로써 성·령·정·기·신(性

143) 영토(靈土)가 미(味)·향(香)이므로 향목(香木)은 영목(靈木)이 된다. 마지막 나무를 향목으로 보는 이유이다. 사람이고 나무고 영물 영목이면 향

靈精氣神)이 화(化)해서 혼(魂)으로 하여금 주체가 되게 하면 혼이 혼백(魂魄)으로 마음을 이루는 것이 인간의 탄생이다. 혼은 백을 주워 담아 혼백을 이루니 혼은 감각을 모르고 백(魄: 넋)은 폐를 근간으로 감각 신경세포를 이룬다. 혼이 나갔을 때 감각은 모르나 물은 조금 먹는 것은 넋은 있다는 증거이다. 이 수·화·금·토·목(水火金土木)의 정·신·기·영·성(情神氣靈性)이 다시 안·이·비·설·신·의(眼耳鼻舌身意)와 색·성·향·미·촉·법(色聲香味觸法)의 근간이 된다. 그러므로 우리가 수심견성(修心見性: 마음을 닦아 자기의 본성을 본다) 한다는 것은 오신(五神)이 회복되는 것으로 영(靈)과 혼백(魂魄)이 하나의 라인 속에 본성(本性)이 다시 드러남을 말함이다. 그러하기에 색즉시공(色卽始空)이라야 우주와 인간의 관계와 순서 그리고 인간 정신세계의 질서가 정립되는 것이다.

순서가 정해지고 개념이 정해졌으니 이제 우리도 자연으로 돌아간다. 인간이 윤회하며 살아가는 모습은 들판에 들불이 번지는 것과 같고 들불이 혼불이다. 가을에 숙살풍(熟殺風)이 불면 다 꺼지니 그것이 Tamas(담아, 담지)다. 삼(衫)나무 줄기 속에 잠시 겨울을 나는 것이다. 그곳은 물이 많아 지내기가 들판보다 낫다. 이것을 죽음이라 하겠지만 사실은 쉬는 것이다. 이것이 śūnyatā(쉬냐)의 공(空)이다.

내가 난다. 그래서 토생금하여 태양인이라 한다. 토는 수목화금의 각각 30°를 차지하며 5행의 바탕이며 윤활유 역할을 한다. 그래서 성령(性靈)의 관계에서는 성(性)이 체(體)요 영(靈)이 용(用)이다. 목(木)이 수화기제 산소 세계의 주체요 토는 용으로 보는 것이다.

rūpānna[rūpāt+na(없다) → rūpānna] 色은 없다, pṛithak(=free that: 풀려 훌훌 that) 거기에서 자유로운(without), śūnyatā(쉬냐이다: 공성空性이라고 번역할 수도 있다. 즉 공성을 벗어난 색이 없으니 색은 공성에서 비롯된 것이다. 색즉시공色卽始空) śūnyataiva[(śūnyata+eva) 쉬냐야말로], na(아니, no), pṛithag=free that, rūpam(엿봐: 색色), 앞의 전제에 의해 공즉시색(空卽是色)이다.

yadrūpaṃ sā śūnyatā yāśūnyatā tadrūpam ‖

[색(色)은 공성(空性)이요 공성(空性)은 색(色)이다]

yad(~라고 하는 것), which(관계대명사, 중성 단수 주격), rūpaṃ(色), sā(지시대명사), ta의 여성 주격, śūnyatā(쉬냐이다: 공성空性), yā(관계대명사로 who나 which, 여성 단수 주격), śūnyatā(쉬냐이다: 공성空性), tad(지시대명사, 중성 단수 주격), rūpam(색色).

evam eva vedanā-saṃjñā-saṃkāra -vijñāni

[수상행식(受想行識) 또한 그러하다]

evam(이와 같고), eva(이와 같다), vedanā(배다: 受, feeling), saṃjñā(참 아냐: 想), saṃkāra(참그리하다: 行, √kṛ: 그리하다, do), vijñāni: vijñāna의 중성 복수 주격(yāni)으로 이 아냐 識.

iha Śāriputra sarva dharmāḥ śūnyatā lakṣaṇā

[사리자여 일체 법은 공성(空性)의 상(相)이다]

iha(여: 야~), Śāriputra(사리자), sarva(살아: 모든), dharmāḥ[dharmā(잘맞아)의 남성 단수 주격, 法], śūnyatā(空性), lakṣaṇā(나잖아: 내

모습, 상相), kṣ는 주로 ㅈ로 발음된다.

an utpannā(ḥ) aniruddhā amalā na imalā nonā na paripūrṇāḥ /

[불생불멸(不生不滅) 불구부정(不垢不淨) 부증불감(不增不減)이니라]

an(아니). utpannā(ḥ)(얻은, 生) / aniruddhā(an+iruddhā: 아니 잃다, 不滅), amalā(a+malā, 말려야: 더러운, 합하여, 불구不垢), na imalā (na+imalā, 이미말라: 깨끗한, 정淨, 합하여 부정不淨), nonā(no+unā, 어나: 줄어들다, 멸滅 합하여 불멸不滅), na paripūrṇāḥ(na+paripūrṇāḥ 빨리 불어나: 증增 합하여 부증不增).

tasmācchāriputra śūnyatāyāṃ na rūpam

[그렇기 때문에 사리자야 공성(空性)에는 본래 색(色)이 없고]

tasmāt(땜에, 때문에, 지시대명사 ta의 5격, 시고是故), śāriputra(사리자, t+ś → c+ś → c+ch 자음변이이다. 발음하기 편하기 위해), śūnya tā(공성空性) yāṃ(7격, ~에서) / na(아니, no), rūpam(색色).

na vedanā na saṃjñā na saṃskārāḥ na vijñānanāni /

[수상행식(受想行識)도 없고]

na(아니), vedanā(배다: 여성 단수 주격, feeling, 수受), saṃjñā(참아냐, 상想, 여성 단수 주격), saṃskārāḥ(참 그리하다: 행行, 여성 복수 주격), vijñānanāni(vijñānam:이 아냐, 식識), ~nāni(중성 복수 주격).

na cakṣuḥ śrotra ghrāṇa jihvā kāya manāṃsi /

[안(眼) · 이(耳) · 비(鼻) · 설(舌) · 신(身) · 의(意)도 없다 – 前5識體와 제6識이 없다]

na(아니), cakṣuḥ(짝수: 얼굴에서 눈이 짝인 것이 큰 인상으로 남은 것이다. 눈, 안眼), śrotra(소리들어: 귀耳), ghrāṇa(길은(긴), 길어, 코鼻), jihvā(혀舌), kāya(갸, 그 애: 자者, 신身), manāṃsi manās(맘: 마음, 의意)의 중성 복수 주격.

『반야심경』이 나오는 2세기쯤 만해도 manās(맘, 마음)의 큰 개념 안에 유식론의 제6식인 vijñāna(이아냐맘)이 들어있었다. 이것이 4세기 이후 유식론이 나오면서 manās(맘: 마음)는 제7식 자아, 의意로 정립이 된다. 아직은 혼용해서 쓰던 시기였고 유식론 이후에 vijñāna용어도 ① 이아냐맘 제6식(분별, 사량思量)과 일반적 제6식, 제7식, 제8식 뒤에 붙은 ② 일반 식(識)의 개념 vijñāna(이나냐)로 개념 정리되어 쓰이게 된다.

na rūpa śabda gandha rasa spraṣṭavyā dharmāḥ/

[색(色) · 성(聲) · 향(香) · 미(味) · 촉(觸) · 법(法)도 없고 – 6식의 대상도 없다]

na(아니), rūpa(엿봐, 예뻐, 색色, 보이는 것과 예쁜 것의 두 가지다), śabda(싸웠다, 싸우다, 시끄러운 소리: 중생의 소리라 이해관계의 소리다, sound, 성聲), gandha(곰져: 오래되면 스미는 냄새, 향香), rasa(야자: 야자의 맛이 들큰하고 찝질하고 비린맛도 있고 여러 가지 혼합된 맛이기에 맛이다), juice(맛, 미味) / spraṣṭavyā(부러져 부딪힌 것, 촉觸), dharmā(잘 맞아, 잘매, 맞춤, 法: 법이란 애초 잘 들어맞아 마음이 흡족하고 좋아서 법이다. 닮아와 좀 다르다), ḥ(여성 복수).

na cakṣurdhāturyāvanna manodhātuḥ ॥

[안계(眼界) 내지(乃至) 의식계(意識界)도 없다]

na(아니), cakṣur cakṣuḥ(짝수, 眼)가 뒤에 軟音 d가 와 r로 바뀜, dhātur dhātuḥ(닿았어, 경계, 계界)가 연음 y 앞에서 r로 바뀜, yāva(~야 와, 내지乃至), na (아니), mano[(manas → manaḥ → mano) 맘, 마음, 의식(意識). 훗날 유식론의 제6식인 vijñāna(이 아냐, 맘)의 의미이다. 2세기에는 manas(맘)이 광범위하게 쓰였다], dhātuḥ(닿았어: 계界).

na vidyā nāvidyā na vidyākṣayo nāvidyākṣayo

[명(明) 무명(無明), 명진(明盡) 역(亦) 무명진(無明盡)도 없으며]

[na(아니)+vidyā(ḥ)(뵈다: 명明), 무명無明], nāvidyā(na+avidyā, 무무명無無明), na(무)+vidyākṣayaḥ → navidyākṣayo(연자음 앞에서 변한 것), kṣayo(끝이요: 진盡, 무명진無明盡), na avidyākṣayo = nāvidyākṣayo(무무명진無無明盡).

yāvanna jarāmaraṇaṃ najarāmaraṇakṣayo

[내지(乃至) 노사(老死) 역(亦) 노사진(老死盡)도 없는 것이다]

yāvanna는 yāvat na(이와 같이 아니다), jarā(잘아: 늙으면 쪼그라든 노老), maraṇaṃ(말아 놈: 사死, 죽으면 장사지내기 전 거적때기에 말아놓았다), na(아니), jarāmaraṇakṣayo(노사 끝이요, 노사진老死盡), najarāmaraṇakṣayo(무노사진無老死盡).

na duḥka samudaya nirodha mārga najñānaṃ na praptitvaṃ ||

[고집멸도(苦集滅道)도 없고, 지(智)와 득(得)도 없으니]

na(아니), duḥka(죽게 아픈 것에서 시작, 고苦), samudaya(삼았다: 원인, 집集), nirodha(na+irodha, 아니 일었다: 멸滅), mārga(밝아: 도道), najñānaṃ(na+jñāna, 아니 아냐: 앎, 무지無智), na(아니)+praptitvaṃ(부러얻음: 애得): 무애(無得).

bodhisattvasya prajñāpāramitām āśritya viharati cittāvaraṇaḥ

[보살의 불지혜신행을(반야바라밀) 의지하면서 망상을 떼어내 부숴버렸다]

bodhisattva의 속(屬)격(소유격), bodh(보다, 봤다, 깨닫다, 각覺), sattvaḥ[sattva의 sat는 재在, 존재의 근원이 sattva(재在다, 쌌다, 사타(구니: 궁宮)니, 유정有情을 뜻해 합해 깨달은 중생], prajñā(불덩어리 아냐, 불佛 아냐, 최고의 지혜), pra[① 더불어, ② 부러, ③ 불어, 불어나, ④ 불(화): 神, 佛, ⑤ 빨리, ⑥ ~에 대하여, jñā(아냐, 앎)], pāramitām(저 언덕, 믿다), pāra(바라보이는), mitā[믿다, ~ām: 2격, 대격對格(목적격), ~을] / āśritya āśrity(의지하다+a, 동명사) / viharati(떼어내 부셔버리다), vi(이離), harati(해害라) / cittāvaraṇaḥ[질 낮은 마음(망상妄想, 전도몽상)], citta(짓다: 마음), avaraṇaḥavara(아래, 낮은 것).

cittāvaraṇa nāstitvādatrasto

(망상이 없으니 그것 때문에 두려움이 없다)

cittāvaraṇa(질 낮은 마음: 망상妄想), citta(짓다: 마음), avaraṇaḥ(a-vara: 아래, 낮은 것) / nāstitvād(없기 때문에), nā[na(없다)+a, asti(be동사, √as: 있어, 3인칭 단수)+tvat: 제5격, 종격從格, ~ 때문에, ~부터], at-rasto(a+trastaḥ→ o 아니 두렵다).

호랑이는 두려움이 없어 백수의 왕이다. 제 마음껏 뒹굴거리는 그 시간이 수행임을 우주는 인정한다. 그러기에 다음 생, 영국 수상 처칠이다. 깨달음과는 다른 길일지라도 적어도 두려움이 없다면 한나라의 지도자는 되는 것이 확인되었다. 석가모니도 공포가 없기에 사리(舍利)를 이룬다. 공포가 있었으면 뼈가 두부 되어 골다공이 왔을 것이다. 공포는 찬바람이요 염증이요, 아름다운 얼굴도 흐트러져 마귀의 얼굴이 된다. 공포심이 없으면 얼굴이 환하다. 불면증의 원인은 스트레스이다. 이것이 염증을 일으켜 피가 썩는다. 근본 피가 탁해지기에 몸속에 가는 곳마다 염증을 일으킨다. 스트레스는 rūpa(유상有相, 엿봐, 예뻐, 색色)의 육신세계에 당면한 duḥka(죽게 아픈 것: 苦)에서 시작되는 고해(苦海)이기에 동반되는 일상사이다. 고정의 실체는 없고 영원한 것도 아니다. 본질을 알고 얼굴 환하게 살면 피가 맑아지고 피가 맑은 상태로 죽으면 다음 생이 좋다. 맑은 피의 영혼이 다음 생 신체 조직 시에 관여함이니 한없이 맑고 투명한 관음의 potalaka[pota(뽀얗다), laka laṅka(浪땅): 맑고 투명한 환한 땅]땅이며 몸이다. 하고 싶은 대로 살고 싶은 대로 되는 생이다. 이게 심신불이(心身不二)의 핵심이다. 즉신성불론(卽身成佛論)의 근간이요 의명(醫明)의 근간이다. 두려움(trauma)과 두려움의 원인의 실체는 없다. 외부의 압력보다 나의 힘이 약해 생기는 힘의 역학관계의 열세일 뿐이다. 토끼처럼 혼자 두려워 눈알만 굴리는 것뿐이다. 진리는 간단한데 토끼는 오늘도 머릿속에 떠오르는 그 무엇을 뽀개고 쪼갠다고 부질없이 팔짝댄다. 부지런히 잘게 쪼갠들 없어지는가. 두려움이 없다면 『반야심경』이 필요하지 않은 경우다. 그것이 『반야심경』의 목표다. 이 구절 때문에 『반야심경』은 생물(生物)같은 경전이다.

viparyāsātikrānto niṣṭhanīrvānaḥ

[떼어 뽑아버리고 뛰어넘고 평온함(열반)에 이르렀다]

viparyāsā(떼어 뽑아버리고), vi(이離+pariayā: 발拔) / atikrānto[뛰어넘다, overcome, atikrāntaḥ→ o, ati: 어데(저 너머)], krānta(가렴, 가련다), niṣṭha(~에 서 있다) ni(in)+ṣṭha: 섰다 / nīrvānaḥ(평온함), ni(아니)+īrvāna(일어나)+ḥ(주격).

망상을 떼어 뽀개고, 쪼개어 그것을 넘어 버리니 평온함에 이르렀다. 넘어설 수 있는 그릇이 되니 평온함에 이른 것이다. 쥐와 토끼와 고라니의 머릿속을 넘어서서 작게는 오소리 크게는 호랑이 정도는 되어야 평온함이 보인다. 왜 오소리일까. 낯선 이가 심장에 손을 갖다 대어도 평상시 박동수이다. 개의치 않는다. 그놈 참 영물이다. 고양이도 그렇진 않다. 바탕에 무심(無心) 흐름이 중요하다. 살면서 작은 결정도 마음을 비운 상태에서 결정해야 떳떳하고 평안하다. 이해관계에 걸리면 고통의 시작이다.

tryadhvavyavasthitāḥ sarvabuddhāḥ

[삼세제불(三世諸佛)]

tryadhva(三世: 과거 · 현재 · 미래), trya(서, 셋, 쓰리three), dhva(세世, 시간) / vyavasthitāḥ(봐봐섰다: 줄을 서있는 자들은), vyava[봐봐: 서로(相)], sthitāḥ(섰다), ḥ(복수 주격) / sarva(모든), buddhāḥ: buddha(봤다)의 복수 주격.

prajñāpāramitām āśritya anuttarāṃ

(불 · 지혜 저 언덕 믿음을 의지해 더 이상, 위없는)

prajñāpāramitām(불 · 지혜, 저 언덕, 믿음), prajñāpra[불(화), 신神, 불(佛)+jñā(아냐, 앎), pāramitām(저 언덕, 믿다), pāra(바라보이는), mitā(믿다), ~ām[2격, 대격對格(목적격), ~을], āśritya āśrity(의지하다+a동명사) / anuttarāṃ(더 이상 위없는), a[아니, 무無+nuttarāṃ(높다란 마루(위))]

prajñā는 불덩어리 아냐이다. 불덩어리의 지혜와 불덩어리의 햇살이다. 맑게 비치고 꿰뚫는 힘이다. 구체적으로는 더불어 아냐 즉 여러 관계를 종합적으로 척 보는 지혜이다. 불덩어리 앎은 구속되지 않고 독립적이며 자유로운 자체 불꽃, 지혜이다. 자주적이고 불변하는 신심의 지혜라 안정적이다. 저 언덕을 감히 편안한 마음으로 바라보는 윗 마루의 지혜이다.

samyaksaṃbodhiṃ abhisaṃbudhaḥ ॥

[정등정각(正等正覺)을 깨달은 참 각자(覺者)들이다]

samyak(참된 무리, 정등正等), sam(참이야), yak(여쭙다, 얘기하다, 동아리), saṃbodhi[참보기, 정각正覺, ṃ(2격 對格, ~을)], abhi(얻다, ~에 도달하다), saṃbudhaḥ(참 봤다: 부처), ḥ(주격).

tasmāj jñātavyaḥ prajñāpāramitā mahāmantro

[그렇기 때문에 알아야 할 것은 불 지혜 저 언덕을 믿는 대신주(大神呪)이다]

tasmāt+j→tasmāj, tasmāt tad의 제5격(종격從格), 그렇기 땜에, jñātavyaḥjñā(앎) +tavyaḥ[돼야할 것은(미래수동 완료)], prajñāpāramitā(불, 지혜, 저 언덕, 믿다), mahāmantro[mahā(마~, 대大), mantraḥ(맘 따라, 진언)].

mahāvidyā mahtro'nuttaramantro'samasamamantraḥ

(=mahāvidyā mahtraḥ anuttaramantraḥ asamasamamantraḥ)

[밝은 주문이고 더 이상 위가 없고, 더 이상의 적정(寂靜)이 없는 주문이다]

mahāvidyā(대명大明, 마~ 大, 뵈다, 명明), mahtrraḥ(맘따라: 진언眞言, 주呪), anuttaramantraḥ(무상주無上呪), an(아니)+uttara(윗터), mantraḥ(呪) / asamasama[(무등등無等等, 더 이상, 적정寂靜이 없는), a(무無)+sama(참我, 적정寂靜, sama(참我)], mantra(주呪), ḥ(주격).

sarvaduḥkhapraśamanaḥ satyamamithyatvāt

[일체고(一切苦)를 없애고 진실하고 헛되지 않은 것이기 때문에]

sarva(살아: 모든), duḥkha(죽게: 고苦), praśamanaḥ[부러싸매나: 능제能除), pra(부러), śamanaḥ(고통을) 싸매다, 제거하다]. satyam(재在, 존재), a(무無)+mithya: 미쳐 잘못된 것, tvā(터: ~다, base), t(5격, 속격屬格, ~ 때문에).

prajñāpāramitāyaṃ ukto mantraḥ

(불 · 지혜 저 언덕 믿음에서 언급된 주문이다)

prajñāpāramitāyaṃ(불 · 지혜 저 언덕 믿음에서), prajñāpāramitā(불 · 지혜 저 언덕 믿음)+yaṃ(여성 7격, 처격處格, ~에서), ukto[(얘기된 것), to be said, uktaḥ(얘기하다) uk의 어원은 √vak(왈曰)], mantra[맘따라: 주문呪文+ḥ(주격)].

tadyathā gate gate pāragate pārasaṃgate bodhi svāhā //

[주문이면서 뜻은 다음과 같지. "왔어 왔어(갔다갔다). 저 언덕에 왔어(갔다). 참으로 잘 왔어(갔다). 햇살의 불의 세상에 이제 왔어(갔다)"]

이때 왔어왔어(갔다갔다)는 왔데왔데(갔데갔데)도 가능하다.

tadyathā[그것은 이와 같다, tad(그것), yathā(이와같다)], gate(갔데, ~ita) gata(갔다, ~ta)는 ① √gam(가다)의 과거분사 또는, ② a로 끝나는 stem의 7격 처격(~에, ~에서)은 e로 끝나기에 gate를 "간 곳에서 왔다"의 의미도 된다. 영어의 'I come to u: 너에게 가지만 온 것이다', 'I miss u: 너를 놓쳤지만 마음에 그립다.' 그래서 극락(極樂)도 sukhāvati(좋게왔지)이다. 애를 쓰고 갔지만 온 것이다. 영어의 black는 까망이지만 독어의 blank와 불어의 blanc은 하양이다. 불난 땐 환하나 지면(불落) 재(災)이므로. 모두 한 뿌리인 셈이다. pāragate(저 언덕에 왔어), pārasaṃgate(저 언덕에 참 잘 왔어), bodhi(봤어: 각覺, 부처, 여기선 극락도 된다), svāhā(자 시방 이루어짐). 주문이기에 염송과 동시에 이루어진 것이다. 주문의 효력이다.

iti prajñāpāramitā hṛidaya sūtraṃ samūptam ॥

[이와같이 불의 햇살 지혜 저 언덕 믿는 마음 경전(주문)을 연(緣)으로 삼아 극락에 오게 되었다]

iti(이와 같이), prajñāpāramitā(불 아냐: 불 · 지혜, 저 언덕, 믿다), hṛidaya(알다, 마음, 심心), sūtraṃ[좋은(秀), 틀, 경전]+ṃ[2격, 대격對格(목적격), ~을], samūptam(삼았다, 참 얻다得).

예) pratitya samutpāda: (더)불어 되어 삼아 뻗다(緣起). 인(因)의 마음이 영계의 연줄을 당겨와 내가 원하는 종류의 연줄의 환경을 조성함이니 이것이 극락의 지혜(智慧) 연기(緣起)다. pāda(뻗어)는 발(足)의 의미도 있으니 어짜피 인생은 내가 뻗어 내가 개척하는 것이다.

믿는 마음속에 오복이 오는 것인데 불덩어리 햇살을 믿는 마음이니 오복이 영력의 증진으로 모여져 극락에 가는 것이다. 그렇지 않고 늘 정신분열이면 삼재팔난이 도둑(劫氣)으로 찾아와 공포증의 원인이 되고 공포심은 찬 서리이고 살기(殺氣)이고 악기(惡氣)이다. 이것이 오만가지 재앙을 일으킨다. 그러므로 믿는 담력을 배양해 훈김이 서기(瑞氣)가 되고 이것이라야 꽃피고 열매 맺는 극락에 앉아있게 되는 것이다. 『반야심경』을 통해 환골탈태가 될 수 있다.

| 약호 및 참고문헌 |

약호

T 대정신수대장경, 제31권(T.31)

1. 經論疏

1) 瑜伽部

『唯識二十論』 T.31

『唯識三十論訟』 T.31

『成唯識論』 T.31

『三無性論』 T.31

『轉識論』 T.31

『解深密經』 T.16

『攝大乘論』 T.31

2) 如來藏관계

『佛性論』 T.31

『大乘起信論』 T.32

『大乘起信論疏』 T.44

3) 密敎部

『大日經』 T.18

『金剛頂經』 T.18

4) 기타

『俱舍論』 T.29

『阿毘達磨大毘婆沙論』T.27

『佛地經論』 T.26

『中論』 T.30

2. 단행본

『朝鮮佛敎通史』 상중 · 하권, 이능화, 보련각, 1982.

『俱舍學』, 김동화, 1971.

『불교교리발달사』, 김동화, 삼영출판사, 1977.

『고려 대각국사와 천태사상』, 조명기, 경서원, 1982.

『唯識哲學』, 김동화, 보련각, 1973.

『佛敎學槪論』, 황성기.

『신라불교의 이념과 역사』, 조명기, 1962.

『印度哲學』, 정태혁, 학연사, 1984.

『인도철학과 불교의 실천사상』, 정태혁, 민족사, 1998.

『인도종교철학사』, 정태혁, 김영사, 1986.

『佛敎槪論』, 이기영, 한국불교연구원, 1977.

『원효사상』, 이기영, 홍법원, 1976.

『금강경』, 이기영, 한국불교연구원, 1978.

『우파니샤드 철학 강의본』, 정태혁, 1979.

『印度哲學思想』, 元義範, 불교사상사, 1977.

『칸트철학연구』, 김용정, 유림사, 1978.

『유식사상과 대승보살도』, 오형근, 유가사상사, 1997.

『한국불교사』, 우정상 · 김영태, 진수당, 1969.

『철학개론』, 동국대, 1977.

『서산대사의 선가귀감연구』, 신법인, 김영사, 1989.

『베단타철학』, 김선근, 불광출판사, 1990.

『무아 윤회문제의 연구』, 윤호진, 민족사,1993.
『인도의 이원론과 불교』, 정승석, 민족사, 1992.
『유식의 구조』, 다케무라 마키오; 정승석역, 민족사,1995.
『브리하다라냐카 우파니샤드』, 남수영, 여래, 2009.
『인도불교사상사』, 에드워드 콘즈; 안성두 · 주민황 역, 민족사, 1994.
『中論』, 김성철, 경서원, 1996.
『한국불교사화』, 마명, 경서원, 1981.
『書狀』 巨芙, 수덕사승가대학, 불기2542(1998).
『도서 절요 선요』, 巨芙, 수덕사승가대학, 불기2543(1999).
『고운 최치원』, 한종만 외, 민음사, 1989.
『보조법어』 全集, 김탄허, 송광사, 1975.
『보조법어』 全集, 김탄허, 교림, 1982.
『고려말 나옹의 선사상연구』, 김효탄, 민족사, 1999.
『진묵대사소전』, 이일영, 보림사, 1983.
『해동도승전』, 이영복, 불교출판사, 1977.
『구봉 송익필』, 일지사, 1999.
『東醫壽世保元』, 이제마, 대성문화사, 1998.
『東醫壽世保元』, 이제마, 서문당, 1999.
『한의학원론』, 김완희, 성보사, 2001 4쇄.
『基礎理論譯釋』, 박병희 역, 세명대 한의과, 1999.
『대방약합편(全)』, 황도연 · 이태호, 행림출판사, 1986 중판.
『기초침구법』, 행림출판사, 1982 중판.
『약물학정리』, 안형수 · 허인회, 한울사, 1999.
『생약 -약효별정리』, 강의교재.
『생약학문제집』, 생양학교수협의회, 동명사, 2007.

Indian Philosophy Ⅰ,Ⅱ, Radhakrishnan New York, Humanities Press, 1966.

Studies in the LankavataraSutra, Suzuki, London routledge, kegan paul ltd, 1957.
The hymns of The ṚGVEDA by Ralph T.H.Griffith J.L.Shastri, Motilal Banarsidass, 1986.
The Principal Upaniṣads by Radhakrishnan, London George Allen & Unwin Ltd, 1968. 우파니샤드 범본
The Bhagavadgītāby Radhakrishnan, George Allen & Unwin Ltd, 1971.
『唯識三十論頌釋論』, 宇井伯壽, 岩波書店, 1979.
「認識と超越」, 服部正明・上山春平, 『佛教の思想』4巻, 角川書店, 1970.
『曼荼羅の研究』, 栂尾祥雲, 高野山대학, 1927.
『金剛頂經に關係』, 扳野榮範, 國書刊行會, 1976.

3. 논문
「瑜伽論의 止觀사상」, 吳亨根, 『唯識사상과 大乘菩薩道』, 유가사상사 1997.
「虛妄分別의 轉換구조와 三性說에 대한 연구」, 高明錫, 동국대대학원 1985.
「眞如표현에 관한 고찰」, 李在浩, 동아대대학원, 1985.
「起信論疏 別記에 나타난 원효의 一心사상」, 殷貞姬, 고려대대학원, 1982
「密敎의 9識說에 관한 연구」, 朱譜淵, 동국대대학원, 1999.
「密敎의 修行觀 연구」, 김영덕, 청호불교논문집 제1집, 불지사, 1996.
「三能變識의 연구」, 全姙鎬(明星), 동국대대학원, 1997.
「印度佛敎의 實有 批判 硏究」, 남수영, 동국대대학원, 2001.
「阿摩羅識과 淨分唯識에 관한 연구」, 韓文奎, 동국대대학원, 1995.
「元曉 法藏의 起信論觀 비교연구」, 李美玲, 동국대대학원, 1972.
「唯識說과 密敎의 實踐原理 비교연구」, 李承祜, 동국대대학원, 2000.
「阿賴耶識と依他性との關係について」『印度學佛敎學硏究』23권 2호, 東京;山喜房佛書林.

4. 사전

『불교학대사전』, 홍법원, 불기2532(1988).

SANSKRIT-ENGLISH DICTIONARY, 옥스퍼드대학, 1956 재판본.

SANSKRIT DICTIONARY, 옥스퍼드대학, 1965 재판본.

『梵和대사전』, 講談社; 동경, 1979.

『밀교사전』, 법장관; 교토, 1985.

Bhāmuni Yana 전생부처 바무니 얘기

2022년 2월 10일 초판 1쇄 인쇄
2022년 2월 20일 초판 1쇄 발행

지은이 이수월
펴낸이 정창진
펴낸곳 도서출판 여래
출판등록 제2011-81호
주소 서울시 관악구 행운2길 52 칠성빌딩 5층
전화번호 (02)871-0213, 070-4084-0606
전송 0504-170-3297

ISBN 979-11-90825-19-1 03200
Email yoerai@hanmail.net
blog naver.com/yoerai

값은 뒤표지에 있습니다.